应用型高等教育"十二五"经管类规划教材

知行

会计基础

理论与实务

（第二版）

杜俊娟　主编

ACCOUNTING

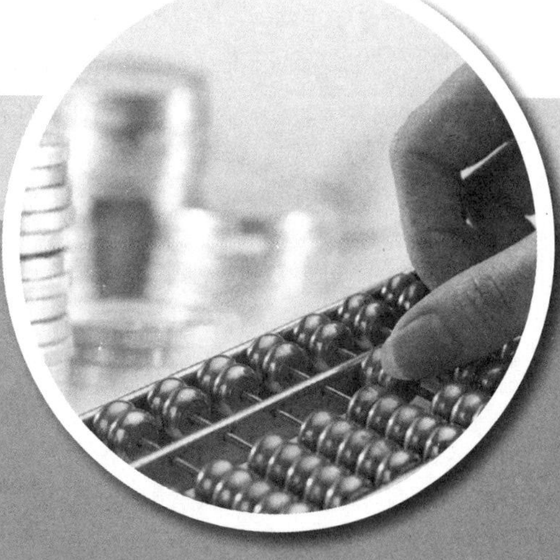

- 内容新颖
- 强调应用
- 突出实务
- 方便自学
- 考证对接
- 配套课件

上海财经大学出版社

图书在版编目(CIP)数据

会计基础理论与实务/杜俊娟主编．—2版．—上海:上海财经大学出版社,2015.8
(应用型高等教育“十二五”经管类规划教材)
ISBN 978-7-5642-2189-8/F·2189

Ⅰ.①会… Ⅱ.①杜… Ⅲ.①会计学-高等学校-教材 Ⅳ.①F230

中国版本图书馆 CIP 数据核字(2015)第154242号

□ 策划组稿　台啸天
□ 责任编辑　台啸天
□ 联系信箱　404485100@qq.com
□ 书籍设计　张克瑶
□ 责任校对　胡　芸

KUAIJI JICHU LILUN YU SHIWU
会计基础理论与实务
(第二版)
杜俊娟　主编

上海财经大学出版社出版发行
(上海市中山北一路369号　邮编200083)
网　　址:http://www.sufep.com
电子邮箱:webmaster@sufep.com
全国新华书店经销
上海叶大印务发展有限公司印刷装订
2015年8月第2版　2019年12月第5次印刷

787mm×1092mm　1/16　20.5印张　524千字
印数:24 501—26 500　定价:39.00元

前　言

随着我国市场经济的蓬勃发展，在经济管理中会计的作用日益显著，对会计人才的素质能力等方面的要求也越来越高，为更好地适应“岗、课、证”一体化教学，特修订本教材。

根据会计相关的最新法律法规及新版会计从业资格考试大纲，本教材在第一版的基础上进行了全面修订，吸收了大量其他基础会计类教材，尤其是最新考证大纲和教材的精华，补充了大量的活动题和技能实训，尽可能通过恰当的例子来阐明会计理论、演示会计实务，使学习者逐步理解会计知识。

为了更好地适应应用型会计人才培养，本次修订主要突出以下几点：

(1)与国家职业标准相衔接，注重任务驱动

本次修订根据“任务驱动”教学模式，将会计知识转换成一个个需要完成的任务，力求让学生在完成任务的过程中有效激发学生的学习兴趣，培养学生提出问题、分析问题、解决问题的综合能力。同时，在每次任务结束后及时配备合适的主题活动、思考题及练习，每个学习单元后面还配有技能实训，帮助学生巩固学习的效果。

(2)融入最新会计从业资格考证内容

本次修订根据最新的《会计从业资格管理办法》和《会计从业资格考试管理规定》以及2014年版最新的考试大纲等相关内容，调整了相关知识点的篇幅与阐述方式，使知识体系更加系统，同时结合出题范围、难度与风格，对知识点进行精细分解、深度剖析，力求做到考试内容全覆盖，并全面更新考试大纲和考试真题。

(3)注重校企合作，紧密联系实际

本次修订注重校企合作共编教材，吸纳行业企业谢红梅、张友麒等专家参与修订，与工业、农业及金融业等领域共建实习实训基地，加大了实务训练的主活动，每个知识点后面都附有练习，使学生学有所思、学有所练、学以致用，以提高学生分析和解决实际问题的能力，并为以后学习其他专业课程创造了条件；实务操作部分收集了大量的、真实的会计凭证及账簿和报表资料。每个学习单元后面都配备了相应的技能实训题，突出可操作性。

(4)更加符合人们的认知规律，方便自学

本教材对会计理论的阐释言简意赅，循序渐进，层层深入，注重读者的理解和接受。将同一案例贯穿于相互关联的学习单元和任务中，使读者对经济业务的核算有全面、系统的了解；每个学习单元后面附有概念回顾、复习思考题及技能实训，可以加深读者对所学单元内容的理解，提高学习质量，以实现举一反三之功效。

本教材共分为4篇13个学习单元，整本书采用任务训练式，逻辑框架清晰，思路明确，可作为应用型高校会计学、财务管理和工商管理等经济管理类相关专业学习会计的入门教材。由于本教材突出实务、融入最新的考证培训内容，还可供从事会计、财务管理和其他经济管理工作人员自学、培训、会计从业资格考证使用。

本次修订工作主要由主编杜俊娟完成。参与修订的人员有：谢红梅、张友麒、张克宏、王

玮、郭彪、李海燕、张放。本书在修订过程中参考了大量的同类教材及相关资料，尤其是会计从业资格考证类教材和资料，走访了多家企业，得到了很多行业专家和同行的支持和帮助。在出版修订过程中也得到了上海财经大学出版社的大力支持，在此一并表示深深的谢意！随着会计改革不断深入，编写人员水平有限，书中难免存在疏漏与不足之处，恳请各位读者朋友批评指正，不胜感激。

期待读者提出宝贵意见，以便不断更新教材。编者的电子信箱：khzhang@sohu.com。

编　者

2015年6月

目　录

第三篇　会计核算实务

第四篇 会计工作组织

第一篇

会计基础理论

|学习单元 1|

会计的认知

【素质目标】

1. 了解会计的产生与发展历程；
2. 理解会计的概念、对象与目标；
3. 熟悉会计的基本特征和基本职能；
4. 掌握会计基本假设和一般原则；
5. 了解会计核算方法。

【技能目标】

1. 能识别一个组织是否是会计主体；
2. 能判断企业中哪些事项是会计对象；
3. 能用权责发生制判断会计事项归属的会计期间。

【案例导入】

王梅是会计专业的新生，她的婶婶是一名会计师。有一次王梅问婶婶："会计是不是就像电视里演的'账房先生'那样，戴着厚厚的眼镜，在桌案上翻着厚厚的账本，拨弄着算盘哗哗作响……"

"当然不是，那是以前的会计，现代会计已经不是简简单单地记账、算账和报账了，它是一个复杂的系统工程，有着科学严密的体系。"

那现代会计究竟是什么？能够做什么？又该如何做呢？婶婶并没有直接告诉王梅，而是让她先从会计基础理论学起。

因而，请同学们不妨带着下面几个问题来学习本单元知识：如果你是公司的老板，你希望你的会计给你提供什么会计信息？会计是不是出纳？会计在公司中的主要任务是什么？会计在公司中的地位是怎样的？

主题学习单元 1.1　什么是会计

【任务 1—1—1】　什么是会计？会计的产生与发展历史是怎样的？

如果你是一位股民，你一定关心你所投资的上市公司或将要投资的上市公司的情况；如果你是一位经理，你一定关心你所经营的企业或项目的业绩如何。这些都离不开会计。

如果你是一名员工，你肯定有过与单位会计打交道的经历；如果你是一名学生，说不定毕业以后就会从事会计工作。会计其实离我们很近。

“会计”这个词对于我们来说并不陌生，但要说清楚什么是会计，并不容易，让我们来了解一下会计的产生与发展历史。

1.1.1 会计的产生与发展

1.1.1.1 我国会计历史的演变

(1)会计的萌芽

会计在我国具有悠久的历史，早在原始社会末期就出现了“结绳记事”“刻契记事”“刻木记数”等简单的记录和计算行为来记载劳动成果和劳动耗费，会计并没有成为一项专门的工作。

(2)会计职业的形成

在西周时期，随着社会生产和经济的发展、大量剩余产品的出现，劳动耗费和劳动成果的计量、记录日益频繁，因管理的需要，形成了一种专职的、独立的会计活动。专门掌管国家钱粮税赋的官员的官职在当时称为“司会”。“司会”主天下之大计，计官之长，这就是会计这一职业的来历。

(3)会计账簿体系的形成

在西周时期出现的“会计”这一职业，当时就赋予了它清晰的含义。《周礼·天官篇》中指出：“会计，以参互考日成，以月要考月成，以岁会考岁成”。“参互”为十日成事之文书，相当于旬报；“月要”为一月成事之文书，相当于月报；“岁会”则是一年成事之文书，相当于年报。春秋战国时期，把记录会计事项的简册称为“簿书”或“计簿”，而把记录统计事项的简册称为“籍”。

在唐宋两朝，我国会计方法有了新的发展。当时在记账规则方面开始有了比较一致的做法，会计账簿和财务报表的设置也日益完备，由流水账(日记账)和誊清账(总清账)组成的账簿体系已初步形成，特别重要的是创建和运用了“四柱结算法”。所谓四柱，即“旧管”“新收”“开除”“实在”，其含义分别相当于现代会计中的“期初结存”“本期收入”“本期支出”“期末结存”。四柱之间的结算关系可用会计方程式表示为“旧管＋新收－开除＝实在”。“四柱结算法”的创建和运用，是对会计学领域的一项重大贡献，为我国通行多年的收付记账法奠定了理论基础。

在清代，《孟子正义》一书中又对“会”和“计”两个字的含义作了一定的区分：“零星算之为计，总合算之为会”。“会”和“计”两字连用，形成一个专门的名词，即特指对财物收支所进行的日常零星的记录、计算和定期汇总工作。在民间以“四柱清册”为基础的“龙门账”“四脚账”等记账方式，充分显示了我国传统簿记的特点。

(4)现代会计的发展

辛亥革命以后，我国引进了西方会计，其对我国会计的发展起到了一定的积极作用。新中国成立后，我国政府制定了一系列会计制度，并于1985年公布了第一部《中华人民共和国会计法》(以下简称《会计法》)。随着社会主义经济的发展和扩大对外开放的需要，会计要与国际惯例接轨，在1992年11月公布了《企业会计基本准则》，开始陆续出台《企业会计具体准则》。1999年10月31日，第九届全国人民代表大会常务委员会第十二次会议审议通过了重新修订的《会计法》，并于2000年7月1日起施行，为会计工作更好地为社会主义市场经济服务提供了重要的法律保障。2006年10月，财政部颁布了38项具体会计准则《企业会计准则——应用指南》，应用指南的第二部分为会计科目及主要账务处理，主要根据具体准则中涉及确认和计量的要求，规定了156个会计科目及主要账务处理，基本涵盖了所有企业的各类交易和事项。会计科目和主要账务处理是以会计准则中确认、计量原则及其解释为依据所作的一般性规定，对涉及商业银行、保险公司和证券公司的专用科目作了特别注明，即会计科目和报表说明赋予了企业一定的灵活性，在不违反准则及其解释的前提下，企业可根据实际需要设置会计科目及明细科目。它的颁布是我国会计改革的一次重要转折，标志着我国的会计工作开始走向国际化，具有继往开来的重要意义。

1.1.1.2　世界会计历史的演变

意大利佛罗伦萨银行在1211年已用借贷记账法记账，当时人们把这种记账称为"威尼斯簿记法"。1494年，由意大利数学家卢卡·巴乔利所著的《算术、几何比及比例概要》一书出版，在该书的"计算与记录要论"论题中，比较系统地介绍了"威尼斯簿记法"，并结合数理原理从理论上加以概括，这是复式记账法形成的重要标志。1581年，威尼斯会计学院的建立，表明会计已作为一门学科在学校里教授。之后，借贷复式记账法便相继传至德、法、英、美、日、中等国家，并得到各国会计学者在理论和技术上的不断发展和完善，直到今日仍为世界各国广泛采用。

1.1.1.3　中华人民共和国会计核算制度模式的演进过程

(1)1949～1952年为初创时期

这一时期最大的成绩是确立中国会计核算制度的基本模式，将中国传统会计簿记模式和苏联会计思想综合体现在会计核算制度中，改变了旧中国会计工作混乱无序、各自为政的状态。

(2)1953～1957年为全盘苏化期

由于苏联与中国在经济规模和经济层次上尚有很大的差别，会计人员的素质也不尽相同，因此，对苏联会计核算制度的照抄照搬，使苏联会计核算模式在中国运用时显得过于繁琐，形成了呆板的条条框框，同时中国簿记彻底退出了历史舞台。

(3)1958～1978年为与苏式会计决裂

这一时期的会计核算制度从不断地简化到有名无实，所有的会计核算制度自动失去其约束力，这种演变是一种强制性和诱致性相互作用的混合变迁。苏联会计中的利润、成本、财产等观念遭到批判，会计核算向更加粗放的形式发展，会计本身所具备的知识性被大大简化，会计核算制度的形象被扭曲。

(4)1979～1992为苏联会计的扬弃期

这个时期会计核算制度是在恢复苏联会计的同时，又依据中国改革中的现实情况对苏式会计核算制度模式进行了适量的调整和变革。注意对苏式会计的经验借鉴和扬弃，使得以前被认为是西方资本主义国家的会计观念被采用。

(5)1992年至今为与国际会计准则协调发展时期

随着改革的不断深入和市场化的发展，西方国家的示范效应在会计核算制度演变方面起到的作用越来越强。特别是在中国制定具体会计准则前后，这种状况尤为明显，会计核算制度是否应该具有中国特色的争论又被重新提起。会计核算制度是否具有理论结构，理论结构应该如何安排受到广泛的重视。

1.1.2　会计与社会环境

【任务1—1—2】 如果你是一个财务人员，在财务工作中有哪些因素会对你产生影响？

会计总是处于一定的社会经济环境之中，不可避免地受到所处的社会政治、经济、文化环境的影响和制约。随着社会环境的发展变化，对会计也提出了新的要求，使得会计方法逐步更新、会计理论不断丰富、会计服务领域不断地扩展。

会计所面临的社会环境按照层次分类，可分为外部环境和内部环境两大类。外部因素包括政治、经济制度，法律、文化制度等。内部因素包括内部管理体制、产权结构等。

1.1.2.1 外部宏观环境

(1)政治和经济环境。会计模式的选择和运行，受制于一个国家的政治、经济环境的影响。如 20 世纪 30 年代前后的经济危机，使人们认识到会计处理的随意性有极大的危害性。西方各主要国家将实践中遇到的问题加以概括、总结，在理论上进行规范化，使会计理论和会计方法都有了质的进步。同时，经济发展水平影响着一个国家会计信息的使用者对会计信息的重视程度，即会计重要作用的发挥程度，也影响着一个国家财政及对维护企业利益的会计方法的承受能力。

(2)法律和文化环境。在许多国家，法律，特别是税法和商法是会计实务的唯一依据。由于国家的法规体系对会计活动给予规范性的指导和强制性的约束。政治法律环境的变迁，必然引起会计活动的内容和活动方式的变化。而一个国家的文化教育水平，决定着其会计工作水平的高低，会计由于它特有的技术性，要求从事会计工作的人员必须具备一定的素质，要有相当的文化知识水平。会计人员文化素质和专业水平的高低，直接制约着会计的进步程度及新兴会计方法与会计模式的实施速度，并直接影响会计法规执行的结果。

1.1.2.2 内部控制环境

控制环境是指对建立、加强或削弱特定政策、程序及其效率产生影响的各种因素。由于任何企业的内部控制都是在特定的控制环境中实施的，是和特定的控制环境相适应的，内部控制系统功能发挥的过程就是内部控制系统与控制环境相互作用的过程，控制环境不但直接影响内部控制的建立，还直接决定内部控制实施的效果，影响内部控制目标的实现。影响内部控制环境的因素有：管理者的经营风险和经营理念、董事会、组织结构与权责分派体系、人员的品行和素质、人力资源政策与实务、管理控制方法。在不完善的控制环境下，企业治理结构不健全会导致对经营者监管弱化、会计信息失真等。

1.1.3 会计的基本概念

人们对会计概念的认识不尽相同。

1.1.3.1 会计是在社会实践中产生和发展的

会计是从最初只是人们在生产中同时记数的生产职能的附属物，发展为用货币记录、计算劳动成果的独立管理职能。

1.1.3.2 随着经济的发展，会计逐步发挥它在经济管理方面的作用

会计的记账、算账、报账的会计核算作用，发展为对账务进行审核、检查、预测、决策的会计监督和反馈作用。

1.1.3.3 随着现代科学技术的发展，会计作用日益显著

会计从具有核算和监督作用扩展为预测、决策、控制、分析多种作用的经济管理活动。长期实践证明，经济越发展，会计越重要。

综上所述，会计的概念概括为：会计是以货币为主要计量单位，以凭证为依据，借助于专门的技术方法，对一定单位的资金运动进行全面、综合、连续、系统的核算和监督，旨在提高单位经济效益的一种经济管理活动。即会计是一项管理工作，是一项管理过程，是一个信息系统。

会计按其报告的对象不同,又可分为财务会计和管理会计。

(1)财务会计。财务会计主要侧重于向企业外部关系人提供有关企业财务状况、经营成果和现金流量情况等过去信息。

(2)管理会计。管理会计主要侧重于向企业内部管理者提供进行经营规划、经营管理、预测决策所需的未来信息。

1.1.4 会计的基本特征

【任务1—1—3】 会计有哪些特征?

根据上述会计的产生和发展过程,说明会计具有五个特点。

1.1.4.1 会计是以货币为主要计量单位

原始的会计计量只是简单地用实物数量和劳动量度对经营活动和财务收支进行计算和记录。随着社会生产的日益发展,会计便从简单的计量和记录,逐步地发展成为以货币为计量单位来综合核算与监督经济活动的过程。由于货币是所有财产物资的统一单位和尺度,所有财产物资和劳动消耗都可以用货币这个统一尺度进行度量,它是总括指标,所有经济活动都可以利用价值形式间接地进行计算,从而取得必要的、连续的、系统的、全面的、综合的会计信息,使经济核算成为可能。

【主题活动1—1—1】 会计以货币为主要计量单位,但不是唯一的计量单位,会计日常工作中还用到劳动计量和实物计量。 ( )

【解析】 √。会计是以货币为主要计量单位,但还包括劳动计量、实物计量等。

1.1.4.2 会计拥有一系列专门方法

会计的方法是指用来核算和监督会计内容、完成会计任务的手段。会计的方法包括会计核算方法、会计分析方法和会计检查方法。会计核算方法是对经济活动进行全面、综合、连续、系统的记录和计算,为经营管理提供必要的信息所应用的方法,它是整个方法体系的基础。

1.1.4.3 会计具有核算与监督的基本职能

会计的事前、事中和事后监督是对会计信息的正确性、真实性和合法性进行检查和监督。会计监督是会计核算的继续和补充,对经济活动具有促进、控制、考核和指导作用,两者不能分离。会计监督首先是在反映各项经济活动的同时,进行事前监督,并且利用各种价值指标来考核经济活动的效果。随着经济的发展,参与企业预测、决策、控制、考核将成为会计的主要方面。

1.1.4.4 会计是一种经济管理活动

会计的本质就是一项经济管理活动,它属于管理范畴。会计产生于人们管理社会和经济事务的过程,通过参与经营方案的选择、经营计划的制定、经营活动的控制和评价等各种方式直接进行管理,会计工作往往在单位内部管理的整个系统中进行,每一个管理环节都离不开会计人员的参与。在宏观经济中,会计也是国民经济管理的重要基础和组成部分。因此,会计是一种经济管理活动。

1.1.4.5 会计是一个经济信息系统

会计是一个旨在提高企业和各单位的经济效益,加强经济管理而建立的以提供财务信息为主的经济信息系统。随着电子计算机的普及和信息时代的来临,会计信息涵盖的范围也在扩大,从单纯的财务信息扩大为一个更能适应具体社会环境要求的经济信息系统。会计作为一个信息系统,通过客观而科学的信息,为管理提供各种数据和咨询服务。

1.1.5 会计的职能

【任务1—1—4】 会计在经济管理中具有哪些功能?

1.1.5.1 会计的基本职能

会计的职能是指会计在经济管理中所具有的功能,即会计客观上能干什么。会计的基本职能包括:会计核算和会计监督。

(1)会计的核算职能

①会计核算的概念

会计核算贯穿于经济活动的全过程,它是会计最基本的职能,也称反映职能。它是指会计以货币为主要计量单位,对特定主体的经济活动进行确认、计量和报告,为各有关方面提供会计信息的功能。

②会计核算职能的特点

a. 会计核算主要是利用货币计量单位对经济活动的数量方面进行核算。会计核算社会再生产过程时,要以实物、劳动(或时间)和货币三种量度,但应以具有综合量度特点的货币量度为主。实物量度是为了核算不同物资的实物数量而采用的计量单位,具有直观性,它能够提供经济管理上所需的各种实物指标,但实物计量单位只能用来统计同一种类的财产物资,而不能用来统计不同种类的财产物资,更不能统计各种不同的经济活动;劳动量度是为了核算经济活动中消耗的工作时间的数量而采用的计量单位,它有助于合理地安排工作和具体确定某一工作过程中的劳动耗费数量,但在商品经济条件下,由于有简单劳动和复杂劳动之区别,对各种人员的劳动还不能以某种劳动计量单位进行综合,各种劳动时间的直接相加也并不表明企业单位的劳动总成果;货币量度具有质的同一性和量的可加性,为了克服实物计量单位的差异性和劳动计量单位的复杂性,会计核算应以货币量度为主,来综合反映经济活动的过程和结果,为经济管理提供所需和有用的价值指标。

b. 会计核算主要是对已经发生的经济活动进行事中、事后核算,同时也为预测未来提供信息。会计核算社会再生产过程不仅应记录已经发生或完成的经济业务,还应面向未来,为经济管理提供有关预测未来经济活动和效果的数据资料。尽管会计所描述的是历史和过去的经济事实,而这些事实已经不可改变,但只要真实、可靠、公正并及时地予以反映,历史信息同样具有预测价值和反馈价值,对于决策仍是必要的和有用的。随着客观经济环境的变化和经济活动的日趋复杂化,为了在经济管理中加强科学性、预见性和主动性,应在如实反映已经发生或完成的经济活动的基础上,充分考虑与企业经济活动有关的有利与不利因素,采用一定的方法对经济活动和经营成果的未来发展趋势作出科学推断和预测,为企业的发展和经济管理提供一些具有前瞻性的会计信息。

c. 会计在核算社会再生产过程时具有完整性、连续性和系统性。所谓完整性,一方面是指会计反映的会计事项,不能遗漏和任意取舍,另一方面是指将经济业务引起资金运动的来龙去脉反映出来,这样就能反映经济活动的全过程。所谓连续性,是指会计在反映经济活动时,应按其发生时间的先后顺序依次不间断地进行登记。所谓系统性,是指会计对经济活动的反映,既要全面相互联系地记录,还必须进行科学的分类,使之成为系统的会计数据,便于信息使用者的有效利用。

(2)会计的监督职能

会计监督职能又称会计控制职能,是指通过预测、决策、控制、分析、考评等具体方法,促使经济活动按照规定的要求运行，以达到预期的目的。

会计监督职能的特点包括以下几点：

①会计监督要依据会计的监督标准。会计的监督标准有：党和国家的路线、方针、政策和法律；会计法规、准则、制度；企业单位内部控制制度、计划和定额等。包括对经济活动的合法性、真实性、合理性与有效性进行的监督。

a. 合法性监督。合法性监督是指依据财务收支的监督标准，对企业单位发生经济业务而引起的现金、银行存款的收入和支出、应收和应付款项、投资等在进行会计确认、计量、记录和报告的同时，是否符合党和国家有关的法律法规的监督，会计人员对于违反法律和国家统一的会计标准规定的会计事项，有权拒绝办理或者按照职权予以纠正。

b. 真实性监督。真实性监督是指通过相关的会计法规制度，来规范会计行为，使会计在对经济活动进行确认、计量和报告时所生成的会计资料真实和完整。会计资料作为重要的社会资源和“商业语言”，为政府管理部门、投资者、债权人及社会公众评价财务状况、防范经营风险、提供重要依据。因此，保证会计资料真实、完整是维护社会经济秩序正常运转的客观要求。

c. 合理性和有效性的监督。合理性和有效性的监督是指依据提高工作效率和经济效益的监督标准，对经济活动进行会计确认、计量和报告的同时，是否符合节约和效率原则的监督，揭露经济管理中的矛盾，促进企业开展增产节约，挖掘内部潜力，堵塞漏洞，防止损失和浪费，更好地提高经济效益。

②会计监督贯穿于经济活动的全过程。它分为以下几种情况：

a. 事前监督。事前监督是指依据会计的监督标准，主要采用预测的方法，预测和分析将要发生的经济活动可能达到的预期结果是否与决策和计划的目标一致。

b. 日常监督。日常监督又称事中监督，是指按照会计的监督标准，主要采用控制和审核的方法，对进行中的经济活动进行审核和分析，对已发现的问题提出建议，督促有关部门采取措施，调整经济活动，使其按照预定的目标和要求进行。

c. 事后监督。事后监督是指依据会计的监督标准为准绳，通过检查和分析已取得的会计资料，对已完成的经济活动的合法性、合理性和有效性进行的考核和评价。

③会计监督是从价值量上进行的监督。会计核算主要是通过货币计量，提供一系列综合反映企业经济活动的价值指标。而会计监督主要是利用核算职能所提供的各种价值指标进行的货币监督。

(3)会计核算与监督职能的关系

会计的核算职能和监督职能是不可分割的，如实核算是监督的必备条件和基础，而严格监督又是核算的前提和继续。没有会计监督，会计核算就失去存在的意义；没有会计核算，会计监督就失去存在的基础。随着会计领域派生出许多新的会计职能，如利用各种预测数据，参与制定经济决策的“决策职能”，再如利用责任会计，对经济活动进行控制的“控制职能”，等等，都在进一步探讨中，但“核算”和“监督”职能是会计学界对会计基本职能的共识。

【主题活动1—1—2】 下列对会计的核算和监督的职能关系描述中正确的有(　　)

A. 会计监督职能是会计最基本的职能

B. 会计核算与会计监督两大基本职能关系密切，相辅相成，辩证统一

C. 会计监督是会计核算的基础

D. 会计监督是会计核算的质量保证

【解析】 BD。会计核算职能是会计最基本的职能；会计核算是会计监督的基础。

1.1.5.2 会计职能的拓展

会计的基本职能是核算与监督，但随着历史的进展，传统的职能已得到不断充实，新的职能不断出现，各种职能的重要性也发生了变化。例如，随着我国经济体制改革和国民经济发展的需要，为了加强经济核算，讲求经济效益，要求会计工作开展预测经济前景、控制经济过程、参与经济计划和经济决策，把这些职能从核算与监督中分离出来，就更切合实际和符合需要。因此，在会计学术界提出了“会计多功能论”。我国会计界一般认为，会计除了核算和监督职能外，还有预测、决策、控制、分析等职能。

1.1.6 会计的目标

【任务1—1—5】 会计工作所要达到的目标是什么？

会计目标也称会计目的，是要求会计工作完成的任务或达到的标准，即向财务会计报告使用者提供与企业财务状况、经营成果和现金流量等有关的会计信息，反映企业管理层受托责任履行情况，有助于财务会计报告使用者作出经济决策。

会计目标主要包括以下两个方面的内容：

(1)向信息使用者提供对决策有用的会计信息

向信息使用者提供有利于其决策的会计信息，它强调会计信息的相关性和有用性，要求会计能提供企业财务状况、经营成果和现金流量等方面的信息。信息使用者在进行决策时需要大量可靠且相关的会计信息，因此要求会计人员在工作中应以提供服务决策的有用的会计信息作为目标。如果会计信息不能为信息使用者的决策提供帮助，则该会计信息将失去价值。

(2)向资源的提供者报告资源受托管理的情况

由于现代企业的所有权和经营权相分离，企业管理层是受委托经营和管理企业的。企业管理层作为受托者负有对委托者解释、说明其活动及结果的义务。而企业的财务状况、经营成果和现金流量等方面的信息是由会计提供的，因此，会计目标要求会计信息应能充分反映企业管理层受托责任的履行情况，帮助委托者评价企业经营管理和资源使用的有效性。

主题学习单元1.2 会计的工作内容——会计对象

【任务1—2—1】 会计对象和会计核算的具体内容有哪些？

1.2.1 会计对象的概念

会计对象是指会计所要核算与监督的内容。在社会主义制度下，社会再生产过程是由生产、分配、交换、消费四个相互关联的环节构成的，它概括了各种经济活动。如前所述，会计是以货币计量的，因此，会计所要反映和核算的只是能用货币表现的那部分经济活动的内容。在我国，企业、机关、事业单位和其他组织经济活动的内容虽各有不同，但它们的所有财产物资都是以货币形式表现出来的，并在生产经营和收支活动中不断发生变化。这些财产物资的货币表现以及货币本身称为资金，即会计对象就是社会再生产过程中的资金运动。

总的来说，在企业的资金运动过程中，主要有下列事项：(1)款项和有价证券的收付；(2)财物的收发、增减和使用；(3)债权债务的发生和结算；(4)资本的增减；(5)收入、支出、费用、成本的计算；(6)财务成果的计算和处理；(7)需要处理会计手续、进行会计核算的其他事项。

1.2.2 会计对象的具体内容

企业与机关、事业单位的经济活动不同，其会计对象的内容也有所不同。同样是企业，不同的行业如工业、商业、农业、交通运输业，其会计对象的内容也各有差异。

1.2.2.1 企业会计对象的内容

企业的经济活动内容主要是生产经营活动。企业的资金随着生产经营活动的进行而不断发生变化，经过采购、生产、销售三个阶段，周而复始地循环周转。在资金循环周转过程中所发生的一切经济活动就是会计对象的具体内容，即资金运动。

由于各个企业的经济业务不同，其经济活动也不同，资金运动的表现也有所区别。

任何事物的运动都有相对静止和显著变动两种形态，资金运动也不例外，也有静态和动态两个方面。现以工业企业为例加以说明。

工业企业是从事产品生产和销售的营利性经济单位。为了从事产品的生产和销售活动，必须拥有一定数量的资金，其资金运动的表现如下：

(1)资金运动的静态表现

资金运动的静态表现是指一个企业在一定时点上的资产总值和权益总值。表现为资产和负债及所有者权益的恒等关系，其内容反映在企业的资产负债表中。

资产是企业资金的占用。其分布和存在的形态，主要是房屋及建筑物、机器及设备、材料物资、加工中商品、库存商品、银行存款、库存现金以及结算过程中的应收及预付款项等债权。权益是对资产的所有权，是企业资金的来源，包括负债和所有者权益。其取得和形成的形态，主要是投入资本、未分配利润、借款及结算过程中的应付、应交及预收款等债务。如图1—1和图1—2所示。

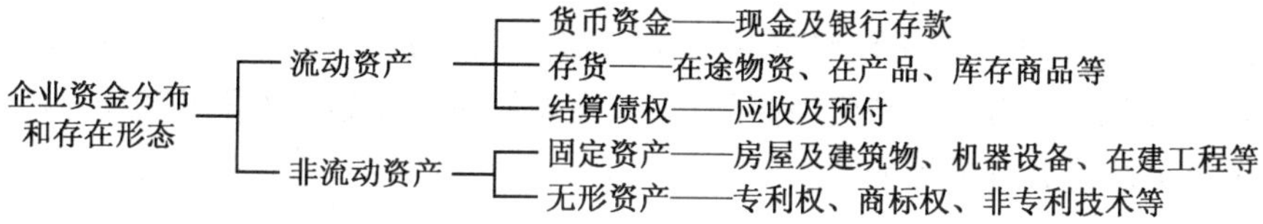

图1—1 企业的资金分布及存在形态

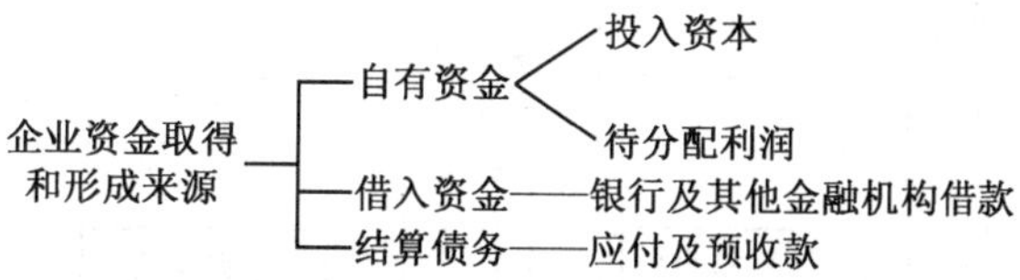

图1—2 企业的资金取得及形成来源

(2)资金运动的动态表现

资金运动的动态表现是资金的循环和周转。它反映了一个企业在一定期间的经营成果，它是资金在生产经营过程各个阶段不断转变形态的结果，表现为收入、费用和利润。其内容反映在利润表中。

工业企业的交易或事项主要是制造产品、销售产品。在生产经营过程中，其资金运动从货币资金形态开始，依次经过采购、生产和销售阶段，不断改变其形态，最后又回到货币资金形态。企业取得资金后，在采购过程中，用货币购入各种原材料，从而由货币资金转化为储备资金；在生产过程中，企业利用劳动手段将原材料投入生产，引起了原材料的消耗、固定资产的折旧、工资的支付和生产费用的开支，使储备资金和一部分货币资金转化为生产资金；产品完工后，生产资金就转化为成品资金，同时支付销售费用。在这三个过程中，货币资金依次不断改变形态，称为资金循环；周而复始地不断循环，称为资金的周转。企业对净收入进行分配时，一部分资金就退出了循环。其具体过程如图1－3所示。

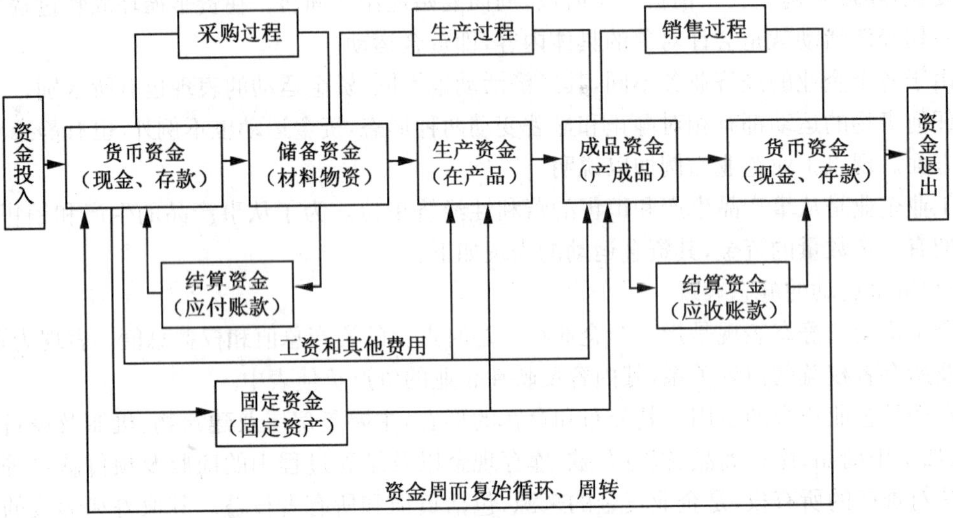

图1－3　工业企业资金循环

再以商品流通企业为例，企业的经济业务是组织商品流通，其经营过程有商品购进和销售两个阶段，其资金运动主要是按照“货币—商品—货币”的方式不断依次进行。在商品购进阶段，用货币购入商品，货币资金转化为商品资金；在商品销售阶段，取得销售收入，商品资金又转化为货币资金。其具体过程如图1－4所示。

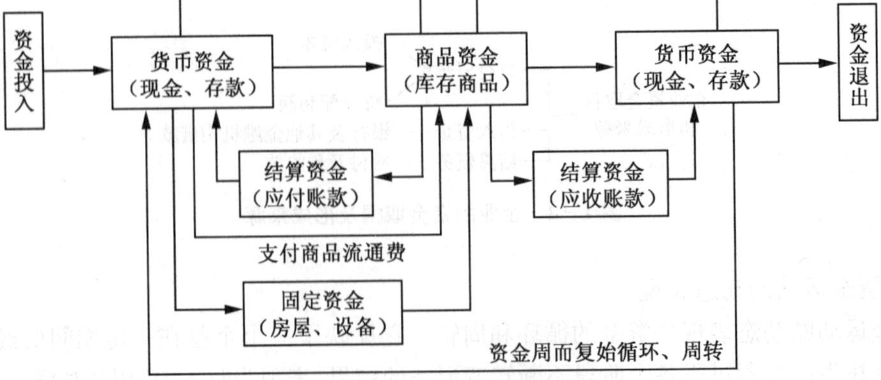

图1－4　商业企业资金循环

1.2.2.2 行政、事业单位会计对象的内容

行政、事业单位会计对象的内容与企业有所不同,它们的经济活动是执行国家预算过程中的预算收入和预算支出。因此行政、事业单位的会计对象可以概括为社会主义再生产过程中的预算资金收支。

行政、事业单位的预算收支活动也有相对静止和显著变化两个方面的表现,但其具体内容与企业有所不同。预算资金活动的静态表现是指预算资金的使用和来源,如货币资金、固定资产、财政拨款、应交款项等。在执行预算过程中所发生的预算资金收支,如拨款的收入、支用、结存,也构成了预算资金活动的动态表现。

对一些兼有经营业务、实行企业管理的事业单位,由于财务管理上的双重性质,既有预算资金收支活动,也有经营资金的活动,因此,其会计对象的具体内容可概括为预算资金收支和经营资金循环。

主题学习单元1.3 会计基本假设和一般原则

【任务1—3—1】 根据会计准则应用指南,会计核算的基本假设是什么?会计人员在核算和监督过程中需要遵循哪些原则?

1.3.1 会计基本假设

会计基本假设是企业会计确认、计量和报告的前提,是对会计核算所处的时间、空间环境等所作的合理假定。会计基本假设是一种对会计活动进行时、空、量限定的理论,具有公理的性质,反映了会计核算的本质规定。为了保证会计工作正常进行和会计信息的质量,需要对会计核算的范围、内容、基本程序和方法进行限定。这种限定之所以称为假设,是由于会计处在一个不断变化的社会经济环境中,不确定因素的存在,就可能有不完善的认识。因此,在会计实践中就必须对某些未被确切认识的事物,根据客观的、正常的情况或趋势,以合乎事理的判断并规定一个前提条件,即假设会计是在某种特定条件下进行的。

会计假设并不是毫无根据的猜想,而是根据会计的社会经济环境,从已被掌握的事实材料出发,并根据已被证实的理论进行逻辑推理的结果。作为会计假设应具备以下五个基本特征:

(1)假设在本质上是普遍性的,即是推导其他命题的基础;

(2)假设是不言自明的命题,它们直接与会计职业相关或是构成其基础;

(3)假设被普遍认为是有效的,一般在会计实践中长期奉行,毋需证明;

(4)会计假设应具有内在一致性,它们不会互相冲突;

(5)每个会计假设都是独立的基本命题,并不会与其他假设重复或交叉。

目前为会计界普遍认可的基本假设有会计主体假设、持续经营假设、会计分期假设和货币计量假设。

1.3.1.1 会计主体假设

会计主体是指企业会计确认、计量和报告的空间范围,即会计核算和监督的特定单位和组织。

《企业会计准则——基本准则》第五条规定:“企业应当对其本身发生的交易或者事项进行会计确认、计量和报告”。这项规定所强调的就是会计主体。这一假设要求会计人员只能核算和监督所在主体的经济业务,即必须分清企业自身的经济活动与其他单位的经济活动,分清企

业的经济活动与企业所有者和职工个人的经济活动。

会计主体是指会计所服务的特定单位。会计主体又称会计实体，是会计核算服务对象，或者说是会计人员进行核算采取的立场及空间活动的范围的界定。对会计主体的择定，有两个可以依赖的基础：一是根据能控制资源、承担义务并进行经营运作的经济单位来确定；二是根据特定的个人、集团或机构的经济利益的范围来确定。一般情况下，一个经济单位就是一个会计主体，但在特定情况下，也可将集团或内部机构作为会计主体，如企业内部的责任中心等。

会计主体和法人(法律)主体不完全相同，所谓法人主体，是指由出资人出资组建，在政府指定部门登记，拥有法人财产权，具有独立民事行为能力的单位。会计主体和法人主体的关系是：

(1)法人主体一定是会计主体。如有限责任公司、股份有限公司等。

(2)会计主体不一定是法人主体。如个人独资企业、合伙企业、分公司等。

会计主体必须具备三个条件：具有一定数量的经济来源；进行独立的生产经营活动或其他活动；实现独立核算并提供反映本主体经营活动情况的财务报表。

会计主体假设之所以成为会计核算的基本前提之一，是因为传统会计理论认为：会计信息系统所处理的数据和提供的信息不是漫无边际的，而是严格限制在每一个特定的、在经营上或经济上具有独立性的单位之内。只有首先从空间上对会计工作的具体核算范围予以界定，资产、负债、所有者权益、收入、费用和利润等会计要素才有了空间归属，才能独立反映特定主体的财务状况、经营成果及其现金流量，企业的投资人、债权人以及企业管理人员才有可能从会计记录和财务报表中得到有意义的会计信息，从而作出决策，并管理、控制经济活动。其次，明确会计主体，才能将会计主体的交易或者事项与会计主体所有者的交易或者事项区分开来，如企业所有者的经济交易或者事项是属于企业所有者主体所发生的，不应纳入企业会计核算的范围，但是企业所有者投入到企业的资本或者企业向所有者分配的利润，则属于企业主体所发生的交易或者事项，应当纳入企业会计核算的范围。

1.3.1.2 持续经营假设

持续经营是指在可以预见的未来，企业将会按当前的规模和状态继续经营下去，不会停业，也不会大规模削减业务。

一个会计主体(企业)的生产经营过程总是一个再生产过程，所处的社会经济环境总是在不断地变化，也会面临发生破产清算的可能。是否会破产清算以及何时破产清算是一个未知数，除非有充分的反证明，都将认为它能连续地经营下去。为了建立会计反映和监督的正常秩序和方法，会计建立了“持续经营”的概念。

持续经营假设是对会计主体经营时间长度的描述，是指作为会计主体的企业单位，在可以预见的将来，会计核算应以既定的经营方针和预定的经营目标继续经营下去，不需破产清算。因而其资产将按预定的目标去使用，例如，企业购入一台设备，预计使用 8 年，考虑到该企业会持续经营下去，由此可以假设企业的资产会在持续的生产经营过程中长期发挥作用，即不断地为企业生产产品，直到设备使用寿命的结束，为此，该设备损耗掉的价值逐渐地转移到预计使用寿命期间所生产的相关产品的成本中去。同时，其债务也将按发生时承诺的条件去清偿。持续经营假设为会计对象设定了一种运行的状态。在持续经营下，会计主体所持有的资产，将在正常的经营过程中被耗用、出售或转换，而其所承担的债务也将在正常的经营过程中被清偿。

会计正是在持续经营这一前提条件下，才可能进行会计确认和计量；使会计方法和程序建立在非清算的基础上，解决了财产计价和收益确认的问题，以保持会计信息处理的一致性和稳定性。只有在持续经营的前提下，区分资产和负债成为必要，企业的资产和负债才可能进行会计分期，区分为流动和长期的，并为采用权责发生制奠定基础。

1.3.1.3　会计分期假设

一个会计主体（企业）的经营成果，从理论上讲，只有到经营活动全部停止或企业单位破产清算时才能最终计算确定并提供财务报告。但在现实中这个命题无法成立。这是因为：一方面，会计主体的经济活动何时停止是一个不确定因素；另一方面，会计信息的使用者不可能等到经营活动全部停止或企业单位破产清算时才去了解财务报告。由此，在会计实践中就需要对连续不断的经营活动过程，规定在一个较短的期间内对其进行考核和报告，因此，产生了“会计分期”的概念。

会计分期假设是指将会计主体（企业）持续不断的生产经营过程人为地划分为持续的、长短期相同的期间，以便分期结算账目，按期考核并报告其经营活动成果。它是对会计主体时间范围具体划分的假定。会计期间可以是“历年制”，也可以是“营业年”制。由于会计期间是人为划分的，根据世界各国对预算年度的规定不同，会计年度采用的形式有：公历制（即每年 1 月 1 日起至本年 12 月 31 日），如中国、德国、匈牙利、波兰、瑞士、朝鲜等国；四月制（即每年 4 月 1 日起至次年 3 月 31 日），如英国、加拿大、印度、日本、新加坡等国；七月制（即每年 7 月 1 日起至次年 6 月 30 日），如瑞典、澳大利亚等国；十月制（即每年 10 月 1 日起至次年 9 月 30 日），如美国、缅甸、泰国、斯里兰卡等国。会计分期包括中期，中期是指短于一个完整的会计年度的报告期间。

会计分期假设是持续经营假设的补充。有了会计分期，才产生本期与非本期的区别；有了本期和非本期的区别，才产生权责发生制和收付实现制，使得不同类型的主体有了记账的基准，进而出现了应收、应付、折旧、摊销、递延等会计处理方法。因为，企业的资源流动会引起相应的现金流动，由于存在会计分期，现金实际的收付期间和资源流动的发生期间往往不一致。这样，在确认资产、负债、收入、费用时，就可能出现两种交易记录的选择基础：收付实现制和权责发生制。记录企业交易最简便的做法是在发生现金收支时进行记录，这便是现金制或收付实现制会计。另一种交易记录方法是权责发生制会计。权责发生制要求在收入赚取之时便予以确认，而不论何时收到现金。在赊销时尽管尚未收到现金，仍可记作已赚取的收入；在费用发生时，即使尚未支付，也被确认为当期的费用。由于这一方法不至于使企业的期间损益大起大落，因此，企业应当以权责发生制为基础进行会计确认、计量和报告。

权责发生制的一个隐含假设是：存在完备的社会信用基础，即所有的权利和义务都能得到与预期一致的实现或偿付。在这一前提下，应收款项才可能体现为收回等量现金的权利，而负债项目才代表着未来等量现金的流出。如果一般的社会信用状况不佳，那么应用权责发生制就存在很大风险。例如，某些上市公司可能向客户发货（或者直接虚开发票）并相应确认收入和应收账款；或者，可能虚列费用及应付款项、计提秘密准备，以隐藏利润并回避对于投资者的分红义务。这类操纵往往导致企业的净资产、负债、收入和费用出现虚增或虚减。

1.3.1.4　货币计量

货币计量是指会计主体在会计确认、计量和报告时以货币作为计量尺度，反映会计主体的经济活动。

货币作为价值的尺度，是商品经济发展到一定阶段的产物，货币计量的基本含义是：会计主体在进行会计核算时，要求经济业务的处理选择以货币作为量度来加以确认。对会计主体

(企业)的经营活动及其成果核算,所采用的具有综合性的货币量度,旨在克服实物量度的差异性和劳动量度的复杂性。

货币计量假设明确了会计核算的计量尺度和计量条件。这里包含:其一,以货币计量单位对会计主体(企业)的经营活动及其成果进行综合反映,是会计的基本特征之一;其二,当所发生的经济业务存在用两种以上货币单位计量时,为了便于财务报表的阅读、汇总,就需要确定以某一种货币作为记账本位币。但是,统一采用货币计量也存在缺陷,例如,某些影响企业财务状况和经营成果的因素,如企业经营战略、研发能力、市场竞争力、客户资源等,往往无法用货币来计量,但这些信息对于使用者的决策也很重要。为此,企业可以在财务报告中补充披露有关非财务信息。

如上所述,会计假设是对会计所处的经济环境所作的合乎情理的推断和假定,会计假设本质上是一种理想化、标准化的会计环境。但是,假设毕竟与经济现实存在一定的差距,这种假设成立并有效发挥作用的前提是:假设与现实的脱节应保持在合理的限度内,当现实发生变化而使假设远离会计的经济环境时,假设就必须作出相应的修正和补充,以适应变化了的环境,从而保证会计信息系统的"良性"运作。

1.3.2 一般原则

1.3.2.1 会计信息的质量要求

会计信息质量要求是对企业财务报告中所提供的会计信息质量的基本要求。会计信息要对信息使用者进行经济决策有用,应该达到的基本要求包括可靠性、相关性、可理解性、可比性、实质重于形式、重要性、谨慎性和及时性八个方面。

(1)可靠性

可靠性要求企业应以实际发生的交易或者事项为依据进行确认、计量和报告,如实反映符合确认和计量要求的各项会计要素及其他相关信息,保证会计信息真实可靠、内容完整。

可靠性要求企业的会计信息必须能确切地反映经济活动的本来面貌,必须是真实的、可核实的。如果企业提供的会计信息是虚假的、歪曲的,没有如实反映企业的实际情况,其危害性很大,甚至会误导信息使用者,导致决策的失误。因此,可靠性是会计信息的生命。

为了贯彻可靠性要求,企业应当做到:

①以实际发生的交易或者事项为依据进行确认、计量和报告,不得根据虚构的、没有发生的或者尚未发生的交易或者事项进行确认、计量和报告。

②在符合重要性和成本效益原则的前提下,保证会计信息的完整性。财务报告的内容应当保持完整,不能随意遗漏或者减少应予披露的信息,与使用者决策相关的信息都应当充分披露。

【主题活动 1—3—1】 某公司年初制订本年计划将实现营业额增长 20%。年末发现营业额只增长 10%。为完成预定计划,总经理要求仓库制作存货出库单,由财务部确认实现销售收入,增加营业额。该行为违背了可靠性原则的要求,未以实际发生的交易或事项为依据,进行会计核算。

(2)相关性

相关性要求企业提供的会计信息应当与信息使用者的经济决策需要相关,有助于他们对企业过去、现在或者未来的情况作出评价或者预测。

会计信息是否有用、是否具有价值,关键是看其与使用者的决策需要是否相关,是否有助于他们的决策。相关的会计信息应当能够有助于使用者评价企业过去的决策，证实或者修正过去的有关预测，因而具有反馈价值；相关的会计信息还应当具有预测价值，有助于使用者根据财务报告所提供的会计信息预测企业未来的财务状况、经营成果和现金流量。

我国企业的会计信息必须满足三方面的需要：

①符合国家宏观经济管理的要求。

②满足有关各方面了解企业财务状况和经营成果的需要。

③满足企业内部加强经营管理的需要。

因此，企业在提供会计信息的过程中，应当充分考虑信息使用者的信息需求。但相关性是以可靠性为基础的，也就是说，会计信息在可靠性前提下，尽可能地做到相关性，以满足信息使用者的决策需求。如果将两者对立起来，追求会计信息的相关性而不具备可靠性，或者会计信息是可靠的但与决策无关，对决策者都没有实际意义。

(3)可理解性

可理解性要求企业提供的会计信息应当清晰明了，便于信息使用者理解和使用。会计信息要对使用者有用，前提是应能够被使用者理解，不能理解的信息，质量再好也没有用。而信息的可理解性，不仅取决于信息本身的特性，而且与使用者的理解力有关。我们不能假设信息使用者都精通会计专业知识，也不能假设他们对一般经济常识一无所知。

因此，提供的会计信息，对于那些对企业经济活动具有合理程度的知识，并愿意用合理的精力去研究信息的使用者来说，应当是可以理解的。即使是某些复杂的信息，如交易本身较为复杂或者会计处理较为复杂，企业也应当在财务报告中予以充分披露。

【主题活动1－3－2】 可理解性要求企业做到的是(　　)。

A. 为不同的报告使用者提供不同的会计信息

B. 企业所提供的会计信息应当做到清晰明了

C. 便于投资者等财务报告使用者理解和利用

D. 按交易或事项的经济实质进行会计确认

【解析】 BC。编制财务报告、提供会计信息的目的在于使用，为使使用者有效使用会计信息，要求财务报告所提供的会计要素及其他相关信息清晰明了，保证会计信息真实可靠、内容完整。

(4)可比性

可比性要求企业提供的会计信息应当相互可比，保证同一企业不同时期可比、不同企业相同会计期间可比。这主要包括两层含义：

①同一企业不同时期可比或者纵向可比

可比性要求同一企业不同时期发生的相同或者相似的交易或者事项，应当采用一致的会计政策，不得随意变更。目的是便于信息使用者比较企业不同时期的会计信息，了解企业财务状况、经营成果、现金流量的变化趋势，客观地评价过去、预测未来，从而作出决策。但是，满足这一可比性要求，并非表明企业永远不能变更会计政策，如果按照规定或者在会计政策变更后可以提供更可靠、更相关的会计信息，可以变更会计政策，同时应将有关会计政策变更的情况在财务报告中加以说明。

②不同企业相同会计期间可比或者横向可比

可比性还要求不同企业的相同或者相似的交易或者事项，应当采用规定的会计政策，确保会计信息口径一致、相互可比。如果一个企业的信息与其他企业的同类信息相互可比，该信息的有用性会大大提高，可更好地帮助信息使用者比较、评价不同企业的财务状况、经营成果和现金流量情况，便于他们更好地决策。

【主题活动 1—3—3】《企业所得税暂行条例实施细则》规定，固定资产的折旧方法和折旧年限，按照国家有关规定执行，且折旧年限一经确定，不得随意变更，体现了(　　)原则。

A. 可靠性　　B. 相关性　　C. 可比性　　D. 谨慎性

【解析】 C。可比性原则要求，同一企业不同时期发生的相同或者相似的交易或者事项，应当采用一致的会计政策，不得随意变更。

(5)实质重于形式

实质重于形式要求企业应当按照交易或者事项的经济实质进行会计确认、计量和报告，不应仅以交易或者事项的法律形式为依据。

企业发生的交易或事项在多数情况下其经济实质和法律形式是一致的，但在有些情况下也会出现不一致。如一家航空公司向某租赁公司融资租赁了20架飞机，虽然这些飞机在租赁期间内从法律上来看所有权属于租赁公司，但实质上由该航空公司控制，所以应当按照经济实质对其进行会计处理。

【主题活动 1—3—4】 假设新华有限公司按照销售合同销售商品一批，但又签订了售后回购协议。虽然从法律形式上看该公司实现了收入，但其在商品所有权上的主要风险和报酬并没有转移给购货方，没有满足收入确认条件，即使签订了商品销售合同或者已将商品交付给购货方，也不应当确认销售收入。

(6)重要性

重要性要求企业提供的会计信息应当反映与企业财务状况、经营成果和现金流量有关的所有重要交易或者事项。

企业的经济活动纷繁复杂，不分轻重主次地将所有经济数据全部转化为会计信息提供给信息使用者，既不符合成本效益原则，也是没有必要的。但是如果企业将应提供的会计信息省略、遗漏、错报，影响了信息使用者的判断和决策，则该信息就是重要的，必须要提供。重要性的应用需要依赖职业判断，企业应当根据其所处环境和实际情况，从项目的性质和金额大小两方面加以判断。

(7)谨慎性

谨慎性要求企业对交易或者事项进行会计确认、计量和报告时保持应有的谨慎，不应高估资产或者收益、低估负债或者费用。

市场经济环境下，企业的生产经营活动面临着许多不确定性，谨慎性要求企业在面临不确定因素的情况下，应当保持谨慎，充分考虑各种风险和损失，不高估资产或者收益，不低估负债或者费用。如考虑应收款项可能收不回来，企业应估计坏账损失；考虑售出产品可能发生返修等情况，企业应对售出商品所提供的产品质量保证责任加以估计。

谨慎性要求与可靠性要求从表面上看有些冲突，但实质上它是对风险的充分考虑，而风险是客观存在的，所以谨慎性要求并不是允许企业设置秘密准备。如果企业故意低估资产或者收入，或者故意高估负债或者费用，扭曲企业实际的财务状况和经营成果，将有违可靠性和相关性要求，会对信息使用者的决策产生误导，这是违背会计信息质量要求的。

(8)及时性

及时性要求企业对于已经发生的交易或者事项，应当及时进行确认、计量和报告，不得提前或者延后。

及时性是指在失去对决策的影响能力以前将信息提供给决策者。即使是可靠的、相关的会计信息，如果不及时提供，也失去了时效性，对于使用者的效用就大大降低，甚至不再具有实际意义。为了避免原本与决策相关的可靠信息失去效用，应及时提供会计信息。一方面，企业对发生的交易或者事项要及时进行会计处理；另一方面，要把会计信息及时传递给信息使用者。

上述八个方面中，可靠性、相关性、可理解性和可比性是会计信息的首要质量要求，是企业财务报告所提供的会计信息应具备的基本质量特征；实质重于形式、重要性、谨慎性和及时性是会计信息的次级质量要求，是对可靠性、相关性、可理解性和可比性等要求的补充和完善，尤其是在对某些特殊交易或者事项进行处理时，需要根据这些要求来把握其会计处理原则；另外，及时性还是会计信息相关性和可靠性的制约因素，企业需要在相关性和可靠性之间寻求一种平衡，以确定信息及时披露的时间。

1.3.2.2 会计确认计量要求

(1)权责发生制

企业的会计核算应当以权责发生制为基础。权责发生制是指凡是当期已经实现的收入和已经发生或应当负担的费用，不论款项是否收付，都应当作为当期的收入和费用；凡不属于当期的收入和费用，即使款项已在当期收付，也不应作为当期的收入和费用。

(2)配比原则

企业在进行会计核算时，收入与成本、费用应当相互配比，同一会计期间的各项收入和其相关的成本、费用，应当在该会计期间内确认。

(3)历史成本

企业的各项财产在取得时应当按照实际成本计量。其后，各项财产如果发生减值，应当按照会计制度的规定计提相应的减值准备。除法律、行政法规和国家统一的会计制度另有规定者外，企业一律不得自行调整其账面价值。

(4)划分收益性支出与资本性支出

企业的会计核算应当合理划分收益性支出与资本性支出的界限。凡支出的效益仅涉及本年度(或一个营业周期)的，应当作为收益性支出；凡支出的效益涉及几个会计年度(或几个营业周期)的，应当作为资本性支出。

主题学习单元1.4 会计核算方法

【任务1—4—1】 会计方法有哪些，会计核算方法有哪些?

1.4.1 会计方法

会计方法是用来核算和监督会计对象，完成会计任务的一种手段。包括会计核算方法、会计检查方法和会计分析方法。会计核算方法是基础，会计检查方法是会计核算方法的继续，会计分析方法是会计核算方法的补充，三者是一个完整的科学方法体系。

1.4.2 会计核算方法

会计核算方法是一个完整的科学方法体系。会计核算方法是对经济进行完整、连续和系统的记录和计算，为经营管理提供必要的会计信息所应用的方法，包括设置科目和账户、复式记账、填制和审核会计凭证、登记账簿、成本计算、财产清查、编制财务报告、会计资料分析利用八种专门方法。各种方法相互联系、相互制约，其相互联系的关系概括如下：

当交易或事项发生后，首先要取得或填制原始凭证，按统一规定设置会计科目和账户，采用复式记账方法，编制和审核会计凭证，据以登记账簿，根据账簿记录及其他有关资料，采用一定方法计算成本，期末通过财产清查，在保证账实相符的基础上编制财务报告，并对会计资料进行分析利用。

1.4.2.1 设置会计科目和账户

设置会计科目和账户是对会计核算对象的具体内容进行归类、核算、监督的一种专门方法。由于会计核算对象十分复杂，为了系统、连续地进行核算和监督，企业除了设立会计科目进行分类以外，还必须根据规定的会计科目开设账户，分别登记各项经济业务。

1.4.2.2 复式记账

复式记账是对每一项经济业务通过两个或两个以上有关账户相互联系起来进行登记的一种专门方法。任何一项经济活动都会引起资金的增减变动或财务收支的变动，因为在经济活动中，每项经济业务的发生，都会引起至少两个方面资金的增减变动。例如，以银行存款购买材料，一方面引起材料的增加，另一方面引起银行存款的减少。又如，以现金支付费用，一方面引起费用的增加，另一方面引起现金的减少。采用复式记账，就可以全面地、相互联系地反映资金增减变化和财务收支变化情况，并掌握它的来龙去脉。

1.4.2.3 填制和审核会计凭证

填制和审核会计凭证是审查经济活动是否合理、合法的一种专门方法。在会计核算中要以会计凭证作为记账的依据，填制和审核会计凭证可以保证会计记录完整、真实、可靠。会计凭证是交易或事项的书面证明，是登记账簿的依据，对每一项交易或事项填制会计凭证，并加以审核，可以保证会计核算的质量，并明确经济责任。

1.4.2.4 登记账簿

登记账簿是根据审核无误的会计凭证，在账簿上连续、系统、完整地记录交易或事项的一种专门方法。会计账簿按照会计账户开设，由具有专门格式、相互联系的账页组成。按照记账的方法和程序登记账簿并定期进行对账、结账，可以提供完整的、系统的会计资料，也是完整、正确编制财务报表的依据。

1.4.2.5 成本计算

成本计算是按照一定的成本对象，对生产、经营过程中所发生的成本、费用进行归集，以确定各对象的总成本和单位成本的一种专门方法。通过准确计算成本，可以掌握成本的构成情况，以及检查成本计划的完成情况，了解生产经营活动的成果，促使企业加强核算，节约支出，提高经济效益。

1.4.2.6 财产清查

财产清查是对各项财产物资、往来款项等进行实物盘点和清查，将清查盘点的结果与账面结存数相核对，以确定账实是否相符的一种专门方法。如果清查中发现账实不符，应分析原因，明确责任并调整账面记录，使账实相符。进行财产清查一方面是可确保会计记录正确，另一方面能够保证企业财产的安全完整，促使企业加强资产管理。

1.4.2.7 编制财务报告

编制财务报告是定期向财务报告使用者提供与企业财务状况、经营成果和现金流量等有关的会计信息，反映企业管理层受托责任履行情况的一种专门方法。编制财务报告有助于财务报告使用者作出经济决策。

1.4.2.8 会计资料的分析和利用

对会计资料的分析和利用是对会计资料所反映的各项经济指标进行分析对比，确定差异，分析原因，进一步提高企业经营管理水平。

以上各种专门方法是一个完整的体系，是相互联系、紧密结合的，必须一环紧扣一环，才能保证核算工作的顺利进行。

会计核算方法体系如图1—5所示。

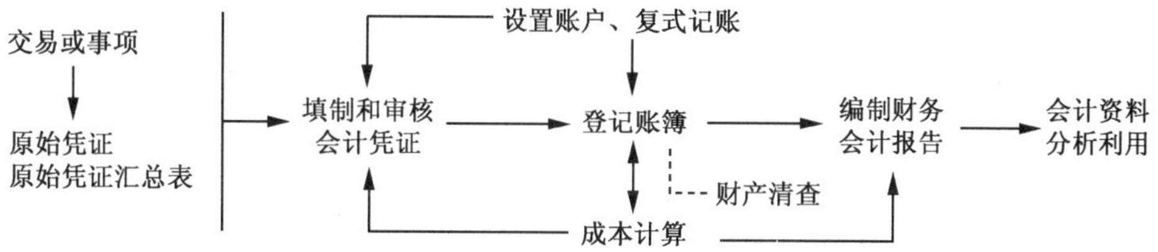

图1—5 会计核算方法体系

由于企业的规模不同，生产经营管理的要求不同，财务处理程序也有所差异。

概念回顾

会计　会计的核算职能　会计的监督职能　会计的对象　会计核算的基本前提

权责发生制　相关性　可比性　谨慎性　收益性支出　资本性支出

复习思考题

1. 会计职能与基本职能有哪些?

2. 你对会计的概念是如何认识的?

3. 为什么要进行会计假设? 基本假设包括哪些内容?

4. 会计的任务是什么? 什么是会计的首要任务?

5. 什么是会计的对象? 为什么说会计对象也就是再生产过程中的资金运动?

6. 什么是资金循环和周转? 举例说明工业生产企业和商品流通企业的资金循环和周转过程。二者有何不同?

7. 会计核算有哪些专门方法?

技能实训

一、实训目的

通过实践调查活动，使学生了解会计在企业管理中的重要地位，明确企业会计岗位的内容、目标和基本环节，增强学生对会计的感性认识，为今后会计的学习和职场人生奠定基础。

二、实训内容

结合本学习单元所学内容，实际走访身边企业，对其会计目标、会计工作内容进行综合分析；也可围绕下面三个具体任务，形成书面材料，做成PPT在班级公开汇报，其他同学组成答辩小组公开答辩。

【任务 1】 假设你为某公司会计工作人员，请描述该企业主要会计活动，并说明企业应该如何协调各项会计工作。

【任务 2】 假设你为某公司会计工作人员，请明确公司的会计目标，并设计科学合理的公司会计业务流程方案。

【任务 3】 假设你所在公司的财务负责人要求你在熟悉企业会计核算基本假设的前提下，提出保证会计信息质量，进行会计确认计量的方案。

第二篇

会计核算基本原理

|学习单元 2|

会计要素确认计量与会计等式认知

【素质目标】

1. 熟悉会计要素的含义与特征；
2. 掌握会计要素的确认条件与构成；
3. 掌握常用的会计计量属性；
4. 掌握会计等式的表现形式；
5. 掌握基本经济业务的类型及其对会计等式的影响。

【技能目标】

1. 能判断每项经济业务属于哪个会计要素；
2. 能知道会计要素之间的数量平衡关系；
3. 能够用会计等式将由经济业务所引起的会计要素的增减变动表达出来；
4. 能针对企业发生的经济业务举例进行说明。

【案例导入】

9 月初，李海同学来学校时带了父母给的 600 元现金，一个月过去了，李海将自己这个月的花费计算了一下：伙食方面花费 500 元，交通费花费 30 元，购买一个小台灯花费 30 元，购买 U 盘花费 50 元，共计花费 610 元。另外，李海本月利用周末兼职挣了 200 元。李海试着用刚学的会计要素的知识来记录自己这个月的资金情况：月初拥有的 600 元现金是父母给的，属于自己的自有资金，即月初资产是 600 元，所有者权益也是 600 元；本月花费的伙食费、交通费共计 530 元，应列作费用；购买的小台灯、U 盘共计 80 元，应列为增加的固定资产；周末兼职取得的现金 200 元，应列为收入。那么月底李海的资产、所有者权益应该分别是多少呢？六个会计要素之间又有什么关系呢？

主题学习单元 2.1　资金平衡原理

【任务 2—1—1】　王达是个摄影爱好者，自己日常喜欢摄影，也曾利用业余时间帮助朋友照相、冲洗等。他最近办了一家影楼，定名为“美丽影楼”。美丽影楼的所有资产都是由王达投入的，用于经营的资产包括：他原有的两台照相机和镜头等配件及一套冲洗、放大设备，共计 80 000元；必需的耗材如胶卷、冲洗和印放照片的药水、相纸等共计10 000元；周转用现金

10 000元，这些都是美丽影楼的资产，共计100 000元。影楼开业后不久，王达发现顾客们喜欢经过特殊制作的照片，相应的设备的市场价格大约30 000元，他向设备供应厂商赊购这一设备，这样他的资产总额增加到130 000元。请帮助王达进行资金平衡。

2.1.1 资金平衡关系

在学习单元1中我们已经了解到任何企业都客观存在着资金运动，当资金运动处于相对静止状态时，表现为资金的使用和资金的来源两个方面，有一定的资金使用，必定有一定的资金来源，没有无来源的资金，也没有无使用的资金，这是同一资金的两个不同的侧面，这两个方面有着相互依存、互为转化的关系，一定量的资金在一个企业表现为资金的来源可能在另一个企业表现为资金的使用，这两个方面表现为资金从哪里来，又用到哪里去，而且两者的数额必定是相等的，完整地反映了资金的来龙去脉。

【主题活动2—1—1】 某公司所有者投入资本600 000元，向银行借款150 000元，欠A单位以前采购材料款20 000元；用于购买商品250 000元，购买机器设备及生产线300 000元，应收乙单位货款50 000元，银行存款70 000元。

【解析】 我们从上面的主题活动中可以看出，资金总额为770 000元，即资金来源是770 000元，分别是所有者投入资本600 000元、银行借款150 000元和欠A单位的货款20 000元；资金使用也是770 000元，分别是购买商品350 000元，购买机器设备及生产线300 000元，应收乙单位货款50 000元，银行存款70 000元，两者总额是相等的。如图2—1所示(单位：元)。

资产总值（770 000）

资金运用		资金来源	
银行存款	70 000	短期借款	150 000
库存商品	350 000	应付账款	20 000
应收账款	50 000	实收资本	600 000
固定资产	300 000		
合 计	770 000	合 计	770 000

图2—1 资金平衡关系

2.1.2 会计核算基础

【任务2—1—2】 会计以什么为标准来确认、计量和报告企业单位的收入和费用？怎样更加真实、公允地反映企业单位某一特定日期的财务状况和某一特定期间的经营成果？

2.1.2.1 权责发生制

权责发生制是指以经济业务引起的权利责任实际发生为标志来确认各期收入和费用，凡是本期已经实现的收入和应当负担的费用，不论款项是否在本期实际收付，都应当作为本期的收入和费用处理；凡是不属于本期的收入和费用，即使款项在本期收付，也不能作为本期的收入和费用。由于权责发生制以应收应付制为标准，所以又称应计制或应收应付制。

《企业会计准则——基本准则》第九条规定：企业会计应当以权责发生制为基础进行会计

确认、计量和报告。

【主题活动 2—1—2】 某企业 7 月份发生下列交易或事项：

(1)销售 A 产品 10 000 元，货款存入银行。

(2)销售 B 产品 18 000 元，货款尚未收到。

(3)收到上月份应收的货款 15 000 元存入银行。

(4)收到客户预付的货款 12 000 元存入银行，下月交货。

(5)预付 7～9 月的仓库的租金 21 000 元，本月应摊销 7 000 元。

(6)预提应由本月费用负担的银行借款利息 2 000 元。

要求：按照权责发生制确认该企业 7 月份的收入和费用，结果见表 2—1。

表 2—1

收入		费用	
(1)	10 000	(5)	7 000
(2)	18 000	(6)	2 000
合计	28 000	合计	9 000

(1)采取权责发生制的优点是：有利于正确反映各个会计期间所实现的收入和为实现收入所应负担的费用，从而可以把各期的收入与其相关的费用、成本相配合，加以比较，正确确定各期的财务成果。正因为权责发生制具备这些优点，才产生了应收、应付、预收、预付等一系列会计处理方法。

(2)采取权责发生制的缺点是：实务处理繁琐。因为企业不可能在日常的会计工作中对每项业务都按权责发生制来记录，因而就需要在期末按权责发生制的要求进行账项调整。绝大多数企业都采用这一基础记账。

2.1.2.2 收付实现制

收付实现制是指以实收实付为标志来确认各期收入和费用，凡是本期收到的收入和支出的费用，不管是否属于本期赚得和本期负担，都作为本期的收入和费用；凡是本期未收到的收入和未支出的费用，即使属于本期，也不能作为本期的收入和费用。由于收付实现制以现金收付为标准，所以又称为现金制或实收实付制。

【主题活动 2—1—3】 承【主题活动 2—1—2】，按照收付实现制确认该企业 7 月份的收入和费用，结果见表 2—2。

表 2—2

收入		费用	
(1)	10 000	(5)	21 000
(3)	15 000		
(4)	12 000		
合计	37 000	合计	21 000

目前，我国的行政单位会计采用收付实现制；事业单位会计核算一般采用收付实现制；事业单位部分经济业务或者事项，以及部分行业事业单位的会计核算采用权责发生制核算的，由

财政部在相关会计制度中具体规定。

(1)采用收付实现制的优点是:会计记录直观,便于根据账簿记录来量入为出;会计处理简便,不需要对账簿记录进行期末账项调整。

(2)采用收付实现制的缺点是:不符合配比原则的要求,不能正确计算各期损益。

主题学习单元 2.2　会计要素确认计量

【任务 2—2—1】　*什么是会计要素,我国企业会计准则规定有哪几个会计要素?*

2.2.1　会计要素的概念及其构成

前面述及会计核算的对象主要是能用货币表现的经济活动即资金运动,企业这样的经济活动内容繁多、涉及面广,要想有规律地记账非常困难。为了便于我们用《企业会计准则》规定的专业的记账方法进行记账,必须对经济业务内容进行科学的分类,这样既有利于我们对不同经济业务分类进行确认、计量、记录和报告,而且还可以为建立会计科目和设计财务报表提供依据。我们把会计记账的经济业务内容进行科学分类的类别名称,在会计上称为会计要素。

会计要素是会计对象要素的简称。是对会计主体的经济活动及其资金运动的基本分类,即对会计对象的具体内容的基本分类,是会计对象的具体化,是设置会计科目的基本依据,也是编制财务报表的基本框架。

我国《企业会计准则》和《企业会计制度》规定了我国企业的会计要素有六大类,分别是资产、负债、所有者权益、收入、费用、利润。其中资产、负债、所有者权益是用来反映企业一定时点资产、负债、所有者权益状况的会计要素,即反映企业财务状况的静态表现;收入、费用、利润是反映企业一定时期经营成果的会计要素,是资金运动的动态表现。

我国行政事业单位和企业的记账基础不同,会计要素分类也有差别,具体可分为五大类,分别是资产、负债、净资产、收入和支出。其中资产、负债、净资产三项反映了单位的资金收支活动的静态表现;收入和支出反映了资金收支活动的动态表现。

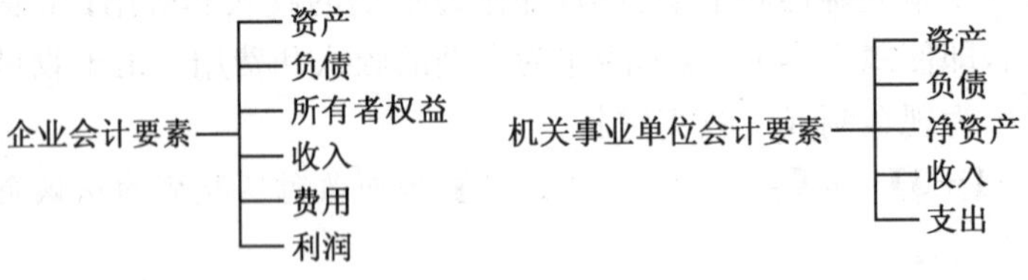

2.2.2　反映财务状况的会计要素

【任务 2—2—2】　*假如你是企业的会计,你认为要了解企业的财务状况,应该从哪个方面了解?如何界定企业的资产、负债、所有者权益?*

2.2.2.1　资产

(1)含义

资产是指企业过去的交易和事项形成的、由企业拥有或控制的,预期会给企业带来经济利益的资源。

(2)特征

①资产是由过去的交易或者事项所形成的。现实存在的资产才能明确其归属,才能给企

业带来经济利益，只有过去已经发生的交易或事项，包括购买、生产、建造、接受投资等才能形成现实的资产，企业计划在未来发生的交易或者事项不能形成企业的资产。

例如，企业计划下个月购买 20 台计算机但现在尚未购买，就不能将这 20 台计算机确认为企业的资产，若已购买 5 台计算机，则应确认为企业的资产；投资人打算对企业投入资金 100 000元，只有当他将这笔资金真正投入到本企业时才能确认为企业的资产。

②资产必须为企业拥有或控制。说明企业的资产可以为企业拥有，也可以为企业控制。“拥有”是具有该项资源的所有权，如企业拥有的货币资金、厂房、机器设备、各种原料及辅助材料等；“控制”是指企业虽然不具有该项资源的所有权，但是可以控制其使用并承担该资源带来的风险和享有该项资源带来的经济利益。如对于租期很长、价值很高的融资租入固定资产应作为企业的自有资产管理，再如售后回租、售后回购。

③预期会直接或间接给企业带来经济利益。预期会给企业带来经济利益是资产的本质特征，是指直接或间接导致现金或现金等价物流入企业的潜在能力。如果某一项目不能给企业带来经济利益或前期确认为资产的项目不能再为企业带来经济利益，则不能将其确认为资产。如一家服装厂的货币资金、厂房、机器设备、面料辅料、生产完工的服装和正在加工中的服装等都是企业的资产，因为货币资金可用于企业的各项支付，厂房、机器设备、各种原材料等可用于企业的生产经营过程制造商品，商品对外出售后收回货款，货款即为企业所获得的经济利益，但如果是已经毁损不能销售的服装或已经损坏不能使用的机器设备，就不能将其确认为企业的资产。

(3)资产的确认条件

上面已经述及资产的定义，但是符合资产的定义，是不是就可以记在我们资产的账上或作为资产入账呢？我们要想准确地把一项物资在账簿上记账，还必须同时满足以下两个条件：

①与该资源的相关的经济利益很可能流入企业。从资产的定义可以看出，能否带来经济利益是资产的一个本质特征，但现实生活中，经济环境瞬息万变，与资源有关的经济利益能否流入企业或能够流入多少实际上带有不确定性。因此，资产的确认还应与经济利益流入的不确定性程度的判断结合起来，如果根据编制财务报表时所取得的证据，与资源有关的经济利益很可能流入企业，那么就应该将其作为资产予以确认；反之，则不能确认为资产。

同时《企业会计准则》还给出了可能、很可能的判断标准如下：

基本确定：大于 95%，小于等于 100%

很可能：大于 50%，小于等于 95%

可能：大于 5%，小于等于 50%

极小可能：大于 0，小于等于 5%

②该资源的成本或价值能够可靠计量。即不是满足资产的定义就能够确认为一项资产，如企业的人力资源，一般企业的人才会给企业带来经济利益，但是带来经济利益的可能性有多大是无法估计的，而且人力资源本身的成本也无法合理估计，即无法确认和计量该项资产。

【主题活动 2—2—1】 下列可以确认为企业资产的是(　　)。

A. 购入的无形资产　　B. 已霉烂变质无使用价值的存货

C. 融资租入的固定资产　　D. 计划下个月购入的材料

【解析】 AC。“购入的无形资产”符合资产要素的定义；融资租入的固定资产虽然没有所有权，但拥有实际控制权，因此确认为企业的资产。

(4)资产的分类

企业的财产物资品种繁多，而且不同种类的资产在经营过程中的作用是不同的，财产物资的时效、性能也是不同的，我们应对不同的财产物资进行不同的管理，因此有必要对企业的各项财产物资进行进一步的分类。《企业会计准则》一般按其流动性和存在形态对资产进行分类，可分为流动资产和非流动资产。具体流动资产和非流动资产还可以进一步地分类，便于按经济管理的要求进行记账，以满足企业加强经济管理、提高经济效益的要求。

①流动资产是指可以在1年或者超过1年的一个营业周期内变现、出售或耗用的资产，主要包括库存现金、银行存款、交易性金融资产、应收及预付款项、待摊费用、存货等。所谓变现，就是转化为现金(货币资金)，如收回应收及预付款项、销售商品收回货款、出售交易性金融资产收回资金等表现为变现能力或流动性；所谓耗用，指的是在生产经营过程中的消耗使用，如原材料被生产车间领用、固定资产在生产经营中消耗及磨损等。

②非流动资产是指可以在1年或者超过1年的一个营业周期以外变现、出售或耗用的资产，主要包括长期股权投资、固定资产、无形资产等。

长期股权投资是指除交易性金融资产以外的投资，包括持有时间超过1年(不含1年)的各种股权性质的投资、不能变现或不准备变现的债券、长期股权投资和其他长期投资。

固定资产是指企业为生产商品、提供劳务、出租或经营管理而持有的，使用寿命超过一个会计年度的有形资产。如企业的房屋建筑物、机器设备、运输工具、电脑仪器设备等。

无形资产是指企业拥有或控制的、没有实物形态的可辨认非货币性资产。可辨认无形资产包括专利权、非专利技术、商标权、著作权、土地使用权等。新会计准则规定商誉不作为无形资产确认和计量。

其他资产是指除上述资产以外的其他资产，如长期待摊费用。长期待摊费用，是指企业已经支出，但摊销期限在1年以上(不含1年)的各项费用，包括固定资产大修理支出、租入固定资产的改良支出等。

- 资产
  - 流动资产——货币资金、短期投资、存货和应收及预付款等
  - 非流动资产
    - 长期资产——长期股权投资
    - 固定资产——固定资产净额、在建工程、固定资产清理
    - 无形资产——无实物形态的资产。如专利权、商标权等
    - 其他资产——长期待摊费用

备注：一般企业的正常营业周期通常短于一年，但也有企业正常营业周期长于一年的情况，如房地产开发企业开发的用于出售的房地产开发产品，造船企业制造的用于出售的大型船只等，从购买原材料进入生产，到制造出产品出售并收回现金或现金等价物的过程，往往超过一年。在这种情况下，与生产循环相关的产成品、应收账款、原材料尽管超过一年才变现、出售或耗用，但仍应确认为流动资产。当正常营业周期不能确定时，应当以一年，即12个月作为一个正常营业周期。

2.2.2.2　负债

(1)定义

负债是指企业由于过去的交易或事项所形成的，预期会导致经济利益流出企业的现时义务。

(2)特征

①负债必须是企业已经承担的现时义务。现时义务是指企业在现行条件下已承担的义务，未来发生的交易或者事项形成的义务，不属于现时义务，不应当确认为负债。这里所指的义务可以是法定义务，也可以是推定义务，通常必须依法执行，如企业购买原材料形成的应付

账款、向银行借入款项形成的借款、按税法规定应当缴纳的税款等，均属于企业的法定义务，需要依法予以偿还。推定义务是指根据企业多年来的习惯做法、公开的承诺或者公开宣布的政策而导致企业在未来将承担的责任，如某企业多年来对于售出商品提供一定期限内的售后服务，那么保修期内为售出商品提供的保修服务就属于推定义务，应当将其确认为负债。

②负债是基于过去的交易或事项而产生的。即导致负债的交易或事项必须已经发生。也只有过去已经发生的交易或事项才形成企业的现时义务，企业计划中或谈判中的交易不能确认为企业的负债，企业将在未来发生的承诺、签订的合同等交易或事项，不能确认为企业的负债。

③偿还债务会使经济利益流出企业。负债是需要企业在未来某一时日通过交付资产或提供劳务来清偿的义务，这是负债的本质。如用现金偿还或以实物资产形式偿还，以提供劳务形式偿还，以部分转移资产、部分提供劳务形式偿还，将负债转为资本等。

④负债必须有确切的债权人和合理的到期日。负债必须有确切的债权人和合理的到期日是由负债的性质决定的，如果没有债权人的负债是不能称其为负债的，即使有债权人但没有明确合理的到期日负债就不能导致经济利益流出企业，不符合负债的定义。

(3)负债的确认条件

凡是符合上述负债定义的义务，同时还需要满足下列两个条件才能确认为负债：

①与该义务有关的经济利益很可能流出企业。

②未来流出经济利益的金额能够可靠计量。

(4)负债的分类

按偿还期限的长短，一般将负债分为流动负债和非流动负债。

①流动负债。指将在一年(含一年)或者超过一年的一个营业周期内偿还的债务，包括短期借款、应付及预收款项、应付职工薪酬、应交税费、应付股利、其他应付款等。

②非流动性负债。指偿还期限在一年或者超过一年的一个营业周期以上的债务，包括长期借款、应付债券、长期应付款等。

负债——流动负债——银行借款、应付及预收款及应交款项等
负债——非流动负债——长期借款、长期应付款及其他长期负债等

【主题活动2—2—2】 下列关于负债要素的说法中正确的是(　　)。

A. 负债是指由企业过去的交易或事项形成的、预期会导致经济利益流出企业的现时义务

B. 未来发生的交易或事项形成的义务也应当确认为负债

C. 清偿负债的方式包括用现金清偿或以实物资产清偿、以提供劳动偿还、部分转移资产部分提供劳务偿还、将负债转为所有者权益

D. 流动负债是指预计在一年(含一年)或超过一年的正常营业周期内偿还的负债

【解析】 ACD。未来发生的交易或事项不是企业的现时义务，不应当确认为负债。

2.2.2.3　所有者权益

(1)定义

所有者权益又称股东权益或剩余权益，是指企业的所有者对企业资产享有的剩余权益。其金额为资产减去负债后的余额。企业资产形成的资金来源，包括债权人借入和所有者直接投入两个方面。向债权人借入的资金，形成企业的负债；所有者投入的资金，形成所有者权益。

(2)特征

①所有者权益在一般情况下，企业不需要归还其投资者，不承担到期偿还债务的风险。我

国《公司法》规定，所有者的投入资本除非企业发生破产或减资清算，企业一般无需偿还。

②在企业清算时，所有者权益只有在清偿所有的负债后，才返还给投资者。我国《公司法》规定，企业在破产或减资清算时的偿还顺序是先偿还债务，如有剩余才可以考虑偿还投资者。如没有剩余可不偿还投资者。

③所有者权益中的基本部分可以参与企业利润的分配(而负债则不能参与)。所有者投入资本以后如果企业经营发生盈利，应当向投资者分配股利。

④所有者权益反映企业的产权关系，即企业归谁所有，企业没有偿还所有者权益的义务。企业清算时，只有清偿所有的负债后，剩余财产才返还所有者。

⑤所有者权益的确认与计量主要依赖于资产和负债的确认和计量。由于所有者权益金额的计算等于资产减去负债，所以所有者权益的确认和计量依赖资产负债的计量。

⑥随着企业增资和利润的实现，企业的所有者权益将会增加，而企业减资、发生亏损和分配利润，自然会减少企业所有者权益。如某企业由A、B、C三方各投入600 000元、450 000元、450 000元货币资金注册成立，通过一年经营该企业盈利300 000元，那么该企业设立时的所有者权益为1 500 000元，一年后为1 800 000元。

(3)所有者权益的确认条件

所有者权益的确认、计量主要取决于资产、负债、收入、费用等其他会计要素的确认和计量。所有者权益在数量上等于企业资产总额扣除债权人权益后的净额，即为企业的净资产，反映所有者(股东)在企业资产中享有的经济利益。

(4)所有者权益的分类

所有者权益来源包括所有者投入的资本、直接计入所有者权益的利得和损失、留存收益等，具体表现为实收资本、资本公积、盈余公积和未分配利润。

①所有者投入的资本是指所有者投入企业的资本部分，它既包括构成企业注册资本或者股本部分的金额，也包括投入资本超过注册资本或者股本部分的金额，即资本溢价或者股本溢价，这部分投入资本在我国企业会计准则体系中被计入了资本公积，并在资产负债表中的资本公积项目反映。

实收资本是投资者以货币资金、实物、无形资产以及其他方式实际投入企业经营活动的各种财产物资。可以分为国家资本金、法人资本金、个人资本金和外商资本金，在会计上又称实收资本。

资本公积是企业由投入资本本身所引起的各种增值以及直接计入所有者权益的利得或损失。如资本溢价、法定财产重估增值、接受捐赠、外币资本折算差额等，它与企业生产经营活动本身无关。

②直接计入所有者权益的利得和损失是指不应计入当期损益、会导致所有者权益发生增减变动的、与所有者投入资本或者向所有者分配利润无关的利得或者损失。

③留存收益是盈余公积和未分配利润的统称，是企业历史实现的净利润留存于企业的部分。

盈余公积是指企业按照规定从净利润中提取的各种积累资金。盈余公积根据其用途不同可分为法定盈余公积和任意盈余公积两类。

未分配利润是指税后利润经提取各种公积金、向所有者分配利润后的余额，可以留待以后年度进行分配的尚未分配完的利润。

(5)所有者权益与负债的区别

所有者权益和负债都是对企业的要求权，但又存在着明显的区别。

①对象不同。负债是对债权人负担的经济责任；所有者权益是对投资人负担的经济责任。

②性质不同。负债是在经营中或其他事项中发生的债务，是债权人对其债务的权利；所有者权益是对投入的资本及其投入资本的运用所产生的盈余(或亏损)的权利。

③偿还期限不同。负债必须于一定时期(特定日期或确定的时期)偿还；所有者权益一般只有在企业解散清算时(除按法律程序减资外)，其破产财产在偿付了破产费用、债权人的债务等以后，如有剩余财产，才可能还给投资者。在企业持续经营的情况下，一般不能收回投资。

④享受的权利不同。债权人只享有收回债务本金和利息的权利，而无权参与企业收益分配；所有者权益在某些情况下，除了可以获得利益外，还可参与经营管理。

从会计核算角度看，不同组织形式的企业，在对资产、负债、收入、费用和利润的会计核算中一般并无区别，但在所有者权益的核算上却差别很大，尤其是公司制企业中的股份有限公司对其所有者权益的核算，由于涉及每个股东、债权人以及其他利益相关人的利益，往往在法律上对其规定得比较详细，如我国《公司法》对公司制企业的股票发行、转让、利润的分配、减资等均作了比较详细的规定。

【主题活动2—2—3】 下列关于所有者权益的表述中，不正确的是(　　)。

A. 所有者权益又称净资产，是指企业资产扣除负债后由所有者享有的剩余权益

B. 所有者权益的来源包括投资者投入的资本、债权人投入的资本、留存收益等

C. 企业不需要偿还所有者权益，除非发生减资清算

D. 权益分为债权人权益和所有者权益，而债权人权益优先于所有者权益

【解析】 B。所有者权益的来源包括投资者投入的资本、直接计入所有者权益的利得和损失、留存收益等，债权人投入的资本构成企业的负债。

2.2.3 反映经营成果的会计要素

【任务2—2—3】 企业会计准则中对收入、费用、利润是如何界定的，其概念、特征、确认条件和内容应该如何理解？

2.2.3.1 收入

(1)定义

收入是指企业在日常活动中所形成、会导致所有者权益增加的、与所有者投入资本无关的经济利益的总流入。

(2)特征

①收入从企业的日常活动中产生，而不是从偶发的交易或事项中产生。日常活动是指为完成其经营目标所从事的经常性活动以及与之相关的活动。如工业企业制造并销售商品、商品流通企业销售商品、软件企业为客户开发软件、商业银行对外贷款、租赁公司出租资产等均属于企业的日常活动。日常活动以外的其他活动导致的经济利益的流入在我国会计准则中不作为收入而是作为利得。

②收入可表现为企业资产的增加，也可表现为企业负债的减少，或二者兼而有之。如企业销售商品取得收入会增加银行存款、减少预收账款。

③收入能导致企业所有者权益的增加，但与投资者投入资本无关。

④收入只包括本企业经济利益的流入，不包括为第三方或客户代收的款项。

(3)分类

①收入按业务的主次可分为主营业务收入和其他业务收入。主营业务收入是由企业的主营业务所带来的收入;其他业务收入是除主营业务活动以外的其他经营活动实现的收入,如出租固定资产、出租无形资产、销售材料等收入。

②收入按性质不同,分为销售商品收入、提供劳务收入、让渡资产使用权收入等。

(4)收入的确认条件

①与收入相关的经济利益很可能流入企业;

②经济利益流入企业的结果会导致资产的增加或负债的减少;

③经济利益的流入金额能够可靠计量。

2.2.3.2　费用

(1)定义

费用是指企业在日常活动中所发生的会导致所有者权益减少的与所有者分配利润无关的经济利益的总流出。

(2)特征

①费用是从企业的日常活动中产生,而不是从偶发的交易或事项中产生。日常活动以外的其他活动导致的经济利益的流出在我国会计准则中不作为费用,而作为损失。日常活动的界定与收入中日常活动的相一致。

②费用可表现为企业资产的减少,也可表现为企业负债的增加,或二者兼而有之。例如,企业采购材料结算货款时会减少银行存款、增加应付款项。

③费用能导致企业所有者权益的减少,但与向所有者分配利润无关。

(3)费用的分类

费用包括两方面内容:生产费用和期间费用。

①生产费用是指与企业日常生产经营活动有关的费用,按其经济用途可分为直接材料、直接人工和制造费用。生产费用应按其实际发生情况计入产品的生产成本;对于生产几种产品共同发生的生产费用,应当按照受益原则,采用适当的方法和程序分配计入相关产品的生产成本。

②期间费用是指企业本期发生的、不能直接或间接归入产品生产成本,而应直接计入当期损益的各项费用,包括销售费用、管理费用和财务费用。

(4)费用的确认条件

①与费用相关的经济利益很可能流出企业;

②经济利益流出企业的结果会导致资产的增加或负债的减少;

③经济利益的流出金额能够可靠计量。

2.2.3.3　利润

(1)定义

利润是指企业在一定期间的经营成果。利润总额有三部分内容,包括营业利润、投资净收益和营业外收支净额等。营业利润是日常经营活动中实现的各项收入与相应的费用配比之后的结果,利润总额由营业利润和营业外收支净额构成,净利润是利润扣除所得税费用后的金额。

(2)利润的确认条件

利润反映收入减去费用、直接计入当期利润的利得减去损失后的净额。利润的确认主要依赖于收入和费用,以及直接计入当期利润的利得和损失的确认,其金额的确定也主要取决于收入、费用、利得、损失金额的计量。通常情况下,如果企业实现利润,表明企业所有者权益增加,业绩得到了提升;反之,则表明企业所有者权益减少,业绩下降。

【主题活动 2—2—4】 下列各项中,反映企业经营成果的会计要素有(　　)。

A. 利润　　B. 费用　　C. 收入　　D. 所有者权益

【解析】 ABC。所有者权益是反映企业财务状况的会计要素。

(3)利润的特征

①利润反映企业在一定期间的最终经营成果;

②利润包括收入减费用后的差额、直接计入当期利润的利得和损失等;

③利润的计量依靠收入费用的计量;

④企业实现利润要分配,发生亏损要弥补。

(4)利润的构成

①收入减去费用后的净额,反映企业日常活动的经营业绩;

②直接计入当期利润的利得和损失,反映企业非日常活动的经营业绩。

直接计入当期损益的利得和损失,是指应当计入当期损益、最终会引起所有者权益发生增减变动的、与所有者投入资本或者向所有者分配利润无关的利得或损失。应当严格区分收入和利得、费用和损失,以便全面反映企业的经营业绩。

【同步思考】

A 公司计划购买一台机器,2 月份与 B 公司签订一份购销合同,约定于 5 月份交货,机器价款为 100 000 元。5 月 20 日收到订购的机器,经安装调试于 25 日交付使用,货款于 30 日转账支付。

问:A 公司应何时确认固定资产? B 公司应何时确认销售收入?

主题学习单元 2.3　会计等式的构成

【任务 2—3—1】 资产、负债、所有者权益、收入、费用、利润六个要素之间有什么样的数量关系,它们一定是平衡的吗? 在哪些情况下是平衡的?

2.3.1　会计等式的含义

会计等式又称会计平衡公式或会计恒等式,它是表明各会计要素之间数量关系的表达式。它是设置账户、复式记账和设计资产负债表的理论依据。

2.3.1.1　静态会计等式

任何一个企业要想进行生产经营活动必须拥有一定数量的经济资源,这些经济资源就是我们所说的“资产”。资产不可能凭空产生。企业最初的资产只有两个来源,一是所有者提供的,二是向债权人借的。因此,一个会计主体的全部资产应当等于各有关提供者对这些资产的权益总和,即用公式表示为:

资产=权益=负债+所有者权益

资产、负债、所有者权益是静态会计要素,该等式反映了企业在某一特定日期的财务状况,所以是静态的会计等式。该等式是会计等式中最通用和最一般的形式,所以通常也称为基本会计等式,是复式记账法的理论基础,也是企业编制资产负债表的依据。

2.3.1.2 动态会计等式

在企业的生产经营过程中，必然会取得收入，也会发生各种费用。企业应按照配比原则将收入与费用进行比较，收入超过费用的部分，就是企业取得的利润；反之，则为亏损。其关系可用下列等式表示：

收入－费用＝利润

由动态会计要素收入、费用、利润组合而成的反映企业一定会计期间经营成果的会计等式是动态的会计等式。

2.3.1.3 综合会计等式

企业取得利润，表示企业生产中增加的资产，企业发生亏损，表示企业资产的减少。所以当企业处于生产经营过程中时，上述两个等式可合并为：

资产＝负债＋所有者权益＋(收入－费用)

＝负债＋所有者权益＋利润

2.3.2 经济业务的发生对会计等式的影响

【任务2—3—2】 请运用数学原理找出会计等式相等的所有情况，每种情况举出1～2个实际案例说明引起等式的变化并分析这些经济业务因素有没有破坏等式的平衡关系。

企业在生产经营过程中，每天都会不断发生各种交易或事项，交易或事项的发生必然会引起各个会计要素相应的增减变化。但不论发生何种交易或事项，会计要素的金额怎样变化，都不会破坏会计等式的平衡关系。

因为企业经济业务虽然纷繁复杂，但归纳起来不外乎以下四种基本类型。

【解析】 等式变化情况如下：(1)引起资产之间有增有减；(2)引起权益之间有增有减；(3)引起资产与权益同时增加；(4)引起资产与权益同时减少。

举例说明各类经济业务对基本会计等式的影响：

(1)资产项目之间此增彼减，总额不变。

例如，甲企业以银行存款购入3 000千克原材料，每千克10元。

该笔经济业务发生以后，使资产方“原材料”增加30 000元，同时使资产方“银行存款”减少30 000元，结果资产方总额相等，结果双方总额仍保持平衡。

(2)负债项目之间此增彼减，总额不变。

例如，甲企业向银行借入为期3个月的借款70 000元，偿还前欠材料款。

该笔经济业务发生以后，是负债方“短期借款”增加70 000元，同时使负债方“应付账款”减少70 000元，结果双方总额仍保持平衡。

(3)资产与负债及所有者权益项目的同增同减，总额不变。

例如，甲企业向银行借入为期3个月的借款70 000元，存入企业存款账户。

该笔经济业务发生以后，使负债方“短期借款”增加70 000元，使资产方“银行存款”增加70 000元，结果双方总额仍保持平衡。

(4)负债及所有者权益项目的此增彼减，总额不变。

例如，某单位向银行借入长期借款200万元，后因企业管理不善，发生财务困难，与银行进行债务重组，经协商，银行同意将该笔借款转为对该企业的投资。

该笔经济业务发生以后，使负债方“长期借款”减少200万元，使所有者权益方“实收资本(股本)”增加了200万元，权益总额相等，结果双方总额仍保持平衡。

从以上例子中可以看出，无论一个企业的经济业务如何变化，都不会影响资产、负债、所有者权益的平衡关系。

上述四种类型的交易或事项引起资产和权益的增减变化见图2—2。

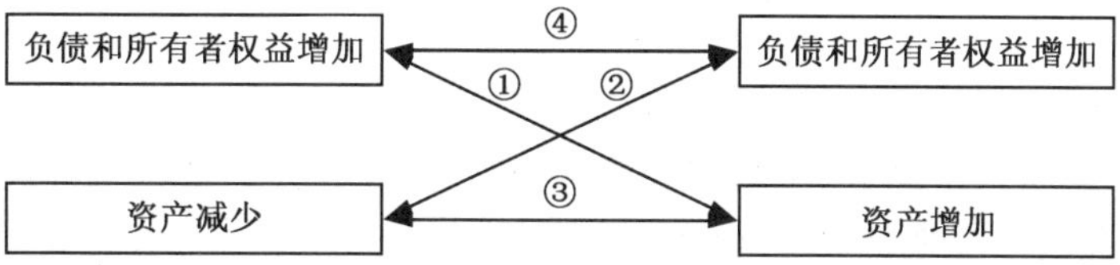

图2—2 资金增加变化

现对上述增减变动的四种类型举例说明如下：

【主题活动2—3—1】 假设某企业某一天的资产、负债及所有者权益的简要情况如下表所示。

单位：元

资 产	金 额	负债及所有者权益	金 额
库存现金	2 000	短期借款	872 000
银行存款	400 000	应付票据	30 000
应收账款	100 000	应付账款	50 000
原材料	200 000	实收资本	50 000
库存商品	250 000		
固定资产	500 000		
总 计	1 452 000	总 计	1 452 000

上表中资产和负债及所有者权益各为1 452 000元，双方金额相等。随着经济业务的发生，会计要素的有关项目会相应发生变化，但无论怎样变化，双方的总额总是相等的。

(1)资产和负债及所有者权益双方同时等额增加

①向供货单位购入原材料50 000元，货款未付。

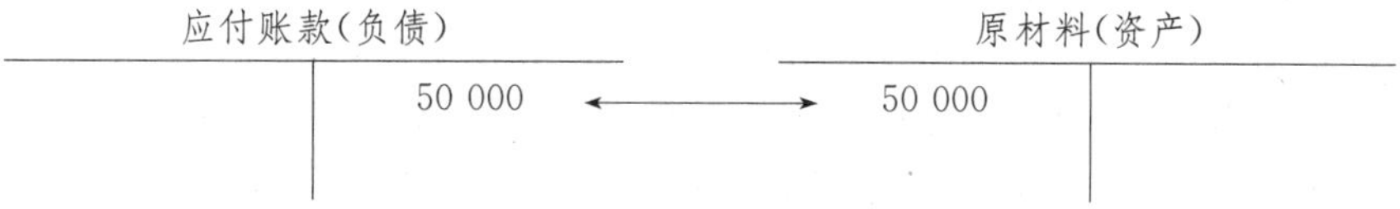

(2)资产和负债及所有者权益双方同时等额减少

②以银行存款归还短期借款200 000元。

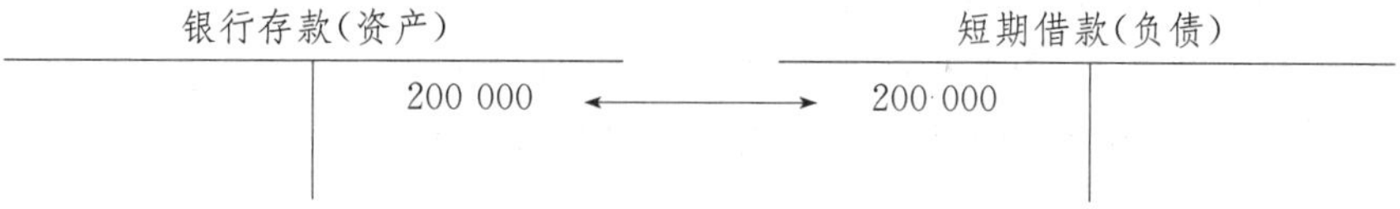

(3)资产方内部有增有减，增减的金额相等

③按原价出售固定资产 20 000 元，账款暂欠。

固定资产(资产)	
	20 000

↔

应收账款(资产)	
20 000	

(4)负债方内部有增有减，增减金额相等

④向金融单位借入短期借款 30 000 元，偿还应付给乙单位的应付票据 30 000 元。

短期借款(负债)	
	30 000

↔

应付票据(负债)	
30 000	

上述四笔经济业务所引起的资产和负债及所有者权益的变动情况如下表所示。

单位：元

资　产	期初金额	增减金额	期末金额	负债及 所有者权益	期初金额	增减金额	期末金额
库存现金	2 000		2 000	短期借款	872 000	②−200 000	702 000
						④+30 000	
银行存款	400 000	②−200 000	200 000	应付票据	30 000	④−30 000	
应收账款	100 000	③+20 000	120 000	应付账款	50 000	①+50 000	100 000
原材料	200 000	①+50 000	250 000	实收资本	500 000		500 000
库存商品	250 000		250 000				
固定资产	500 000	③−20 000	480 000				
总　计	1 452 000	−150 000	1 302 000	总　计	1 452 000	−150 000	1 302 000

如果对“资产＝负债＋所有者权益”会计等式进行分类组合，将上述四种类型的交易或事项具体化，可表现为以下九种类型：

(1)一项资产增加，一项资产减少，增减金额相等，保持平衡；

(2)一项负债增加，一项负债减少，增减金额相等，保持平衡；

(3)一项所有者权益增加，一项所有者权益减少，增减金额相等，保持平衡；

(4)一项负债增加，一项所有者权益减少，增减金额相等，保持平衡；

(5)一项负债减少，一项所有者权益增加，增减金额相等，保持平衡；

(6)资产与负债同时增加，增加金额相等，保持平衡；

(7)资产与所有者权益同时增加，增加金额相等，保持平衡；

(8)资产与负债同时减少，减少金额相等，保持平衡；

(9)资产与所有者权益同时减少，减少金额相等，保持平衡。

主题活动 2−3−1 中各经济业务会计要素变动情况如下表所示。

会计要素变动情况	变动项目		
	资　产	负　债	所有者权益
(1)一项资产增加,另一项资产减少	现金+ 银行存款−		
(2)一项负债增加,另一项负债减少		应付票据− 应付账款+	
(3)一项所有者权益增加,另一项所有者权益减少			实收资本+ 盈余公积−
(4)一项资产增加,一项负债增加	银行存款+	长期借款+	
(5)一项资产增加,一项所有者权益增加	固定资产+		实收资本+
(6)一项资产减少,一项负债减少	银行存款−	应付账款−	
(7)一项资产减少,一项所有者权益减少	银行存款−		实收资本−
(8)一项负债减少,一项所有者权益增加		长期借款−	实收资本+
(9)一项负债增加,一项所有者权益减少		应付福利费+	盈余公积−

(1)向银行提取现金,准备发放工资:一项资产增加,另一项资产减少。

(2)将应付票据转为应付账款:一项负债增加,另一项负债减少。

(3)用盈余公积金转作资本:一项所有者权益增加,另一项所有者权益减少。

(4)向银行借入长期借款,存入银行:一项资产增加,一项负债增加。

(5)收到所有者投入固定资产:一项资产增加,一项所有者权益增加。

(6)用银行存款支付前欠A单位货款:一项资产减少,一项负债减少。

(7)经批准,用银行存款归还所有者×××股金:一项资产减少,一项所有者权益减少。

(8)将长期借款转为投入资本:一项负债减少,一项所有者权益增加。

(9)用盈余公积金弥补职工福利费:一项负债增加,一项所有者权益减少。

由此可见,企业的经济业务无论怎么纷繁复杂,能引起资产和权益发生增减变动的,归纳起来不外乎四大类型九种情况,而这些经济业务无论怎样变化都不会破坏上述会计等式的平衡关系。企业在任何时点所有的资产总额总是等于负债和所有者权益总额。

主题学习单元2.4　会计计量属性认知

【任务2—4—1】　什么是会计计量?

2.4.1　会计计量属性含义

企业在将符合确认条件的会计要素登记入账并列报于财务报表及其附注(又称财务报表)时,应当按照规定的会计计量属性进行计量,确认其金额。

2.4.2　会计计量属性构成

【任务2—4—2】　企业采购原材料一批,该批原材料发票价格100 000元,公允价值105 000元,该批原材料应如何入账?

(1)历史成本

在历史成本计量下,资产按照购置时支付的现金或者现金等价物的金额,或者按照购置资产时所支付的对价的公允价值计量。负债按照因承担现时义务而实际收到的款项或资产的金额,或者承担现时义务的合同金额,或者按照日常活动中为偿还负债预期需要支付的现金或者现金等价物的金额计量。

(2)重置成本

在重置成本计量下,资产按照现在购买或者相似资产所需支付的现金或者现金等价物的金额计量。负债按照现在偿付该债务所需要支付的现金或者现金等价物的金额计量。

(3)可变现净值

在可变现净值计量下,资产按照其正常对外销售所能收到现金或者现金等价物的金额扣除该资产至完工时估计将要发生的成本,估计的销售费用及相关税费后的金额计量。

(4)现值

现值计量下,资产按照预计从其持续使用和最终处置中所产生的未来净现金流入量的折现金额计量。负债按照预计期限内需要偿还的未来净现金流出量的折现金额计量。

(5)公允价值

在公允价值计量下,资产和负债按照在公平交易中,熟悉情况的交易双方自愿进行资产交换或者债务清偿的金额计量。

2.4.3 会计计量的标准

【任务2—4—2解析】 该批原材料的入账价值应按100 000元进行入账。

会计计量属性的应用标准《企业会计准则——基本准则》第四十三条规定:企业在会计要素进行计量时,一般应采用历史成本,采用重置成本、可变现净值、现值、公允价值计量的,应保证所确认的会计要素金额能够取得并可靠计量。

概念回顾

会计要素　会计等式　资金平衡原理　会计计量　资产　负债　所有者权益　收入　费用　利润

复习思考题

1. 资金有什么样的平衡关系?
2. 会计等式的关系如何?
3. 简述会计要素的含义及内容。
4. 简述会计要素增减变动的四种类型。
5. 举例说明经济业务的九种情况。

技能实训

一、实训目的

通过本单元学习,使学生认识我国企业会计准则对会计要素的规定,学会企业六大会计要素的界定,熟练掌握会计要素的概念、特征、确认条件、内容构成,了解会计报表的整体构架,掌握会计等式的构成及经济业务对会计等式的影响,熟悉会计计量属性。

二、实训内容

背景材料：假设你刚从大学会计专业毕业，受聘于某公司。你的第一个任务是熟悉该公司的财务状况和经营成果，你会发现哪些问题？

【任务1】 该公司的资产总额是多少，其中有多少流动资产，有多少非流动资产，流动资产、非流动资产的构成分别是什么？这个构成合理吗？

【任务2】 该公司的负债总额是多少，其中有多少流动负债，有多少非流动负债，流动负债、非流动负债的构成分别是什么？这个构成合理吗？

【任务3】 该公司债务资金和所有者的资金的构成比例是多少，你认为构成比例合理吗？为什么？

【任务4】 该公司的收入总额是多少，各项收入的构成是否合理，有何特点，该公司的关键业务在哪里？

【任务5】 该公司的费用总额是多少，各项费用的构成是否合理，有何特点，该公司可以从哪些方面控制成本费用？

|学习单元3|

会计科目与会计账户设置及结构

【素质目标】

1. 了解会计科目与会计账户的概念；
2. 熟悉会计科目的名称及其核算内容；
3. 掌握各类账户增减的借贷记账方向及其账户余额的计算方法；
4. 理解会计账户与会计科目之间的关系。

【技能目标】

1. 能够识别规范的会计科目；
2. 能判断会计科目的归属；
3. 能正确计算各类账户的余额；
4. 能识别会计科目和会计账户。

【案例导入】

生产企业中的机器设备、房屋和建筑物等，作为劳动手段，具有使用时间长、单位价值大、实物形态相对不变的特点，我们将其归为一类，设置“固定资产”这一会计科目。企业行政管理部门发生的各项费用，诸如水费、电费、办公费等，设置“管理费用”这一会计科目。我们将表现会计要素具体内容的这些项目，称为会计科目。

主题学习单元3.1 会计科目认知

【任务3—1—1】 什么是会计科目？

3.1.1 会计科目的概念

会计是用其专业语言，对经济活动中资产、负债、所有者权益、收入、费用、利润会计要素的具体描述。在具体描述经济活动时，采用了会计专业术语，把会计要素再一次进行了细分。如：货币资金是资产，把钱放到银行里，会计专业术语就叫“银行存款”；为做衣服，从上海购买布料，正在运往北京的途中，会计专业术语就叫“在途物资”；入库以后，就叫“原材料”；而做成衣服后放到仓库里，可以随时销售，会计专业术语就叫“库存商品”等。“银行存款”“在途物资”“原材料”、“库存商品”在会计上就叫作会计科目。其实会计科目就是一种专业词汇，像人的名字一样，是一种商业语言。

例如，我们经常会用到面包、运动服、钢笔、笔记本、蛋糕、火腿肠、运动鞋等。这些内容我们可以分为三类：食品类、文具类、服装类。

再比如，蒙牛乳业股份有限公司，在生产牛奶的时候，需要的原料有牛奶、白砂糖、麦芽粉、乳化剂、食用香料等。我们把这些东西称为原材料。可见，会计科目就是对会计对象的具体内容进行分类核算的项目。

会计科目就是对会计六大要素的进一步分类，它们是账户的名称，也是我们做账和编制财务报表的主要内容。

设置会计科目是对会计对象的具体内容加以科学归类，进行分类反映和监督的一种方法，是进行会计核算的起点。

3.1.2 会计科目的设置

【任务 3—1—2】 接任务 2—1—1 的例子，请同学们帮助王达的"美丽影楼"设置科学的会计科目。

设置会计科目和会计账户是会计核算的一种专门方法，会计的目标是向信息使用者提供企业有用的会计信息。这些会计信息资料主要来源于会计账户。为了设置账户，必须首先设置会计科目。

3.1.2.1 设置会计科目的意义

会计科目是对会计对象的具体内容（即会计要素）进行分类核算所规定的项目名称。

各项会计要素的增减变动，都是由于交易或者事项的发生引起的。为了全面、系统地反映和监督各项会计要素的增减变动情况，要想分门别类地为经济管理提供会计信息资料，就要设置会计科目。各项资产之间既有共同点，也有不同点。如企业的房屋、建筑物、运输设备等，都是企业进行生产经营的劳动对象。为了反映和监督各项资产的增减变动，在会计上都要分别地进行反映和监督。为了反映和监督各项资产的增减变动，就要设置有关资产类的科目名称。如固定资产、原材料、库存商品等科目名称。

各项权益之间既有共同点，也有不同点。如实收资本、盈余公积等是业主的权益，短期借款、长期借款等是债主的权益。它们虽然都是权益，但它们取得和形成的渠道不同，在企业生产经营活动中所起的作用不同，用途也不同，对于它们的增减变化，在会计上分别进行反映和监督。所以，为了全面系统、分类反映和监督各项交易或事项的发生情况，以及由此而引起的各项资产、权益的增减变动情况，各单位必须运用设置会计科目这一会计核算方法对会计对象的具体内容进行分类核算，以便分门别类地提供会计核算资料，以满足核算和管理的要求。无论企业发生何种交易或者事项，均可按其内容、特点和有关要求归入相应的会计科目进行核算。因此，设置会计科目对会计工作有着重要的意义。设置会计科目不仅是会计核算的一种专门方法，也是会计核算体系的基础和前提；通过设置会计科目可以对纷繁复杂、性质不同的交易或者事项进行科学的分类，使每个会计科目都有明确的含义和核算的范围。

3.1.2.2 设置会计科目的原则

会计科目是对会计要素对象的具体内容进行分类核算的类目名称。设置会计科目，必须符合以下原则：

（1）会计科目的设置，必须结合会计要素的特点。设置会计科目，必须对会计要素的具体内容进行科学的分类，以便分门别类地反映和监督各项经济业务。各单位应结合本单位会计要素的特点来确定应设置的会计科目。如工业企业应设置“生产成本”“制造费用”会计科目，用以核算和监督工业产品的生产过程；商品流通企业则不设置这样的科目。

(2)会计科目的设置，必须符合企业经济管理的要求。财务会计的目标是向会计信息使用者提供有用的会计信息，满足与企业有经济利益关系的各方面了解企业财务状况和经营成果的需要，满足企业内部加强经营管理的需要。如企业的盈亏情况是会计信息使用者非常关心的。为此，必须设置“主营业务收入”“主营业务成本”“管理费用”“财务费用”“本年利润”等科目，用以反映盈亏的形成。为了反映企业投资者投入企业资本情况，就需要设置“实收资本”科目。

(3)会计科目的设置，必须将统一性与灵活性相结合。目前会计科目由财政部统一制定与颁布，但企业可根据自身规模的大小、业务的繁简程度等自行增设、减少或合并某些会计科目。如工业企业可设置“备用金”等会计科目，可以不单设“预收账款”“预付账款”科目。

(4)会计科目的设置，应保持相对稳定，会计科目的名称要简明、易懂，内容确切。每一科目，原则上反映一项内容，各项目之间不能互相混淆。企业可以根据本企业具体情况，在不违背会计科目使用原则的基础上，确定适合于本企业需要的会计科目名称。

(5)会计科目应按国家规定的会计制度统一编号，以便编制会计凭证，登记账簿，查阅账目，实行会计电算化，以及满足国家经济统计的需要。

为了便于不同时期会计资料的分析对比，会计科目的设置应保持相对稳定。此外，每个会计科目都有特定的核算内容，名称要含义明确，通俗易懂，便于开设和运用账户，不能将不同特征的资料记入同一会计科目。

3.1.3 会计科目的分类

【任务3—1—3】 *如何给会计科目归类？*

3.1.3.1 按反映的经济业务内容分类

会计科目按其反映的经济内容不同，可分为资产类、负债类、所有者权益类、损益类和成本类。

(1)资产类科目分为流动资产和非流动资产。其中，流动资产包括“库存现金”“银行存款”“交易性金融资产”“应收账款”“预付账款”和库存商品等。非流动资产包括长期股权投资、固定资产和无形资产等。

(2)负债类科目分为流动负债和非流动负债。其中，流动负债包括短期借款、应付账款、预收账款、应付职工薪酬、应交税费和应付股利等。非流动负债包括长期借款、长期应付款和应付债券等。

(3)所有者权益类科目包括实收资本、资本公积、盈余公积、本年利润和利润分配等。

(4)损益类科目包括主营业务收入、主营业务成本、营业税金及附加、管理费用、销售费用、财务费用、其他业务收入和其他业务成本等。

(5)成本类科目包括生产成本、制造费用、劳务成本和研发支出等。

3.1.3.2 会计科目按提供核算指标的详细程度分类

会计科目按提供核算指标的详细程度，可分为总分类科目和明细分类科目。

(1)总分类科目(也称总账科目或一级科目)，是对会计要素的具体内容进行总括分类的科目，它提供总括核算指标。总分类科目由国家财政部统一制定颁布。如“原材料”“应收账款”“应付账款”“实收资本”等科目。

（2）明细分类科目（也称明细科目、细目），是对总分类科目进一步分类的科目名称，它提供明细核算指标。明细科目的设置，除制度已有规定外，各单位可根据实际情况和加强经济管理的需要自行设置。在实际工作中，除“库存现金”“累计折旧”等少数总分类科目不必设置明细分类科目外，大多数都要设置明细分类科目，如在“原材料”总分类科目下，按材料的品种、规格开设明细科目。

如果某一总分类科目下面设置的明细分类科目较多，可增设二级科目（也称子目）。二级科目是介于总分类科目与明细分类科目之间的科目，它提供的核算指标要比总分类科目详细，但又比明细分类科目概括。如在“原材料”总分类科目下，可按材料的类别设置二级科目。如表 3－1 所示。

表 3－1　科目设置

总分类科目（一级科目）	明细分类科目	
	二级科目（子目）	三级科目（细目）
原材料	原料及主要材料	圆钢
		生铁
		紫铜
	辅助材料	润滑油
		防锈剂
	燃料	汽油
		原煤

（3）总分类科目和明细分类科目的关系。总分类科目对其所属的明细分类科目具有统驭和控制的作用，而明细分类科目是对其归属的总分类科目的补充和说明。总分类科目及其所属的明细分类科目，共同反映经济业务总括或详细的情况。

3.1.4　会计科目的名称

【任务 3－1－4】　会计科目可以根据自己的喜好随便起名吗？企业会计准则规定的规范的会计科目有哪些？

2010 年 1 月 1 日，财政部公布的《企业会计准则——应用指南》目前仅在上市公司施行，其他企业仍执行现有《企业会计准则》和《企业会计制度》《金融企业会计制度》以及各项专业核算办法，形成新旧制度并存的局面，会计科目名称也不一致。

《企业会计准则——应用指南》设置会计科目 156 个，是根据《企业会计准则》中确认和计量的规定制定的，涵盖了我国所有企业的交易或者事项，企业可在不违反《企业会计准则》中确认和计量、报告规定的前提下根据各单位的实际情况自行设置、分析和合并某些科目。

《企业会计制度》设置会计科目 85 个，是在原《股份有限公司会计制度》和已经公布的具体会计准则的基础上制定的。

由于各个企业的性质、规模不同，执行的新旧会计制度不一，所设置的会计科目名称也不尽相同，本书举例中所涉及的会计科目名称是按照《企业会计准则——应用指南》的部分会计科目叙述的，为了便于学习，现在将《企业会计制度》和《企业会计准则——应用指南》中设置的会计科目名称分别列表 3－2 和表 3－3。

表 3—2 《企业会计制度》会计科目名称

顺序	编号	会计科目名称	顺序	编号	会计科目名称
		一、资产类	37	1605	在建工程减值准备
1	1001	库存现金	38	1701	固定资产清理
2	1002	银行存款	39	1801	无形资产
3	1009	其他货币资金	40	1805	无形资产减值准备
4	1101	交易性金融资产	41	1815	未确认融资费用
5	1102	交易性金融资产减值准备	42	1901	长期待摊费用
6	1111	应收票据	43	1911	待处理财产损溢
7	1121	应收股利			二、负债类
8	1122	应收利息	44	2101	短期借款
9	1131	应收账款	45	2111	应付票据
10	1133	其他应收款	46	2121	应付账款
11	1141	坏账准备	47	2131	预收账款
12	1151	预付账款	48	2141	代销商品款
13	1161	应收补贴款	49	2151	应付工资
14	1201	材料采购	50	2153	应付福利费
15	1211	原材料	51	2161	应付股利
16	1221	包装物	52	2171	应交税费
17	1231	低值易耗品	53	2176	其他应交款
18	1232	材料成本差异	54	2181	其他应付款
19	1241	自制半成品	55	2191	预提费用
20	1243	库存商品	56	2201	待转资产价值
21	1244	商品进销差价	57	2211	预计负债
22	1251	委托加工物资	58	2301	长期借款
23	1261	委托代销商品	59	2311	应付债券
24	1271	受托代销商品	60	2321	长期应付款
25	1281	存货跌价准备	61	2331	专项应付款
26	1291	分期收款发出商品	62	2341	递延税款
27	1301	待摊费用			三、所有者权益
28	1401	长期股权投资	63	3101	实收资本(或股本)
29	1402	长期债权投资	64	3103	已归还投资
30	1421	长期投资减值准备	65	3111	资本公积
31	1431	委托贷款	66	3121	盈余公积
32	1501	固定资产	67	3131	本年利润
33	1502	累计折旧	68	3141	利润分配
34	1505	固定资产减值准备			四、成本类
35	1601	工程物资	69	4101	生产成本
36	1603	在建工程	70	4105	制造费用

续表

顺序	编号	会计科目名称	顺序	编号	会计科目名称
71	4107	劳务成本	78	5402	营业税金及附加
		五、损益类	79	5405	其他业务成本
72	5101	主营业务收入	80	5501	销售费用
73	5102	其他业务收入	81	5502	管理费用
74	5201	投资收益	82	5503	财务费用
75	5203	补贴收入	83	5601	营业外支出
76	5301	营业外收入	84	5701	所得税费用
77	5401	主营业务成本	85	5801	以前年度损益调整

表3—3　《企业会计准则——应用指南》会计科目名称

顺序	编号	会计科目名称	顺序	编号	会计科目名称
		一、资产类	26	1401	△材料采购
1	1001	△库存现金	27	1402	△在途物资
2	1002	△银行存款	28	1403	△原材料
3	1003	存放中央银行款项	29	1404	△材料成本差异
4	1011	存放同业	30	1405	△库存商品
5	1012	△其他货币资金	31	1406	发出商品
6	1021	结算备付金	32	1407	△商品进销差价
7	1031	存出保证金	33	1408	委托加工物资
8	1101	△交易性金融资产	34	1411	△周转材料
9	1111	买入返售金融资产			二、负债类
10	1121	△应收票据	35	1421	消耗性生物资产
11	1122	△应收账款	36	1431	贵金属
12	1123	△预付账款	37	1441	抵债资产
13	1131	应收股利	38	1451	损余物资
14	1132	应收利息	39	1461	融资租赁资产
15	1201	应收代位追偿款	40	1471	存货跌价准备
16	1211	应收分保账款	41	1501	持有至到期投资
17	1212	应收分保合同准备金	42	1502	持有至到期投资减值准备
18	1221	△其他应收款	43	1503	可供出售金融资产
19	1231	△坏账准备	44	1511	△长期股权投资
20	1301	贴现资产	45	1512	长期股权投资减值准备
21	1302	拆出资金	46	1521	投资性房地产
22	1303	贷款	47	1531	长期应收款
23	1304	贷款损失准备	48	1531	未实现融资收益
24	1311	代理兑付证券	49	1541	存出资本保证金
25	1321	代理业务资产	50	1601	△固定资产

续表

顺序	编号	会计科目名称	顺序	编号	会计科目名称
51	1602	△累计折旧	91	2313	代理兑付证券款
52	1603	固定资产减值准备	92	2314	代理业务负债
53	1604	△在建工程	93	2401	递延收益
54	1605	△工程物资	94	2501	△长期借款
55	1606	△固定资产清理	95	2502	△应付债券
56	1611	未担保余值	96	2601	未到期责任准备金
57	1621	生产性生物资产	97	2602	保险责任准备金
58	1622	生产性生物资产累计折旧	98	2611	保户储金
59	1623	公益性生物资产	99	2621	独立账户负债
60	1631	油气资产	100	2701	长期应付款
61	1632	累计折耗	101	2702	未确认融资费用
62	1701	△无形资产	102	2711	专项应付款
63	1702	累计摊销	103	2801	预计负债
64	1703	无形资产减值准备	104	2901	递延所得税负债
65	1711	商誉			三、共同类
66	1801	△长期待摊费用	105	3001	清算资金往来
67	1811	递延所得税资产	106	3002	货币兑换
68	1821	独立账户资产	107	3101	衍生工具
69	1901	待处理财产损溢	108	3201	套期工具
70	2001	△短期借款	109	3202	被套期项目
71	2002	存入保证金			四、所有者权益类
72	2003	拆入资金	110	4001	△实收资本
73	2004	向中央银行借款	111	4002	△资本公积
74	2011	吸收存款	112	4101	△盈余公积
75	2012	同业存放	113	4102	一般风险准备
76	2021	贴现负债	114	4103	△本年利润
77	2101	交易性金融负债	115	4104	△利润分配
78	2111	卖出回购金融资产款	116	4201	库存股
79	2201	△应付票据			五、成本类
80	2202	△应付账款	117	5001	△生产成本
81	2203	△预收账款	118	5101	△制造费用
82	2211	△应付职工薪酬	119	5201	劳务成本
83	2221	△应交税费	120	5301	研发支出
84	2231	应付利息	121	5401	工程施工
85	2232	△应付股利	122	5402	工程结算
86	2241	△其他应付款	123	5403	机械作业
87	2251	应付保单红利			六、损益类
88	2261	应付分保账款	124	6001	△主营业务收入
89	2311	代理买卖证券款	125	6011	利息收入
90	2312	代理承销证券款	126	6021	手续费及佣金收入

续表

顺序	编号	会计科目名称	顺序	编号	会计科目名称
127	6031	保费收入	142	6501	提取未到期责任准备金
128	6041	租赁收入	143	6502	提取保险责任准备金
129	6051	△其他业务收入	144	6511	赔付支出
130	6061	汇兑损益	145	6521	保单红利支出
131	6101	公允价值变动损益	146	6531	退保金
132	6111	△投资收益	147	6541	分出保费
133	6201	摊回保险责任准备金	148	6542	分保费用
134	6202	摊回赔付支出	149	6601	△销售费用
135	6203	摊回分保费用	150	6602	△管理费用
136	6301	△营业外收入	151	6603	△财务费用
137	6401	△主营业务成本	152	6604	勘探费用
138	6402	△其他业务成本	153	6701	资产减值损失
139	6403	△营业税金及附加	154	6711	△营业外支出
140	6411	利息支出	155	6801	△所得税费用
141	6421	手续费及佣金支出	156	6901	以前年度损益调整

注:△ 符号表示本书述及的会计科目。

主题学习单元3.2 会计账户认知

【任务3—2—1】 前述“美丽影楼“的各个账簿应如何定义?

3.2.1 会计账户的概念

会计账户是根据会计科目开设的,具有一定的结构,用来系统、连续地记录各项经济业务的载体。每一个账户都有一个简明的名称,用以说明该账户的经济业务内容。会计科目与会计账户既有区别又有联系。

3.2.2 设置会计账户的意义

【任务3—2—2】 企业设置账簿的好处是什么?

设置会计科目只是规定了对会计对象具体内容进行分类核算的项目名称,并明确每个项目的核算内容。但是,如果只有分类的名称,而没有一定的格式,还不能把发生的交易或事项全面、连续、系统地记录下来,以便取得有用的会计信息。为了全面、连续、系统地记录由于交易或事项的发生而引起的会计要素的增减变动及其结果,提供各种有用的会计信息,必须根据规定的会计科目在账簿中开设账户,账户是按照规定的会计科目在账簿中设置的具有一定结构,用于分类反映会计要素增减变动及其结果的一种工具。它是会计科目在账簿中的具体化。设置账户的作用在于,它能够提供有关会计要素增减变动的过程和结果的信息资料。账户的设置也要与会计科目的级次一致,即根据总账科目开设总分类账户,根据明细科目开设明细分类账户。

3.2.3 会计账户的基本结构和具体内容

【任务3—2—3】 接任务2—1—1的例子，请同学们帮助王达的“美丽影楼”设置科学的会计账户，并赋予结构。

3.2.3.1 会计账户的基本结构

会计账户是指按照会计科目开设的，具有一定格式和结构，用来连续、系统、分类记录和反映会计要素增减变动情况的一种专门工具。设置会计账户是会计核算的一种专门方法。

由于经济业务所引起的各项会计要素的增减变动，从数量上看只有增加和减少两种情况，因此，用来分类记录经济业务的账户，在结构上也相应地分为两个基本部分，用于分类记录各项会计要素具体内容的增加和减少的数额。所谓账户的结构，是指在账户中如何记录经济业务所引起的各项会计要素的增减变动情况及结果，即增加记何方，减少记何方，余额在何方(增减各记何方，将在下一单元讲述)。账户不但要有明确的核算内容，而且要有一定的结构。通常，会计账户分为左右两方，分别记录增加额和减少额，增减相抵后的差额，称为余额。

在实际工作中，账户的具体结构可以根据不同的需要设计多种多样的格式，但其基本内容包括：(1)会计账户名称，即会计科目；(2)日期和凭证号数，用以说明账户记录的日期及来源；(3)摘要，即概括说明经济业务的内容；(4)增加额、减少额及余额。

账户的基本结构

会计科目(账户名称)

年		凭证种类和号数	内容摘要	借方	贷方	借或贷	余额
月	日						

一般在教学过程中，通常将账户基本结构简化为“T”形账户结构。

账户的简化格式

借方	账户名称	贷方

在借贷记账法下，账户的左方是借方，右方是贷方，所以，“T”形账户平时不必标出“借方”和“贷方”，也能明确表示出借贷方。

3.2.3.2 期初余额、本期发生额、期末余额之间的关系

账户中记录四种核算指标，即期初余额、本期增加发生额、本期减少发生额和期末余额。其关系式如下：

期初余额＋本期增加额－本期减少额＝期末余额

在借贷复式记账法下，会计账户的左方称为借方，右方称为贷方。“借”“贷”是记账符号，

分别反映资产、负债和所有者权益的增减变化。凡是属于资产类账户,增加数计入借方,减少数记入贷方,余额一般在借方;凡是属于负债和所有者权益类账户,增加数计入贷方,减少数记入借方,余额一般在贷方。每个账户在一定时期内,借方金额合计称为借方发生额,贷方金额合计称为贷方发生额,两个发生额相抵后的余额称为期末余额。

(1)资产类及成本类账户

期末借方余额=期初借方余额+本期借方发生额-本期贷方发生额

(2)负债、所有者权益类及收益类账户

期末贷方余额=期初贷方余额+本期贷方发生额-本期借方发生额

3.2.4 会计科目和会计账户的关系

【任务3—2—4】 *前述美丽影楼会计科目和会计账户有何联系与区别?*

会计科目与账户之间既有共同点,又有区别。其共同点是:会计科目和账户都是按照相同经济内容来设置的,账户是根据会计科目开设的。会计科目的名称就是账户的名称。会计科目规定的核算内容就是账户应记录反映的经济内容。在实际工作中,会计人员往往把会计科目和账户不加区别地互相通用。

会计科目和账户的区别是:会计科目是按经济内容对会计要素的分类;账户则是在会计科目所做的分类基础上,对经济业务进行全面、连续、系统的记录的工具。因此,会计科目只是个名称,只能表明某项经济内容,不存在结构问题;而账户必须具备一定的结构,以便记录或反映某项经济内容的增减变动及其结果。

	会计账户	会计科目
相同	会计账户所登记的经济内容与会计科目所反映的经济内容是一致的	
联系	会计账户是根据会计科目开设的,是会计科目的具体运用	会计科目是设置会计账户的依据,是会计账户的名称
区别	会计账户具有一定结构,能具体反映会计要素增减变动情况	会计科目只是会计要素具体内容的分类,本身无结构

会计对象、会计要素和会计科目三者密切相连,互为依存,连续划分,越分越细,从而满足了会计进行分类核算、提供详略不同的各种会计信息的需要。

主题学习单元3.3 总分类账户和明细分类账户应用

【任务3—3—1】 *什么是总分类账户?什么是明细分类账户?如何设置总分类账户和明细分类账户?*

3.3.1 总分类账户和明细分类账户的设置

各会计主体日常使用的账户,按其提供资料的详细程度不同,可以分为总分类账户和明细分类账户两种。

总分类账户:简称总账。是按照总分类科目设置的,以货币为计量单位分类、连续、系统、全面地记录和反映各项资产权益的增减变动及其结果,用来提供总括核算资料的账户。

明细分类账户:简称明细账。是按照明细分类科目设置,主要采用货币为主要计量单位,辅以其他计量单位，分类、连续、系统、全面地记录和反映各项资产、权益的增减变动及其结果，用来提供详细核算资料的账户。

除了总分类账户和明细分类账户外，各会计主体还可根据实际需要设置二级账户。二级账户是介于总分类账户和明细分类账户之间的一种账户。它提供的资料比总分类账户详细、具体，但比明细分类账户概括、综合。如在“原材料”总分类账户下设“原料及主要材料”“辅助材料”等二级账户。

3.3.2 总分类账户和明细分类账户之间的关系

【任务3—3—2】 *总分类账户和明细分类账户之间有什么联系与区别？*

会计账户的设置要与会计科目相适应，会计科目有总账科目和明细科目，会计账户也要相应地设置总分类账户和明细分类账户。总分类账户是根据总账科目开设的，而明细分类账户是根据明细科目开设的。所以，总分类账户和明细分类账户所记录的交易或事项的内容是相同的，所不同的只是提供核算资料的详细程度，因此，二者的关系可以从两个方面来分析。

3.3.2.1 总分类账户和明细分类账户的联系

（1）二者反映的交易或事项的经济内容相同。总分类账户反映什么交易或事项的经济业务内容，其所属的明细分类账户也反映什么交易或事项的经济业务内容。如“原材料”总分类账户与其所属的明细分类账户都反映企业库存材料的增减变动及其结余情况。

（2）登记账户的原始依据相同。登记总分类账户和明细分类账户所依据的原始凭证是相同的。

3.3.2.2 总分类账户和明细分类账户的区别

（1）二者反映的交易或事项的经济业务内容的详细程度不同。总分类账户反映资金增减变动的总括情况，提供总括资料；明细分类账户反映资金增减变动的详细情况，提供详细资料。

（2）作用不同。从总分类账户对明细分类账户来看，总分类账户是明细分类账户的统驭账户。总分类账户统制、驾驭明细分类账户，总分类账户提供什么资料，其所属明细分类账户也提供什么样的资料。从明细分类账户对总分类账户来看，明细分类账户是总分类账户的具体化。明细分类账户对总分类账户起辅助的补充说明作用，在总分类账户中无法提供的资料，通过其明细分类账户来提供。二者是从属关系，二者完整结合构成完整的会计账户体系。

3.3.3 总分类账户和明细分类账户的平行登记

【任务3—3—3】 *如果你是一家公司的记账会计，你如何登记总分类账户和明细分类账户？如何处理二者之间的关系？*

所谓总分类账户和明细分类账户的平行登记，是指对每一项经济业务，既要在总分类账户中进行登记，又要在所属的明细分类账户中进行登记的一种方法。

3.3.3.1 平行登记的意义

从二者的关系看，总分类账户是明细分类账户的统驭账户，它对明细分类账户起着控制作用；而明细分类账户则是总分类账户的从属账户，它对总分类账户起着辅助和说明作用，二者结合起来就能总括而详细地反映同一交易或者事项的记账内容。所以在记账时，总分类账户和明细分类账户要平行登记。平行登记是指对同一交易或事项，既要登记总分类账户反映总括资料，又要登记明细分类账户反映详细资料。这是记账的一项重要内容。

3.3.3.2 平行登记的要点

(1)同时间登记。对发生的每项经济业务，要根据同一会计凭证，一方面在有关的总分类账户中进行总括登记，另一方面在有关的明细分类账户中进行明细登记。

(2)同方向登记。在某一总分类账户及其所属的明细分类账户中登记经济业务时，方向必须相同。

(3)同金额登记。记入某一总分类账户的金额必须与记入其所属的一个或几个明细分类账户的金额合计数相等。

(4)同依据登记。凡在总分类账户下设有明细分类账户的，对于每一项经济业务，一方面要记入有关总分类账户，另一方面要记入所属的各明细分类账户。

3.3.3.3 平行登记举例

【主题活动 3—3—1】 某企业9月份有关“原材料”和“应付账款”总分类账户和明细分类账户余额为：“原材料”账户期初余额为400 000元，其中，甲材料250 000元，乙材料150 000元。“应付账款”账户期初余额为600 000元，其中，华光厂200 000元，光华厂400 000元。

该企业该月份发生有关原材料和应付账款的交易或事项如下(假设不考虑相关的税费)：

(1)9月5日从华光厂购入甲材料100 000元，乙材料200 000元，材料入库，货款未付。

借：原材料——甲材料 100 000
　　　　　——乙材料 200 000
　贷：应付账款——华光厂 300 000

(2)9月15日，从光华厂购入甲材料150 000元，材料入库，货款未付。

借：原材料——甲材料 150 000
　贷：应付账款——光华厂 150 000

(3)9月20日，以银行存款支付前欠华光厂货款400 000元，光华厂货款500 000元。

借：应付账款——华光厂 400 000
　　　　　　——光华厂 500 000
　贷：银行存款 900 000

(4)9月30日，生产产品领用甲材料450 000元，乙材料250 000元。

借：生产成本 700 000
　贷：原材料——甲材料 450 000
　　　　　　——乙材料 250 000

根据上述【主题活动 3—3—1】资料，开设“原材料”总分类账户和甲、乙材料明细分类账户；应付账款总分类账户和华光厂、光华厂明细分类账户，并进行平行登记。如表3—4所示。

表3—4 **总分类账户和明细分类账户**

借方 原材料 贷方

期初余额	400 000	发生额	700 000
发生额	300 000		
	150 000		
本期发生额	450 000	本期发生额	700 000
期末余额	150 000		

借方 原材料——甲材料 贷方

期初余额	250 000	发生额	450 000
发生额	100 000		
	150 000		
本期发生额	250 000	本期发生额	450 000
期末余额	50 000		

借方	原材料——乙材料		贷方
期初余额：	150 000	发生额	250 000
发生额：	200 000		
本期发生额	200 000	本期发生额	250 000
期末余额	100 000		

借方	应付账款		贷方
发生额	900 000	期初余额	600 000
		发生额	300 000
			150 000
本期发生额	90 000	本期发生额	450 000
		期末余额	150 000

借方	应付账款——华光厂		贷方
发生额	400 000	期初余额	200 000
		发生额	300 000
本期发生额	40 000	本期发生额	300 000
		期末余额	100 000

借方	应付账款——光华厂		贷方
发生额	500 000	期初余额	400 000
		发生额	150 000
本期发生额	50 000	本期发生额	150 000
		期末余额	50 000

3.3.3.4 总分类账户与明细分类账户的核对

从前面的主题活动 3－3－1 中可以证实总分类账户与明细分类账户平行登记时，其登记的时间、方向、金额和依据都是一样的，如果通过核对发现总分类账户的金额与其所属的明细分类账户的金额不等，表明总分类账户或明细分类账户的登记有误，应及时查明更正。

(1)核对关系

由于总分类账户和明细分类账户是采用平行登记的方法进行登记的，且遵循同时登记、方向相同、金额相等、依据相同的要点，这样，总分类账户和明细分类账户之间必然存在一种相互核对关系。这种核对关系体现在数量方面。即表现为：发生额的核对关系，即总分类账户本期发生额合计与其所属明细分类账户本期发生额的合计数之和必然相等；余额的核对关系，即总分类账户本期期末余额与其所属各个明细分类账户期末余额之和必然相等。在会计核算中，经常用这一核对关系来检查总分类账户和明细分类账户记录的完整性和正确性。

(2)核对的方法

核对工作一般月末通过编制总分类账户和明细分类账户试算表进行。其结构如表 3－5 所示。

表 3－5　　总分类账户和明细分类账户试算表　　单位：元

账户名称	期初余额		本期发生额		期末余额	
	借方	贷方	借方	贷方	借方	贷方
原材料	400 000		450 000	700 000	150 000	
甲材料	250 000		250 000	450 000	50 000	
乙材料	150 000		200 000	250 000	100 000	
应付账户		600 000	900 000	450 000		150 000
华光厂		200 000	400 000	300 000		100 000
光华厂		400 000	500 000	150 000		50 000

概念回顾

会计科目　会计账户　总分类账户　明细分类账户　平行登记

复习思考题

1. 什么是会计科目？什么是会计账户？会计科目与会计账户之间有什么区别和联系？
2. 会计科目包括哪几类？内容是什么？
3. 为什么既要设置总分类账户，又要设置明细分类账户？其相互关系如何？
4. 总分类账户与明细分类账户进行平行登记的要点是什么？

技能实训

一、实训目的

通过对会计科目、会计账户的设置，使学生认识到会计科目和会计账户是企业进行会计核算的基础；培养学生能根据不同企业的实际情况设置满足需要的会计科目和会计账户等实际问题的能力。

二、实训内容

星光公司20××年9月30日的资产总额为400 000元，负债总额为160 000元。公司10月份发生下列经济业务：

(1)用银行存款购入全新不需要安装机器一台，价值80 000元(暂不考虑增值税)。

(2)投资者投入原材料，价值12 000元。

(3)以银行存款偿还所欠供货单位货款10 000元。

(4)收到购货单位所欠账款9 000元，存入银行。

(5)将一笔长期负债50 000元转化为对企业的投资。

(6)按规定将20 000元资本公积转增为投资资本。

【任务】 请帮助星光公司设置会计科目和会计账户，并登记总分类账户及明细分类账户。

|学习单元 4|

会计记账方法——复式记账法原理

【素质目标】

1. 了解记账方法的相关内容；
2. 熟悉复式记账法的概念及原理；
3. 掌握借贷记账法的记账规则；
4. 掌握登记"T"形账户的方法；
5. 掌握会计分录的概念及编制方法；
6. 掌握试算平衡法及其理论依据。

【技能目标】

1. 能够开设并登记"T"形账户；
2. 能编制会计分录；
3. 能编制试算平衡表。

【案例导入】

日常生活中，我们会有意无意地使用复式记账的方法。如家中买了一辆新汽车，虽然自家的银行账户上少了十几万元，但是家里却拥有了一个方便的交通工具。在这里，你的心中其实有这样一本账，账上反映出一方面你的银行存款少了，但是另一方面你多了一辆汽车，并且二者的价值相等。再如，同学之间相互借钱，当你把钱借给别人时，虽然你的钱少了，但你的债权增加了；而借钱的人，钱增加的同时，债务也增加了。这些现象说明了一项经济业务的发生，往往会引起至少两方面的内容发生变化，这就是复式记账法存在的基石。

主题学习单位 4.1　记账方法

【任务 4—1—1】　什么是记账方法？记账方法是干什么的？你平时是怎么记账的？属于哪个记账法？有什么特点？

自从意大利修道士卢卡·帕乔利在 1494 年总结出复式记账法后，会计在科学的殿堂中多多少少有了那么一席之地。由于复式记账能清楚地将所发生的经济业务，通过双重记录说明企业资源的来源与去向，并用试算平衡加以验证，因此，熟悉了复式记账，就能随心所欲地将账本所记的内容转化为已发生的经济业务过程录像。复式记账的科学性就在于此。

账户仅是记录经济业务类别的名称和形式，要连续、完整、系统地记录经济业务，必须运用科学的记账方法。

4.1.1 记账方法概述

所谓记账方法，是指按照一定的规则，使用一定的符号，在账户中登记各项经济业务的技术方法。即如何将经济业务登记入账的方法，会计上的记账方法，从最初的单式记账法，逐步发展到复式记账法。

科学的记账方法应包括：(1)记账符号；(2)账户的设置及其结构；(3)记账规则；(4)试算平衡法。

4.1.1.1 单式记账法

单式记账法的主要特征是对于发生的每一项经济业务，只在一个账户中进行登记的方法。通常只登记现金和银行存款的收付业务，以及应收、应付款的结算业务，而不登记实物的收付业务；除对于有关应收、应付款的现金收付业务需要在两个或两个以上账户中各自登记外，其他业务只在一个账户中登记或不予登记。

例如，(1)现金 1 000 元购买材料。

(2)销售商品 30 000 元，货款尚未收到。

(3)某企业借入三个月款项 80 000 元，存入银行。

分别记账：(1)库存现金　减少 1 000

(2)应收账款　增加 30 000

(3)银行存款　增加 80 000

特点：(1)账户设置不成体系；(2)记录的交易或事项不完整；(3)账户记录的结果不能试算平衡；(4)账户之间没有对应关系。

4.1.1.2 复式记账法

所谓复式记账法，是指对于任何一项经济业务，都必须用相等的金额在两个或两个以上的相互联系的账户中进行登记，借以反映会计对象具体内容增减变化的一种记账方法。

例如，(1)现金 1 000 元购买材料。

(2)销售商品 30 000 元，货款尚未收到。

(3)某企业借入三个月款项 80 000 元，存入银行。

分别记账：	(1)库存现金	减少 1 000	原材料	增加 1 000
	(2)应收账款	增加 30 000	主营业务收入	增加 30 000
	(3)银行存款	增加 80 000	短期借款	增加 80 000

特点：(1)账户设置成体系；(2)记录的交易或事项完整；(3)账户记录的结果能试算平衡；(4)账户之间有对应关系。

【主题活动 4－1－1】 进行复式记账时，对任何一项经济业务登记的账户数量应是(　　)。

A. 一个　　B. 两个　　C. 三个　　D. 两个或两个以上

【解析】 D。根据复式记账法的定义。

4.1.2 复式记账法的理论依据和基本原则

4.1.2.1 复式记账法的特点

(1)每一项经济业务都在两个或两个以上的账户中登记,可全面系统地反映经济活动的过程和结果。

(2)每一项经济业务都以相等的金额在有关账户中记录,可进行试算平衡。

4.1.2.2 复式记账法的理论依据是资金运动的内在规律

复式记账法必须遵循的原则是:

第一,以会计等式作为记账基础。

第二,对每项经济业务,必须在两个或两个以上相互联系的账户中进行等额记账。

第三,必须根据经济业务对会计等式的影响类型进行记录。

第四,定期汇总的全部账户记录必须平衡。

4.1.2.3 复式记账试算平衡有发生额试算平衡法和余额试算平衡法

计算公式分别为:

所有账户的借方发生额合计=所有账户的贷方发生额合计

所有账户期末借方余额合计=所有账户期末贷方余额合计

所有账户期初借方余额合计=所有账户期初贷方余额合计

我国曾经使用的复式记账法有:借贷记账法、收付记账法、增减记账法。

注意:《企业会计准则》规定企业记账应使用借贷记账法。

练习 4—1—1

【单项选择题】 借贷记账法的理论依据是(　　)。

A. 资金运动变化规律　　B. 会计等式平衡原理

C. 会计账户基本结构　　D. 平行登记基本原理

练习 4—1—2

【单项选择题】 我国的法定记账方法是(　　)。

A. 增减记账法　　B. 收付记账法　　C. 借贷记账法　　D. 单式记账法

主题学习单位 4.2 借贷记账法认知

【任务 4—2—1】 借贷记账法的起源是什么?借贷记账法产生有什么必然性和科学性?

4.2.1 借贷记账法的产生和发展

据史料记载,借贷记账法产生于公元 13 世纪意大利地中海沿海一带城市。开始只是一种单式记账方法,后来逐步发展成为一种比较完善的复式记账方法。随着资本主义经济的发展,借贷记账法也不断完善和发展,成为经济管理中的一种科学记账方法,并被各国广泛采用。

19 世纪借贷记账法也传入我国,一些比较大的工商企业、银行以及政府机关开始采用这种记账方法。新中国成立以后,仍有不少行业继续沿用借贷记账法。目前,借贷记账法已成为我国各单位广泛使用的一种复式记账法。《企业会计准则》规定,各企业、机关、事业单位和其他组织应统一使用借贷记账法。

【主题活动 4—2—1】 借贷记账法起源于(　　)。

A. 英国　　B. 美国　　C. 德国　　D. 意大利

【主题活动4—2—2】 现代会计之父是(　　)。

A. 卢卡　　B. 孔子　　C. 韩非子　　D. 科拉多

4.2.2 借贷记账法的基本内容

【任务4—2—2】 借贷记账法的基本内容是什么？借贷二字的含义是什么？它在借贷记账法中的应用是怎样的？

4.2.2.1 借贷记账法的概念

借贷记账法是一种以“借”和“贷”二字作为记账符号，以“有借必有贷，借贷必相等”作为记账规则的一种复式记账方法。

4.2.2.2 记账符号与账户结构

以“借”和“贷”表示记账符号，记录经济业务的增减变化情况，只表明记账方向，记入左方为借方、记入右方为贷方，并不表示“增”或“减”，更不是借款或贷款的意思，对于账户到底应记入“借方”还是“贷方”要看该账户的性质。

对资产、成本费用的增加，以及负债、所有者权益、收入和利润的减少记入借方。

对负债、所有者权益、收入和利润的增加以及资产、成本费用的减少记入贷方。

(1)资产类账户

借方登记资产增加额，贷方登记资产减少额。如果有余额，一般在借方，表示资产的结余数额。

借方	资产类账户		贷方
期初余额	×××		
本期增加额	×××	本期减少额	×××
本期发生额合计	×××	本期发生额合计	×××
期末余额	×××		

期末借方余额＝期初借方余额＋本期借方发生额－本期贷方发生额

(2)负债和所有者权益类账户

借方登记负债和所有者权益减少额，贷方登记负债和所有者权益增加额，如果有余额，一般在贷方，表示负债的结余数额。

借方	负债及所有者权益账户		贷方
		期初余额	×××
本期减少额	×××	本期增加额	×××
本期发生合计	×××	本期发生合计	×××
		期末余额	×××

期末贷方余额＝期初贷方余额＋本期贷方发生额－本期借方发生额

(3)成本费用支出类账户

借方登记成本费用支出增加额，贷方登记成本费用支出减少额，期末应将账户贷方与借方的差额转入所有者权益类“本年利润”账户，转销数记入账户的贷方，期末结转后一般无余额。

借方	成本费用类账户		贷方
本期增加额	×××	本期转出额	×××
本期发生额合计	×××	本期发生额合计	×××
期末余额			

期末借方余额＝期初借方余额＋本期借方发生额－本期贷方发生额

(4)收入类账户

借方登记收入减少数，贷方登记收入增加数，期末应将账户贷方与借方的差额转入所有者权益类“本年利润”账户，转销数记入账户的借方，结转后一般无余额。

收入类账户			
本期转出额	×××	本期增加额	×××
本期发生合计	×××	本期发生合计	×××
		期末余额	

期末贷方余额＝期初贷方余额＋本期贷方发生额－本期借方发生额

【主题活动 4－2－3】 在借贷记账法下，资产类账户的期末余额一般在（ ）。

A. 借方　B. 增加方　C. 贷方　D. 减少方

各类账户的借贷含义如下表所示：

借	账户名称　　　　贷
资产的增加	资产的减少
负债、所有者权益减少	负债、所有者权益的增加
收入减少和转出	收入的增加
成本费用的增加	成本费用的减少和转出
期末余额：资产余额	期末余额：负债、所有者权益余额

4.2.2.3　借贷记账法的记账规则

借贷记账法的记账规则是“有借必有贷，借贷必相等”。

有借必有贷是指一笔经济业务至少要在两个账户中登记，有登记借方的就必须有登记贷方的。根据基本会计等式发生的九类经济业务，不管是哪一类经济业务，都是有借有贷。

借贷必相等的意思是登记在借方的金额和登记在贷方的金额必须相等。

【思考】 为什么借贷记账法下，必然存在有借必有贷，借贷必相等，试根据九类经济业务进行分析。

4.2.2.4　根据“有借必有贷，借贷必相等”的记账规则进行试算平衡

在运用借贷记账法核算经济业务时，不可避免地会发生一些差错。为此，还必须有检查账户记录是否正确的方法。这种检查和验证账户记录正确性的方法，在会计上称为试算平衡法。根据试算平衡的依据不同可分为以下两种：

(1)账户发生额平衡法

账户发生额平衡法是用来检查本期全部账户的借贷发生额是否相等的方法。其公式如下：

全部账户本期借方发生额合计＝全部账户本期贷方发生额合计

因为，借贷记账法的记账规则是“有借必有贷，借贷必相等”，所以不仅每笔会计分录中的借、贷双方金额相等，而且全部账户中的借、贷方发生额的合计数都应该相等。

(2)账户余额平衡法

账户余额平衡法是用来检查所有账户的借方期末余额和贷方期末余额合计是否相等的方法。其公式如下：

全部账户期初借方余额合计＝全部账户期初贷方余额合计

全部账户期末借方余额合计＝全部账户期末贷方余额合计

上述公式平衡的依据是会计等式。因为在期末账户余额为借方的则属资产，账户余额在贷方的则属负债或所有者权益。根据“资产＝负债＋所有者权益”原理，所有账户借方余额合计数(即资产总额)，必定等于所有账户贷方余额合计数(即负债和所有者权益总额)。

账户的发生额和余额试算平衡，一般是在月末结出各账户本期发生额和期末余额后，通过编制试算平衡表进行。所谓试算平衡表，是指在会计核算中，期末根据经济业务账户记录编制，用以检查和验证账户记录有无错误的一种计算表。

试算平衡只能检查账户记录是否正确，但不能肯定记账的正确性，如果借贷不平衡，可以肯定账户记录或计算有错误，如果借贷平衡，并不能保证记账一定正确。

试算平衡不能发现以下错误：

①漏记或重记；

②借贷方向相反；

③借贷双方金额发生相同的错误；

④记错账户名称；

⑤借方或贷方的金额一多一少，恰好能相互抵销。

【主题活动4—2—4】 下列错误中，能够通过试算平衡查找的是(　　)。

A. 重记经济业务　　B. 漏记经济业务　　C. 借贷方向相反　　D. 借贷金额不等

4.2.2.5　可以设置和运用双重性质的账户

在借贷记账法下，账户按经济性质可分为资产、负债和所有者权益三类。但为了灵活地处理账务，也可以设置和运用既可以是资产又可以是负债的双重性账户，如设置“材料成本差异”“待处理财产损溢”等账户。双重性质的账户，平时无法判断账户的性质，只有期末根据它们的余额方向来判断其性质，如果是借方余额，就是资产类账户，如果余额在贷方，就是权益类账户。

【思考】 你能从会计科目表中找到哪些双重性质的账户，并说一说这些账户的特点吗？

4.2.3 借贷记账法的应用

【任务4—2—3】 假如你是单位的会计人员，你应该如何运用借贷记账法的基本原理给企业发生的经济业务进行账务处理？

记住借贷记账法应用三步骤：(1)编制会计分录；(2)登记账户；(3)试算平衡。

4.2.3.1　编制会计分录

会计在实际操作过程中，为了保证会计核算的正确性，在每项经济业务发生后，登记账簿之前，应按借贷记账法的记账规则，编制记账凭证，然后再根据记账凭证在账簿中登记，提高登记账簿的速度和效率。

会计分录简称分录。它是对发生的每项交易或事项指出应登记的账户名称、记账方向和应记金额的一种记录。

一笔会计分录包含三个要素：账户名称、借贷方向、应记金额。

会计分录按其所反映的经济业务的复杂程度，可分为简单会计分录、复合会计分录。

简单会计分录是指一项交易或者事项发生以后，只在两个账户中记录其相互联系的两个经济因素的数量变化情况的会计分录。

复合会计分录是指交易或者事项发生以后，需要应用三个或三个以上的账户，记录其相互联系的多种经济因素的数量变化情况的会计分录。

一个复合会计分录可以分解为几个简单的会计分录。复合会计分录有利于集中反映整个交易或事项的全貌，简化记账工作，提高会计工作效率。

在记账以后及时准确地编制会计分录，可以保证账户的准确性，以便于日后查考。在借贷记账法下，可以编制一借一贷、一借多贷、多借一贷的会计分录，也可以编制多借多贷的会计分录。

会计分录的编制步骤：(1)确定账户名称；(2)确定借贷方向；(3)确定记账金额。

下面举例说明会计分录的编制：

【主题活动 4—2—5】 某企业 20××年 8 月份发生以下经济业务：

(1)收到某投资者实际投入企业的机器设备一台，价值20 000元。

借：固定资产	20 000	
贷：实收资本		20 000

(2)企业以银行存款10 000元，偿还银行长期借款。

借：长期借款	10 000	
贷：银行存款		10 000

(3)企业从银行提取现金1 000元。

借：库存现金	1 000	
贷：银行存款		1 000

(4)企业购买原材料10 000元，材料已验收入库，转账支付5 000元，余款暂欠。

借：原材料	10 000	
贷：应付账款		5 000
银行存款		5 000

编制会计分录时应注意以下几点：

第一，一笔完整的会计分录应由账户名称、借贷方向、应记金额三个要件构成，缺一不可。

第二，会计分录的书写格式是：上借下贷，左右错开，贷比借整体往后退一格、各自对齐、借贷金额相等。

第三，金额后不带“元”字。

第四，一项经济业务发生后究竟是编制简单会计分录还是复合会计分录，完全取决于这项业务本身。既不能人为地将多项经济业务的简单会计分录合并成复合会计分录，甚至是多借多贷的会计分录，也不能将一项需要编制复合会计分录的经济业务人为分割成若干简单会计分录。

【主题活动 4—2—6】 下列会计分录中，属于简单会计分录的是(　　)。

A. 一借多贷　　B. 一贷多借　　C. 一借一贷　　D. 多借多贷

4.2.3.2 登记账户即过账

各项经济业务经过编制会计分录和审核确认无误后，即应记入有关账户，这个记账过程通常称为“登记账户”或过账，登记账户以后，一般要在月底进行结账，即结出各账户的本期发生额合计和期末余额。

【主题活动 4—2—7】 承主题活动 4—2—6，假设该企业 20××年 7 月 31 日有关总分类账户的期初余额如表 4—1 所示。

表 4—1　　该企业 20××年 7 月 31 日有关总分类账户的期末余额

资　产	金　额	负债及所有者权益	金　额
库存现金	10 000	应付账款	10 000
银行存款	450 000	短期借款	80 000
应收账款	15 000	长期借款	15 000
原材料	515 000	实收资本	1 185 000
固定资产	700 000	盈余公积	400 000
合　计	1 690 000	合　计	1 690 000

将 7 月末余额及 8 月份发生的经济业务编制的会计分录登记入账并计算出每个账户的本期发生额和期末余额。如图 4—1 所示。

借方　　库存现金　　贷方

借方		贷方	
期初余额	10 000	发生额	
发生额	1 000		
本期发生额	1 000	本期发生额	0
期末余额	11 000		

借方　　银行存款　　贷方

借方		贷方	
期初余额	450 000	发生额	10 000
发生额			1 000
			5 000
本期发生额	0	本期发生额	16 000
期末余额	434 000		

借方　　应收账款　　贷方

借方		贷方	
期初余额	15 000	发生额	
发生额			
本期发生额	0	本期发生额	
期末余额	15 000		

借方　　原材料　　贷方

借方		贷方	
期初余额	515 000	发生额	
发生额	10 000		
本期发生额	10 000	本期发生额	0
期末余额	525 000		

借方　　固定资产　　贷方

借方		贷方	
期初余额	700 000	发生额	
发生额	20 000		
本期发生额	20 000	本期发生额	0
期末余额	720 000		

借方　　应付账款　　贷方

借方		贷方	
发生额		期初余额	10 000
		发生额	5 000
本期发生额	0	本期发生额	5 000
		期末余额	15 000

借方	短期借款		贷方
发生额		期初余额	80 000
本期发生额	0	本期发生额	0
		期末余额	80 000

借方	长期借款		贷方
发生额	10 000	期初余额	15 000
本期发生额	10 000	本期发生额	0
		期末余额	5 000

借方	实收资本		贷方
发生额		期初余额	1 185 000
		发生额	20 000
本期发生额	0	本期发生额	20 000
		期末余额	1 205 000

借方	盈余公积		贷方
发生额		期初余额	400 000
本期发生额	0	本期发生额	0
		期末余额	400 000

图 4—1　会计分录登记

4.2.3.3　试算平衡

【主题活动 4—2—8】　承主题活动 4—2—6 和主题活动 4—2—7，试算平衡表见表 4—2。

表 4—2　　**试算平衡表**

账户名称	期初余额		本期发生额		期末余额	
	借方	贷方	借方	贷方	借方	贷方
库存现金	10 000		1 000	0	11 000	
银行存款	450 000		0	16 000	434 000	
应收账款	15 000		0	0	15 000	
原材料	515 000		10 000	0	525 000	
固定资产	700 000		20 000	0	720 000	
应付账款		10 000	0	5 000		15 000
短期借款		80 000	0	0		80 000
长期借款		15 000	10 000	0		5 000
实收资本		1 185 000	0	20 000		1 205 000
盈余公积		400 000	0	0		400 000
合　计	1 690 000	1 690 000	41 000	41 000	1 705 000	1 705 000

练习 4—2—1

【单项选择题】　对于费用类账户，下列说法正确的是(　　)。

A. 借方登记转销数　　B. 期末如有余额在借方，也属于资产

C. 如有余额在贷方，属于负债　　D. 贷方登记费用的发生额

练习 4—2—2

【多项选择题】　借贷记账法的记账符号“贷”对于下列会计要素表示增加的有(　　)。

A. 资产　　B. 负债　　C. 所有者权益　　D. 收入

练习 4—2—3

【多项选择题】 借贷记账法的试算平衡有(　　)。

A. 发生额试算平衡　　B. 余额试算平衡

C. 会计要素平衡　　D. 会计分录试算平衡

E. 财务报表平衡

概念回顾

记账方法　单式记账法　复式记账法　借贷记账法　会计分录

复习思考题

1. 什么是单式记账方法？什么是复式记账方法？
2. 什么是复式借贷记账法？它的记账规则如何？
3. 什么是会计分录？编制会计分录有何意义？会计分录有哪几种？

技能实训

资料:某企业2月份有关账户如表1所示:

表1　　企业2月1日的有关账户余额

资　产		权　益	
账户名称	金　额	账户名称	金　额
库存现金	1 000	短期借款	20 000
银行存款	20 000	应付账款	6 000
应收账款	5 000	其他应付款	4 000
其他应收账款	2 000	应交税费	2 000
原材料	30 000	实收资本	80 000
生产成本	2 000	资本公积	5 000
库存商品	10 000	盈余公积	3 000
固定资产	50 000		
资产合计	120 000	权益合计	120 000

2月份发生如下经济业务:

(1)从银行提取现金2 000元,以备零用;

(2)收到某外商投入资金50 000元,存入银行;

(3)以银行存款2 000元缴纳应交消费税金;

(4)购买材料一批价款5 000元,材料已入库,货款未付;

(5)以银行存款偿还前欠材料款6 000元;

(6)收到购货单位偿付的前欠货款5 000元,存入银行;

(7)从银行取得短期借款20 000元,存入银行;

(8)以银行存款10 000元购买车床一台;

(9)将资本公积4 000元转增资本；

(10)采购员王某预借差旅费1 000元，以现金付给；

(11)销售产品一批，价款6 000元，收到款项存入银行；

(12)将多余现金1 000元存入银行。

要求：

(1)根据2月份资料采用借贷记账法编制会计分录。

(2)根据表1开设账户，并登记期初余额，将2月份发生的经济业务记入账户并结出期末余额。

(3)根据全部账户的期初余额、本月发生额和期末余额编制试算平衡表。

|学习单元 5|

借贷记账法在工业企业的应用(上)

【素质目标】

1. 了解工业企业的主要经济业务;
2. 掌握筹集资金和采购过程主要账户的用途与结构,能够正确使用账户;
3. 掌握工业企业筹集资金和采购过程阶段业务核算的账务处理。

【技能目标】

1. 能够说出工业企业有哪些主要的经济业务;
2. 能够准确编制筹集资金和采购过程各阶段业务核算的会计分录;
3. 能够准确计算出采购阶段的采购成本。

【案例导入】

某学年第一学期,大学生活刚刚开始,会计班 515 寝室的小姐妹们经过一段时间的相处,彼此关系很融洽。为了锻炼自己,同时达到学以致用的目的,她们在寝室长的建议下,决定租用学院食堂旁边的一间小门面房,利用课余时间开一家小超市,主要销售学生用品和副食品等。为节省开支,她们打算自己宣传、做账,同时由大家轮流值班做销货员。

11 月 11 日,全寝室 6 名同学,每人出资 1 000 元,合计 6 000 元。此外,这一举动还得到学院学生创业基金的支持,以低利息率(年利率 2%)借给她们两年期的长期借款 1 万元。共筹得资金共计 1.6 万元。看着这么多的现金,大家很是兴奋,但怎样把这笔账记载下来呢?大家都摇头表示不知道,寝室长说:"不用发愁,明天会计课上老师就该讲这部分知识了,大家一定要认真听,做好笔记,这可是咱们自己的钱呀!"

主题学习单元 5.1　工业企业的主要经济业务

【任务 5—1—1】　工业企业为什么要进行主要生产经营过程核算?核算将经历哪些过程?

工业企业是以产品的加工制造和销售商品为主要生产经营活动的营利性经济组织,即产品制造业。其生产经营活动过程包括产品加工制造的准备过程(经营资金的准备、劳动资料的准备和劳动对象的准备)、产品的加工制造过程和产品的销售过程。企业在从事生产经营活动的过程中会发生各种经济业务,需要进行核算和监督。

5.1.1 企业主要生产经营过程核算的意义和内容

5.1.1.1 企业主要生产经营过程核算的意义

工业企业是按照社会主义市场经济体制的要求面向市场、独立核算、自负盈亏、自我积累、自我发展、制造产品的营利性组织。它的基本任务是不断努力增加产品产量,提高产品性能和质量,扩大产品的花色品种,满足市场需求,加强企业管理,进行技术改造,减少活劳动和物化劳动的消耗,降低单位产品成本,增加盈利,提高企业经济效益,为发展有中国特色的社会主义市场经济积累更多资金。为了完成上述任务,企业必须以效益为中心,做好各方面工作,增强自我改造和自我发展能力。其中,正确组织生产经营过程核算工作,利用会计提供的信息资料,加强会计管理,规范企业生产经营行为,监督企业整体经济的运行,是一个非常重要的方面。要做到及时、准确地提供能反映实际生产经营过程情况的信息资料,如材料采购数量和单位材料采购成本、产品生产数量和单位产品生产成本,以及利润净额、所得税和利润分配情况,以便企业及时了解经营过程进度的执行计划情况,纠正偏差,真正做到高产、优质、低耗,不断增加产品的花色品种,满足市场需求,提高经济效益,加强经济管理。

5.1.1.2 企业主要生产经营过程核算的具体内容

(1)资金筹集业务核算

为了进行正常的生产经营活动,每一个企业都必须拥有一定数量的财产物资和经营资金,作为从事生产经营活动的物质基础,企业要想拥有一定数量的资金就必须想办法筹集资金。筹集资金的来源主要有两个方面:

①吸收所有者对企业的投资,称为实收资本(或股本)。

②向金融机构举借债款或发行企业债券,称为负债,包括短期借款和长期借款。

(2)采购业务核算

企业从各种渠道筹集到的资金,其中所占比重较大的是货币资金。企业首先以货币资金购建厂房、购买机器设备(固定资产)和各种材料物资,为进行产品的加工制造做准备。这时资金就由货币资金形态转化为固定资金形态和储备资金形态。

(3)产品生产业务核算

产品生产过程就是将原材料制成合格商品的过程,在产品的生产过程中所发生的各种材料费用、人工费用和制造费用等生产费用并构成产品生产成本。随着各种生产费用的发生,资金逐渐由储备资金、固定资金和货币资金形态而转化为生产资金形态。伴随产品的完工和验收入库,资金又从生产资金形态转化为成品资金形态。

(4)产品销售业务核算

产品销售过程就是企业在将商品产品销售给购买者的过程,在销售过程中会发生发出商品产品、支付销售费用、取得销售收入并办理货款结算的经济活动。通过这一过程,资金又从成品资金形态转化为货币资金形态。

(5)利润的形成与分配业务核算

企业一定时期内取得的收入与其相应的成本费用相抵后的差额即为企业在当期的经营成果(盈利或亏损)。如为盈利应进行分配;如为亏损应进行弥补。通过资金的补偿和分配,一部分资金(归还借款、税收和股息或红利)要退出企业,另一部分资金(补偿的成本和费用)会重新投入企业的生产经营活动过程中去,开始新的资金的循环和周转。

(6)资金的调整与退出业务核算

除了前面第一项至第五项所述工业生产企业主要经济业务核算以外，在资金使用过程中，还有一些资金会调整和退出企业，包括利润分配、资产转换、对外投资、归还借款、上交税费等各项支出业务。

在上述企业生产经营活动过程中，资金筹集、资金收回或退出企业与生产准备、产品生产和产品销售三个过程的首尾相接，构成了工业企业的主要经济业务，形成了工业企业的资金循环和周转。

5.1.2 成本计算的意义和要求

5.1.2.1 成本计算的意义

成本计算是会计核算的一种专门方法，也是生产过程中的一项主要业务内容。企业在进行生产活动中会经常发生经济资源的耗费，如各种人力、物力和财力。这些耗费的货币表现，是企业经济利益的流出，即费用。费用要按照一定对象(产品、材料)进行归集和分配，构成该对象的成本。在采购过程中所支付的材料买价、采购费用，按各种材料进行归集和分配。构成各种材料的采购成本。在生产过程中所发生的生产费用，包括材料费用、人工费用、制造费用等，按各种产品进行归集和分配，构成各种产品的制造成本。

成本计算就是将企业在生产过程中所发生的各种费用，按各种不同对象进行归集和分配，借以确定各对象的总成本和单位成本。

通过成本计算可以取得各种产品实际成本资料，据以确定各种产品实际成本与计划成本的差异；查找和分析成本升降的原因，挖掘降低成本潜力，可以有效地控制各项费用支出，达到预期的成本目标；并为将来进行成本预测、规划下期成本目标以及制定产品价格提供参考资料。

5.1.2.2 成本计算的基本要求

(1)按国家规定的成本开支范围、确认标准、计量方法进行核算和监督，不得随意改变费用成本的确认标准或者计量方法，不得多列、虚列、不列或少列成本费用，以保持企业前后各期成本费用的真实性和计算口径的一致性。

(2)分清支出与费用、费用与成本之间的界限。

①支出、费用与成本的概念

支出的范围很广泛，它是企业日常活动中发生的经济效益的总流出，有的属于收益性支出，有的属于资本性支出；有些与产品的生产有关，有些与产品的生产无关。

费用是企业为销售商品、提供劳务等日常活动所发生，会减少企业的所有者权益，与所有者分配利润无关的经济效益流出。

成本即对象化的费用，是企业为生产产品、提供劳务而发生的各种能够找到对象的耗费。

②支出与费用的界限

凡与产品生产有关部分，并从当期产品销售收入中得到补偿的资金耗费是生产费用，应计入产品成本；凡与产品生产无关，不能从产品销售收入中得到补偿的其他各种支出，不能计入产品成本。

③费用与成本的界限

费用是按照一定会计期间汇集的资金耗费，成本则是以各种产品为对象进行归集，两者计算基础不同，只是在费用按产品对象归集分配后，才能形成各种产品成本。

(3)按权责发生制原则进行成本计算。

权责发生制是按实际发生的和影响的期限来确认企业的收入和费用。按权责发生制原则计算成本就是应由各期成本负担的费用，不论是否支付，都应全部计入当期成本；而不应由当期成本负担的费用，即便已经支付，也不能计入当期成本。

5.1.2.3 成本计算的内容和程序

(1)确定成本计算对象。成本计算对象即生产费用归集和分配的对象。在进行成本计算时，首先要确定成本计算对象，才能按成本计算对象归集生产费用，计算各种成本计算对象的成本。

一般来说，成本计算的对象应为劳动耗费的受益物。例如，在采购过程中，为采购各种材料物资所发生的费用，应以采购的各种材料为成本计算对象进行归集和计算各种材料物资的采购成本；在生产过程中，为生产各种产品所发生的各种生产费用，应以各种产品的加工成本计算对象进行归集和计算各种产品的生产成本。

(2)确定成本计算期。成本计算期是指每隔多少时间计算一次成本。一般来说，成本计算期应与产品的生产周期相一致，但这还要取决于企业生产组织的特点。如果是单件、小批量生产，那就能按产品的生产周期确定成本计算期；如果是反复不断地大量生产同一种产品或几种产品，那就只能按月计算成本。

(3)确定成本计算项目。企业在进行成本计算时，必须确定成本计算项目。成本计算项目就是各种生产费用按其经济用途进行的分类，材料成本项目一般为材料买价和采购费用；产品制造成本项目一般为直接材料、直接人工和制造费用。

(4)归集和分配费用。成本计算过程，实际上是生产费用按一定成本对象进行归集和分配的过程。一般分为直接费用和间接费用，按一定成本对象进行归集和分配。直接费用是直接与该成本计算对象有关的费用，可直接计入该对象的成本，间接费用是同几个成本计算对象有关，应按一定分配标准在几个成本对象之间进行分配后才能计入各个成本计算对象的成本。

(5)建立健全成本计算原始记录。应设置登记生产费用、成本明细分类账户，编制各种成本计算表。各个计算对象的成本，是要通过生产费用、成本的明细分类核算完成的。因此对各种主要材料、辅助材料的耗用、工时消耗、生产费用分配、各种产品都要有健全的原始记录，据以进行费用、产品生产成本的明细分类核算，取得必要的成本计算资料，编制材料采购成本、产品生产成本计算表。

练习 5－1－1

【多项选择题】 企业生产经营过程由(　　)过程组成。

A. 资金筹集　　B. 生产准备　　C. 产品生产　　D. 产品销售

E. 财务成果

主题学习单元 5.2　企业筹集资金业务的核算

【任务 5－2－1】 企业筹集资金过程的主要经济业务内容有哪些？筹集资金过程中需要设置哪些账户？如何掌握这些账户？

5.2.1 企业筹集资金过程的主要经济业务内容

企业从事生产经营活动必须拥有一定数量的经营资金，作为生产经营活动的物质基础，也是企业生产经营的必要条件。企业资金主要来自两个方面：一是企业的所有者；二是企业的债权人。从企业所有者处筹集的资金，是所有者投入的资金，通常称为实收资本(股份制企业称股本)。从企业债权人处筹集的资金，是企业向银行或其他金融机构等债权人借入的资金，属于企业的负债，如短期借款、长期借款等。如图5—1所示。

企业设立→需要财产→筹集→{ 1. 投资者投入→所有者权益
2. 债权人借入→负债→债权人权益 }

图5—1 企业筹集资金过程

5.2.2 投入资本的核算

5.2.2.1 所有者投入资本的构成

所有者投入资本按照投资主体的不同可以分为国家资本金、法人资本金、个人资本金、外商资本金等。

所有者投入的资本主要包括实收资本和资本公积。

实收资本是指企业的投资者按照企业章程、合同或协议的约定，实际投入企业的资本金以及按照有关规定由资本公积、盈余公积等转增资本的资金。

资本公积是企业受到投资者投入的超出其在注册资本中所占份额的投资，以及直接计入所有者权益的利得和损失等。资本公积作为企业所有者权益的重要组成部分，主要用于转增资本。

5.2.2.2 账户设置

企业通过设置以下账户对所有者筹资业务进行核算：

(1)“实收资本”或“股本”账户

“实收资本”或“股本”账户属于所有者权益类账户，用来核算和监督按企业章程规定，企业接收投资者实际投入企业的各种资本金，即企业在工商行政管理部门登记的注册资本金。

实收资本按照投资主体的不同，分为国家资本金、法人资本金、外商资本金和个人资本金等。

按照投资的形态不同，分为货币投资、实物投资和无形资产投资等。

投资者投入的资本应当保全，除法律、法规另有规定者外，不得抽回。

实际收到投资者作为资本投入的现金、银行存款及房屋、建筑物、机器设备、材料物资等实物或无形资产，记贷方。

企业在减少注册资本返还给投资者时，资本金减少数，记借方。

期末贷方余额，表示投资者投入企业的资本总额。

该账户应按投资者设置明细账，进行明细分类核算。

(2)“固定资产”账户

“固定资产”账户属于资产类账户，用来核算和监督企业为生产商品、提供劳务、出租或经营管理而持有的，使用寿命超过一个会计年度的有形资产的原值，如设备、器具、工具等。

企业通过购买、接受捐赠等而增加的固定资产原价，记在该账户的借方。

企业出售、对外投资、报废毁损等而减少的固定资产原价，记在该账户的贷方。

期末余额在借方，表示企业现有结存的固定资产原值。

该账户应按固定资产类别、使用部门和每项固定资产设置“固定资产登记簿”和“固定资产卡片”进行明细核算。

(3)“银行存款”账户

“银行存款”账户属于资产类账户，用来核算和监督企业存入银行或其他金融机构的各种存款。企业根据业务需要，在其所在地银行开设账户，运用所开设的账户，进行存款、取款以及各种收支转账业务的结算。

企业将款项存入银行或其他金融机构等原因而增加的存款数，记在该账户的借方。

提取或支出存款等而减少的存款数，记在该账户的贷方。

期末余额在借方；表示企业实际存在银行或其他金融机构的各种存款总额。

该账户应按开户银行和其他金融机构，分人民币和各种外币设置“银行存款日记账”进行明细核算。

(4)“库存现金”账户

“库存现金”账户属于资产类账户，用来核算和监督企业存放在企业财会部门由出纳人员经管的纸币、硬币等各种现钞。包括人民币现金和外币现金。

企业收到的现金数额，记在该账户的借方。

支出现金数额，记在该账户的贷方。

期末余额在借方，表示企业实际持有的库存现金。

该账户应分别按人民币和各种外币设置“现金日记账”进行明细核算。

(5)“资本公积”账户

“资本公积”账户属于所有者权益账户，用来核算和监督企业取得的资本公积。包括资本溢价、接受非现金捐赠、法定财产重估增值、股权投资准备、外币资本折算差额以及直接计入所有者权益的利得和损失等。

当公司溢价发行股票时的溢价部分、外币资本折算差额以及接受捐赠等增加数，记在该账户的贷方。

按规定转增股本，以及被投资单位外币折算引起权益的减少等数额，记在该账户的借方。

期末余额在贷方，反映资本公积的结余数。

该账户按资本公积取得的来源设置明细账进行明细分类核算。

(6)“无形资产”账户

“无形资产”账户属于资产类账户，用来核算和监督企业持有的没有实物形态的可辨认资产，包括专利权、非专利技术、商标权、著作权、土地使用权等。

企业取得无形资产时，记在该账户的借方。

企业处置无形资产时，记在该账户的贷方。

期末余额在借方，表示企业实际持有的无形资产总额。

该账户应按无形资产的类别进行明细核算。

【主题活动 5－2－1】 实收资本是指企业实际收到的投资者投入的资本，它是企业(　　)中的主要组成部分。

A. 资产　　B. 负债　　C. 所有者权益　　D. 收入

5.2.2.3　账务处理

【任务 5－2－2】 企业收到甲单位货币资金投资 40 000 元，款项存入银行。

【解析】 这项经济业务的发生，使企业的银行存款增加了 40 000 元，应记入“银行存款”账户的借方，同时使企业的实收资本增加了 40 000 元，应记入“实收资本”的贷方。会计分录如下：

借:银行存款 40 000

贷:实收资本 40 000

【任务5—2—3】 收到乙单位以厂房、机器设备投资,评估价为390 000元,产权转移手续已经办妥。

【解析】 这项经济业务的发生,使企业的固定资产增加了390 000元,应记入“固定资产”账户的借方,同时使企业的实收资本增加了390 000元,应记入“实收资本”的贷方。会计分录如下：

借:固定资产 390 000

贷:实收资本 390 000

【任务5—2—4】 收到丙单位以专利权投资,评估价为300 000元,有关权利转移手续已经办妥。

【解析】 这项经济业务的发生,使企业的无形资产增加了300 000元,应记入“无形资产”账户的借方,同时使企业的实收资本增加了300 000元,应记入“实收资本”的贷方。会计分录如下：

借:无形资产 300 000

贷:实收资本 300 000

【任务5—2—5】 A股份有限公司发行股票10 000股,每股面值1元,发行价格20元,发行股票所筹集资金已经存入该公司的银行账户。

【解析】 这项经济业务的发生,使企业的银行存款增加了200 000元,应记入“银行存款”账户的借方,同时使企业的实收资本增加了10 000元,应记入“实收资本”的贷方。

股本增值190 000元,应记入“资本公积”账户的贷方。会计分录如下：

借:银行存款 200 000

贷:股本 10 000

资本公积 190 000

5.2.3 负债筹资业务

【任务5—2—6】 借款如何分类,各类借款核算会用到哪些账户？长短期借款如何核算？它们有何异同？

企业在生产经营的过程中,经常需要向银行等金融机构借款以弥补经营资金之不足。借款按其借用期限的长短分为长期借款和短期借款。企业借入的各种借款,必须按规定用途使用,按期支付利息并按期归还。

5.2.3.1 负债筹资的构成

负债筹资主要包括短期借款、长期借款以及结算形成的负债等。

5.2.3.2 账户设置

(1)“短期借款”账户

“短期借款”账户属于负债类账户,用来核算和监督企业向银行或其他金融机构借入的期限在1年以下(含1年)的各种借款的取得、归还和使用情况。

取得的短期借款,记在该账户的贷方,表明企业和银行的债权债务关系的确立(增加)。

归还的短期借款,记在该账户的借方,表明企业和银行的债权债务关系的消失(减少)。

期末余额在贷方，表示企业尚未归还的短期借款。

该账户应按债权人和借款种类设置明细账。

(2)"长期借款"账户

"长期借款"账户属于负责账户，用以核算和监督企业向银行或其他金融机构借入的期限在1年以上(不含1年)的各种借款及其应计利息和归还本息的情况。

取得借款的本金和应计利息时，记在该账户的贷方。

偿还借款的本金和利息时，记在该账户的借方。

期末余额在贷方，表示尚未归还的本息。

按借款种类和单位开设明细分类账户进行明细核算。

(3)"财务费用"账户

"财务费用"账户属于损益类账户，用来核算和监督企业为筹集生产经营所需资金等而发生的筹资费用，包括利息支出、汇兑损益以及相关的手续费、企业发生的现金折扣或收到的现金折扣等。

本期发生的各项财务费用，记在该账户的借方。

期末余额转入本年利润账户，记在该账户的贷方。

期末转如本年利润后一般无余额。

该账户应按费用项目进行明细核算。

(4)"应付利息"账户

"应付利息"账户属于负债类账户，用来核算和监督企业按合同规定应支付而尚未支付的各种利息。

企业按合同利率计算确定的应付未付利息，记在该账户的贷方。

企业实际支付的应付利息，记在该账户的借方。

期末余额一般在贷方，表示累计应付未付的利息。

该账户应按应付利息的机构进行明细核算。

5.2.3.3 账务处理

(1)短期借款的账务处理

【任务5-2-7】 企业于20××年7月1日从银行借入为期六个月的短期借款60 000元并存入银行，借款年利率8%，利息按季结算。

【解析】 该经济业务，一方面使企业的银行存款增加了60 000元，另一方面也使企业的债务短期借款增加了60 000元。因此，本业务涉及"银行存款"和"短期借款"两个账户，应记入"银行存款"账户的借方和"短期借款"账户的贷方。

会计分录如下：

①取得借款时，应编制会计分录如下：

借：银行存款　　60 000

　　贷：短期借款　　60 000

②7月末、8月末计算利息时，应编制会计分录如下：

借：财务费用　　400

　　贷：应付利息　　400

③9月末，应编制会计分录如下：

借：财务费用　　400

应付利息 800
贷:银行存款 1 200

④10月末、11月末,应编制会计分录如下:

借:财务费用 400
贷:应付利息 400

⑤12月末,应编制会计分录如下:

借:财务费用 400
应付利息 800
短期借款 60 000
贷:银行存款 61 200

⑥若到期本息一次归还,本息和=60 000×(1+8%÷2)=62 400元:

借:短期借款 60 000
财务费用 2 400
贷:银行存款 62 400

(2)长期借款的账务处理

【任务5-2-8】 甲企业于20××年1月1日从银行借入100 000元,期限为5年,年利率7%,假设每半年计息一次,到期一次还本付息,该借款用于购买设备,设备已交付使用。

【解析】 这项经济业务表明,该企业由于向银行借款,银行存款增加了100 000元,应记入"银行存款"账户的借方,同时借款期限为5年,企业长期借款增加了100 000元,应记入"长期借款"的贷方。会计分录如下:

①取得借款时,应编制会计分录如下:

借:银行存款 100 000
贷:长期借款 100 000

企业用这100 000元购买设备时,固定资产增加了100 000元,应记入"固定资产"的借方,同时银行存款减少了100 000元,应记入"银行存款"的贷方。

②设备交付使用,应编制会计分录如下:

借:固定资产 100 000
贷:银行存款 100 000

每半年按权责发生制确认本半年度应负担的长期借款利息。

③每半年计息,应编制会计分录如下:

借:财务费用 3 500
贷:长期借款 3 500

④到期归还长期借款本息时,应编制会计分录如下:

借:长期借款 135 000
贷:银行存款 135 000

练习5-2-1

【单项选择题】 借入资金一般都是采用借入( )的方式进行。

A. 货币性资产　B. 实物资产　C. 无形资产　D. 固定资产

练习5-2-2

【单项选择题】 企业接受其他单位或个人捐赠固定资产时,应贷记的账户是( )。

A.“营业外收入”　B.“实收资本”　C.“资本公积”　D.“盈余公积”

练习 5—2—3

【多项选择题】 关于资金筹集业务，下列说法中正确的有(　　)。

A. 企业筹集资金的渠道，一是吸收投资，二是借款

B. 从企业所有者处筹集的资金形成企业的所有者权益

C. 从企业债权人处筹集的资金形成企业的负债

D. 公积金和未分配利润也是企业筹集资金的重要来源

E. 短期借款和长期借款是向债权人筹集资金的主要方式

主题学习单元 5.3　采购过程的核算

为了进行生产经营活动，企业必须建造厂房、建筑物、购置机械设置和进行材料采购。因此，固定资产购建业务和材料采购业务的核算就构成了采购过程核算的主要内容。

【任务 5—3—1】 固定资产购置业务需要设置哪些账户？如何进行账务处理？

5.3.1　固定资产购建业务的核算

5.3.1.1　固定资产的确认标准及其成本构成

固定资产是指为生产商品、提供劳务或经营管理等而持有的使用寿命超过一个会计年度的有形资产。

固定资产应按其取得时的实际成本(即原始价值)入账。

实际成本是指为取得某项固定资产并使其达到可使用状态所发生的一切合理的、必要的支出，包括买价、运杂费、安装费等。

5.3.1.2　账户设置及其对应关系

(1)“固定资产”账户

“固定资产”账户属于资产类账户，用来核算和监督企业为生产商品、提供劳务、出租或经营管理而持有的，使用寿命超过一个会计年度的有形资产的原值，如设备、器具、工具等。

企业增加的固定资产原价，记在该账户的借方。

企业减少的固定资产原价，记在该账户的贷方。

期末余额在借方，表示企业结存的固定资产原价。

该账户应按固定资产类别、使用部门和每项固定资产设置“固定资产登记簿”和“固定资产卡片”进行明细核算。

(2)“工程物资”账户

“工程物资”账户属于资产类账户，用来核算和监督企业为在建工程准备的各种物资的实际成本，包括工程用材料、尚未安装的设备以及为生产准备的工具器具等。本账户的借方登记购入为工程准备的物资的实际成本。

企业为在建工程准备的各种物资的实际成本，记在该账户的借方。

企业为在建工程领用的工程物资的实际成本，记在该账户的贷方。

期末余额在借方，表示企业为工程准备的工程物资的结存数。

该账户应按物资品种如“专用材料”“专用设备”“工器具”等设置明细账，进行明细核算。

(3)“在建工程”账户

“在建工程”账户属于资产类账户，是用来核算和监督企业进行基建工程、设备安装工程和其他工程等活动所发生的实际支出的账户。

建造和安装固定资产工程所发生的实际支出，包括买价、运杂费、包装费和安装费等，记在该账户的借方；

工程完工交付使用结转实际成本，记在该账户的贷方；

期末借方余额，表示尚未完工或交付使用工程的实际成本；

该账户按在建工程的项目设置明细账，进行明细分类核算。

5.3.1.3 账务处理

(1)购入不需要安装的固定资产

【任务5—3—2】 企业购入不需要安装的设备一台，买价20 000元，增值税3 400元，包装费和运杂费等各项支出1 600元。全部支出已用银行存款支付。

【解析】 该业务一方面使企业的资产→固定资产→增加了21 600元(20 000+1 600)，增值税进项税额增加了3 400元，另一方面也使企业的资产→银行存款减少了25 000元。因此，本业务涉及“固定资产”“应交税费”和“银行存款”三个账户。按其成本记入“固定资产”账户的借方，按进项税记入“应交税费”的借方，按全部支出记入“银行存款”账户的贷方。

会计分录如下：

借:固定资产	21 600	
应交税费——应交增值税(进项税额)	3 400	
贷:银行存款		25 000

(2)购入需要安装的固定资产

【任务5—3—3】 企业购入需要安装的设备一台，买价10 000元，增值税1 700元，运杂费300元。全部款项已用银行存款支付。在安装过程中，耗用材料1 000元，以现金支付外单位安装人员工资300元。安装完毕，经验收合格后交付使用。

【解析】 本任务包括以下三笔经济业务：

①购入固定资产业务

分析：由于该设备需要安装，因此应将因购买而发生的成本支出10 300元(10 000+300)记入“在建工程”账户的借方，按进项税1 700元记入“应交税费”的借方和“银行存款”账户的贷方。

会计分录如下：

借:在建工程	10 300	
应交税费——应交增值税(进项税额)	1 700	
贷:银行存款		12 000

②固定资产的安装业务

分析：在安装过程中，所耗用的材料费用和所支付的工资费用，一方面使企业的材料和现金等资产项目减少，另一方面也使企业所购入的固定资产的安装费用增加。材料和现金的减少分别记入“原材料”账户和“库存现金”账户的贷方；而固定资产的安装费用增加应记入“在建工程”账户的借方。

会计分录如下：

借:在建工程	1 300	
贷:原材料		1 000

库存现金　　　　　　　　　　　　　　　　　　300

③固定资产验收交付使用业务

分析：固定资产经验收交付使用后，应将固定资产的全部成本 11 600 元(10 300+1 300)，由“在建工程”账户的贷方转入“固定资产”账户的借方。

会计分录如下：

借：固定资产　　　　　　　　　　　　　　11 600

　贷：在建工程　　　　　　　　　　　　　　11 600

5.3.2　材料采购过程主要经济业务的核算

【任务 5—3—4】　材料采购过程经济业务核算有哪些内容？采购成本由哪些成本因素构成？需要设置哪些账户？如何进行相关的账务处理？

材料采购业务所指的材料一般为原材料。原材料是指企业在生产过程中经过加工改变其形态或性质并构成产品主要实体的各种原料和外购半成品，以及不构成产品实体但有助于产品形成的辅助材料，包括原材料及主要材料、辅助材料、外购半成品、修理用备件、包装材料、燃料等。

5.3.2.1　采购过程的主要经济业务及材料采购成本的构成

(1)材料采购经济业务内容

企业为了进行正常的生产经营活动，必须购买和储备一定种类和数量的材料。因此，采购过程是工业生产企业经营过程的第一个阶段。在材料采购过程中，其主要经济业务是一方面用货币资金购买原材料、辅助材料，支付采购费用，计算采购成本，组织材料入库；另一方面是企业要支付材料的买价、增值税额和各种采购费用，并与供货单位发生货款的结算。

(2)材料采购成本的构成

企业购进的材料，经过验收入库以后，成为可供生产领用的库存材料。购入材料的成本一般包括材料的买价和各种采购费用。

①材料的买价。是指企业在采购材料时，供应单位发票上所记录的购入价格。

②采购费用。是企业在采购材料过程中所支付的各项费用，包括材料的运输费、装卸费、保险费、包装费、仓储费等。按《企业会计准则》规定企业材料的采购费用计入材料采购成本。

5.3.2.2　账户的设置及其对应关系

(1)“材料采购”账户

“材料采购”账户属于成本类账户，用来核算和监督企业采用计划成本进行日常核算而购入的材料采购成本。

实际支付的材料的买价和运杂费，记在该账户的借方。

验收入库转入“原材料”账户借方的计划采购成本，记在该账户的贷方。其实际成本大于计划成本的差额记入“材料成本差异”账户借方，其实际成本小于计划成本的差额记入“材料成本差异”账户贷方。

期末如有余额在借方，表示企业在途材料的采购成本。

该账户应按照供应单位和材料品种设置明细账，进行明细分类核算。

(2)“材料成本差异”账户

“材料成本差异”账户属于资产类账户，用来核算和监督企业采用计划成本进行日常核算的材料计划成本与实际成本的差额。

入库材料实际成本大于计划成本的差异,记在该账户的借方。

入库材料实际成本小于计划成本的差异,记在该账户的贷方。

期末如果余额在借方,表示企业库存材料的实际成本大于计划成本的差异。

期末如果余额在贷方,表示企业库存材料的实际成本小于计划成本的差异。

该账户应按材料品种设置明细分类账。

(3)"在途物资"账户

"在途物资"账户属于资产类账户,用来核算和监督企业采用实际成本进价材料、商品等物资的日常核算、货款已付尚未验收入库的在途物资的采购成本。

购入材料、商品的实际成本,记在该账户的借方。

验收入库材料、商品的实际成本,记在该账户的贷方。

期末借方余额,表示在途材料、商品等物资的采购实际成本。

该账户应按照供应单位和材料的种类、名称等设置明细分类账。

(4)"原材料"账户

"原材料"账户属于资产类账户,用来核算和监督企业库存各种材料的收入、发出和结存情况,包括原料及主要材料、辅助材料、外购半成品、外购材料、修理用备件、包装材料、燃料等的计划成本或实际成本等。

已验收入库材料的实际成本,记在该账户的借方。

发出领用等而减少材料的实际成本,记在该账户的贷方。

期末借方余额,表示结存材料的实际成本。

该账户应按材料的种类、名称等设置明细分类账。

(5)"应付账款"账户

"应付账款"账户属于负债类账户,用来核算和监督企业因购置材料、商品和接受劳务等经营活动应支付而未支付给供应单位的款项。

应支付而未支付材料供应单位的款项(包括价款、增值税和代垫运杂费),记在该账户的贷方。

实际偿付的供应单位的款项,记在该账户的借方。

期末贷方余额,表示企业尚欠供应单位的款项。

该账户应按往来单位设置明细账。

(6)"应交税费"账户

"应交税费"账户属于负债类账户,用来核算和监督企业按照税法等规定应交纳的各种税费,包括增值税、消费税、营业税、所得税、资源税、土地增值税、房产税、土地使用税、车船使用税、教育费附加、矿产资源补偿费等。

企业按照规定应交纳的各项税费,记在该账户的贷方。

企业尚未缴纳的税费,记在该账户的借方。

期末余额如在贷方,表示企业尚未缴纳的税费,期末余额如在借方,反映企业多交或尚未抵扣的税费。

注意:"应交税费——应交增值税"明细账户的介绍。

增值税是对我国境内从事销售货物或者提供加工、修理修配劳务及进口货物的单位和个人征收的一种流转税。增值税纳税人可分为一般纳税人和小规模纳税人。

对增值税一般纳税人的企业来说,材料采购业务涉及增值税进项税额可以抵扣的问题。

从理论上来讲，增值税可用商品产品的增值额乘以税法规定税率直接计算。但在实务中，由于商品产品的增值额很难确定，增值税常采用间接方法计算。具体方法是根据销售额和规定税率（一般为17%）先计算出应向购买方收取的增值税额，即销项税额，然后再从中扣除为生产产品而外购原材料等所支付或者负担的增值税额，即进项税额，抵扣后的余额即为企业实际缴纳的增值税。若当期销项税小于当期进项税额不足以抵扣时，其不足部分可以在下期继续抵扣。应纳增值税的计算公式为：

应纳增值税＝当期销项税－当期进项税

增值税是一种价外税，即企业购进材料时，其采购成本不含增值税，支付或者负担的增值税额记入“应交税费——应交增值税（进项税额）”明细账户的借方；销售货物时收取的增值税额也不构成销售额，而是记入“应交税费——应交增值税（销项税额）”明细账户贷方。当期销项税额大于进项税额产生的应纳增值税额，缴纳增值税时记入“应交税费——应交增值税”明细账户借方。“应交税费——应交增值税”明细账户期末余额如在借方，表示尚未抵扣的增值税，期末余额如在贷方，表示应交未交的增值税。应交增值税明细账户还应分别设置“进项税额”“销项税额”“出口退税”“进项税额转出”“已缴税费”等进行转栏核算。

应交税费——应交增值税

借方	贷方
期初余额：尚未抵扣的增值税 发生额：购进材料等的进项税额 本期缴纳的增值税	期初余额：应交的增值税 发生额：销售货物收取的销项税额
期末余额：尚未抵扣的增值税	期末余额：应交纳的增值税

（7）“预付账款”账户

“预付账款”账户属于资产类账户，用来核算和监督按照合同规定预先支付给供应单位预付材料价款，而与供应单位发生的债权结算的增减变动及其余额的情况。

因购货、进行在建工程等而预付的货款，记在该账户的借方，表明企业的资产被对方占用，与“银行存款”账户发生对应关系。

实际收到所购物资、结算工程价款而冲销预付款（一般为收到材料）时，记在该账户的贷方，与“材料采购”账户发生对应关系。

期末余额在借方，表示未收到材料的预付款项；期末余额在贷方表示企业尚未补付的款项。

该账户应按照供应单位设置明细账。

（8）“应付票据”账户

“应付票据”账户属于负债类账户，用来核算和监督企业购买材料、商品和接受劳务供应等而开出并承兑的商业汇票，包括银行承兑汇票和商业承兑汇票。

企业开出并承兑商业汇票时，记在该账户的贷方，表明企业与供货单位的债权债务关系的确立（增加）。

偿还应付票据款时，记在账户的借方，表明企业与供货单位的债权债务关系的消失（减少）。

期末余额在贷方，表示尚未到期的商业汇票金额。

5.3.2.3 账务处理

假设M公司20××年12月份发生下列材料采购业务：

【任务5－3－5】 从AB公司购入甲、乙两种材料。甲材料2 400千克，单价50元，计120 000元；乙材料1 600千克，单价100元，计160 000元。买价共计280 000元，增值税47 600元(280 000×17%)。材料已验收入库，全部款项327 600元以银行存款支付。

【解析】 该业务一方面使企业的材料采购成本→买价→增加280 000元(120 000＋160 000)，预先垫支并抵减→增值税销项税额的→进项税额→增加47 600元；另一方面也使企业的银行存款→减少327 600元。涉及"材料采购""应交税费——应交增值税(进项税额)"和"银行存款"三个账户。材料采购成本增加是资产的增加，应记入"材料采购"账户的借方，抵减增值税销项税额的进项税额的增加是负债的减少，应记入"应交税费——应交增值税(进项税额)"账户的借方，银行存款的减少应记入"银行存款"账户的贷方。

会计分录如下：

借：材料采购——甲材料	120 000	
——乙材料	160 000	
应交税费——应交增值税(进项税额)	47 600	
贷：银行存款		327 600

如果上述款项没有支付，则使企业的负债项目→应付账款→增加327 600元，应记入"应付账款"账户的贷方，则上列会计分录中的贷记"银行存款"账户，应改为贷记"应付账款"账户。

【任务5－3－6】 企业以银行存款110 000元预付向AB公司购买乙材料的货款。

【解析】 该业务属于资产内部各项目之间转换的业务。一方面使企业的一项资产——银行存款——减少110 000元，另一方面使企业的另一项资产——预付账款——增加110 000元，涉及"银行存款"和"预付账款"两个账户。其中，预付账款的增加是企业资产的增加，应记入"预付账款"账户的借方。

会计分录如下：

借：预付账款——AB公司	110 000	
贷：银行存款		110 000

【任务5－3－7】 从H公司购进丙材料2 000千克，单价60元，计120 000元，增值税20 400元(120 000×17%)，货款采用商业承兑汇票结算，但材料尚未验收入库。

【解析】 该业务属于资产项目和负债项目之间转换的业务。一方面使企业的材料采购成本→买价→增加120 000元，预先垫支并抵减→增值税销项税额的→进项税额→增加20 400元；另一方面也使企业的负债项目→应付票据→增加140 400元，涉及材料采购、应交税费——应缴增值税(进项税额)、应付票据三个账户，其中，应付票据款的增加是负债的增加，应记入"应付票据"账户的贷方。

会计分录如下：

借：材料采购——丙材料	120 000	
应交税费——应交增值税(进项税额)	20 400	
贷：应付票据——H公司		140 400

提示：不论材料是否验收入库，材料的采购成本都应先记入"材料采购"账户及其所属的明细账户的借方，待期末计算出已入库材料的采购成本并结转后，"材料采购"账户的借方余额即为尚未入库的在途材料。

【任务5—3—8】 收到AB公司发来的乙材料1 200千克，单价100元，计价款120 000元，增值税20 400元，除冲销原预付货款110 000元外，其余款项用银行存款支付。

【解析】 该业务属于资产内部各项目之间转换的业务。一方面使企业的材料采购成本→买价→增加120 000元，预先垫支并抵减→增值税销项税额的→进项税额→增加20 400元；另一方面应冲销原预付款110 000元，剩余部分30 400元以银行存款支付。涉及材料采购、应交税费——应交增值税(进项税额)、预付账款、银行存款四个账户，其中，预付账款的减少是资产的减少，应记入"预付账款"账户的贷方。

会计分录如下：

借：材料采购——甲材料	120 000	
应交税费——应交增值税(进项税额)	20 400	
贷：预付账款——AB公司		110 000
银行存款		30 400

【任务5—3—9】 企业以银行存款支付购入上述甲、乙材料的运杂费12 480元，并在已入库的材料之间进行分配。

【解析】 费用分配的标准选择：企业于同一地点同时购入两种或两种以上的材料所发生的运杂费等各项采购费用，如在发生时不能分清各种材料应负担的费用额，为了准确计算各种材料的采购成本，应按一定的分配标准采用一定的分配方法，在所采购的各种材料之间进行分配。常用的分配标准有材料的买价和材料的重量。

采购费用的分配方法及其分配：

采购费用分配率＝实际发生的采购费用÷材料的买价或重量

某种材料应分担的采购费用＝该材料的重量或买价×采购费用分配率

本次采用材料的重量(甲材料2 400千克，乙材料2 800千克)标准进行分配。

运杂费分配率＝12 480/(2 400＋2 800)＝2.4(元/千克)

甲材料应分担的运杂费＝2 400×2.4＝5 760(元)

乙材料应分担的运杂费＝2 800×2.4＝6 720(元)

当将采购费用在各种材料之间分配确定后，由于其属于材料采购成本的一部分，在材料采购成本尚未计算之前，先记入"材料采购"及其所属明细账的借方。

会计分录如下：

借：材料采购——甲材料	5 760	
——乙材料	6 720	
贷：银行存款		12 480

【任务5—3—10】 计算并结转已验收入库材料的实际采购成本。

【解析】 材料采购成本的计算方法：材料采购成本的计算一般是通过"材料采购"账户的明细分类账户来完成的。材料采购成本的计算，就是将按照购入材料的品种、类别设置的材料采购明细账中归集的买价和采购费用相加，计算其采购总成本和单位成本。

材料采购成本的计算：根据材料采购明细账，编制"采购成本计算表"。甲材料采购明细账中归集的买价为120 000元，采购费用为5 760元，甲材料采购总成本为125 760(120 000＋5 760)元，单位成本为52.40(125 760/2 400)元；乙材料采购明细账中归集的买价为280 000元，采购费用为6 720元，乙材料采购总成本为286 720(160 000＋120 000＋6 720)元，单位成本为102.40(286 720/2 800)元。

采购成本计算表

编制单位:××厂　　　　20××年×月　　　　单位:元

成本项目	甲材料(2 400)		乙材料(2 800)	
	总成本	单位成本	总成本	单位成本
买价	120 000	50	280 000	100
采购费用	5 760	2.4	6 720	2.4
材料采购成本	125 760	52.4	286 720	102.4

根据“采购成本计算表”编制材料采购成本结转的会计分录:材料的采购成本计算出来之后,表明采购过程结束,“材料采购”账户所担负的任务完成,应将其从该账户的贷方转出,记入“材料采购”账户的贷方和“原材料”账户的借方。

会计分录如下:

借:原材料——甲材料　　125 760
　　　　——乙材料　　286 720
　贷:材料采购——甲材料　　125 760
　　　　　　——乙材料　　286 720

练习 5—3—1

【单项选择题】 企业设置“固定资产”账户是用来反映固定资产的(　　)。

A. 原始价值　　B. 磨损价值　　C. 累计折旧　　D. 净值

练习 5—3—2

【单项选择题】 某制造企业为增值税一般纳税人,本期外购原材料一批,发票注明买价20 000元,增值税额3 400元,入库前发生的挑选整理费用为 1 000 元,则该批原材料的入账价值为(　　)元。

A. 20 000　　B. 23 400　　C. 21 000　　D. 24 400

练习 5—3—3

【多项选择题】 购入材料的采购成本一般包括(　　)。

A. 买价　　B. 采购材料过程中支付的各项费用

C. 运输途中的合理损耗　　D. 入库前的挑选整理费用

E. 仓库保管人员工资

练习 5—3—4

【多项选择题】 关于“材料采购”账户,正确的说法有(　　)。

A. 借方登记购入材料的买价和采购费用等

B. 贷方登记入库材料的实际成本

C. 期末如有余额在借方表示未付款、未入库在途材料的实际成本

D. 是计算物资采购成本的账户

E. 是核算采购人员差旅费的账户

概念回顾

资金筹集　成本　费用　成本计算　实收资本　长期借款　短期借款

复习思考题

1. 工业企业的交易或事项包括哪些内容?
2. 企业资金筹集的渠道有哪些? 核算应设置哪些账户?
3. 成本计算的基本要求是什么?
4. 简述材料采购业务的主要内容。

技能实训

一、实训目的

练习材料采购过程的核算和采购过程计算。

二、实训资料

(1)从 A 公司购入甲材料 100 吨,每吨 50 元,进项税额 850 元,材料未到,款未支付。

(2)用银行存款归还上述购料款。

(3)购入乙材料 500 吨,每吨 40 元,进项税额 3 400 元,运杂费 1 000 元,款已付出,材料尚在途中。

(4)上述乙材料运到本厂,验收入库,以现金支付装卸费 200 元。

(5)向 B 公司购入甲材料 600 吨,每吨 55 元,乙材料 400 吨,每吨 45 元,进项税额8 670 元,款已支付。

(6)向 B 公司购入的甲、乙 材料已到。以银行存款支付甲、乙材料运杂费 760 元。

(7)月末一次性结转甲、乙材料的入库成本。

|学习单元 6|

借贷记账法在工业企业的应用(下)

【素质目标】

1. 了解资金的调整和退出主要经济业务;
2. 掌握生产和销售过程主要账户的用途与结构,能够正确使用账户;
3. 掌握利润的形成和分配、资金的调整和退出阶段业务核算的账务处理。

【技能目标】

1. 能够说出生产和销售过程有哪些主要的经济业务;
2. 能够准确编制生产和销售过程业务核算的会计分录;
3. 能够准确编制利润的形成和分配、资金的调整和退出业务核算的会计分录。

【案例导入】

王某刚刚大学毕业,他想开一家小型服装加工厂,专门生产儿童服装,并对外销售。他首先想到开一家服装加工厂和直接购成品衣服对外销售是不一样的,除了要进行工商行政注册外,他还必须为生产准备厂房、机器设备,还要有熟悉服装加工技能的生产工人。除了这些,你认为还需要些什么?在生产出合格的产品对外销售时又会遇到哪些问题?生产成本、销售成本如何计算?如何准确计算出利润?

主题学习单元 6.1 产品生产过程的核算及成本计算

6.1.1 工业企业生产过程核算的主要经济业务

【任务 6—1—1】 工业企业生产过程核算的主要经济业务有哪些?

生产过程是工业生产企业资金循环的第二阶段。在产品生产过程中,生产人员借助固定资产等劳动资料把原材料等劳动对象加工成为产品,这一过程既是产品的制造过程,又是物化劳动和活劳动的消耗过程。从实物形态看,材料通过加工形成在产品,再从在产品加工成为产成品;从价值形态看,劳动资料、劳动对象、活劳动等各种耗费,构成产品的生产成本。

费用按其经济内容分为生产费用和期间费用。生产费用是指在一定时期产品生产过程中发生或支出的各种耗费,主要包括:生产产品所耗用的原材料、辅助材料、燃料和动力,生产工人的工资及福利费,厂房和机器设备等固定资产的折旧费,以及管理和组织生产、为生产服务而发生的各种费用。

期间费用是指企业为了维持一定生产经营能力的费用。企业行政管理部门为组织和管理生产经营活动而发生的各种耗费称为管理费用,它包括行政管理部门人员薪酬、行政管理部门使用的固定资产磨损、办公费、差旅费、会议费、聘请中介机构费、咨询费、诉讼费、业务招待费、房产税、车船使用税、土地使用税、印花税、技术转让费、矿产资源补偿费、研究费用、排污费等。

管理费用、财务费用以及企业销售过程中发生的销售费用,与企业产品生产没有直接关系,均不构成产品成本,它们属于期间费用,直接计入损益。

产品生产成本是指企业按每一种类产品归集的生产费用,包括直接材料成本、直接人工成本和制造费用三部分。

直接材料是指企业在产品生产过程中消耗并构成产品实体的原材料、配件及有助于产品形成的辅助材料等,如服装厂生产服装要耗用布料、线、纽扣、拉链等,汽车厂生产汽车要耗用钢材及其他材料等。

直接人工是指企业应支付给直接从事产品生产人员工资、奖金等薪酬。

制造费用是指生产部门为组织和管理产品生产所发生的费用。如车间管理人员的工资福利费,厂房机器设备的磨损,车间所发生的办公费、水电费、取暖费、差旅费等,这些间接费用是企业制造部门为生产多种产品而发生的共同性费用,应当按照合理的方法在各种产品之间进行分配,计入每种产品的生产成本。

因此,生产过程核算的主要任务是:核算和监督生产费用的发生和分配,产品生产的品种、数量和质量;计算产品成本,考核生产资金定额和成本计划的执行情况;反映生产过程中的问题,总结经验,降低成本,提高效益。

6.1.2 产品成本计算的基本流程

【任务6—1—2】 产品成本计算的基本流程是什么?

6.1.2.1 确定成本计算对象

(1)定义。成本计算对象是指费用要归集和分配的客体即为谁计算成本。如要计算各种产品的成本,那么各种产品就是成本计算对象。

(2)作用。成本计算对象的确定,是设置产品生产成本明细账(或称“成本计算单”),归集生产费用,正确计算产品成本的前提。

(3)品种法。成本计算对象的选择虽与企业的生产特点和管理要求密切相关,但按产品品种确定成本计算对象是最终的和最基本的,由此而产生的成本计算方法“品种法”,是最基本的成本计算方法。

6.1.2.2 确定成本计算期

成本计算期是指产品成本计算的间隔期。

从理论上讲,产品成本计算期间应当同产品的生产周期保持一致。

由于产品生产的多样性、复杂性和生产周期的不确定性,一般难以按生产周期确定,大多以“月份”作为成本计算期。

在大批量生产并以产品品种为成本计算对象的企业,生产周期通常比会计期间短,则选会计期间为成本计算期。

在小批量生产并以单件产品为成本计算对象的企业,生产周期通常比会计期间长,则选产品的生产周期为成本计算期。

6.1.2.3 确定产品成本项目

所谓成本项目，是指计入产品成本的生产费用按照其经济用途所进行的分类。

为达到降低成本之目的，成本计算除提供总成本和单位成本的资料外，还应提供成本的经济构成。在制造成本法下，工业企业一般应设置以下三个成本项目：

直接材料是指直接用于产品生产并构成产品实体的原料及主要材料。

直接人工是指直接参加产品生产的工人工资以及按规定计提的职工福利费。

制造费用是指发生在车间范围内除以上归集于"直接材料"项目和"直接人工"项目外并不便于直接计入某个成本计算对象的各项费用。

6.1.2.4 按权责发生制，划清费用的受益期限

某些生产费用由于其支付期和受益期不一致并横跨多个会计期间，应以"权责发生制"对各期的生产费用进行确认，划清费用的受益期限。

即应计入本期的生产费用不论其款项是否已实际付出，都要作为本期的生产费用来加以确认。

其结果是企业在某一成本计算期内发生的生产费用，不一定全部计入本期产品成本，而本期的产品成本也不一定都是本期实际支付的费用。

6.1.2.5 按成本分配的受益原则，划清费用的受益对象

对于按照权责发生制确认的本期生产费用，还应遵循谁受益谁负担以及按受益程度大小来负担的原则，在当期所生产的各种产品之间进行分配。

对于能够直接分清受益对象的直接费用，则直接计入各该成本计算对象。

对不能够直接分清受益对象的间接费用，应选用和该费用发生直接关联的项目作为分配标准，采用比例分配法，在各成本计算对象之间进行分配。

6.1.2.6 按成本计算对象开设并登记生产成本明细账，编制成本计算单

(1)对按权责发生制原则和受益原则确认的应由本期产品负担的生产费用，应按成本计算对象开设生产成本明细账并在账内按成本项目设置专栏。

(2)各生产成本明细账中所归集的生产费用，即为各成本计算对象的生产成本。

(3)对各成本计算对象的生产成本，需在完工产品和在产品之间进行分配。

(4)分产品和成本项目编制成本计算单，提供完工产品总成本和单位成本。

6.1.3 生产过程中需要设置的主要账户

【任务6—1—3】 生产过程中需要设置的主要账户有哪些？各账户之间的对应关系如何？

6.1.3.1 "生产成本"账户

"生产成本"账户属于成本类账户，用来核算和监督企业在进行工业性生产过程中所发生的各项生产费用，并据以计算产品实际生产成本，包括生产各种产品(产成品、自制半成品等)、自制材料、自制工具、自制设备等。

企业在产品生产过程中所发生的全部生产费用，计入该账户的借方，包括直接计入的直接费用以及月末经分配转入的制造费用。

转出企业已经生产完工并验收入库的产成品及自制半成品的实际成本，计在该账户的贷方。

期末如有借方余额，表示月末尚未完工的在产品实际成本。

该账户可按基本生产成本和辅助生产成本进行明细分类核算，基本生产成本应当分别按照基本生产车间和成本核算对象（产品品种、类别、订单、批别等）设置明细账，并按照规定的成本项目设置专栏。

6.1.3.2 “制造费用”账户

“制造费用”账户属于成本类账户，核算生产部门为组织和管理产品生产而发生的各项间接费用。包括车间管理人员的工资和福利费；车间用固定资产的折旧费、修理费；车间的办公费、水电费、厂房租赁费、劳保费以及机物料消耗费等。

本期在车间范围内实际所发生的各项制造费用，记入该账户的借方。

月末经分配后转入“生产成本”账户的制造费用，记入该账户的贷方。

期末将归集的制造费用按合理的分配方法分别记入各种产品生产成本后，一般无余额。

该账户应按生产车间、部门设置明细账，进行明细分类核算，并在账内按费用项目设置专栏。

6.1.3.3 “应付职工薪酬”账户

“应付职工薪酬”账户属于负债类账户，用来核算和监督企业根据有关规定，应支付给职工的各种薪酬，包括工资、奖金、津贴、福利费等。

实际发生的计入成本、费用的应付职工的各种薪酬，记入该账户的贷方。

实际已经支付的职工的各种薪酬及支付的工会经费、职工教育经费、缴纳的社会保险费、住房公积金等，计入该账户的借方。

月末一般为贷方余额，表示期末职工尚未领取或尚未全部发放的职工的各种薪酬。

该账户可按薪酬内容设置“工资”“职工福利”“社会保险费”等明细账户进行明细核算。

6.1.3.4 “库存商品”账户

“库存商品”账户属于资产类账户，用来核算和监督企业已生产完工验收入库产品的实际成本，包括库存产成品、外购商品等。进行工业性生产的库存商品主要是指产成品。产成品是指企业已完成全部生产过程并已验收入库可供销售的产成品的实际成本。

已经完工验收入库从“生产成本”账户转来的各种产品的实际生产成本，记在该账户的借方。

由于销售等原因所出库的各种产品的实际生产成本，记在该账户的贷方。因每批生产的产品实际成本可能不同，发出产成品的成本应采用先进先出法、加权平均法或个别计价法计算确定。

期末余额一般在借方，表示库存产成品的实际成本。

为了具体反映库存商品的结构和增减变动情况，该账户应按库存商品的种类、品种和规格设置明细账，进行明细分类核算。

6.1.3.5 “累计折旧”账户

“累计折旧”账户属于资产类账户，用来核算和监督企业固定资产因磨损而减少的价值。

每月提取的固定资产折旧额，计入该账户的贷方。

固定资产因出售、报废、盘亏、毁损、投资转出等原因减少固定资产已累计提取的折旧额，计入该账户的借方。

期末贷方余额，表示企业固定资产的磨损价值。

本账户可按固定资产的类别或项目进行明细核算。

将“累计折旧”账户的贷方余额从“固定资产”账户的借方余额中减去，即可求得该项固定资产的净值。

“累计折旧”账户设置的必要性和作用：固定资产因使用磨损而发生的价值减少，本应记入“固定资产”账户的贷方，如果这样，则“固定资产”账户仅仅提供了固定资产的净值（期末借方余额），满足不了固定资产管理上同时提供三方面资料的要求：

(1)提供原值（了解企业的生产规模和每月计提折旧额的依据）。

(2)提供已转移的价值（反映其磨损程度和计算其净值）。

(3)提供净值（反映现有固定资产的价值，净值与原值之比反映固定资产的新旧程度）。

如果设置“累计折旧”账户，将固定资产因使用磨损而发生的价值减少，不记入“固定资产”账户的贷方，而记入“累计折旧”账户的贷方。这样，“固定资产”账户的借方余额反映现有固定资产的原值，“累计折旧”账户的贷方余额反映现有固定资产已转移的价值，“固定资产”账户借方余额和“累计折旧”账户贷方余额的差额，反映了现有固定资产的净值。从而使固定资产管理上的三个不同要求都得到了满足。

6.1.3.6 “待摊费用”账户

“待摊费用”账户属于资产类账户，核算企业已经支出，但应由本期和以后各期分别负担的分摊期在1年以内（包括1年）的各项费用，如预付的财产保险费、预付的报刊杂志费、采用待摊方式支付的固定资产大修理费和租赁费等。

实际支付的待摊费用项目金额，记入该账户的借方。

各受益月份应分摊的摊销费用额，记入该账户的贷方。

期末余额在借方，表示尚待摊销的费用额。

该账户应按费用项目设置明细账，进行明细分类核算。

6.1.3.7 “管理费用”账户

“管理费用”账户属于损益类账户，用来核算企业为组织和管理企业生产经营活动而发生的管理费用，包括企业在筹建期内发生的开办费、董事会和行政管理部门在企业经营管理中发生的或者应由企业统一负担的公司经费（包括行政管理部门职工工资和福利费、物料消耗、低值易耗品摊销、办公费、差旅费等）、董事会费（包括董事会成员津贴、会议费和差旅费等）、工会经费、聘请中介机构费、咨询费（含顾问费）、业务招待费、诉讼费、矿产资源补偿费、房产税、车船税、土地使用税、印花税、技术转让费、研究费用、排污费等。

本期发生的各项管理费用，记入该账户的借方。

期末转入“本年利润”账户数，记入该账户的贷方。

期末结转后无余额。

该账户应按费用项目设置明细账，进行明细分类核算。

【主题活动6—1—1】 企业设置“固定资产”账户是用来反映固定资产的（ ）。

A. 原始价值 B. 磨损价值 C. 累计折旧 D. 净值

【主题活动6—1—2】 固定资产因磨损而减少的价值，应计入（ ）账户的贷方。

A.“累计折旧” B.“固定资产” C.“管理费用” D.“制造费用”

6.1.4 生产过程主要经济业务类型及相关账务处理

【任务6—1—4】 生产过程主要经济业务类型及相关账务应如何处理？如何进行生产成本的计算？

6.1.4.1 直接材料归集的账务处理

假设M公司生产A、B两种产品，耗用甲、乙、丙三种材料，设有厂部管理部门和一个生产车间。12 月份发生下列产品生产业务：

【经典案例 6−1】 月末，根据本月发料凭证汇总表，本月发出的材料及用途如下：甲材料 200 000元，其中，A 产品耗用120 000元，B 产品耗用80 000元；乙材料100 000元，其中，A 产品耗用60 000元，B 产品耗用40 000元；车间一般耗用丙材料20 000元。

分析：该产品生产耗用材料的业务，一方面使企业库存材料减少 320 000元（200 000＋100 000＋20 000），另一方面也使生产费用中的材料费用增加320 000元，其中，直接用于产品生产的材料费用300 000元属于直接费用，车间一般耗用的材料费用20 000元属于间接费用；因此，该业务涉及“生产成本”、“原材料”和“制造费用”三个账户。直接费用的增加应直接记入“生产成本”及其所属明细账户的借方，间接费用的增加应先记入“制造费用”账户的借方，库存材料的减少应记入“原材料”账户的贷方。

会计分录如下：

借：生产成本——A 产品	180 000	
——B 产品	120 000	
制造费用	20 000	
贷：原材料——甲材料		200 000
——乙材料		100 000
——丙材料		20 000

6.1.4.2 人工费用归集的账务处理

【经典案例 6−2】 月末，根据本月“工资发放汇总表”，本月应发工资总额为260 000元，其中：A 产品生产工人的工资120 000元，B 产品生产工人的工资80 000元，车间管理人员的工资20 000元，厂部管理人员的工资40 000元。

分析：该工资费用发生的业务，一方面使生产费用中工资费用增加260 000元，其中，直接用于产品生产的工资费用200 000元属于直接费用，应直接记入“生产成本”及其所属明细账户的借方；车间管理人员的工资费用20 000元属于间接费用，先记入“制造费用”账户的借方；厂部管理人员的工资费用40 000元属于期间费用，记入“管理费用”账户的借方。另一方面使企业应向职工支付而尚未支付的工资增加130 000元，作为工资性债务的增加应记入“应付职工薪酬”账户的贷方。

会计分录如下：

借：生产成本——A 产品	120 000	
——B 产品	80 000	
制造费用	20 000	
管理费用	40 000	
贷：应付职工薪酬		260 000

【经典案例 6−3】 依据经典案例 6−2 所列工资总额的 14%计提职工福利费。

计算：

A 产品生产工人福利费＝120 000×14%＝16 800（元）

B 产品生产工人福利费＝80 000×14%＝11 200（元）

车间管理人员福利费＝20 000×14%＝2 800（元）

厂部管理人员福利费＝40 000×14%＝5 600（元）

合计：36 400（元）

分析:该业务与经典案例6—2相似,一方面会引起企业的生产费用增加,其中:生产工人的福利费属于直接费用,应直接记入“生产成本”及其所属明细账户的借方;车间管理人员的福利费属于间接费用,应先记入“制造费用”账户的借方;厂部管理人员的福利费属于期间费用,应记入“管理费用”账户的借方。另一方面也使企业对职工的福利性债务增加,应记入“应付职工薪酬”账户的贷方。

会计分录如下:

借:生产成本——A产品	16 800	
——B产品	11 200	
制造费用	2 800	
管理费用	5 600	
贷:应付职工薪酬		36 400

【经典案例6—4】 从银行提取现金260 000元,并用现金发放职工工资。

分析:该案例涉及提现和工资发放两笔业务。

(1)从银行提取现金业务,一方面使企业的现金增加,应记入“库存现金”账户的借方;另一方面也使企业在银行的存款减少,应记入“银行存款”账户的贷方。

(2)以现金发放工资业务,一方面使企业的现金减少,应记入“库存现金”账户的贷方,另一方面也使企业的工资性债务减少,应记入“应付职工薪酬”账户的借方。

会计分录如下:

借:库存现金	260 000	
贷:银行存款		260 000
借:应付职工薪酬	260 000	
贷:库存现金		260 000

6.1.4.3 制造费用归集

【经典案例6—5】 月末,计提本月固定资产提折旧38 600元,其中,车间33 400元,厂部5 200元。

固定资产折旧的计算方法(直线法或平均年限法):

年折旧额=(固定资产原值—预计净残值)÷ 固定资产预计使用年限

年折旧率=年折旧额÷固定资产原值

月折旧率=年折旧率÷12

月折旧额=固定资产原值×月折旧率

分析:该业务发生,一方面使企业生产费用中的折旧费用增加38 600元,其中,车间用固定资产折旧费属于间接费用,应记入“制造费用”账户的借方,厂部用固定资产折旧费属于期间费用,应记入“管理费用”账户的借方;另一方面也使企业的固定资产价值减少,即磨损的价值增加,也就是折旧额增加38 600元,应记入“累计折旧”账户的贷方。

会计分录如下:

借:制造费用	33 400	
管理费用	5 200	
贷:累计折旧		38 600

【经典案例6—6】 用银行存款支付机工车间固定资产大修理费120 000元。

分析:

(1)固定资产大修理费的核算方法。由于固定资产大修理的特点是:间隔时间长,修理次数少,修理范围大,每一次发生的费用多。按照权责发生制和收入与费用配比原则,固定资产大修理支出的核算一般采用待摊法,且其摊销期限一般不超过1年。

(2)用银行存款支付固定资产的大修理支出,属于生产费用中的大修理费用,但由于其金额较大且受益期限较长,因而属于先支付后受益的待摊费用的增加,应记入"待摊费用"账户的借方和"银行存款"账户的贷方。

会计分录如下:

借:待摊费用 120 000

  贷:银行存款 120 000

【经典案例6—7】 根据固定资产大修理的间隔期,本次机工车间大修理费用的摊销期限为6个月,本月应分摊其中的六分之一即20 000元。

分析:该业务一方面,由于本次固定资产的大修理本月受益,因此应将其中的20 000元作为本月的生产费用,又由于其是间接费用,所以应记入"制造费用"账户的借方;另一方面,由于待摊费用已摊销了20 000元,所以应将其记入"待摊费用"账户的贷方。

会计分录如下:

借:制造费用 20 000

  贷:待摊费用 20 000

课堂思考题:

(1)用银行存款支付对车间用固定资产进行大修的大修理费8 000元,决定从本月起分4个月摊销。

(2)本月由企业的修缮队对装配车间的房屋进行大修理,领用材料6 000元,结算工资3 000元,决定从本月起分3个月摊销。

提示:

(1)完整反映待摊费用的发生和摊销,需作两笔会计分录。

(2)简化核算,合并做成一笔会计分录。

【经典案例6—8】 以现金支付应由本月负担的机工车间厂房的租赁费8 000元。

会计分录如下:

借:制造费用 8 000

  贷:库存现金 8 000

【经典案例6—9】 用银行存款支付车间办公用品费6 800元、水电费5 200元、劳动保护费5 800元。

分析:该业务的发生,一方面使企业的银行存款减少17 800元(6 800+5 200+5 800),应记入"银行存款"账户的贷方;另一方面也使企业的生产费用中的制造费用增加17 800元,由于制造费用是间接费用,应记入"制造费用"账户的借方。

会计分录如下:

借:制造费用 17 800

  贷:银行存款 17 800

6.1.4.4 归集、分配并结转制造费用业务应用

【经典案例6—10】 月末,归集、分配并结转制造费用至"生产成本"账户。

分析1:"制造费用"账户设置的必要性。"制造费用"账户中记录的生产费用,本应在发生

时记入“生产成本”及其所属的明细账户中，但由于其属于间接费用且发生的笔数多，需要进行多次的计算分配与登记明细账，工作量较大，为了减少核算的工作量及加强费用的预算控制，先将这些多笔间接费用通过“制造费用”账户归类集中为一个金额，然后在月末再进行一次分配，将其由间接费用转变为直接费用并登记“生产成本”及其所属的明细账。

分析2：制造费用的归集。制造费用的归集是通过“制造费用”账户的借方来完成的，M公司在本月发生的制造费用(经典案例6—1～经典案例6—10)，在“制造费用”账户的借方发生额中表现为：材料费20 000元、工资费20 000元、福利费2 800元、折旧费33 400元、修理费28 000元、办公费6 800元、水电费5 200元、劳保费5 800元，合计122 000元。

分析3：制造费用分配的标准选择。当企业在同一月份同一生产车间同时加工生产两种或两种以上的产品时，应对制造费用选取一定的分配标准在各产品之间进行分配。所选取的分配标准应和制造费用构成项目中最大或最主要的费用项目直接相关且成正比例关系。如制造费用中折旧费和修理费占的比例较大，应以机器工作小时作为分配标准；再如制造费用中工资及福利费占的比例较大，应以生产工时或生产工人工资作为分配标准。

制造费用分配的比例分配方法：

$$\text{制造费用分配率}=\text{制造费用总额}\div\sum\text{分配标准}$$

$$\text{某产品应负担的制造费用}=\text{该产品的分配标准}\times\text{制造费用分配率}$$

提示：如果制造费用分配率为近似值时，各种产品应负担的制造费用之和与制造费用总额会产生尾差，这时最后一种产品应负担的制造费用额则采用倒挤法计算求得，即将尾差计入最后一种产品。

(1)制造费用的分配。由于生产工人工资的资料(经典案例6—2资料，A产品120 000元，B产品80 000元)比较容易取得，本企业采用生产工人的工资比例法对制造费用予以分配，计算过程如下：

制造费用分配率＝122 000÷(120 000＋80 000)＝0.61(元)

A产品应分担的制造费用＝120 000×0.61＝73 200(元)

B产品应分担的制造费用＝80 000×0.61＝48 800(元)

(2)制造费用的结转。将制造费用在各产品之间进行分配后，在“制造费用”账户上归集的间接费用，就转化为直接费用，这时“制造费用”账户所担负的任务就完成了，应将其通过“制造费用”账户的贷方予以转销，同时登记到“生产成本”及其所属的明细账户的借方。

会计分录如下：

借：生产成本——A产品	73 200	
——B产品	48 800	
贷：制造费用		122 000

6.1.4.5 计算并结转完工产品成品业务举例

【经典案例6—11】 本月生产200件A产品全部完工并验收入库，100件B产品月末尚未完工(假设A、B两种产品均是本月投产，起初没有在产品)。

根据经典案例6—1、6—2、6—3、6—10四笔经济业务，本月为生产A、B两种产品所发生的直接材料、直接人工、制造费用，已按产品归集到了“生产成本”账户，A产品本月发生的生产成本为390 000元，B产品本月发生的生产成本为260 000元。A、B两种产品全部完工并验收入库，其成本应从“生产成本”账户结转到“库存商品”账户，结转之后其生产成本明细账没有余额，A产品每件单位成本为390 000÷200＝1 950元；B产品因月末尚未完工，其生产成本明细账余额表示其在产品成本。有关A产品、B产品生产成本明细账和A产品成本计算表见表6—1～表6—3。

表6—1 **生产成本明细账**

产品名称:A产品 单位:元

20××年		凭证号数	摘要	借方(成本项目)				贷方	余额
月	日			直接材料	直接人工	制造费用	合计		
			生产耗用材料	180 000			180 000		180 000
			工资及福利费		136 800		136 800		136 800
			分配制造费用			73 200	73 200		73 200
			结转完工产品成本					390 000	0
			本月发生额及余额	180 000	136 800	73 200	390 000	390 000	0

表6—2 **生产成本明细账**

产品名称:B产品 单位:元

20××年		凭证号数	摘要	借方(成本项目)				贷方	余额
月	日			直接材料	直接人工	制造费用	合计		
			生产耗用材料	120 000			120 000		120 000
			工资及福利费		91 200		91 200		91 200
			分配制造费用			48 800	48 800		48 800
			结转完工产品成本					260 000	0
			本月发生额及余额	120 000	91 200	48 800	260 000	260 000	0

根据"生产成本明细账"提供的资料,编制"产品成本计算单"如下:

表6—3 **产品成本计算单** 单位:元

成本项目	A产品(200件)	
	总成本	单位成本
直接材料	180 000	900
直接人工	136 800	684
制造费用	73 200	366
生产成本合计	390 000	1 950

结转完工产品成本,该业务属于资产形态内部转化的业务,在产品转化为产成品,库存产成品增加,应记入"库存商品"账户的借方,在产品减少,应记入"生产成本"账户的贷方。根据"产品成本计算表"编制会计分录如下:

借:库存商品——A产品 390 000

　　贷:生产成本——A产品 390 000

【相关链接】 固定资产的折旧方法

(1)平均年限法

平均年限法又称为直线法,是将固定资产的折旧均衡地分摊到各期的一种方法。采用这种方法计算的每期折旧额均是等额的。计算公式如下：

年折旧额=(原价-预计净残值)/预计使用年限
=原价×(1-预计净残值/原价)/预计使用年限
=原价×年折旧率

注:预计净残值率=预计净残值/原价×100%

年折旧率=(1-预计净残值率/预计使用年限×100%

月折旧率=年折旧率÷12

月折旧额=固定资产原值×月折旧率

【主题活动6-1-3】 宏伟公司为经理提供汽车一辆，原值为200 000元，预计使用年限10年，预计净残值率4%，采用平均年限法计提每月折旧。

年折旧率=(1-4%)÷10×100%=9.6%

年折旧额=20 000×9.6%=19 200(元)

月折旧额=19 200÷12=1 600(元)

上述计算的折旧率是按个别固定资产单独计算的，称为个别折旧率，即某项固定资产在一定期间的折旧额与该固定资产原价的比率。通常，企业按分类折旧来计算折旧率，计算公式如下：

某类固定资产年折旧额=(某类固定资产原值-预计残值+清理费用)/该类固定资产的使用年限

某类固定资产月折旧额=某类固定资产年折旧额/12

某类固定资产年折旧率=该类固定资产年折旧额/该类固定资产原价×100%

采用分类折旧率计算固定资产折旧，计算方法简单，但准确性不如个别折旧率。

采用平均年限法计算固定资产折旧虽然简单，但也存在一些局限性。例如，固定资产在不同使用年限提供的经济效益不同，平均年限法没有考虑这一事实。又如，固定资产在不同使用年限发生的维修费用不一样，平均年限法也没有考虑这一因素。

因此，只有当固定资产各期的负荷程度相同，各期应分摊相同的折旧费时，采用平均年限法计算折旧才是合理的。

(2)工作量法

工作量法是根据实际工作量计提折旧额的一种方法。这种方法可以弥补平均年限法只重使用时间，不考虑使用强度的缺点，计算公式为：

每一工作量折旧额={固定资产原价×(1-残值率)}÷预计总工作量

某项固定资产月折旧额=该项固定资产当月工作量×每一工作量折旧额

【主题活动6-1-2】 宏伟公司为经理提供汽车一辆，原值为200 000元，预计净残值8 000元，预计总行驶里程1 200 000千米，当月行驶8 000千米。

每千米折旧额=(200 000-8 000)÷60 000=0.16(元/千米)

本月折旧额=8 000×0.16=1 280(元)

(3)加速折旧法

加速折旧法也称为快速折旧法或递减折旧法，其特点是在固定资产有效使用年限的前期多提折旧，后期少提折旧，从而相对加快折旧的速度，以使固定资产成本在有效使用年限中加快得到补偿。

常用的加速折旧法有两种：

①双倍余额递减法

双倍余额递减法是在不考虑固定资产残值的情况下，根据每一期期初固定资产账面净值和双倍直线法折旧额计算固定资产折旧的一种方法。计算公式如下：

年折旧率＝2/预计的折旧年限×100％

月折旧率＝年折旧率÷12

月折旧额＝固定资产账面净值×月折旧率

这种方法没有考虑固定资产的残值收入，因此不能使固定资产的账面折余价值降低到它的预计残值收入以下，即实行双倍余额递减法计提折旧的固定资产，应当在其固定资产折旧年限到期的最后两年，将固定资产净值扣除预计净残值后的余额平均摊销。

【主题活动 6—1—5】 某企业一固定资产的原价为 10 000 元，预计使用年限为 5 年，预计净残值 200 元，按双倍余额递减法计算折旧，每年的折旧额为：

双倍余额年折旧率＝2/5×100％＝40％

第一年应提的折旧额＝10 000×40％＝4 000(元)

第二年应提的折旧额＝(10 000—4 000)×40％＝2 400(元)

第三年应提的折旧额＝(6 000—2 400)×40％＝1 440(元)

从第四年起改按平均年限法(直线法)计提折旧。

第四、第五年的年折旧额＝(10 000—4 000—2 400—1 440—200)/2＝980(元)

②年数总和法

年数总和法也称为合计年限法，是将固定资产的原值减去净残值后的净额和以一个逐年递减的分数计算每年的折旧额，这个分数的分子代表固定资产尚可使用的年数，分母代表使用年数的逐年数字总和。计算公式为：

年折旧率＝尚可使用年限/预计使用年限总和

或：年折旧率＝(预计使用年限—已使用年限)/[预计使用年限×(预计使用年限＋1)÷2]×100％

月折旧率＝年折旧率÷12

月折旧额＝(固定资产原值—预计净残值)×月折旧率

仍以前主题活动来说明，若采用年数总和法计算，各年的折旧额如表 6—4 所示。

表 6—4 年数总和法折旧计算表 单位:元

年份	尚可使用年限	变动折旧率	原值—净残值	每年折旧额	累计折旧
1	5	5/15	9 800	3 266.67	3 266.7
2	4	4/15	9 800	2 613.3	5 880
3	3	3/15	9 800	1 960	7 840
4	2	2/15	9 800	1 306.7	9 146.7
5	1	1/15	9 800	653.3	9 800

由表 6—4 可以看出，年数总和法所计算的折旧费随着年数的增加而逐渐递减，这样可以保持固定资产使用成本的均衡性和防止固定资产因无损耗而遭受的损失。

练习 6—1—1

【单项选择题】 下列费用中，不构成产品成本，而直接计入当期损益的是(　　)。

A. 直接材料费用　　B. 直接人工费用　　C. 期间费用　　D. 制造费用

练习 6—1—2

【单项选择题】 下列不属于期间费用的是(　　)。

A. 制造费用　　B. 管理费用　　C. 财务费用　　C. 销售费用

练习 6—1—3

【单项选择题】 制造业的其他业务收入是(　　)。

A. 自制半成品销售收入　　B. 营业外收入

C. 出售固定资产净收益　　D. 销售库存商品收入

练习 6—1—4

【多项选择题】 "应付职工薪酬"账户的借方登记支付给职工的工资,贷方按工资用途分配记入(　　)账户。

A."生产成本"　　B."管理费用"

C."制造费用"　　D."库存商品"

E."销售费用"

练习 6—1—5

【多项选择题】 主营业务收入是企业在(　　)等经营活动过程中实现的收入。

A. 销售商品、产品　　B. 出租固定资产

C. 提供劳务　　D. 转让无形资产

E. 销售原材料

主题学习单元6.2　销售过程业务的核算

【任务6—2—1】 销售业务核算的主要内容有哪些?

广义的销售是指企业与外部各单位所发生的所有的买卖活动;狭义的销售,仅指企业产成品的销售;会计上的销售,鉴于广义的销售和狭义的销售之间的包括产成品销售、劳务提供、材料销售以及无形资产转让等在内的销售业务。

销售过程是工业生产企业资金循环的第三阶段,也是企业再生产过程的最后一个阶段。在销售过程中,企业一方面组织产品发运,另一方面办理货款结算,以及时取得销售收入。在销售收入实现的同时,企业将产品让渡出去,因此,其发出产品的成本、销售过程中发生的诸如包装费用、运输费、装卸费用、保险费、展览费用、广告费、商品维修费以及为销售本企业产品而专设的销售机构的职工工资、福利费、业务费、折旧费等销售费用和依法应向国家缴纳的相关税金及附加等均是实现销售收入的代价。企业的销售收入和销售成本、销售费用、销售税金及附加等相配比,是当期利润的主要来源。工业企业销售业务核算的主要内容包括销售产品并办理货款结算、结转销售成本、发生销售费用、计算和缴纳营业税金及附加等。

6.2.1　如何进行销售收入的核算

【任务6—2—2】 工业企业的销售收入如何理解?主要包括哪些内容?

销售收入是指企业因对外出售产品、材料、提供劳务以及转让无形资产等所形成的经济利益的流入。工业企业的销售业务分为主营业务和其他业务。主营业务收入是指企业因销售商品、提供劳务等主要经营业务所取得的收入,主营业务形成的销售收入、相应的销售成本称为主营业务收入和主营业务成本。其他业务收入是指企业主营业务以外的其他销售或其他业务

所实现的收入，其他业务具体包括材料销售、商品和包装物出租、固定资产出租、无形资产出租、提供非工业性劳务等，其他业务形成的销售收入、相应的销售成本称为其他业务收入和其他业务成本。

6.2.1.1　销售收入的确认

【任务6—2—3】　销售收入确认的标准。

进行销售收入的核算，关键问题就是销售收入实现的确认，即解决何时入账的问题。在会计上采用的收入确认标准是权责发生制和配比原则。配比原则既是权责发生制在会计核算中的具体体现，同时也是对权责发生制的进一步补充和完善。主要内容包括：商品所有权发生实质上的转移；商品已经发出或虽未发出但仅仅是代为保管而已。

【任务6—2—4】　收入确认的时间。

按照权责发生制和配比原则，销售收入的确认时间主要有以下三种情况：

(1)在销售时确认。即企业发运产品时确认销售收入。

(2)在收取货款时确认。即在合同约定的收款日期以实际收到的价款确认销售收入。

(3)在销售前确认。对经营活动最终结果比较确定的可在产品加工之时确认销售收入。

6.2.1.2　设置的主要账户及其对应关系

【任务6—2—5】　销售过程中用到的主要账户的核算内容、结构及对应关系分别是什么？

(1)“主营业务收入”账户

“主营业务收入”账户属于损益类账户，用来核算和监督企业在一定会计期间因销售商品、提供劳务而取得的收入，不包括向购买方取得的增值税款。

企业销售产品、提供劳务而取得的收入、用“红字”登记发生销售退回和折让，记在该账户的贷方。

销货退回和在期末结转入“本年利润”账户的数额，记在该账户的借方。

期末结转后本账户应无余额。

该账户应按主营业务商品类别或品种开设明细账，进行明细分类核算。

(2)“其他业务收入”账户

“其他业务收入”账户属于损益类账户，用来核算和监督企业主营业务以外的其他销售或其他业务所取得的收入，如销售材料、代购代销，固定资产、无形资产、包装物、商品等实现的出租和提供劳务等收入。

本期实现的其他业务收入数额，记入该账户的贷方。

期末计算损益时转入“本年利润”账户数额，记入该账户的借方。

期末结转后本账户应无余额。

该账户应按照其他业务的类别设置明细账，进行明细分类核算。

(3)“应交税费——应交增值税(销项税额)”账户

“应交税费——应交增值税(销项税额)”账户属于负债类账户，反映企业因对外出售商品或提供劳务等应向购货方连同卖价一起收取的增值税额，或向下一个环节(最终为消费者)转嫁的增值税额。

应收取的销项税额，记入该账户的贷方。

销售退回或折让应退回并冲销的销项税额，记在该账户的借方。

(4)“应收账款”账户

“应收账款”账户属于资产类账户，用来核算和监督企业因销售商品、提供劳务等经营活动应向购货方或接受劳务方收取的货款。

企业因销售商品、提供劳务等经营活动而发生的应收货款、增值税、代垫费用及应收票据到期未收到转入的款项等，记在该账户的借方。

已经收回的应收账款，记在该账户的贷方。

期末余额在借方，表示应收而尚未收回的货款。

该账户应按购货单位或债务人设置明细账，进行明细分类核算。

(5)“应收票据”账户

“应收票据”账户属于资产类账户，用来核算和监督企业因销售商品、提供劳务等经营活动而收到的商业汇票及其兑付情况。包括商业承兑汇票和银行承兑汇票。

收到对方承兑的商业汇票的票面金额，记在该账户的借方。

商业汇票到期兑付、贴现或转让的票面金额，记在该账户的贷方。

期末余额在借方，表示企业持有的尚未到期的应收票据。

该账户应按开出、承兑商业汇票的单位设置明细账。另外，企业应当设置“应收票据备查簿”，逐笔登记商业汇票的种类、号数和出票日、票面金额、交易合同号和付款人、承兑人、背书人的姓名或单位名称、到期日、背书转让日、贴现日、贴现率和贴现净额以及收款日和收回金额、退票情况等资料，商业汇票到期结清票款或退票后，应在备查簿中予以注销。

(6)“预收账款”账户

“预收账款”账户属于负债类账户，用来核算和监督企业按合同规定预先收取购买单位货款的发生和所承担义务的履行情况。

按合同规定应向购买单位预收货款数，记入该账户的贷方。

向购货方发出商品实现的销售货款，记入该账户的借方。

期末余额在贷方，表示企业尚未履行或清偿预收货款的义务。

该账户应按购买单位名称设置明细账，进行明细分类核算。对于预收账款情况不多的企业，也可以不设置该账户，将预收的款项直接记入“应收账款”账户的贷方。

6.2.1.3 相关业务的账务处理

【任务6—2—6】 完成M公司12月份销售业务的账务处理。

假定M公司12月份发生下列销售业务：

【经典案例6—12】 向N公司销售A产品150件，单价4 000元；向N公司销售B产品100件，单价3 000元，增值税专用发票注明价款900 000元，增值税153 000元。货已发出，款项1 053 000元(900 000＋153 000)已通过银行转账收讫。

分析：该销售业务由于货已发出和货款已收到，符合销售收入实现的条件。使企业的货币资产银行存款增加，涉及“银行存款”账户，应记入“银行存款”账户的借方；银行存款增加的原因，一是由于销售收入实现，涉及“主营业务收入”账户，应记入“主营业务收入”账户的贷方，二是收到转嫁下去的增值税额，涉及“应交税费——应交增值税(销项税额)”账户的增加，应记入“应交税费——应交增值税(销项税额)”账户的贷方。

会计分录如下：

借：银行存款	1 053 000	
贷：主营业务收入		900 000
应交税费——应交增值税(销项税额)		153 000

如果将上面案例中的“款项1 053 000元已通过银行转账收讫”，改为“对方已承诺付款，但

款项尚未收到”，或改为“收到对方转来的承兑商业汇票”，则是企业的债权“应收账款”增加或“应收票据”增加，所以，案例会计分录中的借记“银行存款”账户就应改为借记“应收账款”账户或“应收票据”账户。由于以上改动均符合销售收入实现的条件，所以案例中会计分录的贷记账户不变。

【经典案例 6－13】 本月初 M 公司按合同规定预收购货单位 H 公司货款234 000元，存入银行。

分析：该业务一方面使企业的货币资产银行存款增加，应记入“银行存款”账户的借方，另一方面使企业将要承担的经济义务预收账款增加，应记入“预收账款”账户的贷方。

会计分录如下：

借：银行存款	234 000	
贷：预收账款		234 000

【经典案例 6－14】 本月末 M 公司向 H 公司发运 A 产品 50 件，单价4 000元，增值税专用发票上注明的价款200 000元，增值税34 000元，共计234 000元。

分析：该业务由于 M 公司向 H 公司发运产品，履行了其承担的义务，因而使企业的债务预收账款减少，应记入“预收账款”账户的借方，同时销售收入实现和代收的增值税增加，应记入“主营业务收入”账户和“应交税费——应交增值税(销项税额)”账户的贷方。

会计分录如下：

借：预收账款	234 000	
贷：主营业务收入——A 产品		200 000
应交税费——应交增值税(销项税额)		34 000

课堂思考题：

AB 公司向 W 公司发出 D 产品 50 件，单价1 000元，增值税专用发票上注明的价款50 000元，增值税8 500元，共计58 500元，扣除上月预收的货款58 000元外，其余应再向 W 公司收取500 元，但款项尚未收到。

【经典案例 6－15】 企业对外出售多余的丁材料5 000千克，单价 12 元，增值税发票上注明的价款60 000元，增值税10 200元，同时用银行存款代垫运杂费1 800元，款项共计72 000元尚未收到。

分析：该业务一方面使企业实现材料销售属于其他业务收入增加60 000元、应转嫁并向下一个环节收取的增值税销项税额增加10 200元、代垫运杂费使银行存款减少，应记入“其他业务收入”账户、“应交税费——应交增值税(销项税额)”和“银行存款”账户的贷方；另一方面由于款项尚未收到，使企业的债权增加，应记入“应收账款”账户的借方。

会计分录如下：

借：应收账款	72 000	
贷：其他业务收入——材料销售		60 000
应交税费——应交增值税(销项税额)		10 200
银行存款		1 800

6.2.2 销售成本及税金的核算

【任务 6－2－7】 企业在销售商品之后需要做些什么？在销售材料之后应该怎么做？

(1)“主营业务成本”账户

"主营业务成本"账户属于损益类账户，用来核算和监督企业确认销售商品、提供劳务等主营业务收入时应结转的商品和劳务成本。

企业结转的已销商品或已提供劳务的实际成本，记在该账户的借方。

本期发生销售退回应冲减的销售成本和期末结转入"本年利润"账户借方的已销售商品的销售成本，记在该账户的贷方。

期末结转后该账户应无余额。

该账户应按销售商品品种或类别设置明细账，进行明细分类核算。

(2)"营业税金及附加"账户

"营业税金及附加"账户属于损益类账户，用来核算和监督企业日常活动所发生的税金及附加费，包括除增值税以外的消费税、营业税、城市维护建设税、资源税和教育费附加等相关税费。增值税直接转入应交税费账户，不通过本账户核算。

按规定税率计算确认的与经营活动有关的各种税费，记在该账户的借方。

期末为计算损益转入"本年利润"账户借方的本期销售税金和附加的转出数，记在该账户的贷方。

期末结转后该账户应无余额。

该账户应按销售产品的类别或品种开设明细账，进行明细分类核算。

(3)"其他业务成本"账户

"其他业务成本"账户属于损益类账户，用来核算和监督企业确认的除主营业务活动以外的其他销售或其他业务所发生的支出，包括销售材料的成本、出租固定资产的折旧额、出租无形资产的摊销额、出租包装物的成本或摊销额等。

企业发生的其他经营活动的成本，记在该账户的借方。

期末为计算损益转入"本年利润"账户借方的本期其他业务支出的转出数，记在该账户的贷方。

期末结转后该账户应无余额。

该账户应按照其他业务的种类设置明细账，进行明细分类核算。

(4)"销售费用"账户

"销售费用"账户属于损益类账户，用来核算和监督企业在销售商品和材料、提供劳务的过程中发生的各种费用，如包装费、运输费、装卸费、保险费、展览费、广告费、商品维修费以及销售本企业产品而专设的销售机构的职工工资、福利费、业务费、折旧费等费用。

企业发生的各项销售费用，记在该账户的借方。

期末计算损益转入"本年利润"账户借方的本期各项销售费用的转出数，记在该账户的贷方。

期末结转后该账户应无余额。

该账户应按照费用项目设置明细账，进行明细分类核算。

【经典案例6-16】 期末计算并结转本月已销商品的销售成本，其中A产品408 000元，B产品150 000元。

结转已销产品的销售成本，产品销售成本表明为取得销售收入而付出的代价，它是由企业的资产库存商品转化而来的，一方面表明企业的销售成本增加，应记入"主营业务成本"账户的借方；另一方面表明企业的资产库存商品的减少，应记入"库存商品"的贷方。

会计分录如下：

借:主营业务成本——A产品　　408 000
　　　　　　　——B产品　　150 000
　贷:库存商品——A产品　　408 000
　　　　　　——B产品　　150 000

【经典案例6－17】 按本月应纳增值税税额的7%和3%计算并结转本月应缴纳的城市维护建设税和教育费附加。

计税依据的确定:

城建税和教育费附加的计算依据是企业应纳增值税额、消费税额和营业税额之和的7%和3%。由于M公司本月只缴纳增值税,所以本企业只需按应纳增值税额(销项税额－进项税额)来计算应交城建税和教育费附加。

根据本学习单元采购和销售业务的有关内容,本月发生的增值税进项税额为86 200元(45 400＋20 400＋20 400)、增值税销项税额为197 200元(153 000＋34 000＋10 200)。

计税依据(应交纳增值税额)＝销项税额－进项税额＝197 200－86 200＝111 000(元)

应交城市维护建设税＝111 000×7%＝7 770(元)

应交教育费附加＝111 000×3%＝3 330(元)

分析:该业务一方面使应从销售收入扣减的费用——销售税金及附加增加11 300元(7 910＋3 390),应记入"营业税金及附加"账户的借方;另一方面也使企业的负债——应交城建税增加7 910元、应交的教育费附加(税务机关代教育行政机关收取教育经费)增加3 390元,应计入"应交纳税费——应交纳城建税"账户和"应交税费——应交教育费附加"账户的贷方。

会计分录如下:

借:营业税金及附加　　11 100
　贷:应交税费——应交城建税　　7 770
　　　　　　——应交教育费附加　　3 330

【经典案例6－18】 结转经典案例6－15所销售材料的实际成本40 000元。

分析:企业取得的"其他业务收入——材料销售",其代价或付出是已售材料的实际成本,一方面表明企业的资产→材料转化为费用→其他销售成本→增加,与其他业务收入相配比,应记入"其他业务成本"账户的借方;另一方面表明企业的资产→材料→减少,应记入"原材料"账户的贷方。

会计分录如下:

借:其他业务成本——材料销售　　40 000
　贷:原材料　　40 000

【经典案例6－19】 以银行存款支付广告费3 000元。

分析:这项经济业务表明,企业支付广告费,销售费用增加了3 000元,应记入"销售费用"账户的借方;同时,银行存款减少了3 000元,应记入"银行存款"账户的贷方。

会计分录如下:

借:销售费用　　3 000
　贷:银行存款　　3 000

练习6－2－1

【单项选择题】 下列账户中与"主营业务收入"账户发生对应关系的账户是(　　)。

A. 主营业务成本　　B. 销售费用　　C. 营业税金及附加　　D. 管理费用

练习 6—2—2

【单项选择题】 下列账户中可以与“应交税费——应交增值税”账户形成对应关系的是( )。

A. 库存商品 B. 本年利润 C. 主营业务收入 D. 应收账款

练习 6—2—3

【多项选择题】 在企业的购销活动中,表示企业负债减少的记录有( )。

A.“应付账款”账户借方 B.“预付账款”账户借方

C.“应付票据”账户借方 D.“预收账款”账户借方

E.“预收账款”账户贷方

练习 6—2—4

【多项选择题】 企业因销售商品发生的应收账款,其入账价值应当包括( )。

A. 销售商品的价款 B. 增值税销项税款

C. 代购买方垫付的包装费 D. 代购买方垫付的运杂费

E. 采购人员差旅费

主题学习单元 6.3 利润的形成与分配业务的核算

6.3.1 利润形成与分配的主要经济业务内容

【任务 6—3—1】 利润是由哪几个方面构成的?

利润是指企业在一定会计期间的经营成果,是企业收入与费用的差额,就是通常所说的企业的利润或亏损,也称企业的盈亏。净利润是企业一定期间的利润总额扣除所得税后形成的财务成果。利润包括营业利润、利润总额和净利润几个层次。

6.3.1.1 营业利润

用公式表示如下:

营业利润=营业收入－营业成本－营业税金及附加－销售费用－管理费用－财务费用－资产减值损失+公允价值变动收益+投资收益

营业收入包括主营业务收入和其他业务收入,营业成本包括主营业务成本和其他业务成本。

资产减值损失是指企业应收款项、存货、长期股权投资、持有至到期投资、固定资产、无形资产等资产发生减值所形成的损失。

公允价值变动收益是指企业交易性金融资产、交易性金融负债,以及采用公允价值模式计量的投资性房地产、衍生工具、套期保值业务等公允价值变动形成的应计入当期损益的利得或损失。

投资收益是指企业对外进行长期股权投资发生的损益、持有交易性金融资产、持有至到期投资、可供出售金融资产期间取得的投资收益以及处置交易性金融资产、交易性金融负债实现的损益。

6.3.1.2 利润总额

用公式表示如下:

利润总额=营业利润+营业外收入－营业外支出

营业外收入和营业外支出是指企业发生的与其日常经营活动没有直接关系的各项利得和损失。营业外收入包括非流动资产处置利得、非货币性资产交换利得、债务重组利得、政府补助、盘盈利得、捐赠利得、罚没利得等；营业外支出包括非流动资产处置损失、非货币性资产交换损失、债务重组损失、公益性捐赠支出、非常损失、盘亏损失、罚没损失等。

6.3.1.3 净利润(所得税后利润)

用公式表达如下：

净利润＝利润总额－所得税费用

【任务 6－3－2】 利润分配有哪些主要内容？

根据《公司法》的规定，企业实现的净利润应当提取 10％的法定盈余公积，法定公积金累计额达到注册资本的 50％以上时，可以不再提取；提取法定公积金后，经股东会或者股东大会决议，还可以从税后利润中提取任意盈余公积；法定公积金和任意盈余公积金可用于弥补亏损，扩大生产经营或者转增资本；但是法定盈余公积转增资本时，所留存的该项公积金不得少于转增前注册资本的 25％；法定公积金不足以弥补以前年度亏损的，在提取法定公积金之前，应当先用当年利润弥补以前年度亏损；企业提取公积金之后才能向投资者分配利润。所以企业利润分配的主要内容是：(1)弥补以前年度亏损；(2)提取法定公积金和任意公积金；(3)向投资者分配利润。

6.3.2 利润形成的核算

【任务 6－3－3】 利润形成核算的主要经济业务内容。

企业在一定时期内是实现利润还是发生亏损，取决于该期全部收入与全部费用的对比。其中，有关主营业务收入和主营业务成本、其他业务收入和其他业务成本的核算已在主题学习单元 6.2 作了具体讲解，本节主要阐述销售费用、管理费用、财务费用、营业外收入、营业外支出、投资收益以及利润总额和净利润的核算。

6.3.2.1 主要账户设置及对应关系

【任务 6－3－4】 利润形成过程需要设置哪些主要账户及对应关系？

(1)“管理费用”账户

“管理费用”账户属于损益类账户，用来核算和监督企业行政管理部门为组织和管理生产经营活动所发生的各项费用。包括行政管理部门人员的工资及福利费、办公费、折旧费、工会经费、职工教育经费、业务招待费、房产税、印花税、土地使用税、坏账损失以及劳动保险费等。

本期发生的各项管理费用，记在该账户的借方。

期末转入“本年利润”账户转出数，记入该账户的贷方。

该账户期末结转后应无余额。

该账户应按费用项目设置明细账，进行明细分类核算。

(2)“财务费用”账户

“财务费用”账户属于损益类账户，核算企业为筹集生产经营所需资金而发生的各项费用。包括银行借款利息(减存款的利息收入)和手续费等项目。

本期发生的各项财务费用，记入该账户的借方。

期末转入“本年利润”账户转出数，记入该账户的贷方。

该账户期末结转后应无余额。

该账户应按费用项目设置明细账，进行明细分类核算。

(3)“营业外收入”账户

“营业外收入”账户属于损益类账户，核算和监督企业发生的与生产经营活动无直接关系的各项收入。包括固定资产盘盈净收益、清理固定资产净收益、罚款收入、教育费附加返还等。

本期发生的各项营业外收入，记入该账户的贷方。

期末转入“本年利润”账户的转出数，记入该账户的借方。

该账户期末结转后应无余额。

该账户应按收入项目设置明细账，进行明细分类核算。

(4)“营业外支出”账户

“营业外支出”账户属于损益类账户，核算和监督企业发生的与生产经营活动无直接关系的各项支出。包括固定资产盘亏、清理固定资产净损失、非常损失、支付职工子弟学校经费等。

本期发生的各项营业外支出，记在该账户的借方。

期末转入“本年利润”账户转出数，记在该账户的贷方。

该账户期末结转后应无余额。

该账户应按支出项目设置明细账，进行明细分类核算。

(5)“所得税费用”账户

“所得税费用”账户属于损益类账户，核算和监督企业按规定从本期损益中扣除的所得税费用。

根据应税利润额和所得税率计算的应从本期收入中扣除的所得税费用，记在该账户的借方。

期末计算净利润转入“本年利润”账户转出数，记在该账户的贷方。

该账户期末结转后应无余额。

(6)“本年利润”账户

“本年利润”账户属于所有者权益类账户，归集、累计企业本年度各月取得的各项收入和发生的各项费用，计算本年度实现的利润(包括亏损)总额和净利润情况。

期末从各损益收入类账户转入的本期取得的各项收入，记入该账户的贷方。

期末从各损益支出类账户转入的本期发生的各项费用，记入该账户的借方。

如为借方余额，表示企业本期发生的亏损。

如为贷方余额，表示本期实现的利润。

(1)本年利润结转的“账结法”。在“账结法”下，各月末要将各月取得的各项收入和发生的各项费用，从各有关损益收入类账户的借方、损益支出类账户的贷方转入“本年利润”账户的贷方、借方，各月末“本年利润”账户的余额即为截至本月末本年累计已实现的利润或发生的亏损，并且在年度内该账户的余额一直保留不予结转。但在年末，应将该账户的贷方(或借方)余额转入“利润分配”账户的借方(或贷方)，该账户年末结转后无余额。本教材对利润的结计方法采用“账结法”。

(2)本年利润结转的“表结法”。所谓“表结法”，是指各月末通过编制“利润表”来计算出本月利润并在年末全部予以结转的一种利润计算方法。在表结法下，年内各月份均不结转各损益类账户，各损益类账户均保持有月末余额(即累计发生额)。只在年末结账时，才将各损益收入类账户的贷方、各损益支出类账户的借方全年累计余额或发生额反方向一次性地转入“本年利润”账户的贷方和借方。“本年利润”账户年末余额的结转方法与“账结法”相同。

6.3.2.2 主要经济业务账务处理

【任务6—3—5】 进行主要经济业务账务处理。

(1)期间费用的核算

假设M公司12月份发生下列有关期间费用业务:

【经典案例6—20】 用银行存款支付广告费5 000元和应由本企业负担的运杂费2 000元。

分析:该业务一方面使企业的资产银行存款减少7 000元,应记入"银行存款"账户的贷方;另一方面也使企业的期间费用—销售费用—广告费增加5 000元、运杂费增加2 000元,应记入"销售费用"账户的借方。

会计分录如下:

借:销售费用——广告费 5 000

——运杂费 2 000

贷:银行存款 7 000

【经典案例6—21】 用银行存款支付销售机构水电费2 000元。

分析:该业务一方面使企业的资产银行存款减少8 000元,应记入"银行存款"账户的贷方;另一方面也使从企业的其他业务收入中扣减的销售费用增加。

会计分录如下:

借:销售费用 2 000

贷:银行存款 2 000

【经典案例6—22】 以银行存款支付购买厂部用办公用品1 000元、审计费2 000元、通信费3 000元。

分析:该业务一方面使企业的资产减少1 000元,应记入"银行存款"账户的贷方;另一方面使企业的期间费用增加1 000元,应记入"管理费用"账户的借方。

会计分录如下:

借:管理费用——办公费 1 000

——审计费 2 000

——通讯费 3 000

贷:银行存款 6 000

【经典案例6—23】 以银行存款支付本季度应负担的银行短期借款利息1 000元。

分析:一方面使企业的期间费用利息费用增加,应记入"财务费用"账户的借方;另一方面使企业的银行存款减少,应记入"银行存款"账户的贷方。

会计分录如下:

借:财务费用 1 000

贷:银行存款 1 000

【经典案例6—24】 管理员李莉出差归来,报销差旅费6 600元,扣除原借款6 400元后,差额以现金支付。

分析:管理员的出差花销,属于企业的期间费用,应记入"管理费用"账户的借方;管理员李莉已报账,原来记在她名下的借款便减少,应记入"其他应收款"账户的贷方;由于她借得少而花得多,以现金200元支付其差额,应记入"库存现金"账户的贷方。

会计分录如下:

借:管理费用 6 600

贷:库存现金 200

其他应收款——李莉 6 400

思考:如果本例中李莉实际的借款是6 900元,大于应报销的款项,则李莉应在报销时退回现金 300 元,以结清前欠债务。会计分录应如何做?

【经典案例 6—25】 摊销应由本月负担的财产保险费8 000元和报刊资料费2 000元。

分析:该业务由于本月已受益,一方面使企业本月应负担的、共同性的期间费用管理费用增加10 000元,应记入"管理费用"账户的借方;另一方面也使企业的跨会计期间的费用性资产减少10 000元,应记入"待摊费用"账户的贷方。

会计分录如下:

借:管理费用——保险费 8 000

——报刊资料费 2 000

贷:待摊费用 10 000

(2)营业外收支的核算

【经典案例 6—26】 企业以银行存款向某希望小学捐款1 000元。

该项经济业务表明,企业一方面使银行存款减少了1 000元,应记入"银行存款"账户的贷方;另一方面捐赠业务是企业的非日常业务,使企业营业外支出增加了1 000元,应记入"营业外支出"账户的借方。

会计分录如下:

借:营业外支出 1 000

贷:银行存款 1 000

【经典案例 6—27】 通过银行收到 CD 公司违约的违约金罚款收入2 000元,按规定作为营业外收入处理。

分析:该业务一方面使企业的银行存款增加2 000元,应记入"银行存款"账户的借方;另一方面也使企业的营业外收入增加2 000元,应记入"营业外收入"账户的贷方。

会计分录如下:

借:银行存款 2 000

贷:营业外收入 2 000

(3)利润形成的核算

【经典案例 6—28】 期末,结转本期各损益类账户(除"所得税费用"账户)的余额。结转前各损益类账户余额分别为:主营业务收入1 100 000元、其他业务收入60 000元、营业外收入2 000元;主营业务成本558 000元、营业税金及附加11 100元、销售费用10 000元、其他业务成本42 000元、管理费用73 400元、财务费用1 000元、营业外支出1 000元。

分析①:结清本期损益收入类账户的余额。

现有的账户体系是设置专门的损益收入类账户、损益支出类账户,而期末损益的计算则是通过"本年利润"账户借方发生额和贷方发生额的差额来完成的,所以,在期末应将损益收入类账户的贷方发生额反方向转出并记入"本年利润"账户的贷方。

会计分录如下:

借:主营业务收入 1 100 000

其他业务收入 60 000

营业外收入 2 000

贷：本年利润　　1 162 000

分析②：结清本期损益支出类账户的余额。

现有的账户体系是设置专门的损益收入类账户、损益支出类账户，而期末的损益的计算则是通过“本年利润”账户借方发生额和贷方发生额的差额来完成的，所以，应在期末应将损益支出类账户的借方发生额反方向转出并记入“本年利润”账户的借方。

会计分录如下：

借：本年利润　　696 500
　贷：主营业务成本　　558 000
　　营业税金及附加　　11 100
　　其他业务成本　　42 000
　　销售费用　　10 000
　　管理费用　　73 400
　　财务费用　　1 000
　　营业外支出　　1 000

分析③：通过以上会计账项结转，本月发生的全部收入1 162 000元、成本费用696 500元，都汇集在“本年利润”账户，将“本年利润”账户贷方发生额和借方发生额对比，其贷方差额465 500元，即为本月实现的利润。

【经典案例6－29】 假设M公司1～11月份累计应税所得额为4 520 000元，前三个季度累计已缴纳所得税为960 000元。12月份实现的应税所得额（即利润总额，无税收调整项目）为465 500元，所得税税率为25％。计算并结转本月应交所得税。

分析①：企业所得税是企业为取得一定的生产经营成果（净利润）按税法规定而必需的一项费用支出。因此，按照权责发生制和收入与费用配比的原则，所得税作为一项费用支出，应在净利润前扣除。企业所得税通常是按年计算，按季预交，年终汇算清缴，多退少补。

分析②：应交所得税的基本计算公式如下：

应交所得税额＝应纳税所得额×适用税率

应纳税所得额＝利润总额±税收调整项目金额

所得税按季预交时的计算：

某季度累计应交纳所得税额＝该季度累计应纳税所得额×适用税率

某季度应纳所得税额＝该季度累计应纳所得税额－上季度累计已纳所得税额

分析③：为简便计算，本教材假设各月无税收调整项目。即将各期的会计利润额视同于应税所得额。

本年应税所得额＝4 520 000＋465 500＝4 985 500（元）

本年应交所得税额＝4 985 500×25％＝1 246 375（元）

本季度应交所得税额＝1 246 375－960 000＝286 375（元）

分析④：该业务一方面使企业的所得税费用增加，应记入“所得税费用”账户的借方；另一方面也使企业的负债应交税费增加，应记入“应交税费”账户的贷方。

会计分录如下：

借：所得税费用　　286 375
　贷：应交税费——应交所得税　　286 375

分析⑤：结清本季度“所得税费用”账户的借方发生额，用于计算确定净利润。在年末应将损益支出类账户“所得税费用”的借方发生额反方向转出并记入“本年利润”账户的借方。

会计分录如下：

借：本年利润 286 375

贷：所得税费用 286 375

【经典案例 6—30】 用银行存款缴纳应交所得税286 375元。

分析：该业务一方面使企业的资产银行存款减少286 375元，应记入“银行存款”账户的贷方；另一方面也使企业的负债应交所得税减少286 375元，应记入“应交税费”账户的借方。

会计分录如下：

借：应交税费——应交所得税 286 375

贷：银行存款 286 375

6.3.3 利润分配的核算

6.3.3.1 利润分配的内容及留存收益的计算

【任务 6—3—6】 企业实现的净利润，应怎样按照有关规定进行分配？

企业进行利润分配的主要内容和顺序如下：

(1)弥补以前年度亏损。

(2)提取法定盈余公积金。法定盈余公积金一般按本年税后利润的10%提取。当企业法定盈余公积金达到企业注册资本的50%时，可不再提取。企业的盈余公积金主要用于弥补亏损或者转增资本，当转增资本时，转增后企业盈余公积的数额不得少于其注册资本的25%。

(3)提取公益金。一般按本年税后利润的5%提取，用于职工集体福利设施。

(4)提取任意公积金。公司根据自身情况自行安排是否提取及提取比率。

(5)向投资者分配利润或股利。根据本年可供分配的利润在各投资者之间按照投资额的大小进行分配。本年可供分配的利润的计算公式如下：

本年可供分配的利润＝年初未分配利润＋本年税后利润－本年提取的盈余公积金

企业的未分配利润是在企业进行利润分配后的余额为企业年末未分配利润，它是指企业留到以后年度分配的利润或待分配的利润。企业未分配利润与企业提取的盈余公积金统称为企业的留存收益，它是指企业为经营发展的需要，而留存于企业的那部分利润。

6.3.3.2 设置的主要账户及其对应关系

【任务 6—3—7】 利润分配需要设置哪些账户？账户之间的对应关系如何？

(1)“利润分配”账户

“利润分配”账户属于企业所有者权益类账户，核算和监督企业按有关规定对利润进行分配的情况。

以各种方式实际分配的利润数额，记入该账户的借方。

年末从“本年利润”账户借方转入的全年净利润数，记入该账户的贷方。

平时期末余额在借方，表示累计利润分配数。

年末贷方余额为未分配利润，借方余额为示弥补亏损数。

该账户应按利润分配的去向如“提取法定盈余公积”“提取任意盈余公积”“应付股利”“未分配利润”等设置明细账，进行明细分类核算。

设置“利润分配”账户的作用：企业进行利润分配，意味着企业利润额的减少，本应借记“本年利润”账户，直接冲减本年实现的利润额，这样“本年利润”账户的期末贷方余额只能是本年的未分配利润额，就不能提供管理上要求的本年已累积实现的利润额和本年已累积分配的利润额。而设置“利润分配”账户，只反映企业本年分配利润的原始数据，“本年利润”账户只反映企业本年实现利润的原始数据，在平时，通过“本年利润”账户和“利润分配”账户有关余额的相抵，反映本年的未分配利润额。

(2)“盈余公积”账户

“盈余公积”账户属于所有者权益类账户，核算和监督企业按规定从税后利润中提取的盈余公积金的增减变动和结余情况的账户。

从税后利润中提取的盈余公积金和公益金，记在该账户的贷方。

转增资本、弥补亏损等盈余公积金的使用减少数，记在该账户的借方。

期末余额在贷方，表示期末盈余公积金的实际结存额。

该账户应按提取的不同用途如设置“法定盈余公积”“任意盈余公积”“职工奖励及福利基金”等明细账户，进行明细分类核算。

(3)“应付股利”账户

“应付股利”账户属于负债类账户，核算和监督公司经董事会或股东大会决议确定分配的现金股利或利润。

公司通过股利分配方案应支付给股东的现金股利或利润数，记在该账户的贷方。

公司实际支付现金股利或利润数，记在该账户的借方。

期末余额在贷方，表示公司应付而尚未支付的现金股利或利润数。

该账户应按投资者设置明细账户，进行明细分类核算。

【任务 6—3—8】 主要经济业务应怎样进行账务处理？

【经典案例 6—31】 年末，结转本年实现的净利润3 739 125元(4 985 500—1 246 375)。

分析：该业务一方面就是将“本年利润”账户贷方余额反映的本年实现的净利润从“本年利润”账户中反方向转出，以结清“本年利润”这一过渡性账户；另一方面为便于计算未分配利润，应将转出的本年实现的净利润转入“利润分配”账户的贷方。

会计分录如下：

借：本年利润　　3 739 125

　　贷：利润分配　　3 739 125

【经典案例 6—32】 按本季度税后利润的10%计提并结转盈余公积金。查有关资料，M公司本年度前三个季度已计提盈余公积金241 200元。

本年度税后利润＝4 985 500×(1—25%)＝3 739 125(元)

全年应提取的盈余公积＝3 739 125×10%＝373 912.5(元)

本季度应补提盈余公积＝373 912.5—241 200＝132 712.5(元)

分析：该业务一方面使企业以盈余公积的形式分配的利润增加，应记入“利润分配——提取盈余公积”账户的借方；另一方面也使企业的公共积累盈余公积金增加，应记入“盈余公积”账户的贷方。

会计分录如下：

借：利润分配——提取盈余公积　　132 712.5

　　贷：盈余公积——法定盈余公积　　132 712.5

【经典案例 6—33】 经董事会研究决定，向投资者分配利润2 400 000元。

分析：该业务将利润在投资者之间进行分配，一方面增加了企业的利润分配额，应记入“利润分配——应付利润”账户的借方;另一方面应付给投资者的利润,在支付前形成了企业的债务,应记入“应付股利”账户的贷方。

会计分录如下:

借:利润分配——应付股利　　2 400 000

　贷:应付股利　　2 400 000

【经典案例6－34】 年末,结转本年已分配的利润2 532 712.5元(提取的盈余公积132 712.5＋向投资者分配的利润2 400 000)。

分析:该业务一方面就是将“利润分配”账户借方余额反映的本年已分配的利润从“利润分配”账户中反方向转出,以结清“利润分配”这一过渡性账户;另一方面为便于计算未分配利润,应将转出的本年已分配的利润转入“未分配利润”账户的借方。

会计分录如下:

借:利润分配——未分配利润　　2 532 712.5

　贷:利润分配——提取盈余公积　　132 712.5

　　　　　　——应付股利　　2 400 000

“利润分配——未分配利润”账户的年初贷方余额加本期贷方发生额减本期借方发生额,即为截至本年末企业累计结余的未分配利润。

主题学习单元6.4 资金的调整与退出业务的核算

【任务6－4－1】 资金调整与退出业务的主要内容是什么?

除了前面所述生产企业主要经济业务核算以外,在资金使用过程中,还有一些资金调整与退出的事项,包括利润分配、资产转换、对外投资、归还借款、减少注册资金、缴纳税费以及其他各项支出等。其中有些事项的核算已在前面有所讲述,这里就未述及的事项加以补充说明。

6.4.1 资金调整与退出业务需要设置的账户及对应关系

【任务6－4－2】 资金调整与退出业务需要设置哪些账户?账户结构及对应关系怎样?

核算资金调整和退出企业的账户,有些已在前面几个主题学习单元述及,这里主要就“交易性金融资产”“长期股权投资”“固定资产清理”等几个账户加以说明。

6.4.1.1 “交易性金融资产”账户

本账户为资产类账户,用来核算和监督企业为交易目的所持有的债券投资、股票投资、基金投资等交易性金融资产的公允价值。本账户的借方登记取得交易性金融资产的价值;贷方登记出售交易性金融资产收到的金额,其期末余额表示企业持有的交易性金融资产的公允价值。本账户按交易性金融资产的类别和品种分别以“成本”“公允价值变动”等设置明细分类账,进行明细分类核算。

6.4.1.2 “长期股权投资”账户

本账户是资产类账户,用来核算和监督企业持有的企业合并形成或以支付现金、非现金资产等其他方式形成的各种股权性质的投资。本账户的借方登记各种长期股权投资的价值;贷方登记实际收回长期股权投资的价值,如有差额应记入“投资收益”账户的贷方或借方;期末借方余额表示长期股权投资的成本。本账户可按被投资单位设置明细账,进行明细分类核算。

6.4.1.3 “固定资产清理”账户

本账户是资产类账户，用来核算企业因出售、报废、毁损、对外投资、非货币性资产交换、债务重组等原因转出清理的固定资产的价值以及在清理过程中所发生的清理费用和清理收入等；本账户的借方登记因出售、报废、毁损、对外投资等转出的固定资产账面净值及清理过程中应支付的相关税费及其他费用。贷方登记收回出售固定资产的价款、残料价值和变价收入等。其借方余额表示尚未清理完毕的固定资产清理净损失。属于生产经营期间正常处理损失应转入“营业外支出”账户，其贷方余额表示固定资产清理后的净收益，属于生产经营期间的应转入“营业外收入”账户，结转后应无余额。本账户应按被清理的固定资产项目设置明细分类账。

6.4.2 进行资金调整和退出的主要经济业务核算

【任务6—4—3】 进行资金调整和退出的主要经济业务核算。

6.4.2.1 资金退出业务处理

(1)借款归还

在本学习单元前面曾述及企业向银行或其他金融机构借入款项的核算，这里再补充企业在归还借款时的业务核算。

【经典案例6—35】 用银行存款归还银行临时借款50 000元。

这笔经济业务表明用银行存款归还临时借款，临时借款属于短期借款，应同时减少银行存款和短期借款，记入“短期借款”账户的借方和“银行存款”账户的贷方。

会计分录如下：

借：短期借款——临时借款　　50 000

　　贷：银行存款　　50 000

(2)福利费支出

【经典案例6—36】 以现金购入医药用品600元，支付职工困难补助400元。福利费支出应在“应付职工薪酬”账户核算。

这笔经济业务表明，一方面现金减少，记入“库存现金”账户的贷方；另一方面福利费支出，应计入“应付职工薪酬”账户的借方。

会计分录如下：

借：应付职工薪酬　　1 000

　　贷：库存现金　　1 000

(3)缴纳税费

【经典案例6—37】 缴纳消费税9 210元，以银行存款付讫。

分析：这笔经济业务表明，以银行存款缴纳应交未缴的消费税，一方面要转销“应交税费——应交消费税”账户9 210元，记入其借方；另一方面记入“银行存款”账户的贷方。

会计分录如下：

借：应交税费——应交消费税　　9 210

　　贷：银行存款　　9 210

6.4.2.2 资金调整业务处理

(1)交易性金融资产账务处理

【经典案例6—38】 企业购入面值1 000元的1年期债券10张，年利率为5%。以银行存款支付10 000元。

分析:这笔经济业务表明购入1年期的债券,属于短期投资。一方面要记入"交易性金融资产"账户的借方;另一方面支付价款要记入"银行存款"账户的贷方。

会计分录如下:

借:交易性金融资产　　10 000

　　贷:银行存款　　10 000

如果1年到期收回本利和10 500元(其中:本金10 000元,利息500元),债券利息属于投资收益,应在投资收益账户中核算。

会计分录如下:

借:银行存款　　10 500

　　贷:交易性金融资产　　10 000

　　　　投资收益　　500

(2)长期股权投资账务处理

企业除了使用资金进行生产经营活动以外,还可以用资金对外投资,以获取经济效益。

【经典案例6-39】 以固定资产向其他单位进行长期股权投资。该项固定资产原值60 000元,已提折旧20 000元。

分析:这笔经济业务用固定资产向其他单位进行长期股权投资。一方面要将固定资产转入清理,按固定资产净值记入"固定资产清理"账户的借方,同时要转销固定资产折旧,记入"累计折旧"账户的借方,还要减少固定资产原值,记入"固定资产"账户的贷方;另一方面要按"固定资产清理"账户的余额,分别记入"长期股权投资"账户的借方和"固定资产清理"账户的贷方。

会计分录如下:

借:固定资产清理　　40 000

　　累计折旧　　20 000

　　贷:固定资产　　60 000

借:长期股权投资　　40 000

　　贷:固定资产清理　　40 000

(3)固定资产处置账务处理

【经典案例6-40】 企业出售一台旧机器设备,双方议定的价款为110 000元,已收到并已存入银行。该机器设备的原值为200 000元,已提折旧110 000元。该项清理发包给某单位进行,应支付拆卸费、运输费等3 000元,但款项尚未支付。

分析①:企业应设置"固定资产清理"账户反映被清理固定资产的账面净值、清理费用、清理收入并计算固定资产清理净损益。

借方登记被转入清理的固定资产账面净值、清理费用和结转的清理净收益。

贷方登记固定资产出售、残料变价或入库、过失人赔款收入和结转的清理净损失。

清理结束,该账户如贷方发生额大于借方发生额,表示清理净收益,反之则表示清理净损失;该账户结转后无余额。

分析②:注销被清理固定资产的原值。固定资产被清理,一方面应按固定资产原值,贷记"固定资产"账户;另一方面应按已提折旧额,借记"累计折旧"账户,被清理的固定资产净值属于固定资产清理成本,应记入"固定资产清理"账户的借方。

会计分录如下:

借:固定资产清理　　90 000
　累计折旧　　110 000
　　贷:固定资产　　200 000

分析③:登记固定资产出售收入。固定资产变价收入,一方面使企业的资产增加,应记入"银行存款"账户的借方;另一方面使固定资产的清理收入增加,应记入"固定资产清理"账户的贷方。

会计分录如下:

借:银行存款　　110 000
　　贷:固定资产清理　　110 000

分析④:发生清理费用。发生固定资产清理费用应付款,一方面使应从固定资产清理收入中扣减的清理费用增加,应记入"固定资产清理"账户的借方,另一方面使企业的债务增加,应记入"其他应付款"账户的贷方。

会计分录如下:

借:固定资产清理　　3 000
　　贷:其他应付款　　3 000

分析⑤:结转清理净收益。"固定资产清理"账户贷方记载的清理收入110 000元、借方记载的清理成本和费用93 000元,贷方差额造成清理净收益17 000元。清理净损益已通过该账户计算出来,一方面应将其反方向转出,记入"固定资产清理"账户的借方;另一方面由于清理净收益属于营业外收入的增加,应记入"营业外收入"账户的贷方。

会计分录如下:

借:固定资产清理　　17 000
　　贷:营业外收入　　17 000

课堂思考题:

如果将上例中的"双方议定的价款为110 000元"改为80 000元,其会计分录如何做?

提示:该项清理为清理净损失,表现为"固定资产清理"账户的借方差额,应将其反方向转出并记入"营业外支出"账户的借方。

【经典案例6—41】 以银行存款支付职工子弟学校经费5 500元和生产经营资金集资手续费1 000元。

分析:职工子弟学校经费属于企业的营业外支出,集资手续费属于财务费用。该业务一方面使企业的银行存款减少6 500元,应记入"银行存款"账户的贷方;另一方面也使企业的营业外支出增加5 500元、财务费用增加1 000元,应记入"营业外支出"和"财务费用"账户的借方。

会计分录如下:

借:营业外支出　　5 500
　财务费用　　1 000
　　贷:银行存款　　6 500

概念回顾

生产成本　制造费用　应付职工薪酬　销售成本　本年利润

复习思考题

1. 生产过程核算应设置哪些账户？如何进行账务处理？
2. 如何核算产品制造成本？
3. 简述成本项目及其构成的内容。
4. 简述产品生产成本计算的一般程序。
5. 简述应付职工薪酬包括的内容。
6. 怎样对销售成果进行核算？
7. 简述企业利润的构成内容。
8. 企业进行利润分配时，为什么不直接冲减本年利润，而要通过“利润分配”账户核算？

技能实训

目的：练习财务成果形成及利润分配业务的核算。

资料：某公司发生下列经济业务：

(1)用库存现金600元支付行政管理办公用品费用。

(2)采购员李某出差回来，报销差旅费3 800元，李某出差原预借差旅费为3 000元，余款用现金支付。

(3)计提应由本月负担的银行借款利息600元。

(4)取得材料销售收入100 000元，增值税税率17%，收到商业汇票一张。

(5)用银行存款5 000元支付参加会展展位费。

(6)结转上述已售材料的成本70 000元。

(7)用银行存款支付罚款支出1 400元。

(8)收到购买方违约金收入2 000元，存入银行。

(9)结转本月各项损益。

(10)公司1～11月累计实现利润总额4 500 000元，累计已缴纳所得税1 125 000元。按25%的税率计算并结转本月应交所得税。

(11)结转全年实现的净利润。

(12)按全年实现净利润的10%计提法定盈余公积。

(13)按全年实现净利润的15%计提任意盈余公积。

(14)按全年实现净利润的20%向投资者分配现金股利。

要求：根据上述经济业务进行相关的账务处理。

|学习单元 7|

重新认识账户——账户的分类

【素质目标】

1. 熟悉账户按经济业务内容的分类；
2. 理解账户按照用途和结构的分类。

【技能目标】

1. 按经济内容分类或按照用途、结构能正确识别账户类型；
2. 熟悉每一类账户的功能和结构特点。

【案例导入】

王丽在学习账户知识时遇到了困难。在她的印象中，预收账款属于资产类账户，预付账款属于负债类账户。可老师讲课时却说预收账款属于负债类科目，预付账款属于资产类账户，对此，王丽始终不能理解。同学们，你们能正确地区分这两个科目并且知晓其核算的具体内容吗？

主题学习单元 7.1　会计账户分类认知

为了全面核算企业生产、经营过程，需要设置众多的账户进行核算，使之成为一个有机联系的体系。通过账户记录，可以核算与监督会计对象的具体内容，取得企业经营管理所需的各种核算资料。为了更好地掌握账户的设置和运用，有必要对各种账户进行适当的分类，以便于建立完善的账户体系，从而提高核算指标的规律性。

7.1.1　会计账户如何分类

【任务 7—1—1】　会计账户如何分类？

会计账户分类主要决定于账户的经济内容及用途和账户的结构，因此，对各种账户可以从这两个方面进行分类。

7.1.1.1　按经济内容分类

按经济内容分类是指按账户所核算和监督的会计对象的具体内容进行分类，它是账户基本分类，也是账户按用途和结构分类的基础。其内容如下：资产类、负债类、所有者权益类、成本类、损益类。

7.1.1.2 按用途和结构分类

为了正确的运用账户来记录经济业务，掌握账户在提供核算指标方面的规律性，有必要在账户按经济内容分类的基础上，进一步研究按用途和结构进行分类。

账户的用途是指通过账户记录能够提供什么核算指标，即设置和运用账户的目的。

账户结构是指账户中如何记录经济业务，以取得各种必要的核算指标。具体是指账户的借方核算什么内容，贷方核算什么内容，期末余额在哪一方，表示什么内容。

其分类的内容主要有三大类、九小类。

三大类包括：①基本账户；②调整账户；③业务账户。

九小类包括：①盘存账户；②结算账户；③跨期账户；④资本账户；⑤调整账户；⑥集合分配账户；⑦成本计算账户；⑧配比账户；⑨财务成果计算账户。

7.1.2 账户按经济内容分类

【任务 7—1—2】 账户按反映的经济业务内容如何分类？

账户的经济内容是指账户所反映和监督的具体内容的经济性质。账户按经济内容的分类，是账户的基本分类，是账户按用途和结构分类的基础。

如前所述，企业会计对象的具体内容可以分为六个方面，即资产、负债、所有者权益、收入、费用和利润六大会计要素。账户按经济内容的分类与其分类原则是一致的。具体可以分为资产类、负债类、所有者权益类、成本类、损益类五大类账户。在借贷记账法下，账户的具体分类如下。

7.1.2.1 资产类账户

资产类账户是反映各项资产的增减变动及结存情况的账户。其主要包括“库存现金”“银行存款”“应收账款”“预付账款”“原材料”“库存商品”“长期股权投资”“固定资产”“无形资产”等账户。资产类账户借方记录企业各项资产的增加额，贷方记录减少额，余额一般出现在记录增加额的借方，表示期末某一时点企业实际拥有的资产数额。期末余额的计算公式为：

资产类账户期末余额＝期初借方余额＋本期借方发生额－本期贷方发生额

用“T”形账户表示资产类账户的结构见表 7—1。

表 7—1 资产类账户结构

借方 账户名称 贷方

期初余额：期初资产结存数	
发生额：本期资产增加数	发生额：本期资产减少数
期末余额：期末资产结存数	

7.1.2.2 负债类账户

负债类账户是反映负债增减变动及期末实有负债情况的账户，它主要包括“短期借款”“应付票据”“应付账款”“预收账款”“应付职工薪酬”“应交税费”“长期借款”“应付债券”等账户。负债类账户的贷方记录负债的增加额；借方记录减少额；余额一般出现在贷方，反映企业在期末某一时点所承担债务的实际数额。期末余额计算公式为：

负债类账户期末余额＝期初贷方余额＋本期贷方发生额－本期借方发生额

用“T”形账户表示负债类账户的结构见表 7—2。

表 7—2 负债类账户结构

借方	贷方
发生额:本期负责减少数	期初余额:期初负债实有数 发生额:本期负责增加数
	期末余额:期末资产结存数

7.1.2.3 所有者权益类账户

所有者权益类账户是反映所有者权益增减变动的账户。其主要包括"实收资本""资本公积""盈余公积""本年利润""利润分配"账户。所有者权益类账户的贷方记录负债的增加额;借方记录减少额;余额一般出现在贷方,反映所有者拥有的企业净资产的实际数额。期末余额计算公式为:

所有者权益类账户期末余额=期初贷方余额+本期贷方发生额－本期借方发生额

用"T"形账户表示所有者权益类账户的结构见表 7—3。

表 7—3 所有者权益类账户结构

借方	贷方
发生额:本期所有者权益减少数	期初余额:期初所有者权益实有数 发生额:本期所有者权益增加数
	期末余额:期末所有者权益实有额

7.1.2.4 成本类账户

成本类账户是反映企业某一阶段所发生费用情况的账户。其主要内容包括"制造费用""生产成本"等账户。成本类账户借方记录企业各项成本的增加额,贷方记录减少额,期末可能有余额也可能无余额,如果有余额一般在借方,表示正在加工中的在产品数额。期末余额的计算公式为:

资产类账户期末余额=期初借方余额+本期借方发生额－本期贷方发生额

用"T"形账户表示成本类账户的结构见表 7—4。

表 7—4 成本类账户结构

借方	贷方
期初余额:期初在产品结存数 发生额:本期在产品增加数	发生额:本期在产品减少数
期末余额:期末在产品数	

7.1.2.5 收益类账户

收益类账户是反映企业各项收入和利得的形成及结存情况的账户。其主要包括"主营业务收入""其他业务收入""营业外收入""投资收益"等账户。收益类账户是利润及利润分配的直接来源，所以其结构和所有者权益类账户的结构基本相同。贷方记录收益的增加额，借方记录收益的转销额，转销后期末无余额。

用"T"形账户表示所有者权益类账户的结构见表7—5。

表7—5 **收益类账户结构**

借方	贷方
发生额：本期收益转销数	发生额：本期收益增加数

7.1.2.6 费用类账户

费用类账户是反映企业生产经营过程中各种费用的形成及结转以及计算产品成本的账户。其包括"生产成本"、"制造费用""管理费用""销售费用""财务费用""主营业务成本""其他业务成本""营业外支出""所得税费用"等账户。这类账户的借方记录成本费用的增加额，贷方记录结转额，结转后期末无余额。

用"T"形账户表示费用类账户的结构见表7—6。

表7—6 **费用类账户结构**

借方	贷方
发生额：本期收益转销数	发生额：本期收益增加数

练习7—1—1

【单项选择题】 资产类账户的发生额反映（　　）。

A. 资产的增减变动　　B. 资产的结存

C. 负债的增减变动　　D. 费用的发生

练习7—1—2

【单项选择题】 在下列所有者权益账户中，反映所有者原始投资的账户是（　　）。

A. 实收资本　　B. 盈余公积　　C. 资本公积　　D. 本年利润

练习7—1—3

【多项选择题】 总分类账户分类的主要标志有（　　）。

A. 账户的经济内容　　B. 账户的用途和结构

C. 账户的名称　　D. 账户与会计报表的关系

E. 账户的统驭关系

主题学习单元7.2 基本账户用法

【任务7—2—1】 什么是基本账户？基本账户有何特点？如何分类？

基本账户的特点是所反映的企业资产、负债和所有者权益增减变动的内容均为经济活动的基础。由于这类账户所反映的内容都是经济活动的基础内容，因而称其为基本账户。基本账户一般都有余额，期末应分别列入资产负债表的资产、负债和所有者权益。

基本账户可分为盘存账户、结算账户、跨期摊配账户和资本账户四类。

7.2.1 盘存账户

【任务7—2—2】 盘存账户的用途是什么？结构是什么？有何特点？

盘存账户是用来核算和监督可以进行实物盘点的各种财产、物资和货币资金增减变动及其实有数额的账户。这类账户包括企业主要的资产账户，如“库存现金”“银行存款”“库存商品”“原材料”“固定资产”账户等。

其特点是所反映的内容均为企业的有形财物，可以进行盘点的财产。其结构是借方登记各项财产物资和货币资金的增加数，贷方登记各项财产物资和货币资金的减少数，余额总是在借方，表示各项财产物资和货币资金的实有数。“生产成本”账户的期初、期末余额表示在产品，也具有盘存账户的性质。以“库存商品”为例，盘存账户内容结构表见7—7。

表7—7 盘存账户结构

借方 库存商品 贷方

期初余额：财产、物资期初实有数额 发生额：财产、物资的增加数额	发生额：财产、物资的减少数额
期末余额：财产、物资的期末实有数额	

7.2.2 结算账户

【任务7—2—3】 结算账户的用途是什么？可以分为哪几类？结算账户的结构是什么？有何特点？

结算账户是用来核算和监督企业其他单位或个人以及企业内部各单位之间资产(应收)、负债(应付)结算关系的账户。按照结算的性质，结算账户又可分为资产结算账户、负债结算账户和资产负债结算账户。如资产结算账户有应收账款、应收票据、预付账款等账户；负债结算账户有应付账款、应付票据、其他应付款、预收账款等账户。

7.2.2.1 资产结算账户

资产结算账户是用来核算和监督企业与其他单位或个人以及企业内部单位之间的债权增减变动及实有数的账户，如“应收账款”“其他应收款”“预付账款”“应收票据”等都属于资产结算账户。该类账户属于资产账户，其账户结构的特点是：借方登记债权的增加数，贷方登记债权的减少数，余额一般在借方，表示各项债权的实有数。以“应收账款”为例，资产结算账户的结构如表7—8所示。

表7—8 资产结算账户结构

借方 应收账款 贷方

期初余额：期初应收账款实有数 发生额：应收账款增加额	发生额：应收账款减少额
期末余额：期末应收账款实有数额	

7.2.2.2 负债结算账户

负债结算账户是用来核算和监督企业的债务增减变动及实有数的账户。如“短期借款”“应付账款”“预收账款”“应付票据”“应付职工薪酬”“应交税费”“应付利息”“应付股利”“其他应付款”“长期借款”等账户都是负债结算账户。这类账户结构的特点是:贷方登记债务的增加数,借方登记债务的减少数,余额在贷方,表示债务实有数。以“应付账款”账户为例,负债结算账户的结构如表7—9所示。

表7—9　　负债结算账户结构

借方　　应付账款　　贷方

发生额:应付账款减少额	期初余额:期初应付账款实有额 发生额:应付账款增加额
	期末余额:期末应付账款实有额

7.2.2.3　资产负债结算账户

资产负债结算账户是用来核算和监督企业与其他单位或个人以及企业内部之间的一般款项往来结算情况的账户,该类账户属于双重性质的结算账户,既核算债权结算业务,又核算债务结算业务。该类账户的结构特点是:借方登记债权(应收款项和预付款项)的增加和债务(应付款项和预收款项)的减少,贷方登记债务的增加和债权的减少,期末余额方向不固定,可能在借方,也可能在贷方,如在借方,表示尚未收回的债权净额;如在贷方,表示尚未偿付的债务净额。

如会计制度规定,预付账款情况不多的企业,也可以将预付账款直接记入“应付账款”账户的借方,这样“应付账款”账户同时核算和监督企业应付账款和预付账款的增减变动情况,从而成为一个债权债务结算账户。同样,预收账款不多的企业也可将预收货款直接记入“应收账款”账户的贷方,这时“应收账款”账户既核算企业的应收账款,也核算企业的预收账款,属于资产负债结算账户。

《企业会计准则——应用指南》设置共同类账户如“清算资金往来”等。有的企业为了简化手续,设置“其他往来”等资产负债双重性质的账户,借方登记债权的增加数或债务的减少数,贷方登记债务增加数或债权减少数,余额在借方时表示债权,余额在贷方时表示债务。以“应付账款”账户为例,资产负债结算账户的结构如表7—10所示。

表7—10　　资产负债结算账户结构

借方　　应付账款　　贷方

期初余额——应收款项大于应付款项的差额 发生额——应收款项的增加数或应付款项的减少数	期初余额——应付款项大于应收款项的差额 发生额——应付款项的增加数或应收款项的减少数
期末余额——应收款项大于应付款项的差额(债权)	期末余额——应付款项大于应收款项的差额(债务)

7.2.3　跨期账户

【任务7—2—4】　*跨期账户的用途是什么?结构是什么?有何特点?*

跨期账户是按照权责发生制原则用以核算和监督几个成本计算期共同负担的费用,并将这些费用在各个成本计算期进行摊配,借以正确计算企业产品成本的账户。设置跨期账户的目的在于按照配比原则,准确计算各成本计算期的产品成本,其特点是一次支付,分期摊配,如“待摊费用”和“长期待摊费用”账户。

“长期待摊费用”账户是用来核算和监督本期已经支付,但应计入本期和以后各期成本、分摊期在1年以上的费用账户。以“长期待摊费用”账户为例，跨期摊配账户的内容结构见表7－11。

表7－11　跨期账户结构

借方　长期待摊费用　贷方

借方	贷方
期初余额——反映已经支付，但尚未分摊的数额 发生额——本期分摊的数额	发生额——反映本期支付的数额
期末余额——尚未分摊的数额	

7.2.4　资本账户

【任务7－2－5】　*资本账户的用途是什么？结构是什么？有何特点？*

资本账户是用来核算和监督企业资本金的所有者权益账户，如“实收资本”“资本公积”“盈余公积”“利润分配”等。

反映的内容是企业所有者权益的增减变动情况，其结构特点是贷方登记各项所有者权益项目的增加数，借方登记各项所有者权益项目的减少数，贷方余额表示各项所有者权益项目的实存数，如实收资本、资本公积、利润分配等账户。以“实收资本”账户为例，资本账户的内容结构如表7－12所示。

表7－12　资本账户结构

借方　实收资本　贷方

借方	贷方
发生额——资本金的减少额	期初余额——期初资本金实存额 发生额——资本金的增加额
	期末余额——资本金期末的结存额

练习7－2－1

【单项选择题】　按照账户的经济内容分类，“长期待摊费用”属于(　　)。

A. 资产类账户　B. 负债类账户　C. 费用类账户　D. 损益类账户

练习7－2－2

【单项选择题】　债权债务结算账户的贷方登记(　　)。

A. 债权的增加　B. 债务的增加

C. 债务的增加、债权的减少　D. 债务的减少、债权的增加

练习7－2－3

【多项选择题】　下列盘存账户中，通过设置和运用明细账可以提供数量和金额两种指标的有(　　)。

A. 银行存款　B. 库存现金　C. 原材料　D. 库存商品

E. 固定资产

练习7－2－4

【多项选择题】　下列既属于所有者权益类账户又属于资本账户的有(　　)。

A. 实收资本　B. 资本公积　C. 盈余公积　D. 本年利润

E. 利润分配

主题学习单元 7.3 调整账户用法

【任务 7—3—1】 什么是调整账户？调整账户有何特征？调整账户有哪些种类？

调整账户是用来调整有关账户的账面余额，以求得被调整账户的实际金额而开设的账户。在会计核算中，由于管理上的需要或其他原因，对于某些资产或负债，有的需要用两种不同的数字，设置两个账户来进行记录反映。其中一个账户用来记录反映资产、负债的原始数字，另一个账户用来记录反映对原始数字的调整数字。记录反映原始数字的账户称为被调整账户；记录反映调整数字的账户称为调整账户。将原始数字同调整数字相加或相减，就可以求得某项指标的现有实存数字。由调整账户和被调整账户相互配合，既能全面、完整地反映同一个会计对象，又能满足管理上对不同会计信息的需要。

调整账户按调整的方式不同，分为备抵账户、附加账户和备抵附加账户。

7.3.1 备抵账户

【任务 7—3—2】 备抵账户的用途是什么？结构是什么？有何特点？

备抵账户是用以抵减被调整账户的余额，以求得被调整账户的实际金额的账户。其调整方式是以被调整账户的期末余额减去调整账户的期末余额，以求得被调整账户的现有实际数额。备抵账户的特点是调整账户和被调整账户的期末余额的方向是相反的，一个在借方，另一个在贷方，如“累计折旧”是“固定资产”账户的调整账户；“坏账准备”是“应收账款”账户的调整账户等。以“累计折旧”与“固定资产”账户为例，备抵账户的内容结构如表7—13所示。

表 7—13 备抵账户的内容结构

调整账户——累计折旧		被调整账户——固定资产	
	期末余额 12 500	期末余额 500 000	

上例中：

固定资产原始价值	500 000
减：累计折旧额	12 500
固定资产净值	487 500

其他备抵账户如“长期股权投资减值准备”“固定资产减值准备”“存货跌价准备”等账户也都属于这类性质的账户。

7.3.2 附加账户

【任务 7—3—3】 附加账户的用途是什么？结构是什么？有何特点？

附加账户是用来增加被调整账户的余额，以求得被调整账户的实际余额的账户。这类账户同抵减账户的调整方式恰好相反，即将被调整账户的期末余额与被调整账户的期末余额相加，得出被调整账户的实有数额。附加账户的特点是调整账户的期末余额与被调整账户的期末余额方向是一致的。如“应付债券——债券溢价”账户，“应付债券——面值”账户是核算和监督企业为筹集长期资金而发行的债券本金和利息。该账户设有“面值”“利息调整”“应计利息"等明细账。假如企业发行的债券,其实际收到的金额与债券面值存在差额,应记入"债券溢价"明细账户,借记"银行存款",贷记"应付债券——面值",同时借记或贷记"应付债券——债券溢价",因此"债券溢价"明细账户就成为"面值"明细账户的附加账户。两者期末贷方余额之和,表示该债券的实际余额。以"应付债券——债券溢价"与"应付债券——债券面值"账户为例,附加账户的内容结构如表7—14所示。

表7—14 附加账户的内容结构

调整账户——应付债券——债券溢价		被调整账户——应付债券——面值	
	期末余额 10 000		期末余额 100 000

债券实际发行金额=100 000+10 000=110 000(元)

上例中:

债券发行面值	100 000
加:大于面值的差价	10 000
债券实际发行金额	110 000

7.3.3 备抵附加账户

【任务7—3—4】 *备抵附加账户的用途是什么?结构是什么?有何特点?*

备抵附加账户是既用以抵减又用以增加被调整账户余额的账户,其特点是兼有备抵账户和附加账户的作用,如"材料成本差异""商品进销差价"等账户。当其余额与被调整账户的余额方向相同时,调整的方式与附加账户相同;当其余额与被调整账户的余额方向相反时,调整的方式与备抵账户相同。在工业企业里"材料成本差异"账户是备抵附加账户。以"原材料"与"材料成本差异"账户为例,备抵附加账户的内容结构如表7—15所示。

表7—15 备抵账户附加账户的内容结构

(1)

被调整账户 借方 原材料	贷方	调整账户 借方 材料成本差异	贷方
期末余额 246 000		期末余额 3 200	

上例中:

"原材料"账户的借方余额(计划成本)	246 000 元
加:"材料成本差异"账户借方余额(超支数)	3 200 元
材料的实际成本	2 492 000 元

(2)

被调整账户 借方 原材料	贷方	调整账户 借方 材料成本差异	贷方
期末余额 246 000			期末余额 3 200

上例中:

“原材料”账户的借方余额(计划成本)	246 000 元
减:“材料成本差异”账户借方余额(节约数)	3 200 元
材料的实际成本	242 800 元

练习 7—3—1

【单项选择题】 下列属于备抵账户的是(　　)。

A. 固定资产　　B. 累计折旧

C. 管理费用　　D. 库存商品

练习 7—3—2

【单项选择题】 “材料成本差异”账户按用途和结构分类,属于(　　)。

A. 盘存账户　　B. 备抵调整账户

C. 备抵附加调整账户　　D. 附加调整账户

练习 7—3—3

【单项选择题】 关于备抵账户和被备抵账户,下列说法中错误的是(　　)。

A. 备抵账户与其被备抵账户反映的经济内容相同

B. 备抵账户与其被备抵账户反映的经济内容不相同

C. 备抵账户不能离开被备抵账户而独立存在

D. 有备抵账户就有被备抵账户

练习 7—3—4

【判断题】 备抵调整账户余额的方向与被调整账户余额的方向相反。(　　)

练习 7—3—5

【判断题】 备抵附加账户的期末余额不是固定的,当其余额在借方时,起备抵作用,当其余额在贷方时,起附加作用。(　　)

主题学习单元 7.4　业务账户的用法

【任务 7—4—1】 什么是业务账户?业务账户有哪些特点?业务账户可以分为哪几类?

业务账户是反映企业在采购、生产、销售过程中业务活动内容的账户,其特点是需要通过计算、分配,对企业经济效益作出评价的账户,能及时考核企业财务和成本计划的完成情况。具体又可分为集合分配、成本计算、配比和财务成果四类。

7.4.1　集合分配账户

【任务 7—4—2】 集合分配账户的用途是什么?结构是什么?有何特点?

集合分配账户是反映企业在经营过程中对某种费用的归集和分配内容的账户,其结构是应归集的费用发生数在借方,应由有关对象负担的费用分配额在贷方。集合分配账户的特点是期末一般无余额,如“制造费用”“材料采购——采购费用”等账户。以制造费用为例,集合分配账户的结构如表 7—16 所示。

表 7－16　　集合分配账户的内容结构

制造费用

发生额:汇集经营过程中某种费用的数额	发生额:分配给应负担该项费用的数额

7.4.2　成本计算账户

【任务 7－4－3】　*成本计算账户的用途是什么？结构是什么？有何特点？*

成本计算账户是计算企业某个生产经营过程中的全部费用和实际成本的账户，并据以计算、确定各个成本计算对象的实际成本的账户，该类账户的结构特点是借方登记某个生产经营过程应负担的费用，贷方登记已转出有关核算对象的实际成本，借方余额表示尚未结束该过程的有关核算对象的实际成本，如“生产成本”“材料采购”“在建工程”等账户。以“生产成本”账户为例，成本计算账户的结构如表 7－17 所示。

表 7－17　　成本计算账户的内容结构

生产成本

期初余额:尚未完成经营过程某一阶段的成本计算对象的实际成本	
发生额:归集经营过程中某一阶段所发生的全部费用数额	发生额:结转已完成某一阶段的成本计算对象的实际成本
期末余额:尚未完成经营过程中某一阶段的成本计算对象的实际成本	

7.4.3　配比账户

【任务 7－4－4】　*配比账户的用途是什么？结构是什么？有何特点？并能举例说明。*

配比账户是反映汇集某个经营过程中所取得的收入和发生的费用内容的账户，其特点是收入与成本费用计价不同，分别在两个账户期末进行配合比较，以确定财务成果，差额转入“本年利润”账户，期末无余额，如“主营业务收入”与“主营业务成本”账户，“其他业务收入”与“其他业务成本”账户，“营业外收入”与“营业外支出”账户等。以“其他业务收入”与“其他业务”账户为例，配比账户内容结构如表 7－18 所示。

表 7－18　　配比账户的内容结构

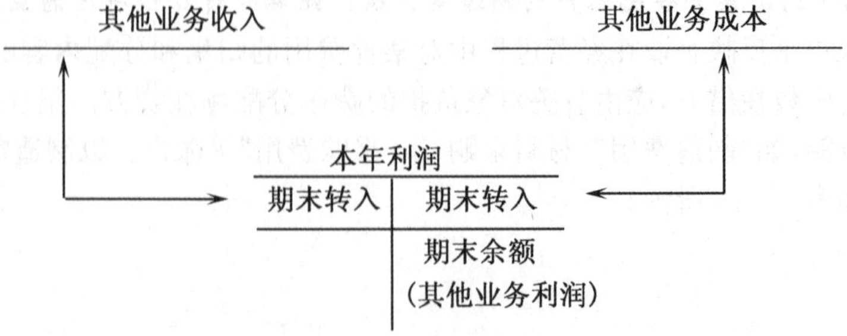

7.4.4 财务成果计算账户

【任务7—4—5】 财务成果计算账户的用途是什么？结构是什么？有何特点？

财务成果计算账户是反映企业在一定时期内财务成果的形成，计算最终成果内容的账户，其结构是贷方登记由“收入”账户转来的各项收入，借方登记由“支出”账户转来的各项支出，其贷方余额表示盈利，借方余额表示亏损，期末转入“利润分配”账户。以“本年利润”账户为例，财务成果计算账户的结构内容如表7—19所示。

表7—19 财务成果计算账户的结构内容

借方 本年利润 贷方

主营业务成本	主营业务收入
营业税金及附加	其他业务收入
销售费用	营业外收入
管理费用	投资收益
财务费用	
其他业务成本	
营业外支出	
所得税费用	
期末余额 亏损	期末余额 盈利

最后还要说明两点：

第一，账户按内容和结构分类不是绝对的，有些账户具有双重性质，如“生产成本”“在途物资”等账户，既有盘存账户性质，又是成本计算账户，又如“本年利润”既是财务成果计算账户，又具有配比账户性质，供分类参考。

第二，在《企业会计制度》中规定有“待处理财产损溢”账户，用以核算企业在财产盘盈、盘亏未处理前，应先暂记入此账户，待批准后再转入各有关账户，是一个过渡账户，制度规定要在期末结账前处理完毕，结清余额，故未列入账户分类内容。

概念回顾

基本账户　调整账户　业务账户　盘存账户　结算账户　资本账户　备抵账户　附加账户　财务成果计算账户　配比账户　集合分配账户

复习思考题

1. 账户按经济内容分类，可分为哪几个大类？每个大类又可以分为几个小类？每个小类下面具体的账户包括哪些？

2. 账户按结构和用途分类，可分为哪几个大类？每个大类又可以分为几个小类？每个小类下面具体的账户包括哪些？

技能实训

一、实训目的

练习集合分配账户及成本计算账户的运用。

二、实训资料

假设某公司20××年6月有关会计核算资料如下：

(1)生产A产品耗用甲材料500吨，计40 000元；生产B产品耗用乙材料200吨，计20 000元，车间耗用甲材料50吨，乙材料10吨，共计5 000元。

(2)应付职工工资及福利费：A产品生产工人工资51 300元，B产品生产工人工资34 200元，车间人员工资3 420元。

(3)计提生产用固定资产折旧5 000元。

(4)全月投产A产品10台，B产品5台，已全部完工。

三、实训要求

(1)根据上述资料汇集全月制造费用。

(2)将制造费用按工资比例在A产品、B产品之间进行分配。

(3)计算完工A产品、B产品的总成本及单位成本。

第三篇

会计核算实务

|学习单元 8|

会计凭证

【素质目标】

1. 了解会计凭证的概念与作用;
2. 熟悉原始凭证、记账凭证的概念和种类;
3. 掌握原始凭证、记账凭证的填制内容及填制方法;
4. 掌握原始凭证、记账凭证的审核方法;
5. 了解会计凭证的传递与保管方法。

【技能目标】

1. 能够识别不同类型的原始凭证和记账凭证;
2. 能够正确填制与审核原始凭证;
3. 能够正确填制与审核记账凭证。

【案例导入】

某公司向供货商先后购买了 3 万元的板材,双方合作一直很顺利。2014 年 6 月 8 日,该公司突然收到法院传票。原来,供货商一纸诉状将其告上了法庭,要求支付货款 3 万元。在案件审理过程中,被告承认购货事实,但称已经支付了该项货款,并提供出原告给其开具的发票。原告却声称发票上加盖的财务章不是自己的,并拿来了财务章予以对照。此时,被告才发现发票上财务专用章的供货商名称为"××市××兄弟板材厂"比原告名称"××市××板材厂"多了"兄弟"两个字,被告蒙了。同学们,你们知道这是为什么吗?

主题学习单元 8.1　会计凭证概述

【任务 8—1—1】 *在餐厅吃饭应该索取发票吗? 发票在会计核算上有何地位?*

8.1.1　会计凭证的概念

会计凭证是记录经济业务发生或完成情况、明确经济责任的书面凭证,它是登记账簿的依据。在实际会计工作中,会计记账必须以合法的凭证为依据。

填制、取得会计凭证是会计工作的起点和基础。任何单位发生的每一项经济业务,都要由执行和完成该项经济业务的有关人员填制或取得会计凭证,办理凭证手续,记录经济业务的有关内容,并且相关人员要在凭证上签名或盖章,以对凭证的真实性、合法性、正确性负责。会计凭证还必须经过会计人员和有关主管人员严格审核,只有审核无误的会计凭证才能作为登记账簿的依据。

8.1.2 填制和审核会计凭证的意义

【任务8—1—2】 会计凭证在会计核算上起到什么作用?为什么需要会计凭证?

填制和审核会计凭证是如实反映和有效监督经济活动的一种专门的会计核算方法,它对于充分发挥会计职能、保证会计信息质量具有重要意义。

一切会计记录都要有真凭实据,使会计核算资料具有客观性,这是会计核算必须遵循的一条原则,也是会计核算的一个重要特征。没有凭证,不能支付款项;没有凭证,材料物资不能动用;没有凭证,不得进行账务处理。因此,在任何一个会计主体,即企业、事业、机关、团体等单位里,每发生一项经济业务,都必须取得能够证明该项经济业务已经发生、执行或完成的书面凭证(原始凭证),然后再据以做出反映该项经济业务的会计分录(记账凭证),作为会计记账和算账的依据。如购买材料时要由供货单位开给发票,支付款项时要由收款单位开给收据,材料收进或发出时要有收料单、发料单等,像上述的发票、收据、收料单和发料单等都是会计凭证。填制或取得会计凭证是会计工作的初始阶段和基本环节。

会计凭证的填制与取得,对于完成会计核算任务,发挥会计的监督作用具有重要意义。

填制或取得会计凭证的意义表现在会计监督和会计核算两个方面。从会计核算的角度看,凭证的填制与取得,是会计核算的第一步,在会计核算方法体系中是起点,起着入账资格认定的作用,保证了会计核算资料的客观性;从会计监督的角度看,通过会计凭证的填制与取得,可以监督、检查经济业务的真实性、正确性、合理性和合法性,据以评价有关部门和有关人员的工作业绩等,同时记账、算账本身也受到会计凭证的制约,防止了会计人员记账、算账的随意性和不严肃性,保证了会计核算资料的准确性。会计凭证的意义主要表现在以下几个方面:

(1)可以如实记录经济业务的实际完成情况

对单位发生的一切经济业务,如资金的取得和运用、生产费用的发生和产品成本的形成、销售收入的取得和利润的形成与分配等,通过填制会计凭证,可以对经济业务进行全面记录,如实反映经济业务的实际完成情况,为会计分析和会计检查提供必要的基础资料。

(2)会计凭证提供经济活动的原始资料,是实行会计监督的依据

经济业务是否真实、正确、合法、合理,在记账前都要根据会计凭证进行逐笔审核。由于会计凭证是经济业务的真实写照,因此,通过凭证审核,可以检查该项业务是否正常,是否符合有关政策、法令、制度、计划和预算等的规定,有无铺张浪费和违纪行为,从而起到会计监督和保护财产安全的作用。

(3)会计凭证是进行会计核算的依据

任何单位,每发生一项经济业务,如现金的收付、物资的进出、往来款项的结算等,都要记账。但此时记账必须以经过审核无误的会计凭证为依据,没有凭证,不能记账。这就保证了会计记录的客观性、真实性和正确性,防止主观臆断和弄虚作假等行为。取得或填制会计凭证实际上是进行会计核算的起点。

(4)会计凭证是对经济业务进行控制的有效手段

由于每一项经济业务都要填制或取得适当的会计凭证,有关经办人员都要在凭证上签字,以示负责,这样就加强了经济责任制,促使有关人员在自己的职责范围内严格按照规章办事,

提高责任感，并且也保证了经济业务在正常的轨道内执行。一旦出现问题，还便于检查和分清责任。

8.1.3 会计凭证的种类

【任务 8—1—3】 会计凭证有哪些种类？应怎样识别原始凭证和非原始凭证？

以不同的标志对会计凭证进行划分，可以将会计凭证分为不同的种类。其中，按其填制程序和用途的不同可以分为原始凭证和记账凭证，这是一种最基本的分类方法。

8.1.3.1 原始凭证

原始凭证又称单据，是在经济业务发生或完成时取得或填制的，用以记录或证明经济业务的发生或完成情况，并作为记账原始依据的书面证明。一切经济业务的发生，都应由有关部门或人员向会计部门提供一种单据，即原始凭证，它能够证明所记录的经济业务的实际情况。因而它可以作为记账的原始依据，并具有法律效力。

值得注意的是，原始凭证主要起证明属于会计事项的经济业务实际发生和完成情况的作用，因此，凡不能证明已执行或完成的书面文件，如派工单、请购单等，均不能作为原始凭证，而只能当作主要原始凭证的附件。

8.1.3.2 记账凭证

【任务 8—1—4】 什么是记账凭证？记账凭证可以分为哪些种类？各类凭证有什么特征？

记账凭证是指会计人员根据审核无误的原始凭证填制，用来确定经济业务应借、应贷会计科目及其金额（会计分录）而填制的作为记账依据的一种会计凭证。由于各个单位的经济业务是多种多样的，用来记录最初经济业务的原始凭证来自各个不同的方面，种类繁多，数量很大，格式和内容也各不相同，而且不能清楚地表明应记入科目（账户）的名称和方向，这就不便于直接作为记账的依据。因此，为了便于记账，就要根据原始凭证反映的不同性质的经济业务加以归类整理，编制记账凭证，确定会计分录，据以登记账簿。这样，原始凭证就成为记账凭证的附件附在记账凭证的背面，既便于记账，又可防止发生差错，保证账簿记录正确无误。

练习 8—1—1

【单项选择题】 原始凭证是（ ）的依据。

A. 填制记账凭证　　B. 登记账簿　　C. 编制财务报表　　D. 设置账户

主题学习单元 8.2 原始凭证的填制与审核

【任务 8—2—1】 你认识哪些原始凭证？它们的特征是什么？

8.2.1 原始凭证的种类

8.2.1.1 原始凭证按其来源不同，可以分为自制原始凭证和外来原始凭证

(1)自制原始凭证

自制原始凭证是由本单位经办业务的部门和人员，在执行或完成某项经济业务时自行填制的凭证。如仓库保管员在验收材料时填制的收料单，车间向材料仓库领取材料时填制的领料单以及完工产品验收入库时填制的产成品入库单等。领料单、收料单的格式如图 8—1 和图 8—2所示。

（企业名称）
领料单

领料单位：二车间　　　　　　　　　　　　　　　　　　编　号：02576
用　　途：生产领用　　　2×××年11月10日　　　　发料仓库：第二号仓库

材料编号	材料类别	名称	规格	计量单位	数量		金额	
					请领	实发	单价	金额
2-4-18	黑色金属	圆钢	10mm	千克	1 000	1 000	0.96	960
备注：			合　计		1 000	1 000		960

主管：　　记账：　　领料单位负责人：　　领料人：　　发料：

图 8-1　领料单

（企业名称）
收料单

会计科目：原材料　　　　供应单位：××公司　　　　收料仓库：1号库
发票号数：07246
材料类别：　　　　2×××年1月18日　　　　编　号：04567

原材料编号	原材料名称		单位	规格	数量		实际成本				计划成本	
	发票名称	入账名称			应收	实收	买价		采购费用	合计	单价	金额
							单价	金额				
0124	A材料	A材料	28mm	kg	1 000	1 000	0.5	500	50	550	0.6	600
合计					1 000	1 000		500	50	550	0.6	600

供应部门负责人：　　　　保管员：　　　　采购员：

图 8-2　收料单

(2)外来原始凭证

外来原始凭证是指在同外单位或个人发生经济业务往来关系时，从对方取得的原始凭证。如，企业购买材料时从供货单位取得的发票，银行收款通知、付款通知（又称回单）等，都属外来原始凭证。增值税专用发票的格式如图 8-3 所示。

（全国统一发票监制章）
增值税专用发票
2×××年8月10日

客　　　户：××
纳税人识别号：321100823273578
开户银行及账号：农行新华办 60003344452219　　　　编号：531446

品名规格	单位	数量	单价	金额	税率	税额	合计
管钳	件	50	5.81	290.5	17%	49.4	339.9

价税合计（大写）：人民币叁佰叁拾玖元玖角整

企　　业（盖章）：实达公司　　　　备注：
纳税人识别号：32110197123456X
开户银行及账号：工行金星分行 9190040000739　　　　经手人：张三

图 8-3　增值税发票

8.2.1.2 原始凭证按其填制方法不同,可以分为一次凭证、累计凭证和汇总凭证

(1)一次凭证

一次凭证是指对一项经济业务或若干项同类经济业务,在其发生后一次填制完毕的原始凭证,外来凭证一般都是一次凭证,而收料单、发料单等都是自制的一次凭证。

(2)累计凭证

累计凭证是指在一定时期内连续记载同类经济业务,至期末按其累计数作为记账依据的原始凭证,如商业企业中收购农副产品或废旧物资用的收购单,工业企业用的限额领料单等都为自制的累计凭证,限额领料单格式如图 8—4 所示。

(企业名称)

限额领料单

材料类别:钢材　　编　　号:00534

领料单位:金工车间　　发料仓库:2 号库

用　　途:甲产品税　　2×××年 8 月

材料编号	材料名称及规格	计量单位	全月领用限额	计划单位成本	备注
01243	圆钢 23mm	kg	1 000	1.6	

日期	实　发				限额结余	退库	
	数量	金额	发料人	领料人		数量	领料单编号
4	150	240			850		
5	200	320			650		
7	100	160			550		
	…	…			…		
31	250	400			50		
合计	950	1 120			50		

供应部门负责人:　　生产计划部门负责人:　　仓库负责人:

图 8—4　限额领料单

(3)汇总凭证

汇总凭证又称原始凭证汇总表,它是指将一定时期内若干张同类性质的经济业务的原始凭证加以汇总而填制,至期末按其汇总数作为记账依据的原始凭证,如领料凭证汇总表(或称原材料领料汇总表),就是根据一定时期内若干张领料单加以汇总而编制的汇总凭证,领料凭证汇总表格式如图 8—5 所示。一般累计凭证和汇总凭证都是自制凭证。

（企业名称）

领料凭证汇总表

2×××年5月　　单位：元

应借科目	应贷科目			
	原材料			
	原料及主要材料	辅助材料	燃　料	合　计
生产成本——基本生产				
1～15日	32 000.00	4 000.00	1 500.00	37 500.00
16～31日	27 000.00	5 000.00	1 700.00	33 700.00
合　计	59 000.00	9 000.00	3 200.00	71 200.00
生产成本——辅助生产				
1～15日		1 000.00	4 300.00	5 300.00
16～31日		1 500.00	4 200.00	5 700.00
合　计		2 500.00	8 500.00	11 000.00
制造费用				
1～15日		2 600.00	200.00	2 800.00
16～31日		2 000.00	100.00	2 100.00
合　计		4 600.00	300.00	4 900.00
管理费用				
1～15日		800.00	240.00	1 040.00
16～31日	1 000.00	450.00	260.00	1 710.00
合　计	1 000.00	1 250.00	500.00	2 750.00
总　计	60 000.00	17 350.00	12 500.00	89 850.00
备注：				

会计负责人：　　审核：　　制表：

图8—5　领料凭证汇总

8.2.1.3　原始凭证按用途不同，可分为通知凭证、执行凭证和计算凭证

(1)通知凭证

通知凭证是指要求、指示或命令企业进行某项经济业务的原始凭证，如罚款通知书、付款通知书、银行进账单等。银行进账单的格式如图8—6所示。

××银行进账单(回单或收款通知)

1 第×号

<table>
<tr><td rowspan="3">收款人</td><td>全　称</td><td>甲公司</td><td rowspan="3">付款人</td><td>全　称</td><td colspan="10">乙公司</td></tr>
<tr><td>账　号</td><td>×××</td><td>账　号</td><td colspan="10">×××</td></tr>
<tr><td>开户银行</td><td>×××</td><td>开户银行</td><td colspan="10">×××</td></tr>
<tr><td rowspan="2">人民币
(大写)</td><td colspan="3" rowspan="2">捌仟伍佰元整</td><td>千</td><td>百</td><td>十</td><td>万</td><td>千</td><td>百</td><td>十</td><td>元</td><td>角</td><td>分</td></tr>
<tr><td></td><td></td><td></td><td>¥</td><td>8</td><td>5</td><td>0</td><td>0</td><td>0</td><td>0</td></tr>
<tr><td colspan="2">票据种类</td><td>支票</td><td colspan="11" rowspan="3">收款人开户银行盖章</td></tr>
<tr><td colspan="2">票据张数</td><td>壹张</td></tr>
<tr><td colspan="3">单位主管　会计　复核　记账</td></tr>
</table>

收款人的回单或收账通知　此联是收款人开户行交给

图 8—6　银行进账单

(2)执行凭证

执行凭证是证明某项经济业务已经完成的原始凭证,如销货发票、收料单、领料单等。

(3)计算凭证

计算凭证是对已完成的经济业务进行计算而编制的原始凭证,如产品成本计算单、制造费用分配表、工资计算表等。

8.2.1.4　原始凭证按照格式不同,可分为通用凭证和专用凭证

(1)通用凭证

通用凭证是指在一定范围内具有统一格式和使用方法的凭证。这里的一定范围,既可以是全国范围,也可以是某省、某市、某地区或某系统,如全国统一使用的银行承兑汇票、某地区统一印制的收款收据等。

(2)专用凭证

专用凭证是指一些单位具有特定内容和专门用途的原始凭证,如产品入库单、差旅费报销单等。

以上是按照不同的标志对原始凭证所作的分类。它们之间是相互依存、密切联系的。例如,现金收据对出具收据单位来讲是自制原始凭证,而对接受收据的单位来讲是外来原始凭证。同时它既是一次凭证,又是执行凭证,也是专用凭证。

应当指出,原始凭证是用来记录和证明经济业务已执行或完成的具有法律效力的凭证。凡是不能证明经济业务已经执行或完成的书面文件,如派工单、请购单等,都不能算作原始凭证。

【主题活动 8—2—1】 下列属于外来原始凭证的是(　　)。

A. 购货发票　　B. 销货发票　　C. 产品入库单　　D. 请购单

【解析】 AB。

【主题活动 8—2—2】 下列属于自制原始凭证的是(　　)。

A. 产品入库单　　B. 购货发票　　C. 银行对账单　　D. 银行收款通知

【解析】 A。

【主题活动 8—2—3】 入库单属于(　　)。

A. 外来原始凭证　　B. 自制原始凭证　　C. 一次凭证　　D. 累计凭证

E. 记账凭证

【解析】 BC。

【主题活动8—2—4】 下列不属于原始凭证的有(　　)。

A. 银行存款余额调节表　　B. 购货合同

C. 银行对账单　　D. 差旅发票

E. 派工单

【解析】 ACE。

8.2.2 原始凭证的基本内容

【任务8—2—2】 各种原始凭证有何共同之处,必须具备哪些内容?

由于经济业务多种多样,因而用来记录经济业务的原始凭证,其内容和格式也是千差万别的。但是,无论哪一种原始凭证,都应该说明有关经济业务的执行和完成情况,明确经办业务的部门和人员的经济责任。因此,各种原始凭证都必须具备一些共同的基本内容(或基本要素),这些基本内容如下:

①原始凭证的名称。如“收料单”“领料单”“发票”等。

②填制单位的名称或者填制人姓名。如“××公司”“××学院”“××商场”等。

③填制凭证的日期。如在领料单上要写明填制领料单的日期(一般也就是领料的日期),以备查考。

④接受凭证单位的名称,俗称抬头。如发票上要写明购货单位的名称、单位,名称一般要写全称,不得省略。

⑤经济业务的内容摘要。如在领料单上要有领用材料的用途、名称、规格等。

⑥经济业务所涉及的财物数量、单价和金额。如领料单上要有计量单位、数量、单价和金额等,这不仅是记账必需的资料,也是检查业务的真实性、合理性和合法性所必需的。

⑦经办人员的签名或盖章。如领料单上应有主管人员、记账人员、领料单位负责人、领料人和发料人的签名或盖章。

此外,有些原始凭证所包括的内容,不仅要满足财务、会计工作的需要,还要满足各有关方面的需要。因此,可以根据某些经济业务的特点,结合各方面工作的需要,补充一些必需的内容。例如,有些一式多联的原始凭证,要在每联凭证上注明“第×联”及本联用途;有些原始凭证还需要预先印定编号,以防任意撕毁;有些原始凭证为了满足计划、统计或其他业务方面的工作需要,还列入有关计划任务、合同号码和预算项目等。在各企业、机关、事业等单位中,所发生的某些经济业务有时又往往同许多其他单位有经济上的联系,为了使原始凭证的内容协调一致,满足核算和经济管理上的需要,主管部门可以为同类经济业务制定统一的凭证格式。例如,由中国人民银行统一制定的托收承付结算凭证、由铁道部门统一制定的铁路运单,都是在有关单位广泛使用的原始凭证格式。

8.2.3 原始凭证的填制

【任务8—2—3】 如何进行原始凭证填制?填制时有哪些技术要求?

由于各种原始凭证的内容和格式不尽相同,其具体填制方法也不同。一般来说,自制原始凭证,一部分是根据经济业务的执行和完成的实际情况直接填制的,如根据实际领用的材料名称和数量填制领料单等。还有一部分自制原始凭证是根据有关账簿记录,对某项经济业务加以归类、整理而编制的。例如,为了计算产品生产成本,需要根据账簿记录编制材料耗用汇总表、费用分配表、产品成本计算单等。外来原始凭证是由其他单位填制的，应根据经济业务的执行和完成的实际情况如实填制。

原始凭证既是具有法律效力的书面证明，又是进行会计处理的基础。为了保证会计核算工作的质量，填制原始凭证必须严格遵守以下要求：

(1)记录要真实

凭证上所反映的经济业务，必须与实际情况完全相符，绝对不许有任何歪曲或弄虚作假。对于实物的数量、单价和金额数字的计算等，都要进行严格的检验和复核，并由经办人员在凭证上签章。这是填制原始凭证的最基本要求。

(2)内容要完整

要按照规定的凭证格式和内容逐项填写，不得省略和遗漏。合法的凭证上必须盖有公章(但也有例外，比如铁道客运车票就没有公章)。项目填写不全的原始凭证，不能作为经济业务的合法证明，也不能作为有效的会计凭证。

(3)填制要及时

要根据经济业务的执行和完成情况及时填制原始凭证，并按规定程序及时送交财会部门和其他有关部门，这对于保证正确、完整地反映经济业务内容极为重要。否则，时过境迁，容易发生差错。例如领取材料，在领料业务发生时，如不及时填制领料单或登记有关凭证，而在事后追记，就容易记错数额，造成记录失实。

(4)书写要清楚、规范

凭证上的文字和数字，在填写时要严肃认真，必须填写清楚，易于辨认。一旦出现书写错误，必须按规定办法更正，不得任意涂改、刮擦或挖补。有关货币资金收付的原始凭证，如果填写错误，不允许在凭证上进行更正，只能加盖“作废”戳记，重新填写，以防止发生错收、错付的现象。

此外，在填制原始凭证时，还应当遵守以下技术要求：

阿拉伯数字应逐个书写清楚，不可连笔书写。阿拉伯金额的最高位前面应写人民币符号“￥”，在人民币符号“￥”与阿拉伯数字之间，不得留有空白。以元为单位的金额数字一律填写到角分，无角分的，角位和分位填写“0”，不得空格。

汉字大写金额数字，应符合规定要求，应使用既容易辨认、又不容易涂改的正楷字书写，如壹、贰、叁、肆、伍、陆、柒、捌、玖、拾、佰、仟、万、亿、元、角、分、零、整等。不得用一、二(两)、三、四、五、六、七、八、九、十、百、千、块、毛、另(或0)等字样代替。大写金额前应有“人民币”字样，“人民币”字样与大写金额之间不得留有空白，大写金额字体之间也应紧密排列，字间距适当。大写金额无角分或有角无分的应写整字或正字，有分位的不得写整字或正字。

阿拉伯金额数字中间有“0”或连续有几个“0”时，汉字大写金额只写一个“零”字即可，如105 006元，汉字大写金额应为“人民币壹拾万零伍仟零陆元整”。

凡是规定填写大写金额的各种凭证，如银行结算凭证、发票、运单、提货单、合同、契约等，都必须在填写小写金额的同时，也填写大写金额，且大小写金额应该一致。大小写金额不一致的原始凭证视为无效凭证，应重新填写。

(5)手续要完备

单位自制的原始凭证必须有经办单位领导人或者其他指定的人员签名盖章；对外开出的原始凭证必须加盖单位公章；从外部取得的原始凭证，必须盖有填制单位的公章；从个人取得的原始凭证，必须有填制人员的签名盖章。

(6)编号要连续

各种凭证应连续编号，以便查考。如发票、支票等重要凭证已预先印定编号，在书写作废时，应加盖"作废"戳记，妥善保管，不得撕毁。

(7)不得涂改、刮擦、挖补

原始凭证有错误的，应当由出具单位重开或更正，更正处应当加盖出具单位印章。原始凭证金额有错误的，应当由出具单位重开，不得在原始凭证上更正。

8.2.4 原始凭证的审核

【任务 8—2—4】 *要想得到能作为记账依据的原始凭证，应该从哪几个方面进行审核？*

原始凭证必须经过严格地、认真地审核，才能作为记账的依据。这是保证会计记录真实、正确，充分发挥会计监督作用的重要环节。

会计人员要做好原始凭证的审核工作，必须具有较高的技术水平，熟悉业务。既要坚持原则，又要善于处理各种矛盾。为此，会计人员要熟悉国家有关的财经政策、会计法规以及计划、预算等的规定。同时还要全面了解和掌握本单位生产经营情况，这样才能正确认定哪些经济业务是合理、合法的，哪些是不合理、不合法的，从而发现问题，妥善加以处理。

审核原始凭证，一般要从以下几方面进行：

(1)审核原始凭证的真实性

判断经济业务是否真实，涉及业务发生的日期、计量单位、经办人员、数量和单价、业务经手人等等。总之，要查看发生的经济业务是否属于本单位生产经营范围以内的，是否在正常情况下所应发生的。

(2)审核原始凭证的合法性

审核经济业务内容是否符合有关法规、政策、法令、制度、计划、预算和合同等的规定，是否符合审批权限和手续；审查经济业务是否符合节约原则，有无铺张浪费，甚至贪污、舞弊、盗窃企业资财的不法行为。

(3)审核原始凭证的合理性

合理性审核主要是审核原始凭证所记载的经济业务是否符合企业生产经营活动的需要，是否符合有关的计划和预算等。

(4)审核原始凭证的完整性

在对原始凭证所反映的经济内容进行实质性审查后，需要进一步检查原始凭证的基本内容，如各项内容是否填写齐全，手续是否完备，文字和数字是否填写清楚，等等。

(5)审核原始凭证的正确性

审核原始凭证的摘要和数字是否填写清楚、正确，数量、单价、金额的计算有无差错，大写和小写金额是否相符等；检查凭证有无刮擦、挖补、涂改和伪造凭证等情况。

对于原始凭证审核结果的处理，应根据不同情况，区分问题的性质，采取不同的处理方法。对于符合要求的原始凭证，应按照规定及时办理会计手续，编制记账凭证，并将原始凭证作为记账凭证的附件加以保存；对于业务真实，只是内容不全、手续不完备或数字、文字有差错的原始凭证，应退回有关部门或人员，请其补办手续或进行更正；对于违反国家规定的不合法的原始凭证，会计人员应拒绝接受，不予报销和付款；对于伪造或涂改凭证、虚报冒领款项等严重违法行为的，应及时向领导和总会计师提出书面报告，请求严肃处理。

(6)审核原始凭证的及时性

原始凭证的及时性是保证会计信息及时性的基础。为此，要求在经济业务发生或完成时及时填制有关原始凭证，及时进行凭证的传递。审核时应注意审查凭证的填制日期，尤其是支票、银行汇票、银行本票等时效性较强的原始凭证，更应仔细地验证其签发日期。

练习 8—2—1

【单项选择题】（　　）是记录经济业务事项发生或完成情况的书面证明，是登记账簿的依据。

A. 会计要素　　B. 会计账户　　C. 会计凭证　　D. 会计分录

练习 8—2—2

【单项选择题】不能作为记账的原始依据的单据是（　　）。

A. 发票　　B. 收据　　C. 经济合同　　D. 领料单

练习 8—2—3

【多项选择题】原始凭证应具备的基本内容有（　　）。

A. 填制日期　　B. 经济业务涉及的会计科目

C. 经济业务的内容　　D. 所附原始凭证的张数

E. 凭证的编号

练习 8—2—4

【判断题】原始凭证金额有错误的，应当由出具单位重开或更正，更正处应当加盖出具单位的印章。（　　）

主题学习单元 8.3　记账凭证的填制与审核

8.3.1　记账凭证的种类

【任务 8—3—1】 ***你认识哪些记账凭证？这些记账凭证有何特征？***

8.3.1.1　记账凭证按其反映的经济内容不同，可分为收款凭证、付款凭证和转账凭证

(1)收款凭证

收款凭证是用于现金和银行存款收入业务的记账凭证，格式如图 8—7 所示。

（企业名称）

收　款　凭　证

年　月　日

编号

借方账户：　　附件　　张

摘　要	贷方账户		金　额	记账
	一级账户	明细账户		
合　计				

会计主管：　记账：　出纳：　审核：　制证：

图 8—7　收款凭证

(2)付款凭证

付款凭证是用于现金和银行存款付出业务的记账凭证,格式如图 8—8 所示。

(企 业 名 称)

付 款 凭 证

年 月 日

编号

贷方账户: 附件 张

摘 要	借方账户		金 额	记账
	一级账户	明细账户		
合 计				

会计主管: 记账: 出纳: 审核: 制证:

图 8—8 付款凭证

(3)转账凭证

转账凭证是用于不涉及现金和银行存款收付业务的其他转账业务的记账凭证,格式如图 8—9 所示。

(企 业 名 称)

转 账 凭 证

年 月 日

编号

附件 张

摘 要	一级账户	明细账户	借方金额	贷方金额	记 账
合 计					

会计主管: 记账: 审核: 制证:

图 8—9 转账凭证

8.3.1.2 记账凭证按其填制方式不同,可分为复式(或多项)记账凭证和单式(或单项)记账凭证

复式记账凭证是指把一项经济业务所涉及的账户,集中填列在一张记账凭证上。复式记账凭证可以在一张凭证上集中反映账户的对应关系,便于了解经济业务的全貌,同时可以减少制证的工作量,但不便于分工记账和归类汇总。上面收款凭证、付款凭证、转账凭证的格式,均属于复式记账凭证的格式。单式记账凭证就是把同类经济业务所涉及的每个会计账户分别填制记账凭证,每张记账凭证上只填列一个会计科目。因此,一笔经济业务的会计分录涉及几个会计科目,就填制几张记账凭证。单式记账凭证的内容单一,便于按各种账户归类汇总,有利于分工记账。但制证工作量大,不利于在一张凭证上集中反映经济业务的全貌,出现差错不便于查找。单式记账凭证格式如图 8—10 和图 8—11 所示。

（企 业 名 称）

借项记账凭证

年　月　日

编号

对应账户：　　　　　　　　　　　　　　　　　　附件　　张

摘　要	一级账户	明细账户	金　额	记账

会计主管：　　记账：　　复核：　　出纳：　　制证：

图8—10　借项记账凭证

（企 业 名 称）

贷项记账凭证

年　月　日

编号

对应账户：　　　　　　　　　　　　　　　　　　附件　　张

摘　要	一级账户	明细账户	金　额	记账

会计主管：　　记账：　　复核：　　出纳：　　制证：

图8—11　贷项记账凭证

8.3.1.3　记账凭证按其是否经过汇总，可分为汇总记账凭证和非汇总记账凭证

上面介绍的收款凭证、付款凭证、转账凭证、单式凭证、复式凭证等，均属于非汇总记账凭证。

汇总记账凭证就是根据一定期间的若干张记账凭证按一定的方式汇总编制据以登记总分类账的凭证。编制汇总记账凭证，据以登记总分类账，可以减少记账的工作量；同时，通过汇总记账凭证，还可以计算各账户在一定期间内的发生额，用以试算账目平衡。汇总记账凭证按其汇总方法的不同，可分为分类汇总记账凭证和全部汇总记账凭证两种。

分类汇总记账凭证就是按照经济业务性质的不同，定期根据收款凭证、付款凭证和转账凭证分别汇总编制的凭证。这种凭证的特点是区分业务性质分别汇总编制，并反映账户的对应关系。如汇总收款凭证、汇总付款凭证、汇总转账凭证等。

全部汇总记账凭证就是将一定时期内编制的记账凭证，全部汇总在一张记账凭证汇总表上的凭证。这种凭证的特点是不分业务性质，不反映账户的对应关系。

综上所述，会计凭证作为记账的依据包括两大类：原始凭证和记账凭证。其中，记账凭证是记账的重要依据，而记账凭证又是根据原始凭证所反映出来的已发生的有关经济业务的实际情况，经过分析而编制的。原始凭证随着经济业务的不同而有不同的内容和格式，例如领料单和发票；记账凭证则是采取一定的统一格式来记录不同的经济业务，如转账凭证等。

8.3.2 记账凭证的基本内容

【任务 8—3—2】 各种记账凭证一般必须具备哪些共同的基本内容?

如前所述,由于原始凭证种类繁多,数量庞大,格式不一,不便于直接作为记账依据,因而,一般都需要根据各种原始凭证另行填制记账凭证。这样,可以简化记账工作,减少记账差错。

记账凭证虽然种类不一,但其主要作用在于对原始凭证进行归类、整理,确定会计科目,编制会计分录,据以记账。因此,各种记账凭证一般必须具备下列一些共同的基本内容:

(1)记账凭证的名称;

(2)凭证的填制日期和编号;

(3)经济业务的内容摘要;

(4)应借、应贷的账户名称、记账方向和金额(包括一级账户、二级或明细账户);

(5)所附原始凭证的张数;

(6)会计主管、复核、记账、制证人员的签名或盖章,收付款凭证还要有出纳人员的签名或盖章。

8.3.3 记账凭证的填制

【任务 8—3—3】 单式记账凭证如何填制?复式记账凭证如何填制?汇总记账凭证如何填制?

8.3.3.1 单式记账凭证的填制

单式记账凭证包括借项凭证(填列借方账户的凭证)和贷项凭证(填列贷方账户的凭证),两者可用不同颜色表示,以示区别,其填制方法如图 8—10 和图 8—11 所示。在上述借项记账凭证和贷项记账凭证中,都应填列对应账户的名称,以便互相对照。在凭证的编号中采用分数编号法,除按经济业务顺序编列总号外,还应按该项业务的凭证数量编列分号。如第 5 笔经济业务涉及三个会计账户,则编号为 5 1/3,5 2/3 和 5 3/3。前面的整数为业务顺序的总号;后面的分数为分号,分母表示该项业务共有 3 张记账凭证,分子表示两张中的第 1 张、第 2 张和第 3 张。

8.3.3.2 复式记账凭证的填制

复式记账凭证就是在一张记账凭证上记载一笔完整的经济业务所涉及的全部会计科目。为了清晰地反映经济业务的来龙去脉,不应将不同经济业务合并填制。

收款凭证和付款凭证根据现金和银行存款收付业务有关的原始凭证进行填制。

转账凭证根据有关转账业务的原始凭证填制。

当发生现金和银行存款相互关联的收付业务时,如将现金存入银行或者从银行提取现金,一般只填付款凭证而不填收款凭证,以避免重复记账。

8.3.3.3 汇总凭证的填制

汇总收款凭证一般按"库存现金"或"银行存款"账户的借方填制;汇总付款凭证一般按"库存现金"或"银行存款"账户的贷方填制;汇总转账凭证一般按每一账户的贷方分别填制。

8.3.4 记账凭证填制的要求

【任务 8—3—4】 记账凭证应如何填制?填制记账凭证时应注意哪些问题?

记账凭证的填制,除应严格遵守前述填制原始凭证所要求的真实可靠、内容完整、填制及时、书写清楚外,还必须注意以下几点:

(1)摘要栏应简单明了地填写经济业务内容的要点,文字说明应准确、简练、概括。

(2)会计科目使用正确,账户对应关系清楚。记账凭证上会计科目的使用必须正确,不得任意变更会计账户的名称和它的核算内容,这样,才能使会计记录的口径一致,保证提供统一的核算指标,便于综合汇总。应借、应贷账户的对应关系必须清楚,一级账户和二级账户或明细账户要填写齐全,这样,才能正确反映和便于分析有关经济业务的完成情况。

(3)金额栏的数字应对准借贷栏次和账户行次以正确填写,防止错栏串行的错误。角分位不留空白,多余的金额栏应划一拉长的"⌋"型线注销。

(4)各种记账凭证必须每月连续编号。编号时,既可按收款凭证、付款凭证和转账凭证分别从第1号起连续编号,如收字第10号、付字第12号、转字第18号等;也可将收款凭证和付款凭证再划分为现收第×号、银收第×号、现付第×号、银付第×号进行编号。有时也可不区分收款凭证、付款凭证和转账凭证,而按经济业务发生的先后顺序统一编号。如果一项经济业务需要填制多张记账凭证的,可采用"分数编号法",即每一项经济业务编一总号,再按凭证张数编几个分号,如前述单式记账凭证的填制。记账凭证一般每月更换一次编号,从第1号开始编号,并始终遵循一定的规律,做到不重号、不漏号。

(5)每张记账凭证都要注明所附原始凭证或原始凭证汇总表(附件)的张数,以便查对。如有重要资料或原始凭证数量过多需要单独保管的,要在记账凭证摘要栏中加以说明,并注明保管地点及编号。

(6)记账凭证填写完毕,并与有关原始凭证核对后,要由有关人员签名或盖章。

8.3.5 记账凭证的审核

【任务8—3—5】 合格的记账凭证必须审核哪些内容?

为了保证记账凭证的正确性,必须加强记账凭证的审核,建立记账凭证的审核制度,配备业务熟练、经验丰富的会计人员,做好记账凭证的审核工作。记账凭证审核的主要内容如下:

①记账凭证是否附有原始凭证或原始凭证汇总表;所附原始凭证的张数、经济内容、金额合计等是否与记账凭证一致且合法。没附原始凭证的记账凭证是否属于调账、结账和更正错账类业务。收付款凭证后所附原始凭证是否加盖"收讫""付讫"章。

②经济业务是否正常;应借、应贷账户的名称和金额是否正确;账户对应关系是否清晰;所用账户的名称是否符合会计制度的规定。

③记账凭证中有关项目是否填写齐全;有关人员是否签名或盖章。

在审核过程中,如果发现记账凭证的记录有错误,应查明原因、及时更正。如果错误的记账凭证尚未登记入账,只需重新编制一张正确的记账凭证即可;若错误记账凭证(审核时未被发现)已据以登记入账簿,更正错误的方法将在下一单元加以说明。记账凭证必须经过审核并认为正确以后,才能作为记账的依据。

练习8—3—1

【单项选择题】 记账凭证中不可能有(　　)。

A. 接受单位的名称　　B. 记账凭证的编号

C. 记账凭证的日期　　D. 记账凭证的名称

练习8—3—2

【单项选择题】 下列内容中,不属于记账凭证审核内容的是(　　)。

A. 会计科目使用是否正确

B. 转账凭证是否有出纳人员的签章
C. 凭证的金额与所附原始凭证的金额是否一致
D. 凭证的内容与所附原始凭证的内容是否一致

练习 8—3—3

【多项选择题】 下列(　　)属于转账业务,应填制转账凭证。

A. 支付前欠货款　　B. 车间领用材料
C. 结转入库产品成本　　D. 结转工资支出
E. 收取销货款项

练习 8—3—4

【多项选择题】 下列项目中,属于记账凭证的有(　　)。

A. 收款凭证　　B. 科目汇总表　　C. 收款单　　D. 转账凭证
E. 汇总记账凭证

主题学习单元 8.4　会计凭证的传递与保管

8.4.1　会计凭证的传递

【任务 8—4—1】 什么是会计凭证传递?会计凭证按什么流程传递?会计凭证传递有没有时间要求?

会计凭证的传递是指从会计凭证的填制或取得到归档保管为止,在有关业务部门和人员之间按照规定的时间、路线进行传递和处理的程序。会计凭证的保管,是指会计凭证登账之后的整理、装订和归档存查。

正确组织会计凭证的传递和保管,可以加强有关部门的经济责任,有利于会计核算工作的开展。明确规定凭证传递的程序和时间,不仅可以及时地反映和监督经济业务的完成情况,而且可以促使经办业务部门和人员及时、正确地完成经济业务和办理凭证手续,从而可以加强经营管理上的责任制。把会计凭证科学、安全地保管起来,能充分发挥会计数据的作用。因此,各单位在做好会计凭证的填制和审核工作的同时,还应重视做好会计凭证的传递和保管工作。

会计凭证的传递包括传递程序和传递时间两个方面。

各种会计凭证所记载的经济业务不同,涉及的部门和人员不同,据以办理的业务手续也不同。因此,应当为各种会计凭证规定一个合理的传递程序。即一张会计凭证,填制后应交到哪个部门、哪个岗位、由谁接办业务手续,直至归档保管为止。如凭证有一式数联的,还应规定每一联传到哪几个部门、作什么用途等。

各种会计凭证还应根据其办理业务手续所需的时间,规定它的传递时间。其目的是既要保证会计凭证经过必要的环节进行处理和审核,又要尽量避免会计凭证经过不必要的环节,以提高传递效率。应特别注意的是,一切会计凭证的传递和处理,必须在报告期内完成,不允许跨期,否则将影响会计核算的及时性和正确性。

会计凭证的传递程序,实际上也反映了有关业务的办理程序,也确定了有关部门和人员应负的责任。因此,会计凭证的传递办法是经营管理制度的重要内容,应由会计部门会同有关部门共同制订,明确规定凭证的传递路线、时间和衔接手续,以及各个环节的处理内容,使凭证传递工作有规律地进行。

8.4.2　会计凭证的保管

【任务8—4—2】　会计凭证保管过程中应注意哪些问题？会计凭证保管年限有何要求？

会计凭证是进行会计核算工作的基础，是重要的经济档案和历史资料。各单位对会计凭证必须妥善保管，不得丢失或任意销毁。

会计凭证的保管，既要做到确保安全完整，又要便于凭证的事后检查和监督。保管的方法和要求如下：

(1)每月记账完毕，要将本月的记账凭证按编号顺序整理，检查有无缺号和附件是否齐全，然后加上封面封底，装订成册，以防散失。为了防止任意拆装，在装订处要贴上封签，加盖印章。最后，要将凭证按封面大小折叠整齐，在封面上写明年度、月份、册数和每册的起讫号数，以备日后查阅。会计凭证的封面格式如图8—12所示。

年	（单位名称） 年　　月份　　共　册　第　　册
月份第	收　款 付　款　凭证　第　　号至第　　号　共　　　张 转　账
册	附原始凭证　　　张 会计主管：　　　　　　　　保管：

图8—12　会计凭证封面

(2)某些原始凭证数量过多、体积过大，可以另行装订或单独保管，但应在记账凭证中注明，以备查考。

(3)装订成册的会计凭证，应由指定的会计人员负责妥善保管。年度终了，送交会计档案室或企业单位综合档案室归档。如需查阅，应按一定的手续制度进行，一般不得出借。

(4)遇有特殊情况，如发生贪污盗窃等经济犯罪案件，需要某项凭证作证时，应予复制，避免抽出原始凭证，致使原册残缺。

(5)会计凭证的保管期限，必须严格执行会计法规的有关规定，一般会计凭证至少保管10年，重要凭证应长期保存，涉外经济业务的凭证永久保存。未到期限，任何人不得随意销毁凭证。保存期满之后，也必须按规定手续报经批准，方能销毁。

练习8—4—1

【单项选择题】　会计凭证的传递，是指(　　)，在单位内部各有关部门及人员之间的传递程序和传递时间。

A. 从取得会计凭证时起到制成记账凭证时止　B. 从取得原始凭证时起到登记账簿时止
C. 从填制记账凭证时起到编制会计报表时止　D. 会计凭证从编制时起到归档时止

练习8—4—2

【判断题】　会计凭证的保管期满后，企业可以自行处理。　(　　)

概念回顾

会计凭证　原始凭证　记账凭证　会计凭证传递　会计凭证保管　外来凭证　自制凭证

复习思考题

1. 什么是会计凭证？填制和审核会计凭证有什么意义？
2. 企业办理经济业务为什么要填制凭证？
3. 会计凭证分为哪几类？它们有什么区别？
4. 原始凭证的内容和填制与审核有什么要求？
5. 记账凭证的内容和填制与审核的要求？
6. 会计凭证的传递有何意义？
7. 会计凭证如何保管？

技能实训

一、实训目的

练习编制记账凭证。

二、实训资料

某单位20××年8月份发生下列经济业务：

1.8月4日，收到A公司归还前欠货款20 000元，存入银行。

2.8月9日，向B厂购入甲材料40 000元，增值税税率17%，货款以商业承兑汇票支付。材料已验收入库。

3.8月11日，从银行提取现金52 000元。

4.8月16日，销售甲产品一批，计32 000元，增值税税率17%，收入现金全部送存银行。

5.8月22日，车间申领甲材料18 000元，用以生产甲产品。

6.8月23日，管理人员王某出差回来，报销差旅费2 230元，交回现金270元。

7.8月26日，售给C公司乙产品一批，计34 200元，增值税税率17%，货款未收。

8.8月29日，以银行存款支付电费1 240元，水费480元。

三、实训要求

1. 根据上述经济业务，确定应编制的记账凭证的种类。
2. 根据上述经济业务编制记账凭证。

|学习单元 9|

会计账簿

【素质目标】

1. 了解会计账簿的概念与分类；
2. 了解会计账簿的更换与保管；
3. 熟悉会计账簿的设置与启用规则；
4. 掌握错账的查找及更正方法；
5. 掌握对账的基本内容和结账方法；
6. 理解会计账簿更换与保管。

【技能目标】

1. 能正确开设账簿并登账；
2. 能按照账簿启用规则正确启用会计账簿；
3. 能正确进行对账和结账。

【案例导入】

王某和李某二人共同出资成立了一家服装厂，主要从事童装的生产和销售。税务机关在年检中发现，该企业自成立以来一直未按规定设置凭证、账簿，其他会计资料也不齐全，无账可查。税务稽查分局决定对该厂处以1万元的罚款。但该企业经理王某认为，企业经营规模小、人员少，企业根本不需要也没有能力建立会计账簿，只要不漏税就行了。

那么，税务机关的处罚、王某的观点谁的正确呢？

主题学习单元 9.1　设置和登记会计账簿的意义和种类

9.1.1　会计账簿的概念和设置会计账簿的意义

【任务 9—1—1】　你认为会计账簿应该是什么样的？什么是会计账簿？设置和登记会计账簿有何意义？

9.1.1.1　会计账簿的概念

会计账簿是以会计凭证为依据，对各项经济业务进行全面、连续系统地记录和核算的簿籍，是由专门的格式及一定形式联结在一起的账页所组成。

在会计核算中，通过会计凭证的填制和审核，可以反映和监督每项经济业务的完成情况。但会计凭证的数量繁多，对经济业务的反映往往比较零星、分散，且每一张凭证只能就个别的经济业务进行详细的记录和反映，不能把某一时期的全部经济业务活动情况完整地反映出来。设置账簿就可以把会计凭证提供的大量分散的核算资料，加以归类整理，以全面地、连续地和系统地反映企业、单位的经济活动情况。

9.1.1.2 设置和登记会计账簿的意义

(1)可以系统、完整地归纳和积累会计核算资料，反映企业经营管理全貌

通过会计凭证的填制和审核，可以反映经济业务的发生与完成情况。通过设置和登记账簿，把会计凭证反映的经济业务按经济性质进行归类汇总，把分散的核算资料系统化、综合化，全面地反映资产、负债、所有者权益的增减变化，能够为企业的经济管理提供完整的会计信息。

(2)可以为编制财务报表提供依据

通过设置会计账簿进行记录和核算，能够提供一个企业在一定时期内的资产、负债、所有者权益的增减变化和结存情况，以及收入、费用、利润及其分配等的经营情况。而这些资料正是编制财务报表的主要依据。

(3)为企业考核各项经营成果和计划完成情况提供重要依据

账簿不仅能够为企业提供各项指标的实际资料，而且比会计凭证所提供的资料要全面、系统、综合，比财务报表提供的资料更具体、丰富。通过它可以计算收入、成本、利润，并与计划数进行比较，可以考核各项计划指标的完成情况，从而有助于总结经验教训和改善企业的经营管理。

(4)为分析和检查企业经济活动提供依据

账簿是重要的经济档案，它能够连续、全面、系统地记录一个单位的经济活动情况，并便于保存和查阅。因此一般要求长期保存，以备为上级主管部门、税务部门、审计部门等有关部门审查账目提供依据。通过对账簿资料的分析，可以了解企业在遵循国家政策、财经法规以及资金使用方向等方面的情况，为开展分析和检查活动提供重要依据。

【主题活动 9—1—1】 (　　)是会计核算的中心环节。

A. 填制和审核会计凭证　　B. 进行成本计算

C. 设置和登记账簿　　D. 编制财务会计报告

【解析】 C。设置和登记账簿是编制会计报表的基础，是连接会计凭证和会计报表的中间环节。

9.1.2 会计账簿的种类

会计核算中应用的账簿很多，不同的账簿其用途、形式、内容和登记方法都不相同。为更好地了解和使用各种账簿，对其进行分类是很有必要的。

【任务 9—1—2】 会计账簿有哪些不同的分类？

账簿按不同的分类标准可作不同的分类。

9.1.2.1 账簿按照用途分类

账簿按照用途可以分为序时账簿、分类账簿和备查账簿。

(1)序时账簿。序时账簿又称日记账，是按照经济业务发生的时间先后顺序，逐日逐笔登记经济业务的簿籍。序时账簿有两种：一种是用来登记全部经济业务的；一种是用来登记某一类经济业务的。实际工作中，由于经济业务的复杂性，应用一本账簿登记企业的全部经济业务

比较困难，也不便于分工记账，因而在实际工作中已很少应用。目前使用比较广泛的是记录某一类经济业务的账簿，如现金日记账和银行存款日记账等。

(2)分类账簿。分类账簿又称分类账，是对各项经济业务按照账户分类登记的账簿。按其反映内容的详细程度的不同，又可以分为总分类账(简称总账)和明细分类账(简称明细账)。总分类账簿是根据一级会计科目开设的账户，用来分类登记全部经济业务，提供各种资产、负债、所有者权益、收入、费用、利润等总括核算资料的分类账簿。明细分类账簿通常是根据一级科目所属的二级科目或明细科目开设账户，用来分类登记某一类经济业务，提供明细核算资料的分类账簿。

(3)备查账簿。备查账簿又称备查簿、辅助登记账簿，是对某些在日记账和分类账等主要账簿中未能记载的事项进行补充登记的账簿，如受托加工材料登记簿、代销商品登记簿等。设置和登记备查簿，可以对某些经济业务的内容提供必要的参考资料。

9.1.2.2　账簿按其外表形式分类

账簿按其外表形式分类，可以分为订本式账簿、活页式账簿和卡片式账簿。

(1)订本式账簿。订本式账簿简称订本账，是在使用前就把编有序号的若干账页固定装订成册的账簿。采用这种账簿，可以避免账页散失，防止账页被人为地抽换。但采用订本账也有其缺陷，同一本账簿在同一时间内只能由一人登记，不能分工记账。同时，订本账账页固定，不能根据需要增减，因而必须预先估计每一个账户需要的页数，以保留空白账页。如保留的空白账页不够，就要影响账户登记的连续性；如保留空白账页太多，又会造成不必要的浪费。在实际工作中，总账、库存现金和银行存款日记账一般都采用订本式账簿。

(2)活页式账簿。活页式账簿简称活页账，是在启用前由许多分散账页所组成的账簿。使用前可活动地装订在一起，可以随时增页和减页。其优点是便于分工记账，可以根据记账的需要随时增减账页，因而比较方便灵活。其缺点是账页容易散失和被抽换。活页账簿一般适用于明细分类账。

(3)卡片式账簿。卡片式账簿又称卡片账，是由许多分散的、具有账户格式的卡片，存放在卡片箱中所组成的账簿。使用时按类别排列、按顺序编号，并加盖有关人员的印章。卡片账簿应由专人保管，以保证其安全。卡片式账簿的优缺点与活页式账簿大体相同。

9.1.2.3　账簿按其账页格式分类

账簿按其账页格式可分为三栏式账簿、多栏式账簿和数量金额式账簿

(1)三栏式账簿

三栏式账簿是指由设置借方、贷方、余额三个金额栏的账页所组成的账簿。

(2)多栏式账簿

多栏式账簿是指由设置三个以上金额栏的账页所组成的账簿。

(3)数量金额式账簿

数量金额式账簿又称三大栏式账簿，是指在三大栏内，又分别设置由数量、单价、金额等小栏目的账页所组成的账簿。

9.1.3　会计账簿的基本内容

会计账簿的形式和格式多种多样，其所反映的经济业务内容也不相同，但各种账簿应具备一些基本内容。

【任务9—1—3】　各种账簿应具备哪些基本内容?

9.1.3.1 封面

账簿的封面主要用于填写账簿名称，如总分类账、各种明细分类账、库存现金日记账、银行存款日记账等，便于使用和查询。

9.1.3.2 扉页

扉页是指账簿封面之后、账页之前的"账簿启用表"和"目录表"。它是用来记载账簿使用单位名称、账簿名称、账簿编号、账簿页数、启用日期、单位公章、经管人员、交接双方人员签章、财务负责人签章等有关内容。格式见表 9－1 和表 9－2 所示。

表 9－1　　账簿启用和经管人员一览表

账簿名称＿＿＿＿＿＿　　单位名称＿＿＿＿＿＿

账簿编号＿＿＿＿＿＿　　账簿册数＿＿＿＿＿＿

账簿页数＿＿＿＿＿＿　　启用日期＿＿＿＿＿＿

会计主管（签章）　　记账人员（签章）

移交日期			移交人		接管日期			接管人		会计主管	
年	月	日	姓名	盖章	年	月	日	姓名	盖章	姓名	盖章

表 9－2　　目录表

科目代号	总账科目	明细科目	账页启页	科目代号	总账科目	明细科目	账页启页

9.1.3.3 账页

账页是账簿的主要内容，一般包括账户名称（或称会计科目，包括二级科目等）；日期栏、凭证种类、号数栏；摘要栏（即记录经济业务内容的简要说明）；借、贷方金额及余额方向、金额栏；总页次和分户页次等。

练习 9－1－1

【单项选择题】 账簿按（　　）分类，可以分为序时账簿、分类账簿和备查账簿。

A. 用途　　B. 内容　　C. 格式　　D. 形式

练习 9－1－2

【单项选择题】 订本式账簿的主要缺点是（　　）。

A. 使用不灵活，不便于分工　　B. 账页易散失

C. 账页容易被抽换　　D. 不能有效防止记账差错

练习 9－1－3

【多项选择题】 账簿按照外形特征分类，可以分为（　　）。

A. 订本式账簿　　B. 多栏式账簿　　C. 活页式账簿　　D. 卡片式账簿

E. 三栏式账簿

练习 9—1—4

【多项选择题】 会计账簿按照用途分类,可以分为(　　)。

A. 序时账簿　　B. 分类账簿　　C. 联合账簿　　D. 备查账簿

E. 明细账簿

主题学习单元 9.2　会计账簿的设置和登记

9.2.1　会计账簿的设置原则

【任务 9—2—1】　企业在设置会计账簿时应遵循哪些原则?

设置会计账簿,包括确定会计账簿的种类、内容及登记方法。账簿的设置必须做到组织严密、层次分明、账簿之间的内在联系和勾稽关系紧密,起到相互制约和控制作用。账簿设置应遵循下列原则:

9.2.1.1　满足企业加强管理的需要

会计账簿的设置要能全面、系统地反映和监督经济活动和财务收支情况,对于经营管理中需要考核的指标,如产量、质量、品种、资金、成本、利润等,都应在会计账簿上得到反映。会计账簿必须能够控制财产物资的增减变动,满足财产的需要,做到有物有账、以账管物。会计账簿的设置,要保证为经营管理提供详细的信息。

9.2.1.2　充分结合本单位的实际情况

设置会计账簿要根据各单位的规模和业务特点,从实际出发,便于会计工作分工和加强岗位责任制。在满足管理需要的前提下,考虑人力和物力的节约,避免重复设账。

9.2.1.3　便于财务报表的编制

设置会计账簿应有助于提供财务报表所需的数据资料,各种财务报表都应有相应的会计账簿与之相联系,并能从财务报表中取得所需数据,尽量减少在编制财务报表时根据会计账簿资料再进行计算。

9.2.1.4　简便、灵活、实用

会计账簿设置要考虑到便于会计人员操作,账页的格式应当简单明了,账本的册数不宜过多,账页尺度不宜过大,栏次不宜过多,避免臃肿繁琐,做到简便灵活;会计账簿的形式应便于翻阅和保管,有利于实际工作中使用。

9.2.2　日记账的设置和登记

【任务 9—2—2】　企业应如何进行日记账的设置和登记?

日记账又称序时账,是按照经济业务发生时间的先后顺序逐笔逐步登记的账簿。它可以序时地反映全部经济业务或某一类经济业务的完成情况。日记账主要有普通日记账和特种日记账两种。

9.2.2.1　普通日记账

普通日记账是逐日序时登记特种日记账以外经济业务的账簿。在不设特种日记账的企业,则要序时地逐笔登记企业的全部经济业务,因此,普通日记账又称分录簿。

普通日记账的格式如表 9—3 所示。它一般分为“借方金额”和“贷方金额”两栏,登记每一分录的借方账户和贷方账户及金额。这种账簿不结余额。

表 9—3 **普通日记账** 第 页

20××年 月	日	凭证 字	号	会计科目	摘 要	借方金额	贷方金额	过账
3	1	转	1	在途物资	购入材料	15 000		
				应交税费	增值税	255		
				应付账款	××公司		15 255	

9.2.2.2 特种日记账

常用的特种日记账有库存现金日记账和银行存款日记账。除此之外,有的单位还设置转账日记账,有的商业企业还设置购货日记账和销货日记账。

(1)现金日记账

现金日记账是用来逐日逐笔反映库存现金的收入、支出和结存情况的账簿。由出纳人员根据审核无误的现金收付凭证,序时逐笔登记的账簿。一般是指现金收付日记账,如进一步细分,可以分为现金收入日记账和现金付出日记账。

现金日记账的格式如表 9—4 所示。它的基本结构为"收入""付出"和"结余"三栏。出纳人员在每日业务终了,应将收付款项逐笔登记,并结出余额,同实存现金相核对,借以检查每日现金的收、付、存情况以及库存现金限额的执行情况。

表 9—4 **现金日记账** 第 页

20××年 月	日	凭证号码 字	号	对方科目	摘 要	收 入	付 出	结 余
5	1				月初余额			1 500
	2	银付	1	银行存款	从银行提现	500		2 000
	2	现付	2	其他应收款	预支差旅费		300	1 700
	5	现付	3	管理费用	购买办公用品		50	1 650
	6	现收	5	其他应收款	交回差旅款余额	18		1 668
	6	现收	6	营业外收入	出售废旧物资	20		1 688

现金收入日记账的格式如表 9—5 所示,现金付出日记账的格式如表 9—6 所示。它们一般采用多栏式。其结构特点是:现金收入按对应科目,将金额记入有关的"贷方科目"栏内,同时加计收入合计栏;现金支出要按对应科目,将金额记入有关的"借方科目"栏内,同时加计付出合计栏;每日终了要将现金付出日记账的支出合计,登记现金收入日记账的支出合计栏,并结出余额,填入余额栏内。

表 9—5 **现金收入日记账** 第 页

20××年		收款凭证		摘 要	贷方科目			收入合计	支出合计	余额
月	日	字	号		银行存款	其他应收款	营业外收入			
5	1			月初余额						15 000

续表

20××年		收款凭证		摘要	贷方科目			收入合计	支出合计	余额
月	日	字	号		银行存款	其他应收款	营业外收入			
	2	银付	1	从银行提现	500			500		15 500
	2			转记		300			300	15 200
	5			转记		50			50	15 150
	6	现收	5	交回差旅费余额	18			18		15 168
	6	现收	6	出售废旧物资			20	20		15 188

表9—6 **现金付出日记账** 第 页

20××年		付款凭证		摘要	结算凭证		借方科目		
月	日	字	号		种类	号数	其他应付款	管理费用	支出合计
5	2	现付	2	预支差旅费			300		300
	5	现付	3	购买办公用品				50	350

(2)银行存款日记账

银行存款日记账是用来登记企业银行存款的收入、支出和结存情况的特种日记账，它可以加强对银行存款的日常监督和管理，便于与开户银行进行有关账项的核对。银行存款日记账是由出纳根据审核后的银行存款凭证和付款凭证逐日逐笔登记的。对于现金存入银行的业务，应根据现金付款凭证登记。每日终了，应分别计算银行存款收入、付出的合计数和本日结存余额，以便检查监督各项款项的收支情况，并要求定期同“银行对账单”进行逐笔核对。根据其重要性，银行存款日记账同现金日记账格式相同，账本形式必须采用订本式，账页格式一般采用三栏式，也可以采用多栏式等其他格式，其格式与表9—4～表9—6相似。

(3)转账日记账

转账日记账是根据转账凭证登记除库存现金、银行存款收支业务以外的经济业务的一种序时账簿。设置转账日记账是为便于集中反映转账业务的发生情况，但也有些企业不单独设立转账日记账。转账日记账的格式与表9—3所示的普通日记账基本相同。

9.2.3 分类账的设置和登记

【任务9—2—3】 分类账应如何进行设置和登记？

分类账按反映经济业务的详细程度分为总分类账和明细分类账。

9.2.3.1 总分类账的设置和登记

总分类账是按总账科目设置总括反映企业经济活动情况的账簿，按记账凭证逐笔顺序登记，是编制财务报表的依据。因此每一个单位都必须设置总分类账户。为了保证账簿资料的安全完整，其账本形式必须采用订本式，账页格式一般采用三栏式，其金额栏分为借方、贷方、余额三栏，具体格式见表9—7。

表 9—7 总分类账

(逐笔登记)

会计科目:原材料 第　页

20××年		凭证号数	摘　要	借方	贷方	借或贷	余　额
月	日						
7	1		月初余额			借	50 000
	2	转 1	材料验收入库	25 000		借	75 000
	5	转 2	领用材料		30 000	借	45 000

总分类账可以按记账凭证逐笔进行登记,也可以按记账凭证汇总表进行登记,还可以按转账凭证汇总表和多栏式现金、银行存款日记账在月末时汇总登记。采用哪种方法登记,需根据企业采用的具体的账务处理程序不同而定,有关内容在账务处理程序相关单元中有详细的讨论。

9.2.3.2　明细分类账的设置和登记

明细分类账简称明细账,是根据总账科目所属的明细科目设置,用以记录某一类经济业务明细核算资料的账簿。明细分类账对于监督财产的收发和保管、往来款项的结算、收入的取得以及费用的开支等起着重要的作用。因此,每一个企业都应设置原材料、库存商品、债权和债务、固定资产、业务收入、费用开支以及其他各种必要的明细分类账。

明细分类账的账本形式一般采用活页账簿,由于明细分类账反映的经济业务多种多样,因此,账页格式可以有多种形式,常见的有三栏式、多栏式、数量金额式等。

(1)三栏式明细账

三栏式明细分类账的格式同总分类账的格式基本相同,它设置了借方、贷方、余额三个金额栏,不设数量栏,如表 9—8 所示。它适用于那些只需要进行金额核算而不需要进行数量核算的债权、债务结算账户,如“应收账款”“应付账款”等。

表 9—8 应付账款明细分类账

二级科目或明细科目:××工厂 单位:元

年		凭证		摘　要	借方	贷方	借或贷	余额
月	日	种类	号数					
2	12	转账	1	购入乙材料		23 000	贷	23 000
2	26	银付	12	归还材料款	23 000		平	0
2	28			本月合计	23 000	23 000		

(2)数量金额式明细分类账

数量金额式明细分类账设置“收入”“发出”“结存”三栏,除业务金额登记外,还需要登记数量和单价(如表 9—9 所示),适用于既需要金额又需要数量的经济业务的核算,如原材料、产成品等。它能提供各种财产物资收入、发出、结存的数量和金额资料,便于开展业务和加强管理。此外,为满足管理上的要求,在账页的上端另外设计一些必要的项目,以便掌握一些需要的资料。

表 9－9 **数量金额式明细分类账**

________明细账

类别： 计量单位：

名称或规格： 存放地点：

编号： 储备定额： 单位：千克，元

年		凭证		摘　要	收入			发出			结存		
月	日	种类	号数		数量	单价	金额	数量	单价	金额	数量	单价	金额

(3)多栏式明细分类账

多栏式明细分类账是根据经济业务的特点及经营管理上的需要，在一张账页上设置若干栏，用于登记明细项目多、借贷方向单一的经济业务。如材料采购、制造费用、管理费用、财务费用、营业外支出等科目所属的明细分类科目，一般采取借方多栏式明细分类账格式（如表 9－10所示）；产品销售收入和营业外收入等科目所属明细分类科目一般采取贷方多栏式明细分类账，即贷方划分为若干个金额栏。本年利润、利润分配和应交税金等科目所属的明细科目一般采用借、贷方都设多栏的明细账，即借、贷双方都设置若干个金额栏。

表 9－10 **制造费用明细分类账**

明细科目：制造费用 （多栏式） 第　页

200×年		凭证号码	摘　要	借　方					贷方	余额
月	日			工资和福利费	折旧费	修理费	办公费	水电费		
8	5	现付 1	支付工资	3 500						3 500
	8	现付 3	支付修理费			500				4 000
	10	现付 5	支付办公费				350			4 350
	15	转 10	支付水电费					400		4 750
	30	转 20	支付折旧		2 000					6 750
	31	转 30	转入生产成本						6 750	0

(4)平行登记式明细分类账

平行登记式明细分类账又称横线登记式明细分类账。它的账页结构特点是：将前后密切相关的经济业务在同一行内进行详细登记，以检查每笔经济业务发生完成及变动情况。该种账页一般用于“材料采购”及“在途物资”等明细分类账。材料采购和在途物资明细分类账账页格式如表 9－11 和表 9－12 所示。

表 9－11 **“材料采购”多栏式明细分类账**

材料名称或类别：甲材料 单位：元

20××年		凭证号数	摘　要	借　方				贷　方
月	日			买价	运输费	装卸费	合计	
2	10	银付	购入	12 000			12 000	
2	14	银付	支付运费		120		120	
2	28	转账	结转采购成本					12 120

表 9—12　　在途物资明细分类账

材料名称：钢材——×××　　（平行式）　　第　页

20××年		凭证号码	摘　要	借方金额			贷方金额				结余金额
月	日			买价	采购费用	合计	月	日	凭证号码	金额	
8	1	（略）	月初余额		300				（略）		0
	3		购入	5 500	400	5 800	8	5		5 800	
	5		购入	7 200		7 600		7		7 600	
	6		购入	2 800	500	3 300		8		3 300	
	8		购入	1 000		1 200					
	10		月末余额		200						1 200

现将会计账簿的分类设置列示如图 9—1 所示。

- 按用途分
  - 日记账——是按经济业务发生时间的先后，逐日逐笔顺序登记的账簿，分普通日记账和特种日记账两类。特种日记账有现金日记账、银行存款日记账和转账日记账。
  - 分类账——是对全部经济业务进行分类核算和记录的账簿。按科目分类的有总分类账。按明细分类的有数量金额式、多栏式、平行式和三栏式。
  - 辅助账——是日记账和分类账等主要账簿所登记或记录不完全的经济业务进行补充登记的账簿。
- 按外形分
  - 订本式——是在启用前就顺序编号固定装订成册的账簿。
  - 活页式——是夹在活页账页中可以随时增添重新排列的账页。
  - 卡片式——是用卡片箱装置可以随意取放的卡片。

图 9—1　会计账簿的分类

主题学习单元 9.3　会计账簿的登记和使用规则

【任务 9—3—1】 *企业在登记账簿之前，如何启用新账簿，应遵循哪些原则？*

9.3.1　账簿的启用规则

账簿启用时，应在账簿封面上写明单位名称和账簿名称；在账簿扉页上的"账簿启用日期和经管人员"一览表上填明启用日期、账簿页数、记账人员和会计主管人员姓名或签章、单位公章，并按税法规定贴足印花税票。

记账人员或会计主管人员调动工作时，应按规定办理交接及监交手续，在交接记录内填明移交日期、接管日期、移交人员、接管人员和监交人员姓名，并由移交、接管和监交人员签名或盖章。

账簿启用及交接表如表 9—13 所示。

表 9—13 **账簿启用和经管人员一览表**

账簿名称________ 单位名称________

账簿编号________ 账簿册数________

账簿页数________ 启用日期________

会计主管(签章) 记账人员(签章)

移交日期	移交人		接管日期			接管人		会计主管	
年 月 日	姓名	盖章	年	月	日	姓名	盖章	姓名	盖章

9.3.2 账簿的登记规则

【任务 9—3—2】 会计人员应当如何根据审核无误的记账凭证登记会计账簿?

账簿登记一般应遵循下列规则:

(1)登记账簿时,应当将会计凭证日期、编号、摘要、金额和其他有关资料逐项记入账页内,做到数字准确、摘要清楚、登记及时、字迹清楚。

(2)登记完毕,要在会计凭证上签名或盖章,并注明已经登记入账的符号(如"√"),表示已经记账。

(3)账簿中书写的文字和数字上面要留适当空距,不要写满格,一般应占格长的1/2。

(4)登记账簿要用蓝黑或黑色墨水书写,不得使用圆珠笔(银行的复写账簿除外)或铅笔书写。但下列情况可以用红色墨水记账:

①按照规定应用红字冲账的记账凭证,冲销错误记录。

②在不设借贷栏的多栏式账页中,登记减少数。

③在三栏式账户的余额栏前,如未印明余额的方向,在余额栏内登记负数余额。

④根据规定可以用红字登记的其他会计分录。

(5)各种账簿按页次顺序连续登记,不得跳行、隔页。如果发生跳行、隔页,应将空行、空页划线注销,或注明"此行空白"或"此页空白"字样,并由记账人员签名或盖章。

(6)凡需要结出余额的账户,结出余额后,应在"借或贷"栏内写"平"字,并在余额栏内写"0"表示。库存现金日记账和银行存款日记账必须逐日结出余额。

(7)每一页登记完毕结转下页时,应结出本页合计数及余额,写在本页最后一行和下页第一行有关栏内,并在本页的摘要栏内注明"转次页"字样,在次页的摘要栏内注明"承前页"字样。

(8)账簿记录发生错误,不准涂改、挖补、刮擦或者用药水消除字迹,不准重新抄写,必须按规定的方法进行更正。

实行会计电算化的企业,总账和明细账应当定期打印。发生收款和付款业务的,在输入收款凭证和付款凭证的当天必须打印出库存现金日记账和银行存款日记账,并与库存现金核对无误。

9.3.3 错账的更正规则

【任务 9—3—3】 *在查找错账时有哪些便捷的方法？*

在对账过程中，可能发生各种各样的差错。产生差错的原因可能是重记、漏记、数字颠倒、数字错位、数字记错、科目记错、借贷方向记反，从而影响会计信息的正确性，如发现差错，会计人员应及时查找并予以更正。常见的差错查找方法有以下几种：

(1)差数法

差数法是指按照错账的差数查找错账的方法。

【主题活动 9—3—1】 宏伟有限公司过去发生的一笔经济业务，会计凭证上记录的是：

借：管理费用——办公费	1 250
——差旅费	660.5
贷：银行存款	1 910.5

若会计人员在记账时漏记了差旅费 660.5 元，那么在进行应交税费总账和明细账核对时，就会出现总账借方余额比明细账借方余额多 660.5 元的现象。对于类似差错，应由会计人员通过回忆相关金额的记账凭证进行查找。

(2)尾数法

尾数法是指对于发生的差错只查找末位数，以提高差错效率的方法。这种方法适合于借贷方金额其他位数都一致，而只有末位数出现差错的情况。如只差 0.5 元，只需看一下尾数有“0.5”的金额，看是否已将其登记入账。

(3)除 2 法

除 2 法是指以差数除以 2 来查找错账的方法。当某个借方金额计入贷方(或相反)时，出现错账的差数表现为错误的 2 倍，将此差数用 2 去除，得出的商即是反向的金额。

【主题活动 9—3—2】 宏伟有限公司过去发生的一笔经济业务，会计凭证上记录的是：

借：库存现金	1 000
贷：其他应收款——张某	1 000

登记明细账时，错把其他应收款登记入借方，总账与明细账核对时，就会出现总账贷方余额大于明细账贷方余额2 000元，将2 000元除以 2，正好是借方记错的1 000元。

(4)除 9 法

除 9 法是指以 9 来查找错账的方法，适用于以下三种情况：

①将数字写小。如收入现金 800 元，误记为 80 元，此时在对账时就会出现 720 元差值，则用 720 元除以 9，商为 80 元，商数即为差错数。

②将数字写大。如收入现金 50 元，误记为 500 元，此时在对账时就会出现余额差 500－50＝450 元，用 450 元除以 9，商为 50 元，50 元就是应该记录的正确的数额。

③邻数颠倒。在记账时，有时易将相邻的两位数或三位数的数字登记颠倒了，如将 71 记成 17，623 记成 362，它们的差值分别是 54 和 261，都可以被 9 整除，这样知道错误问题之后，进一步判断错在哪一笔业务上就可以了。

【任务 9—3—4】 *错账的更正方法有哪些？应如何应用？*

记账过程中发生的错误，不能用刮擦、挖补和涂抹等方法进行更正，而应根据记账错误的性质按规定的方法进行更正。错账的更正方法一般有划线更正法、红字更正法和补充登记法。

(1)划线更正法

在登记账簿或结账过程中，如果发现账簿记录中数字或文字错误，过账笔误或数字计算错误，可用划线更正法进行更正。更正时，先在错误的数字或文字上划一条单红线加以注销，但必须保证划去的字迹仍可清晰辨认。然后在红线上面空白处写上正确的文字或数字，并由记账人员、会计机构负责人在更正处签字或盖章。需要注意的是，对于错误的数字要整笔划掉，不能只划去其中一个或几个记错的数字。如把记账凭证登记账簿时，将数字8 175误记为8 715，不能只划去其中"71"改为"17"，而是要把"8 715"全部用红线划去，并在其上方写上"8 175"。

(2)红字更正法

①在记账以后，发现记账凭证中应借应贷方向、科目或金额有错误而导致登记账簿错误时，可采用红字更正法进行更正。红字在记账中表示减少，起到冲销的作用。更正时应用红字填写一份与原来科目、记账方向和金额完全相同的记账凭证，并在摘要栏中写明"更正第×号凭证错误"，并据以用红字金额登记入账，注销原来错误的记账凭证；再用蓝字重新填制一份正确的记账凭证，并登记入账。

【主题活动 9—3—3】 某企业购入原材料8 000元，货款尚未支付。(税金因素略)

编制记账凭证时，错误地编制如下会计分录并已经登记入账：

借：原材料　　8 000

　　贷：应收账款　　8 000

当发现记账凭证错误时，先按照原来错误的会计分录用红字填制一张记账凭证注销原来的会计分录：

借：原材料　　8 000

　　贷：应收账款　　8 000

注：用8 000表示红字。

然后再用蓝字填制一张正确的记账凭证，其会计分录如下：

借：原材料　　8 000

　　贷：应付账款　　8 000

将上述两张记账凭证登记入账后，账簿记录的错误得以更正。

②在记账以后，发现记账凭证中应借应贷会计科目正确，但所记金额大于应计金额。可将多记的金额(正确数与错误数之间的差额)用红字填写一张记账凭证，据以登记入账，用以注销多记的金额。

【主题活动 9—3—4】 某企业用银行存款归还前面业务所欠货款8 000元，但错误地编制下列会计分录并已经登记入账：

借：应付账款　　80 000

　　贷：银行存款　　80 000

发现错误以后，应将多记的金额用红字进行注销，其分录如下：

借：应付账款　　72 000

　　贷：银行存款　　72 000

将上述更正错误的记账凭证记入有关账户后，原账簿中的错误记录便得以更正。

(3)补充登记法

记账以后，发现记账凭证上应借应贷的会计科目正确、借贷方向正确，但所记金额小于应计金额，可采用补充登记法更正。更正时，用蓝字填制一张与原记账凭证应借应贷科目相同的记账凭证，补充少记金额，并据以登记入账。

【主题活动 9—3—5】 某企业对外销售产品一批，收到货款20 000元存入银行，原编记账凭证误记为2 000元，并已登记入账。（税金因素略）

原记错的会计分录为：

借：银行存款 2 000

贷：主营业务收入 2 000

当发现上述记账错误时，可将少记的金额18 000元，再编制一张记账凭证如下：

借：银行存款 18 000

贷：主营业务收入 18 000

将上述更正错误的记账凭证登记入账后，原账簿记录中的错误记录就得到更正。

这笔错误分录也可先用红字冲销原2 000元，再用蓝字重填一份20 000元的记账凭证进行更正。

在用红字更正法和补充登记法更正错误时，在更正错误的记账凭证上，应注明被更正记账凭证的日期和编号，以便核对查考。

9.3.4 账簿的更换与保管规则

9.3.4.1 账簿的更换

【任务 9—3—5】 账簿更换的具体做法是什么？

为了保证会计账簿资料的连续性，在每一个会计年度结束，新的会计年度开始时，应按会计制度规定，进行账簿的更换。账簿更换的具体做法是：

(1)总账、日记账和大部分明细账，要每年更换一次。年初，将旧账簿中各账户的余额直接记入新账簿中有关账户新账页的第一行“余额”栏内。同时在“摘要”栏内加盖“上年结转”戳记，将旧账页最后一行数字下的空格，划一条斜红线注销，并在旧账页最后一行“摘要”栏内加盖“结转下年”戳记。在新旧账户之间转记余额，可不必填制凭证。

在年度内，订本账记满更换新账时，办理与年初更换新账簿相似的手续。

(2)部分明细账，如固定资产明细账等，因年内变动不多，年初可不必更新账簿。但在“摘要”栏内要加盖“结转下年”戳记，以划分新旧年度之间的金额。

9.3.4.2 账簿的保管

【任务 9—3—6】 账簿保管的具体做法是什么？

会计账簿、会计凭证和财务报表等都是企业重要的经济档案和历史资料，必须妥善保管，不得任意丢失和销毁。年末结账后，会计人员应在活页账簿首页加放账簿启用表和经管账簿人员一览表装订成册，并加上封面，统一编号后，与各种订本账一并归档。

各种账簿应按年度分类归档，编制目录，妥善保管。既保证在需要时能迅速查阅，又保证各种账簿的安全和完整。

各种账簿的保管年限和销毁的审批程序，应按会计制度的规定严格执行。

练习 9—3—1

【单项选择题】 下列账户中，可以采用多栏式明细账账页格式的是（　　）。

A. 应付账款　　B. 固定资产　　C. 管理费用　　D. 库存现金

练习 9—3—2

【单项选择题】 会计人员在结账前发现，在根据记账凭证登记入账时，记账凭证上误将600元记为6 000元，应采用(　　)。

A. 划线更正法　　B. 红字更正法　　C. 补充登记法　　D. 更换凭证法

练习 9—3—3

【多项选择题】 可以作为现金日记账记账依据的有(　　)。

A. 现金收款凭证　　B. 现金付款凭证

C. 银行存款收款凭证　　D. 银行存款付款凭证

E. 转账支票

练习 9—3—4

【多项选择题】 下列账户的明细账账页格式一般应采用三栏式的有(　　)。

A. 固定资产　　B. 管理费用　　C. 应收账款　　D. 应付账款

E. 应收票据

主题学习单元 9.4　对账和结账

9.4.1　对账

【任务 9—4—1】 什么是对账？企业登记账簿后，为什么还要进行对账？

对账是为了保证账簿记录的正确性而进行的有关账项的核对工作。

会计核算要求账簿登记清晰、准确，但在实际工作中，由于种种原因，账目难免会出现错漏。因此，为了保证账簿记录的真实性、可靠性和准确性，需要随时或定期地进行对账工作，即将会计账簿记录的有关数字与库存实物、货币资金、有价证券、往来单位或个人的有关记录等进行相互核对，以保证账证相符、账实相符。根据有关制度规定各单位的对账工作，每年至少应进行一次。

【任务 9—4—2】 会计账簿应从哪些内容进行对账，各内容之间有何关系？

(1)账证核对。它是指账簿记录与记账凭证及其所附原始凭证的核对。主要是账簿记录与原始凭证、记账凭证的时间、凭证字号、记账内容、记账金额及记账方向等的核对。

(2)账账核对。它是指不同账簿记录之间的核对。主要包括：

①所有总账账户借方发生额合计与贷方发生额合计是否相符；期初、期末借方合计数与贷方合计数是否相符。以检查总分类账的过账是否相符。这种核对工作一般是在月末通过编制“总分类账户本期发生额及余额试算平衡表”来完成的。

②有关总分类账户的本期发生额和期初、期末余额与其所属明细分类账户的本期发生额和期初、期末余额合计是否相符；现金日记账和银行存款日记账的发生额和期初、期末余额与其总账的发生额和期初、期末余额是否相符。

③会计部门有关财产物资明细账的期初、期末余额与财产物资保管、使用部门的有关明细账期初、期末余额是否相符等。

(3)账实核对。它是指各项财产物资账面余额与实有数额之间的核对。主要核对：

①现金日记账账面余额与库存现金数额是否相符；

②银行存款日记账账面余额与银行对账单的余额是否相符；

③各项财产物资明细账余额与财产物资的实有数额是否相符；

④有关债权债务明细账账面余额与对方单位的账面记录是否相符等。

(4)账表核对。它是指将账簿记录的数字与编制的财务报表数字核对相符。

9.4.2 结账

【任务9—4—3】 什么是结账？结账一般在什么节点？

结账是一项将账簿记录定期结算清楚的账务工作。在一定时期终了时，即在月末、季末或年末时，为了编制财务报表，需要进行结账。是指将一定时期内所发生的经济业务在全部登记入账的基础上，按照规定的方法对该期内的账簿记录进行小结，结算出本期发生额合计数和期末余额的一种方法。

为了总结一个会计主体一定时期内或特定日期的经济活动情况，以取得企业的财务状况和经营成果的核算资料进行编制财务报表，各单位必须在会计期末进行结账。但不得为赶编财务报表而提前结账，或先编制财务报表后结账。一般年度结账日为公历年度每年的12月31日；半年度、季度、月度结账日分别为公历年度每半年、每季、每月的最后一天。

9.4.2.1 结账的内容和程序

【任务9—4—4】 结账包括哪些内容？结账的程序是什么？

(1)结账的内容。结账内容通常包括：结算各种收入、费用账户，并据以计算确定本期利润；结算各资产、负债和所有者权益账户，分别结出本期发生额合计和余额。

(2)结账的程序。将本期发生的经济业务全部登记入账，并保证其正确性。

①根据权责发生制的要求，调整有关账项，合理确定本期应计的收入和应计的费用；

②将有关收入(收益)、费用(损失)转入“本年利润”账户，结平所有损益类账簿；

③结算出资产、负债和所有者权益账户的本期发生额和余额并结转下期。

9.4.2.2 结账的方法

【任务9—4—5】 结账可以采用哪些方法？企业应如何进行结账？

根据结账的时间不同，结账主要分为月结、季结和年结。

(1)月结

月结是在月终计算出各账户的本月发生额和月末余额的一种结账工作。每月终了，要进行月结。月结时，在应结账户的最后一笔记录下面画一条通栏单红线，再在该单红线下的“摘要”栏内注明“月结”或“本月合计”字样，并将本月借、贷方发生额及月末余额，分别记入借方、贷方和余额栏内。之后在月结记录下再另画一条通栏单红线，以示本月的账簿记录已结束。此后可连续登记下月份的经济业务。进行月结时，应根据以下不同情况的账户，分别采用不同的方法。

①本月没有发生额的账户，不必进行月结。

②对于不需要按月结计算本期发生额的账户，如应收、应付款项的明细账和各类财产物资明细账等，在每次记账后都要随时结计出余额，即每月最后一笔余额就是月末余额。

③需要结计本年累计发生额的某些账户，在每月结账时，应在“本月合计”行下结出自年初起至本月末止的累计数额，登记在本月发生额的下面，并在摘要栏内注明“本年累计”字样，再在其下画一条通栏双红线。

(2)季结

季度终了，要进行季结。季结是在季终计算各账户的本季发生额和季末余额的一种结账工作。结账时，应在季末“月结”下一行的“摘要”栏内注明“季结”或“本季合计”字样，并将本季借、贷方发生额和季末余额分别记入借方、贷方和余额栏内。季结结束后，在该行下再画一条通栏单红线。

(3)年结

年度终了，要进行年结，并且封账。年结时，应在第四季度“季结”下一行的“摘要”栏内注明“年结”或“本年合计”字样，并在相关栏目内反映发生额合计数和年终余额数。12月份的“本年累计”就是“全年合计”，然后在“年结”下面画通栏双红线，以示年终封账，表示该账户的记录已在本年底结束。

年终决算后，需要及时更换旧账、建立新账，以进行新旧账簿的结转和更换工作。对于有余额的账户，应将其余额结转至下年。方法是：将有余额账户的余额直接记入新账余额栏内，并在该新账的第一页第一行的“摘要”栏内注明“上年结转”字样。一般来说，总账、日记账和大多数明细账应每年更换一次，但有些财产物资明细账和债权、债务明细账，由于材料品种、规格和往来单位较多，更换新账的工作量较大，因此，可以跨年度使用，不必每年都进行更换。

练习 9—4—1

【单项选择题】 下列对账工作中，属于账实核对的是(　　)。

A. 企业银行存款日记账与银行对账单核对

B. 总分类账与所属明细分类账核对

C. 会计部门的财产物资明细账与财产物资保管部门的有关明细账相核对

D. 总分类账与日记账核对

练习 9—4—2

【单项选择题】 结账时，应当划通栏双红线的是(　　)。

A. 结出月末余额后　　B. 结出本季累计发生额后

C. 结出当月发生额后　　D. 12月末结出全年累计发生额后

练习 9—4—3

【多项选择题】 总分类账户和明细分类账户之间的登记应该做到(　　)。

A. 登记的原始依据相同　　B. 登记的方向相同

C. 登记的金额相同　　D. 登记的人员相同

E. 登记的期间相同

概念回顾

会计账簿　日记账　总分类账　明细分类账　对账　结账

复习思考题

1. 什么是账簿？有了会计凭证，为什么还要设置账簿？
2. 账簿有哪些种类？它们分别用于登记哪些方面的业务？
3. 试述现金日记账和银行存款日记账的内容和登记方法。
4. 试述总分类账的格式。
5. 明细分类账有哪几种格式？各应如何登记？
6. 试述账簿的启用规则和登记规则。
7. 试述总分类账与明细分类账的平行登记。

8. 什么是对账？对账工作包括哪些内容？

9. 什么是结账？结账工作包括哪些内容？

10. 更正错账的方法有哪几种？各种更正方法的特点和适用条件是什么？

技能实训

一、实训目的

练习错账的更正方法。

二、实训资料

某企业查账时发生下列错账：

(1)向银行提取现金3 500元，过账后，原记账凭证没错，账簿错将金额记为5 300元。

(2)接受某企业固定资产投资，评估价值为70 000元，查账时发现凭证与账簿均已记账。

借：固定资产　　70 000

　　贷：资本公积　　70 000

(3)用银行存款50 000元购入原材料，查账时发现凭证与账簿均记为：

借：原材料　　70 000

　　贷：银行存款　　70 000

(4)以银行存款50 000元购入原材料，查账时发现凭证与账簿均记为40 000元。

(5)以一张商业承兑汇票抵付应付账款，查账时发现科目没错，但凭证和账簿均多记54 000元。

(6)将一部分盈余公积按规定程序转为实收资本，查账时发现凭证和账簿均将金额少记72 000元。

三、实训要求

请按正确的方法更正以上错账。

|学习单元 10|

财产清查

【素质目标】

1. 熟悉财产清查的意义和种类；
2. 熟悉货币资金的清查方法、实物资产的清查方法、往来款项的清查方法；
3. 掌握银行存款余额调节表的填制方法；
4. 掌握财产清查结果的账务处理。

【技能目标】

1. 能够正确运用货币资金、实物资产、往来款项的清查方法；
2. 能够正确编制银行存款余额调节表；
3. 能够正确做出财产清查结果的账务处理。

【案例导入】

杨玲是一名刚毕业的大学生，现任长城公司出纳员，她工作尽心尽力、兢兢业业。可这个月末她遇到了麻烦：银行日记账上所记录的银行存款余额和银行对账单上所显示的银行存款余额不一致。她反复核对银行存款日记账，却并未发现错误之处。她很着急，赶紧向主办会计请教，主办会计告诉了她原因。

同学们，你们知道这其中的原因是什么吗？

主题学习单元 10.1　财产清查的意义和种类

10.1.1　财产清查的概念

【任务 10－1－1】　什么是财产清查？造成资产账实不符的原因有哪些？

财产清查是指通过对实物、现金的实地盘点和银行存款、往来账项的核对，来查明各项财产物资、货币资金和往来账项的实有数和账面数是否相符，并据以调整会计账簿，保证账实相符的一种会计核算的专门方法。

会计核算的一个根本原则就是它的真实性。从理论上来说，账簿上反映的有关资产的结存数额应该同实存数额完全一致，账实相符。但在实际工作中由于管理过程中的原因，账存数和实存数往往会发生差异。造成资产账实不符的原因是多方面的，一般有下列几个方面：

(1)在财产收发时,由于制度不健全,计量检验不准确,造成品种、数量或质量上的差错。

(2)在运输、保管过程中,由于受到各种自然条件(如霉变)和一些其他因素(如毁损、偷盗)的影响,发生了数量和质量上的差错。

(3)在财产物资增减变动时漏办入账手续,或者在入账时,发生了计算或登记上的错误。

(4)由于管理不善或工作人员失职而发生的财产物资损坏、变质与短缺,以及由于账目混乱造成的账实差错。

(5)由于不法分子的营私舞弊、贪污盗窃而发生的财产物资数量上或质量上的损失。

(6)在结算过程中,由于未达账项等原因而造成的账实不符。

以上各种账实不符的原因,有些受自然因素的影响,是不能完全避免的,有些是由于工作上的差错造成的,可以防止和避免。因此为了掌握财产物资的真实情况,要通过财产清查及时查明账实不符的原因,采取措施,尽快地予以处理,加以解决。

10.1.2 财产清查的意义

【任务 10—1—2】 财产清查对企业的作用是什么?

10.1.2.1 保护财产的安全和完整

通过财产清查,可以查明各项财产保管情况是否良好,有无毁损、短缺、霉变、非法挪用或贪污盗窃等现象的发生。如有发生,要及时分析原因,明确责任,采取措施,予以妥善处理,保护企业或单位财产的安全和完整。

10.1.2.2 保证会计信息资料的真实可靠

通过财产清查,可以查明各项财产的实有数以及和账面数的差额,及其发生差错的原因和责任,以便采取措施,寻找减少以至消灭差错的有效办法,保证账实相符和会计资料的准确可靠。

10.1.2.3 挖掘财产物资潜力,提高物资使用效率

通过财产清查,可以查明财产物资有无积压、呆滞、储备过多或不配套等情况,以便采取措施及时利用或处理。这样,不仅可以督促各单位加强财产物资的定额管理,节约储备资金,同时,对多余积压物资进行处理,充分挖掘企业资源潜力,发挥财产物资的应有作用,合理使用资金,加速资金周转。

10.1.2.4 保证财经纪律和结算纪律的执行

通过财产清查,检查物资、设备、资金管理,核对往来账款,可以查明企业有无积压、浪费、账实不符、偷税漏税等违反财经纪律和结算制度的情况,以及不合理的债权、债务关系,以便查明原因,加强管理,促进企业或单位严格执行财经纪律。

10.1.2.5 建立和健全有关财产的管理与核算制度

通过财产清查,可以查明有关财产验收保管、发出、调拨、报废以及现金出纳、账款结算等手续制度的贯彻执行情况。以便采取措施,建立和健全有关财产的管理与核算制度和经济上、财务上的责任制度。

综上所述,财产清查对于保护企业或单位财产的安全和完整,保证会计资料的准确可靠,资金的合理使用以及维护财经纪律等方面都有重要的意义。

10.1.3 财产清查的种类

【任务 10—1—3】 财产清查如何按清查的范围进行分类? 各类清查的具体内容是什么?

10.1.3.1 按清查对象的范围，财产清查可分为全面清查和局部清查

(1)全面清查。全面清查是指对所有的财产物资、货币资金、债权债务进行全面彻底的清查、盘点和核对。全面清查的对象通常包括下列各项内容：

①库存现金、银行存款(包括外币存款)、其他货币资金等；

②原材料、低值易耗品、在产品、半成品、产成品、商品、各种在途物资等流动资产；

③房屋建筑物、机器设备、运输设备等固定资产及在建工程；

④应收、应付款，预收、预付款等各种往来结算款项；

⑤租赁使用、受托保管、代购代销的财产物资；

⑥无形资产及其他长期资产等。

全面清查，由于涉及面广、工作量大，一般是在每年年终进行，以保证企业的账实相符和年度决算报表的真实可靠。

(2)局部清查。局部清查是指对部分财产物资、债权债务进行的清查，局部清查的具体范围要根据业务的需要和工作可能性确定。具体包括以下内容：

①对于收发频繁、流动性强或容易短缺、损耗的财产物资，如材料、在产品、产成品等，除年度全部清查外，要进行轮流盘点或重点抽查；

②对于各种贵重物资和重要物资，至少要每月盘点清查一次；

③对于库存现金，每日终了应由出纳人员自行盘点一次，月终清查一次，做到日清月结；

④对于银行存(借)款在收到银行对账单时核对。

10.1.3.2 按清查时间，可分为定期清查和不定期清查

【任务 10—1—4】 财产清查如何按清查的时间进行分类？各类清查的具体内容是什么？

(1)定期清查。定期清查是指按计划在规定时间对财产物资所进行的清查，一般是在年度、季度或月份末结账时进行。

(2)不定期清查。不定期清查也称临时清查，是指事前没有规定清查日期，根据实际需要而临时进行的财产清查。它可以是全部清查，也可以是局部清查。不定期清查通常在下列情况下进行：

①更换财产、物资和现金经管人员时；

②财产物资发生非常灾害或意外损失时；

③财政、审计、银行等部门对企业进行会计检查时；

④进行临时性清产核资时和管理上需要清查时；

⑤单位撤销、合并、改组、改变隶属关系时。

10.1.3.3 按照财产清查的执行单位分为内部清查和外部清查

(1)内部清查。内部清查是指由本单位内部自行组织清查工作小组所进行的财产清查工作。大多数财产清查都是内部清查。

(2)外部清查。外部清查是指由上级主管部门、审计机关、司法部门、注册会计师根据国家有关规定或情况需要对本单位所进行的财产清查。一般来说，进行外部清查时应有本单位相关人员参加。

练习 10—1—1

【单项选择题】 企业在遭受自然灾害后，对其受损的财产物资进行清查，属于(　　)。

A. 局部清查和定期清查　　B. 全面清查和定期清查

C. 局部清查和不定期清查　　D. 全面清查和不定期清查

练习 10—1—2

【单项选择题】 财产清查按照（　　），可分为定期清查和不定期清查。

A. 清查范围　　B. 清查时间是否固定

C. 清查人员　　D. 清查地点是否固定

主题学习单元 10.2　财产清查的实施

10.2.1　财产清查前的准备工作

【任务 10—2—1】 *财产清查前需要做哪些准备工作？*

财产清查工作是一项工作量大、涉及面广、要求准确的工作，为了使财产清查工作能迅速、顺利地按计划进行，必须要做好各项准备工作。

(1)财产清查工作必须在单位负责人的领导下，根据需要，由会计人员、有关财产保管人员等成立财产清查组织。组织有关人员认真学习，做好清查计划，明确清查的意义和要求。

(2)会计人员对所有实物收发凭证，都要全部入账，仔细核对总分类账及其明细账的余额，保证账证相符、账账相符。

(3)实物保管人员要将准备清查的各项实物整理清楚，排列整齐，并分别挂上标签或抄写盘存表，标明品种、规格和账面结存数量，以便查对。

(4)在财产清查地点，预先对各种需用的度量衡器具进行严格检查，以保证计量准确可靠。

(5)事先准备好各种记录表单，供清查盘点之用，保证清查工作的顺利进行。

由于财产清查对象的种类繁多，管理要求又不尽相同，因而对不同类别的清查对象需要用不同的清查方法。一般来说，财产清查有三种方法：库存实物的清查、货币资金的清查和往来账款的清查。

10.2.2　财产清查的方法

【任务 10—2—2】 *实物资产的盘存制度有几种？各种实物资产的盘存制度有何优点、缺点？它们分别适用的条件是什么？*

10.2.2.1　实物的清查

(1)实物资产的盘存制度。

实物资产的盘存制度，有永续盘存制和实地盘存制两种。

①永续盘存制。永续盘存制是指平时对各项财产物资的收入和发出的数量和金额都进行登记，并随时结出账面结存余额。

期初账面结存数＋本期收入数(增加数)－本期发出数(减少数)＝期末账面结存数

利用这种方法核算手续严密，能及时反映各项财产的收、发、结存情况，有利于加强对各项财产物资的管理，保护资产的安全与完整。

②实地盘存制。实地盘存制是指平时只记财产物资的增加数(收入数)，而不登记减少数(发出数)，至期末结账时，通过对实物的实地盘点来确定财产物资的结余数，根据期初数、本期收入数、期末结存数，计算本期发出数。

期初结存数＋本期收入数(增加数)－期末实存数＝本期发出数(减少数)

采用这种方法工作比较简单，虽然看起来账是平衡的，但手续不够严密，对于管理中存在的问题不易发现。由于财产物资种类繁多，占用形态各异，对实物、货币资金、结算款项等应采取不同的方式进行清查。

（2）实物资产的清查方法。

【任务 10—2—3】 *实物财产清查有哪些方法？各种实物财产清查方法有什么优点、缺点？它们分别适用的条件是什么？*

库存实物的清查，主要是指对固定资产、材料、在产品、产成品及未完工程等进行的数量和质量的清查。由于各种实物的形态、体积、重量以及堆放方式各不相同，所以在具体清查时，所采用的方法也不相同。常用的具体清查方法有以下两种：

①实地盘点法。实地盘点法是指对各项实物进行实地盘点，求得实际数额，再与账面数额进行比较。这是一项繁杂的工作，应当按照清查计划有步骤地进行，以免重复或遗漏。

②技术推算法。技术推算法是指对于那些大量成堆、难以逐一清点的大宗物品，可以根据其堆放体积采用技术推算的方法确定其实存数量。如量方、记尺等方法。

清查结果应当填制“盘存单”，如表 10—1 所示，详细列明各种财产物资的名称、规格、数量、单价等，并由盘点人和实物保管人签字或盖章，它是记录清查结果的书面证明，也是反映财产物资实有数的原始凭证。

表 10—1 **盘存单**

财产类别： 存放地点： 盘点时间： 编号：

编号	名称	规格	计量单位	数量	单价	金额	备注

盘点人签章： 保管人签章：

为了进一步查明实存数与账面数是否一致，确定盘盈或盘亏的情况，还应根据“盘存单”和有关账簿的记录填制“实存账存对比表”。该表是调整账簿记录的原始凭证，其一般格式如表 10—2 所示。

表 10—2 **实存账存对比表**

单位名称： 年 月 日

编号	类别名称	计量单位	单价	实存		账存		盘盈		盘亏	
				数量	金额	数量	金额	数量	金额	数量	金额

经办人签章：

10.2.2.2 库存现金的清查

【任务 10—2—4】 *库存现金清查采取什么方法？如何进行清查？*

库存现金清查是通过对库存现金实地盘点进行的。盘点前应由出纳人员将应登记的收付款凭证全部登记完毕，计算出结存数额，然后进行实地盘点。为了明确责任，必须由出纳员在场一起清点，点完后交出纳员继续保管。清查时，除将库存现金实存额与账面余额相核对，看二者是否一致外，还应注意是否有违反规定，以白条抵充现金的情况。库存现金盘点的结果，要填制"库存现金盘点报告表"。其一般格式如表 10－3 所示。

表 10－3　　库存现金盘点报告表

实存数额	账存数额	对比结果		备　注
		盘盈	盘亏	

盘点人(签字或盖章)：　　出纳员：

10.2.2.3　银行存款的清查

【任务 10－2－5】 *银行存款清查采取什么方法？如何进行清查？什么是未达账项？未达账项有哪几种情况？如何进行银行存款余额调节表的编制？*

银行存款的清查方法是与银行核对账目，即将银行送来的对账单与企业的银行存款日记账相核对。在银行对账单上，登记着企业在对账期内有关存款的存入、支出以及结存的全部记录。核对时如发现两者存款余额不一致，除发生记账差错外，还可能是由于存在着未达账项所致。所谓未达账项，就是企业与银行之间因凭证传递时间上的差异，形成一方已登记入账，而另一方尚未入账的款项。未达账项一般有以下四种情况：

①企业已收款记账，银行尚未收款记账的款项；

②企业已付款记账，银行尚未付款记账的款项；

③银行已收款记账，企业尚未收款记账的款项；

④银行已付款记账，企业尚未付款记账的款项。

企业在核对对账单时如发现未达账项，应编制银行存款余额调节表，以检查账账是否相符。其编制方法是：首先，在核对账目时，找出双方未达账项的笔数和金额；其次，根据查明的双方未达账项的数额，依据调节公式编制银行存款余额调节表。存款余额调节试算平衡公式为：

银行对账单余额＋企业已收银行未收的款项－企业已付银行未付的款项

＝企业银行存款日记账余额＋银行已收企业未收的款项－银行已付企业未付的款项

调节后双方余额如相等，则证明双方记账无误。如果不相等，则表明记账有误，应进一步查明原因，进行错账的更正。银行存款余额调节表的一般格式如表 10－4 所示。

表 10－4　　银行存款余额调节表

户名：　　20××年×月×日　　单位：元

银行存款日记账	金额	银行对账单	金额
账面存款余额		银行对账单余额	
加：银行已收，企业未收		加：企业已收，银行未收	
减：银行已付，企业未付		减：企业已付，银行未付	
调节后的存款余额		调节后的存款余额	

下面举例说明"银行存款余额调节表"的编制方法：

【主题活动 10－2－1】 20××年 8 月 31 日，长城公司银行存款日记账余额为45 500元，银行对账单余额为45 100元，经逐笔核对，发现以下几笔未达账项：

①8 月 31 日，企业销售产品，收到转账支票6 400元，送存银行，银行尚未收到款项。

②8月30日，企业开出转账支票支付税费3 200元，持票人未到银行办理兑取，银行尚未支付。

③8月31日，银行收到企业委托代收的某公司购货款5 000元，企业尚未收到收款通知，企业尚未入账。

④8月31日，银行已扣掉企业应付的借款利息2 200元，企业尚未收到利息通知，尚未入账。

根据上述资料，编制“银行存款余额调节表”，如表10—5所示。

表10—5 **银行存款余额调节表**

户名： 20××年×月×日 单位：元

银行存款日记账	金额	银行对账单	金额
账面存款余额	45 500	银行对账单余额	45 100
加：银行已收，企业未收	5 000	加：银行已收，银行未收	6 400
减：银行已付，企业未付	2 200	减：银行已付，银行未付	3 200
调节后的存款余额	48 300	调节后的存款余额	48 300

经过调节后重新求得的余额，既不等于本单位账面余额，也不等于银行账面余额，而是银行存款的真正实有数。

10.2.2.4 往来款项的清查

【任务10—2—6】 如何进行往来款项的清查？它与银行存款的清查有何异同？

往来款项包括应收账款、其他应收款、应付账款、其他应付款及预收账款、预付账款等。往来账项的清查重点是应收、应付账项，一般采用查询核实法，即通过信函、电询或面询的方式，同对方单位核对账目的方法。大体上分为三个步骤：

(1)将本单位的往来账款核对清楚，确认总分类账与明细分类账的余额相等，各明细分类账的余额相符。

(2)向对方单位填发对账单。对账单的格式一般为一式两联，其中一联作为回单，对方单位如核对相符，应在回单上盖章后退回。如发现数字不符，应在回单上注明，作为进一步核对的依据。其格式如表10—6所示。

(3)收到回单后，应填制“往来款项清查表”，并及时催收该收回的账款，积极处理呆账。

表10—6 **往来款项清查表**

总分类账户名称： 20××年×月×日

明细分类账户		清查结果		核对不符原因分析			备注
名称	账面余额	核对相符金额	核对不符金额	未达账项金额	有争议款项金额	其他	

练习10—2—1

【单项选择题】 银行存款清查的方法是(　　)。

A. 日记账与总分类账核对　　B. 日记账与收付款凭证核对

C. 日记账和银行对账单核对　　D. 总分类账和收付款凭证核对

练习 10—2—2

【单项选择题】 永续盘存制和实地盘存制的主要区别是(　　)。

A. 盘点的方法不同　　B. 盘点的目标不同

C. 盘点的工具不同　　D. 盘亏结果的处理不同

主题学习单元 10.3　财产清查结果的处理

10.3.1　财产清查结果处理的要求

【任务 10—3—1】　企业财产清查后，对财产清查结果的处理有什么要求？

通过财产清查，可以发现企业财产管理和核算方面存在的问题，对所发现的问题应当认真分析研究、总结经验，按照有关财产管理制度，做好财产清查结果的处理工作。具体有以下要求：

(1)查明差异，分析原因

财产清查结果出现的差异，应当及时核准数字，调查分析形成差异的原因，明确经济责任，提出处理意见，报经有关部门批准后，予以处理。在财产清查中，对于个人失职造成的损失，应当由当事人负责赔偿；对于定额内或自然原因引起的盘盈、盘亏，应按规定办理手续及时转销；对于往来款项清查中有争议的情况，应当按合同、协议积极协商解决，或者提请有关部门裁决；对于因贪污、挪用、盗窃等违法行为造成的财产损失，应设法及时追回，以减少损失。

(2)总结经验，加强管理

财产清查后，针对发现的问题，应当认真总结经验教训，改正不足，表彰先进。同时应当进一步健全财产管理制度，加强财产管理，明确管理责任，减少积压，防止盲目采购，从根本上保证财产管理的安全性和完整性。

(3)调整账目，账实相符

对于因财产盘盈、盘亏等原因导致的账目不相等，应当及时分析原因，加以调整，以保证账实相符。

10.3.2　财产清查结果的处理步骤

【任务 10—3—2】　企业财产清查后，对财产清查结果的处理流程是什么？

(1)财产清查结果的处理步骤

财产清查出现账实不符，无非有两种结果：一是盘盈，即实存数大于账存数；二是盘亏，即实存数小于账存数。其结果的处理一般分以下两个步骤进行：

第一步，通过设置“待处理财产损溢”账户，记录财产清查的盘盈、盘亏数，并将情况上报单位有关部门处理。

第二步，根据单位领导的处理意见，转销待处理财产的盘盈、盘亏数，记录清查处理的结果。

(2)财产清查结果的处理账户

【任务 10—3—3】　企业财产清查后，对财产清查结果的处理需要用到哪些账户，各账户如何应用？

“待处理财产损溢”账户是核算财产清查过程中所查财产物资的盘盈、盘亏数及其转销情况的账户，其结构如图 10—1 所示。

借方	“待处理财产损溢”账户 贷方
(1)盘亏待处理数 (2)盘盈转销数	(1)盘盈待处理数 (2)盘亏转销数
借余:待处理盘亏数	贷余:待处理盘盈数

图10—1 “待处理财产损溢”账户

该账户结构比较特殊,借方既要登记盘亏数,又要登记盘盈转销数;贷方既要登记盘盈数,又要登记盘亏转销数,该账户属过渡性账户,转销后无余额。为了进一步反映盘盈、盘亏财产物资的具体情况,应设置“待处理流动资产损溢”和“待处理固定资产损溢”两个二级明细分类账户。

(3)财产清查结果的处理方法

【任务10—3—4】 财产清查结果的处理有哪些方法?各方法处理时有何特点?

财产清查的对象不同,其清查方法和清查结果的账务处理也不一样。

①一般流动资产的盘盈、盘亏、毁损处理方法

a. 属定额内自然损耗的,经批准转作“管理费用”。

b. 属超定额损耗,能确定过失人或属于保险责任范畴的,由过失人赔偿或向保险公司索赔,通过“其他应收款”核算;扣除过失人、保险公司赔款和残余价值后,计入“管理费用”。

c. 属于非常损失的,扣除有关赔款后计入“营业外支出”。

d. 流动资产的盘盈,冲减“管理费用”。

②固定资产的处理方法

固定资产的盘亏,列“营业外支出”;固定资产的盘盈,列“营业外收入”。

10.3.3 财产清查的账务处理

对于财产清查中所发现的各种财产的盘盈、盘亏和毁损,企业财务部门应及时进行账务处理,以确保账实相符。

10.3.3.1 库存现金清查结果的账务处理

【任务10—3—5】 库存现金清查结果具体业务如何进行账务处理?

(1)库存现金盘盈的账务处理

如果属于应该支付给其他单位或个人的,应计入“其他应付款”科目;属于无法查明原因的现金溢余,记入“营业外收入”科目。

【主题活动10—3—1】 红雨公司在现金清查中,发现现金溢余300元。

第一步,在报经有关部门处理前,编制如下会计分录:

借:库存现金 300

　　贷:待处理财产损溢——待处理流动资产损溢 300

第二步,经核查,上述溢余的现金属于应支付给有关人员或单位的,应编制如下会计分录:

借:待处理财产损溢——待处理流动资产损溢 300

　　贷:其他应付款——应付现金溢余(某单位或某个人) 300

如果未查明上述现金溢余的原因,经批准营业外收入处理,编制会计分录如下:

借:待处理财产损溢——待处理流动资产损溢 300

贷:营业外收入 300

(2)库存现金盘亏的账务处理

属于应由责任人赔偿或保险公司赔偿的部分,记入"其他应收款"科目;属于无法查明原因的,记入"管理费用"科目。

【主题活动 10-3-2】 某企业 11 月末进行现金清查,发现现金短款 400 元;经核查,属出纳员李某保管责任,由其赔偿。

第一步,在报经有关部门处理前,编制如下会计分录:

借:待处理财产损溢——待处理流动资产损溢 400

贷:库存现金 400

第二步,在报经有关部门处理后,将应由李某赔偿的 200 元款项计入"其他应收款"账户,将属于企业损失的 200 元计入"管理费用",编制如下会计分录:

借:其他应收款——张某 200

管理费用 200

贷:待处理财产损溢——待处理流动资产损溢 400

10.3.3.2 存货清查结果的账务处理

(1)存货盘盈的账务处理

【任务 10-3-6】 *存货清查结果具体业务如何进行账务处理?*

盘盈的存货,按该类材料的市价或同类、类似材料的市价,冲减当期"管理费用"。

【主题活动 10-3-3】 红雨公司在财产清查中,发现盘盈甲材料 500 元。

第一步,批准处理前作会计分录:

借:原材料 500

贷:待处理财产损溢——待处理流动资产损溢 500

第二步,经查明,盘盈是由于收发计量上的错误所致,作会计分录如下:

借:待处理财产损溢——待处理流动资产损溢 500

贷:管理费用 500

(2)存货盘亏的账务处理

盘亏的存货,其相关成本减去过失人或保险公司的赔偿及残料价值之后,记入当期"管理费用";属于非正常损失的,记入当期"营业外支出"。

【主题活动 10-3-4】 企业在存货清查中发现乙材料盘亏 10 千克,计 500 元,购进该批材料时的进项税额 85 元。

第一步,批准处理前作会计分录:

借:待处理财产损溢——待处理流动资产损溢 585

贷:原材料——乙材料 500

应交税费——应交增值税(进项税额转出) 85

第二步,如果上述属于非正常损失,应由保险公司赔偿 300 元,其余列为营业外支出,作会计分录如下:

借:其他应收款 300

营业外支出 285

贷:待处理财产损溢——待处理流动资产损溢 585

根据增值税会计处理的规定,企业购进的材料、商品等发生非正常损失以及因改变用途等原因发生的损失，其进项税额应相应转入有关科目，借记“待处理财产损溢”等账户，贷记“应交税费——应交增值税”账户。属于转作待处理财产损失的部分，应与遭受损失的购进材料、商品成本一并处理。如本主题活动进项税额为85元(500×17%)，应先借记“待处理财产损溢”账户，然后分别不同情况，转入“管理费用”、“其他应收款”或“营业外支出”账户。

10.3.3.3 固定资产清查的账务处理

【任务10—3—7】 固定资产结果具体业务如何进行账务处理?

(1)固定资产盘盈的账务处理

对于盘盈的固定资产，经查明确属企业所有的，应根据盘存凭证填制固定资产交接凭证，经有关人员签字后送交企业会计部门，填写固定资产卡片，并将同类或类似固定资产的市场价格减去与该项资产新旧程度有关的价格损耗后的余额，作为前期会计差错记入“以前年度损益调整”科目。

【主题活动10—3—5】 企业清查发现账外机床一台，估计原值6 000元，七成新。

第一步，在查明原因前，账务处理：

借:固定资产　6 000
　贷:以前年度损溢调整　4 200
　　累计折旧　1 800

需要说明的是，按照《企业会计准备第28号——会计政策、会计估计变更和差错更正》规定，盘盈固定资产应作为前期差错进行处理，在报经批准前应先通过“以前年度损溢调整”科目核算。涉及增值税、所得税和盈余公积的，还应按相关规定处理。

(2)固定资产盘亏的账务处理

盘亏的固定资产，在减去过失人或保险公司的赔款和残料价值之后，计入当期“营业外支出”。

【主题活动10—3—6】 企业在清查时，发现盘亏设备一台，账面原价为5 000元，已提折旧为2 800元。

第一步，批准处理前，应作如下会计分录：

借:待处理财产损溢——待处理固定资产损溢　2 200
　累计折旧　2 800
　贷:固定资产　5 000

第二步，无法查明原因，经批准作营业外支出处理时，应作如下会计分录：

借:营业外支出　2 200
　贷:待处理财产损溢——待处理固定资产损溢　2 200

10.3.3.4 往来款项清查的账务处理

【任务10—3—8】 往来款项结果具体业务如何进行账务处理?

在财产清查中对于已查明确实无法收回的应收账款和无法支付的应付账款，不通过“待处理财产损溢”账户进行核算，而是按规定程序报经批准后进行相应的账务处理。

(1)无法收回的应收账款

企业在往来款项的清查中，对于长期没有收回的应收款项应当按有关规定提取坏账准备，对已经确认为坏账损失而无法收回的往来款项，应当冲减已经计提的坏账准备或者直接列为管理费用。对于企业发生的坏账，《企业会计制度》规定，可以分别采用直接转销法和备抵法。其中，直接转销法是将无法收回的欠款全部转销，直接计入当期的“管理费用”。

【主题活动 10—3—7】 某企业 11 月 10 日确认应收甲公司一批销售货款5 000元无法收回，作坏账损失处理。

借：坏账准备　　5 000

　　贷：应收账款——甲公司　　5 000

(2)无法支付的应付账款

企业的应付款项，如因债权人企业倒闭、死亡等原因确实无法归还的，可按制度规定，经批准后直接在“营业外收入”账户核算。借记“应付账款”账户；贷记“营业外收入”账户。

【主题活动 10—3—8】 某企业在对往来款项清查时，发现确实无法支付的应付账款8 000元。经核实对方单位已撤销，经批准作销账处理。

将确实无法支付的应付账款确认为营业外收入，应编制如下会计分录：

借：应付账款　　8 000

　　贷：营业外收入　　8 000

练习 10—3—1

【单项选择题】 产生未达账项的原因是(　　)。

A. 双方结账的时间不一致　　B. 双方对账的时间不一致

C. 双方记账错误　　D. 双方记账的时间不一致

练习 10—3—2

【多项选择题】 对于盘亏的财产物资，经批准后进行会计处理，可能涉及的借方科目有(　　)。

A. 管理费用　　B. 营业外支出　　C. 其他应收款　　D. 营业外收入

E. 待处理财产损溢

练习 10—3—3

【判断题】 造成账实不符的原因，全部都是工作上的差错。　　(　　)

概念回顾

财产清查　全面清查　定期清查　实地盘点法　技术推算法　未达账项　银行存款余额调节表

复习思考题

1. 财产清查的意义是什么？
2. 如何对库存现金和银行存款进行清查？
3. 永续盘存制与实地盘存制有什么区别？它们分别在什么情况下采用？
4. 财产清查的结果如何进行账务上的处理？

技能实训

一、实训目的

练习财产盘亏、盘盈的会计处理。

二、实训资料

某公司年底进行财产清查，在清查中发现下列事项：

(1)盘亏机器一台，原值20 000元，账面已提折旧5 000元。

(2)A 材料账面余额4 000千克，价值20 000元。盘点实际数量为1 400千克，经查明缺少数为保管人员失职造成的损失。

(3)B 材料账面余额1 500千克，价值12 000元。盘点实际数量为3 900千克，经查明为日常收发计量差错。

(4)C 材料盘盈 10 千克，每千克 400 元，经查明为日常收发计量差错。

上述各项盘盈、盘亏，经查原因属实，报经领导审核批准，作如下账务处理：

(1)盘亏机器系自然灾害造成，作非常损失处理。

(2)将材料日常收发计量差错予以转销。

(3)保管人员失职造成的材料损失，责成过失人赔偿。

三、实训要求

(1)将上列清查结果，编制审批前的会计分录。

(2)根据报经批准的结果，编制会计分录。

|学习单元 11|

财务会计报告

【素质目标】

1. 了解财务会计报告的意义和作用;
2. 掌握各种财务报表的作用和分类;
3. 熟练掌握资产负债表、利润表的编制要求和编制方法。

【技能目标】

1. 能够正确理解财务会计报告的概念、作用、分类和编制方法;
2. 能简要阐述资产负债表、利润表、现金流量表的内容和结构;
3. 能独立编制资产负债表和利润表。

【案例导入】

麦当劳为什么爱卖汉堡?

1937 年,麦当劳兄弟(Dick and Mac)在美国加州巴塞迪那(Pasadena)销售汉堡、热狗、奶昔等 25 种产品。1940 年前后,他们做了个简单的财务报表,经分析,意外地发现 80%的生意来自汉堡。虽然三明治或猪排等产品味道很好,但销售平平。麦当劳兄弟于是决定简化产品线,专攻低价且销售量大的产品。他们将产品由 25 种减少为 9 种,并将汉堡由 30 美分降低到 15 美分。从此之后,麦当劳的销售及获利激增,为后来发展成世界级企业奠定了基础。

可见,财务报表的作用是非常大的。那么,财务报表又分为哪几种?如何解读、如何编制呢?请看本单元的介绍。

主题学习单元 11.1 财务会计报告概述

11.1.1 财务会计报告的含义

【任务 11—1—1】 什么是财务会计报告?财务会计报告由哪些内容构成?

财务会计报告是指企业对外提供的反映企业某一特定日期的财务状况和某一会计期间的经营成果、现金流量等会计信息的文件。编制财务报告,是对会计核算工作的全面总结,也是及时提供合法、真实、准确、完整会计信息的重要环节。1999 年修订的《中华人民共和国会计法》中将其称为“财务报告”,国际会计准则中将其称为“财务报告”,其实“财务会计报告”与“财务报表”、“财务报告”的提法在文字上略有差异，但其内容基本一致。一般而言，财务会计报告是指财务报表和财务报表附注。财务报表是对企业财务状况、经营成果和现金流量的结构性表述。财务报表至少应当包括下列组成部分：资产负债表、利润表、现金流量表、所有者权益(或股东权益)变动表、附注等。财务报表构成企业财务会计报告的主要内容。

财务报表附注是指对在财务报表中列示主要项目所作的进一步说明，以及对未能在这些报表中列示项目的说明等，是财务报表的重要组成部分。

因此，编制财务会计报告是对会计核算工作的全面总结，也是及时提供合法、真实、准确、完整会计信息的重要环节，特别是在市场经济发展的条件下，对企业的会计信息使用者(包括企业内外有关部门和有关人员)有着密切的关联。

11.1.2 财务会计报告的作用

【任务11—1—2】 财务会计报告对不同的利益相关者有什么作用?

11.1.2.1 对企业本身来说

财务会计报告所提供的资料可以反映企业管理层受托责任履行情况，帮助企业领导和管理人员分析、检查企业的经营活动是否符合制度规定；考核企业资金、成本、利润等计划指标完成程度；分析、评价经营管理中的成绩和不足，采取措施，提高经济效益；运用财务报告的资料和其他资料进行分析，为编制下期计划提供依据。同时，将财务报告在本企业职工代表大会公布，可以进一步发挥职工主人翁的作用，从各方面提出改进建议，促进企业增产节约措施的落实。

11.1.2.2 对主管部分来说

利用财务会计报告考核所属单位的经营业绩以及各项经济政策贯彻执行情况，并通过对所属单位同类指标的对比分析，总结成绩，推广先进经验；发现问题，分析原因，采取措施，克服薄弱环节。同时，通过财务会计报告汇总所提供的资料，可以在一定范围内反映国民经济计划执行情况，为国家宏观管理提供依据。

11.1.2.3 对财政、税收、银行和审计部门来说

利用财务会计报告所提供的资料：(1)财税部门可以了解企业资金筹集和运用是否合理，检查企业税收、利润计划的完成与解交情况，以及有无违反税法和财经纪律的现象，以更好地发挥财政、税收的监督职能。(2)银行部门可以考查企业流动资金的使用情况，分析企业银行借款的物质保证程度，研究企业资金的正常需要量，了解银行借款的归还以及信贷纪律的执行情况，充分发挥银行经济监督和经济杠杆作用。(3)审计部门可以了解企业财务状况和经营情况及财经政策、法令和纪律执行情况，从而为进行财务审计和经济效益审计提供必要的资料。

11.1.2.4 对投资人、债权人和其他利害关系人来说

财务会计报告可以提供企业财务状况和偿债能力等相关信息，作为投资、贷款、贸易及其他经济决策的参考依据。行政、事业等单位的财务会计报告，可以总结地反映预算资金的收支情况和预算执行的结果，以便总结经验教训，改进工作，提高单位的管理水平，并为编制下期预算提供必要的资料。

练习11—1—1

【单项选择题】 会计报表编制的依据是(　　)。

A. 原始凭证　　B. 记账凭证　　C. 账簿记录　　D. 科目汇总表

练习 11—1—2

【单项选择题】 下列属于静态报表的是(　　)。

A. 资产负债表　　　　B. 利润表

C. 现金流量表　　　　D. 所有者权益变动表

主题学习单元 11.2　财务报表的分类及编制要求

11.2.1　财务报表的意义

【任务 11—2—1】　什么是财务报表？财务报表对企业具有什么意义？

财务报表是以货币为主要计量单位，根据日常核算资料编制的，用来总括地反映各个单位在一定时期内经济活动和财务收支活动情况的报告文件。

编制财务报表是会计核算的一种专门方法，也是会计核算程序的最后环节。在会计核算过程中，通过填制和审核会计凭证，可以明确经济业务的发生、执行和完成情况，但会计凭证提供的资料内容分散、庞杂。将会计凭证上记录的经济业务在各种账簿中加以连续、分类地记录之后，通过账簿记录所能得到的会计信息比起会计凭证无疑要集中、系统得多。但是账簿提供的会计信息还是分散在各类账户中，仍然不能系统而概括地反映经济活动的全貌。因此，必须对账簿中的会计信息作进一步加工、整理、综合，并结合其他的核算资料，按一定的指标体系，以报告文件的形式集中地反映出来，从而全面、系统、概括地提供一个单位某一特定日期资产、负债和所有者权益情况及一定期间的经营成果和现金流动情况的会计信息。

企业编制财务报表的主要目的，就是为财务报表的使用者提供决策所需的会计信息。

财务报表使用者通常包括投资者、债权人、政府及相关机构、企业管理人员、职工和社会公众等，他们对财务报表提供信息要求各有侧重。企业的投资者和债权人通过财务报表了解企业的营运资金情况、短期偿债能力和支付能力，了解企业的经营前景、盈利能力和发放股利的能力等，以保证投资者能获取相应收益，保证债权人能及时、安全地收回各项贷款。政府有关部门通过了解财务报表信息，便于加强对企业的经营管理指导，实现经济稳定有序地发展。企业管理者通过财务报表了解企业的资产、负债及所有者权益的构成情况，以及资金、成本、利润的基本状况，从而有针对性地组织企业的生产经营活动，加强经营管理，为提高企业的经济效益服务。

11.2.2　财务报表的分类

【任务 11—2—2】　有哪些种类的财务报表？各种财务报表反映什么内容？

企业的财务报表按照其经济内容、服务对象、报表的编制时间、编制单位等可分为不同的种类。

11.2.2.1　财务报表按反映的经济内容分

财务报表按反映的经济内容可分为三种类型。

(1)反映企业一定日期企业资产、负债及所有者权益等财务状况的报表，如资产负债表。

(2)反映企业一定会计期间经营成果的财务报表，如利润表。

(3)反映一定会计期间企业财务状况变动情况的财务报表，如现金流量表、所有者权益变动表等。

以上三类报表可以分为静态报表和动态报表，前者为资产负债表，后者为利润表、现金流量表和所有者权益变动表。

11.2.2.2 财务报表按服务对象分

财务报表按其服务对象，分为外部报表和内部报表两大类。外部报表是企业向外部的会计信息使用者报告经济活动和财务收支情况的财务报表，如资产负债表、利润表、现金流量表和所有者权益变动表。这类报表一般有统一的格式和编制要求。内部报表是用来反映经济活动和财务收支的具体情况，为管理者进行决策提供信息的财务报表。这类报表无规定的格式和种类。

11.2.2.3 财务报表按编制的时间分

财务报表按编制的时间可分为中期报表和年报。中期报表是指短于一年的会计期间编制的财务报表，如半年末报表、季报、月报。半年末报表是指每个会计年度的前六个月结束后对外提供的财务报告。季报是季度终了以后编制的报表，种类比年报少一些；月报是月终编制的财务报表，只包括一些主要的报表，如资产负债表、利润表等。年报是年度终了以后编制的，全面反映企业财务状况、经营成果及其分配、现金流量等方面的报表。

11.2.2.4 财务报表按编制的单位分

财务报表按其编制单位可分为单位财务报表、汇总财务报表和合并财务报表。单位财务报表是由独立核算的会计主体编制的，用以反映某一会计主体的财务状况、经营成果的财务报表。汇总报表是由上级主管部门、专业公司根据基层所属企业所编制的报表加以汇总编制的报表，汇总编制时还包括主管部门、专业公司本身的业务。合并财务报表是控股公司把其本身与其附属公司看作是一个统一的经济实体，用一套财务报表来反映其拥有或控制的所有资产和负债，以及其控制范围内的经营成果的财务报表。合并报表反映的是控股公司与其附属公司共同的财务状况和经营成果。

11.2.3 财务报表编制的基本要求

【任务 11—2—3】 财务报表编制有哪些基本要求?

11.2.3.1 财务报表应以持续经营为基础编制

企业应当以持续经营为基础，根据实际发生的交易和事项，按照《企业会计准则——基本准则》和其他各项会计准则的规定进行确认和计量，在此基础上编制财务报表。管理层应对是否能够持续经营进行评估，若某些重大不确定因素可能导致对主体持续经营产生严重怀疑时，应对不确定因素充分披露。但企业不能以附注披露代替确认和计量。以持续经营为基础编制财务报表不再合理的，企业应当采用其他基础编制财务报表，并在附注中披露这一事实。企业在当期已经决定或正式决定下一个会计期间进行清算或停止营业，表明其处于非持续经营状态，应当采用其他基础编制财务报表，如破产企业的资产应当采用可变现净值计量等，并在附注中声明财务报表未以持续经营为基础列报，披露未以持续经营为基础的原因以及财务报表的编制基础。

11.2.3.2 列报的一致性

列报的一致性要求财务报表中的列报和分类应在各期间之间保持一致。除非准则要求改变，或主体的经营性质发生重大变化，改变后的列报能够提供更可靠的、且对财务报告使用者更相关的信息，同时不损害可比信息。

11.2.3.3 重要性项目单独列报

性质或功能类似的项目，其所属类别具有重要性的，应当按其类别在财务报表中单独列报。性质或功能不同的项目，应当在财务报表中单独列报，但不具有重要性的项目除外。

重要性是指如果项目的省略或误报会单独或共同影响内外部使用者作出的经济决策，则该项目是重要的。重要性应当根据企业所处环境，从项目的性质和金额大小两方面加以判断。其中：项目的性质应当考虑该项目是否属于企业日常活动、是否对企业的财务状况和经营成果具有较大影响等因素；项目金额大小的重要性，应当通过单项金额占资产总额、负债总额、所有者权益总额、营业收入总额、净利润等直接相关项目金额的比重加以确定。

本准则规定在财务报表中单独列报的项目，应当单独列报；其他会计准则规定单独列报的项目，应当增加单独列报项目。

11.2.3.4 有关抵销的界定

财务报表中的资产项目和负债项目的金额、收入项目和费用项目的金额不得相互抵销，单独列报资产和负债、收益和费用以便使用者更易理解已发生的交易、其他事项的情况，以及评估主体未来的现金流量。

资产项目按扣除减值准备后的净额列示不属于抵销。如存货跌价准备与存货项目、应收账款计提的坏账准备与应收账款项目按抵减后的余额列报不属于抵销。

非日常活动产生的损溢，以收入扣减费用后的净额列示不属于抵销。如非流动资产处置产生的利得与损失，按处置收入扣除该资产账面金额与相关销售费用后的余额列报不属于抵销。若这些利得与损失是重要的，则应单独列报。

11.2.3.5 财务报告中应列报所有金额的前期比较信息

当期财务报表的列报，至少应当提供所有列报项目上一可比会计期间的比较数据以及与理解当期财务报表相关的说明，其他会计准则另有规定的除外。

当财务报表项目的列报发生变更的，应当对上期比较数据按照当期的列报要求进行调整，并在附注中披露调整的原因和性质，以及调整的各项目金额。对上期比较数据进行调整不切实可行(不切实可行是指企业在做出所有合理努力后仍然无法采用某项规定)的，应当在附注中披露不能调整的原因。

11.2.3.6 披露要求

企业应当在财务报表的显著位置至少披露下列各项：(1)编报企业的名称；(2)资产负债表日或财务报表涵盖的会计期间；(3)人民币金额单位；(4)财务报表是合并财务报表的，应当予以标明。

企业至少应当按年编制财务报表。年度财务报表涵盖的期间短于一年的，应当披露年度财务报表的涵盖期间，以及短于一年的原因。

练习 11—2—1

【单项选择题】 下列属于动态报表的是(　　)。

A. 成本报表　　B. 利润表

C. 制造费用明细表　　D. 应收账款明细表

练习 11—2—2

【单项选择题】 下列不属于年度报表的是(　　)。

A. 资产负债表　　B. 利润表　　C. 现金流量表　　D. 试算平衡表

练习 11—2—3

【多项选择题】 会计报表的使用者包括(　　)。

A. 债权人　　B. 企业内部管理者　　C. 投资者　　D. 潜在的投资者

E. 国家政府部门

主题学习单元 11.3　资产负债表

11.3.1　资产负债表的概念和作用

【任务 11—3—1】 *什么是资产负债表？资产负债表具有什么作用？*

资产负债表是总括地反映企业在某一特定日期(一般为月末、季末、年末)全部资产、负债和所有者权益及其构成情况的报表,又称"财务状况表"。这是一张静态的财务报表。该表是根据"资产＝负债＋所有者权益"这一基本会计等式,依照一定的分类标准和一定的顺序,把企业一定日期的资产、负债和所有者权益予以适当的排列,按一定的编制要求编制而成。

通过资产负债表的分析,可以全面综合地了解企业资产的规模和结构、负债的规模和结构以及所有者权益的构成情况,了解企业的资产实力、偿债能力强弱和变动情况,以及财务状况的大致变化趋势。

11.3.2　资产负债表的结构

【任务 11—3—2】 *资产负债表有什么样的格式？*

资产负债表的格式通常有报告式和账户式两种。报告式资产负债表是将资产、负债、所有者权益项目采用上下结构排列,报表上部分列示资产,下部分列示企业的负债和所有者权益。格式如表 11—1 所示。

表 11—1

××企业

资产负债表

20××年 12 月 31 日　　　　单位:元

资　产	
各项目	×××
资产合计	××××
负　债	
各项目	×××
负债合计	××××
所有者权益	
各项目	×××
所有者权益合计	××××

账户式资产负债表是按照 T 形账户的形式设计资产负债表,将报表分为左右结构,左边列示企业的资产,右边列示企业的负债和所有者权益,左右两方总额相等。格式如表 11—2 所示。我国资产负债表的格式一般采用账户式。

表 11－2

××企业

资产负债表

20××年 12 月 31 日　　　　单位:元

资　产		负债及所有者权益	
各项目	×××	负债	
		各项目	×××
		负债合计	××××
		所有者权益	
		各项目	×××
		所有者权益合计	××××
资产总计	××××	负债及所有者权益合计	××××

11.3.3　资产负债表项目的列示

【任务 11－3－3】　资产负债表内各项目列示顺序是什么？各项目分别表示什么意思？

资产和负债应当分别按照流动资产和非流动资产、流动负债和非流动负债列示。金融企业的各项资产或负债,按照流动性列示能够提供可靠且更相关信息的,可以按照其流动性顺序列示。

满足下列条件之一的资产,应当归类为流动资产:(1)预计在一个正常营业周期(一般是指一年)中变现、出售或耗用,如存货等;(2)主要为交易目的而持有,如交易性投资等;(3)预计在资产负债表日起一年内(含一年)变现,如应收及预付款项等;(4)在资产负债表日起一年内,交换其他资产或清偿负债的能力不受限制的现金或现金等价物。

流动资产以外的资产应当归类为非流动资产。其中,正常营业周期是指企业从购买用于加工的资产起至实现现金或现金等价物的期间。正常营业周期通常短于一年,在一年内有几个营业周期。但是,也存在正常营业周期长于一年的情况,如房地产开发企业开发用于出售的房地产开发产品,造船企业制造的用于对外出售的大型船只等,往往超过一年才变现、出售或耗用,但仍应划分为流动资产。正常营业周期不能确定时,应当以一年(12 个月)作为划分流动资产的标准。

满足下列条件之一的负债,应当归类为流动负债:(1)预计在一个正常营业周期中清偿,如短期借款、应付职工薪酬等;(2)主要为交易目的而持有,如应付票据等;(3)在资产负债表日起一年内到期应予以清偿,如应付及预收款项等;(4)企业无权自主地将清偿推迟至资产负债表日后一年以上,如应交税费等。

流动负债以外的负债应当归类为非流动负债。

对于在资产负债表日起一年内到期的负债,企业预计能够自主地将清偿义务展期至资产负债表日后一年以上的,应当归类为非流动负债。不能自主地将清偿义务展期的,即使企业在资产负债表日后、财务报表批准报出日前,重新安排清偿计划协议,该项负债仍然应当归类为流动负债。企业在资产负债表日或之前违反了长期借款协议条款,导致贷款人可随时要求清偿的负债,应当归类为流动负债。贷款人在资产负债表日或之前同意提供自资产负债表日起一年以上的宽限期,企业能够在此期限内改正违约行为,且贷款人不能要求随时清偿时,该项负债应当归类为非流动负债。

11.3.4　资产负债表的填列方法

【任务 11—3—4】　在编制资产负债表时，资产负债表各项目金额分别根据哪些数据填列？

在编制资产负债表时，表上各项目的金额应根据有关总分类账户或明细分类账户的期末余额直接填列或计算分析后填列。具体有以下几种情况：

(1)根据总账科目的余额填列

资产负债表中大多数项目是根据有关总账科目的余额填列的。例如，交易性金融资产、固定资产清理、长期待摊费用、递延所得税资产、短期借款、交易性金融负债、应付票据、应付职工薪酬、应交税费、应付利息、应付股利、其他应付款、递延所得税负债、实收资本、资本公积、库存股、盈余公积等项目。

(2)根据几个总账科目的余额计算填列

例如，"货币资金"项目，应根据"库存现金"、"银行存款"、"其他货币资金"等总账科目的期末借方余额汇总后填列。

(3)根据有关明细科目的余额计算填列

例如，"预付账款"项目，应根据"预付账款"和"应付账款"两个总账科目所属各明细科目的借方余额合计后填列；"应付账款"项目，应根据"应付账款"和"预付账款"总账科目所属明细科目的贷方余额合计后填列；"预收账款"项目，应根据"预收账款"和"应收账款"两个总账科目所属各明细科目的贷方余额合计后填列；"应收账款"项目，应根据"预收账款"和"应收账款"两个总账科目所属各明细科目的借方余额合计后填列。

(4)根据有关总账科目和明细科目的余额分析计算填列

例如，"长期应收款"项目，应根据"长期应收款"总账科目余额，减去"未实现融资收益"总账科目余额，再减去所属相关明细科目中将于一年内到期的部分填列；"长期借款"项目，应根据"长期借款"总账科目余额，减去"长期借款"科目所属明细科目中将于一年内到期的部分填列；"应付债券"项目，应根据"应付债券"总账科目余额，减去"应付债券"科目所属明细科目中将于一年内到期的部分填列；"长期应付款"项目，应根据"长期应付款"总账科目余额，减去"未确认融资费用"总账科目余额，再减去所属相关明细科目中将于一年内到期的部分填列。

(5)根据总账科目与其备抵科目抵消后的净额填列

例如，"存货"项目，应根据"材料采购"、"原材料"、"产成品"、"生产成本"等总账科目的借方余额计算后，减去"存货跌价准备"总账科目的贷方余额后填列；"持有至到期投资"项目，应根据"持有至到期投资"科目期末余额，减去"持有至到期投资减值准备"科目期末余额后的金额填列；"固定资产"项目，应根据"固定资产"科目期末余额，减去"累计折旧"、"固定资产减值准备"等科目期末余额后的金额填列。

11.3.5　资产负债表编制

【主题活动 11—3—1】　××股份有限公司 2013 年 12 月 31 日的资产负债表(年初余额略)及 2014 年 12 月 31 日的科目余额表分别见表 11—3 和表 11—4。假设该股份有限公司 2014 年度除计提固定资产减值准备导致固定资产账面价值与其计税基础存在可抵扣暂时性差异外，其他资产和负债项目的账面价值均等于计税基础。假定该公司未来很可能获得足够的应纳税所得额用来抵扣可抵扣暂时性差异，适用的所得税税率为 25%。请编制该公司 2014

年资产负债表。

表 11—3 **资产负债表**

会企 01 表

编报单位：××股份有限公司 编制时间：2013 年 12 月 31 日 单位：元

资　产	年末	年初	负债和所有者权益	年末	年初
流动资产：			流动负债：		
货币资金	2 812 600		短期借款	600 000	
交易性金融资产	30 000		交易性金融负债	0	
应收票据	492 000		应付票据	400 000	
应收账款	598 200		应付账款	1 907 600	
预付款项	200 000		预收款项	0	
应收利息	0		应付职工薪酬	220 000	
应收股利	0		应交税费	73 200	
其他应收款	10 000		应付利息	2 000	
存货	5 160 000		应付股利	0	
一年内到期的非流动资产	0		其他应付款	100 000	
其他流动资产	200 000		一年内到期的非流动负债	2 000 000	
流动资产合计	9 502 800		其他流动负债	0	
非流动资产：			流动负债合计	5 302 800	
可供出售金融资产	0		非流动负债：		
持有至到期投资	0		长期借款	1 200 000	
长期应收款	0		应付债券	0	
长期股权投资	500 000		长期应付款	0	
投资性房地产	0		专项应付款	0	
固定资产	2 200 000		预计负债	0	
在建工程	3 000 000		递延所得税负债	0	
工程物资	0		其他非流动负债	0	
固定资产清理			非流动负债合计	1 200 000	
生产性生物资产	0		负债合计	6 502 800	
油气资产	0		股东权益：		
无形资产	1 200 000		股本	10 000 000	
开发支出	0		资本公积	0	
商誉	0		减：库存股	0	
长摊待摊费用	0		盈余公积	200 000	
递延所得税资产	0		未分配利润	100 000	
其他非流动资产	400 000		股东权益合计	10 300 000	
非流动资产合计	7 300 000				
资产合计	16 802 800		负债和股东权益合计	16 802 800	

表 11—4　　**科目余额表**

2014 年 12 月 31 日　　单位:元

账户名称	借方余额	账户名称	贷方余额
库存现金	4 000	短期借款	100 000
银行存款	1 572 270	应付票据	200 000
其他货币资金	14 600	应付账款	1 907 600
交易性金融资产	0	其他应付款	100 000
应收票据	132 000	应付职工薪酬	60 000
应收账款	1 200 000	应交税费	453 462
坏账准备	—3 600	应付利息	0
预付账款	200 000	应付股利	64 431.70
其他应收款	10 000	一年内到期的非流动负债	0
材料采购	550 000	长期借款	2 320 000
原材料	90 000	股本	10 000 000
生产成本	76 100	盈余公积	249 540.80
库存商品	4 244 800	未分配利润	381 435.50
材料成本差异	8 500		
其他流动资产	180 000		
长期股权投资	500 000		
固定资产	4 802 000		
累计折旧	—340 000		
固定资产减值准备	—60 000		
工程物资	300 000		
在建工程	1 156 000		
无形资产	1 200 000		
累计摊销	—120 000		
递延所得税资产	19 800		
其他非流动资产	400 000		
合　计	16 136 470	合　计	16 136 470

解析:2014 年资产负债表见表 11—5。

表 11—5

资产负债表

会企 01 表

编报单位：××股份有限公司　　编制时间：2014 年 12 月 31 日　　单位：元

资　产	年末	年初	负债和所有者权益	年末	年初
流动资产：			流动负债：		
货币资金	1 590 870	2 812 600	短期借款	100 000	600 000
交易性金融资产	0	30 000	交易性金融负债	0	0
应收票据	132 000	492 000	应付票据	200 000	400 000
应收账款	1 196 400	598 200	应付账款	1 907 600	1 907 600
预付款项	200 000	200 000	预收款项	0	0
应收利息	0	0	应付职工薪酬	360 000	220 000
应收股利	0	0	应交税费	453 462	73 200
其他应收款	10 000	10 000	应付利息	0	2 000
存货	4 969 400	5 160 000	应付股利	64 431.7	0
一年内到期的非流动资产	0	0	其他应付款	100 000	100 000
其他流动资产	180 000	200 000	一年内到期的非流动负债	0	2 000 000
流动资产合计	8 278 670	9 502 800	其他流动负债	0	0
非流动资产：			流动负债合计	3 185 493.7	5 302 800
可供出售金融资产	0	0	非流动负债：		
持有至到期投资	0	0	长期借款	2 320 000	1 200 000
长期应收款	0	0	应付债券	0	0
长期股权投资	500 000	500 000	长期应付款	0	0
投资性房地产	0	0	专项应付款	0	0
固定资产	4 402 000	2 200 000	预计负债	0	0
在建工程	1 156 000	3 000 000	递延所得税负债	0	0
工程物资	300 000	0	其他非流动负债	0	0
固定资产清理	0	0	非流动负债合计	2 320 000	1 200 000
生产性生物资产	0	0	负债合计	5 505 493.7	6 502 800
油气资产	0	0	所有者权益（或股东权益）：		
无形资产	1 080 000	1 200 000	实收资本(或股本)	10 000 000	10 000 000
开发支出	0	0	资本公积	0	0
商誉	0	0	减：库存股	249 540.8	200 000
长摊待摊费用	0	0	盈余公积	381 435.5	100 000
递延所得税资产	19 800	0	未分配利润	10 630 976.3	10 300 000
其他非流动资产	400 000	400 000	股东权益合计	0	0
非流动资产合计	7 857 800	7 300 000			
资产合计	16 136 470	16 802 800	负债和所有者（或股东）权益合计	16 136 470	16 802 800

练习 11－3－1

【多项选择题】 资产负债表中的“货币资金”项目应包括的内容有(　　)。

A. 备用金　B. 库存现金　C. 银行存款　D. 其他货币资金

E. 交易性金融资产

练习 11－3－2

【多项选择题】 资产负债表的填制方法有(　　)。

A. 根据总账科目的余额直接填列

B. 根据明细科目的余额计算填列

C. 根据总账科目和明细科目的余额分析计算填列

D. 根据若干明细科目余额分析计算填列

E. 根据有关资产科目与其备抵科目抵减后的净额填列

练习 11－3－3

【单项选择题】 资产负债表的下列项目中,必须根据总账科目和明细科目两者的余额分析计算填列的是(　　)。

A. 货币资金　B. 长期借款　C. 应付票据　D. 应付职工薪酬

主题学习单元 11.4　利润表

11.4.1　利润表的概念和作用

【任务 11－4－1】 什么是利润表? 利润表具备什么作用?

利润表又称损益表,它是反映企业在一定期间(月份、年度)内生产经营成果的财务报表,属于动态报表。通过该表可以从总体上了解企业收入、费用和净利润(或亏损)的实现和构成情况,用以分析企业的盈利能力和亏损原因。企业的外部使用者可以根据报表提供的信息,进行各自的经济决策;企业的内部管理人员则可以据此分析企业利润计划的完成情况,并从利润的构成入手,分析影响利润的主要因素,发现存在的问题,采取有效的措施,加强和改善内部经营管理,以进一步提高企业的经济效益。

11.4.2　利润表的结构

【任务 11－4－2】 利润表有哪几种结构? 各结构的构成项目分别表示什么意思?

利润表的结构一般有单步式和多步式两种。

单步式是将所有收入和所有费用分别加以汇总,用收入合计减去费用合计,从而得出本期利润。由于它只有一个相减的步骤,因而称为单步式利润表。其格式如表 11－6 所示。

表 11－6　利润表

编制单位:　20××年 12 月　单位:元

项　目	行　次	本月数	本年累计数
一、收入			
主营业务收入			
其他业务收入			

续表

项　目	行　次	本月数	本年累计数
投资收益			
营业外收入			
收入合计			
二、费用			
主营业务成本			
其他业务成本			
销售费用			
营业税金及附加			
管理费用			
财务费用			
营业外支出			
所得税费用			
费用合计			
三、净利润			

单步式利润表编制方法简单，收入、支出归类清楚。其缺点是反映不出企业利润的构成内容，收入和费用不分层次和步骤，因而不利于对利润表的分析。

多步式利润表是按照利润的构成内容分层次、分步骤逐项、逐步计算编制而成的报表。其反映的重点不仅在于企业最终的利润，还在于企业利润的形成过程。这种报表便于使用者对其进行分析。我国企业的利润表，一般采用多步式。利润表中，费用应当按照功能分类，分为从事经营业务发生的成本、管理费用、销售费用和财务费用等。

多步式利润表主要包括以下五个方面的内容：

(1)营业收入

营业收入由主营业务收入和其他业务收入组成。

(2)营业利润

营业收入减去营业成本(主营业务成本、其他业务成本)、营业税金及附加、销售费用、管理费用、财务费用、资产减值损失，加上公允价值变动收益、投资收益，即为营业利润。

(3)利润总额

营业利润加上营业外收入，减去营业外支出，即为利润总额。

(4)净利润

利润总额减去所得税费用，即为净利润。

(5)每股收益

每股收益包括基本每股收益和稀释每股收益两项指标。利润表的基本格式见表 11—8。

11.4.3　利润表的填列方法

【任务 11—4—3】　利润表的金额栏按照什么填列?

利润表的金额栏的填写方法如下：

(1)“本期金额”栏反映各项目的本期实际发生额。

如果上年度利润表的项目名称和内容与本年度利润表不一致，应对上年度利润表项目的名称和数字按本年度的规定进行调整，填入报表的“上期金额”栏。

(2)报表中各项目主要根据各损溢类科目的发生额分析填列。

11.4.4　利润表编制

【主题活动11—4—1】 某股份有限公司2014年度有关损益类科目本年累计发生金额见表11—7。

表11—7　　**2014年度损益类科目累计发生金额**　　单位：元

科目名称	借方发生额	贷方发生额
主营业务收入		3 750 000
主营业务成本	2 250 000	
营业税金及附加	6 000	
销售费用	210 000	
管理费用	220 000	
财务费用	124 500	
资产减值损失	104 000	
投资收益		154 500
营业外收入		150 000
营业外支出	59 100	
所得税费用	307 197	

根据上述资料编制该企业2014年度利润表(见表11—8)。

表11—8　　**利润表**

编制单位：　　2014年　　会企02表

单位：元

项　目	本期金额	上期金额(略)
一、营业收入	3 750 000	
减：营业成本	2 250 000	
营业税金及附加	6 000	
销售费用	210 000	
管理费用	220 000	
财务费用	124 500	
资产减值损失	104 000	
加：公允价值变动收益(损失以“—”号填列)	0	
投资收益(损失以“—”号填列)	154 500	
其中：对联营企业和合营企业的投资收益	0	
二、营业利润(亏损以“—”号填列)	990 000	
加：营业外收入	150 000	

续表

项 目	本期金额	上期金额(略)
减:营业外支出	59 100	
其中:非流动资产处置损失	(略)	
三、利润总额(亏损总额以"—"号填列)	1 080 900	
减:所得税费用	307 197	
四、净利润(净亏损以"—"号填列)	773 703	
五、每股收益	(略)	
(一)基本每股收益		
(二)稀释每股收益		

练习 11—4—1

【多项选择题】 利润表提供的信息包括(　　)。

A. 实现的营业收入　　B. 发生的营业成本

C. 利润或亏损　　D. 管理费用

E. 企业的财务状况

练习 11—4—2

【多项选择题】 下列项目中影响营业利润的有(　　)。

A. 主营业务收入　　B. 管理费用　　C. 主营业务成本　　D. 投资收益

E. 营业外收入

主题学习单元 11.5　所有者权益变动表

11.5.1　所有者权益变动表的结构和内容

【任务 11—5—1】 ***什么是所有者权益变动表?所有者权益变动表由哪些部分构成?***

所有者权益变动表是反映所有者权益的各个部分当期增减变动的报表,包括实收资本、资本公积、盈余公积和未分配利润的当期增减情况等,是一张动态报表。

所有者权益变动表是由净利润、直接计入所有者权益的利得或损失、所有者投入和减少资本、利润分配以及所有者权益内部结转四部分组成。

11.5.2　所有者权益变动表各项目的填制

【任务 11—5—2】 ***所有者权益变动表各项目如何填列?***

(1)本年年初余额=各项目上年年末余额+会计政策变更和前期差错调整;

(2)本年年末余额=本年年初余额+本年增减变动金额;

(3)本年增减变动金额=净利润+直接计入所有者权益的利得和损失+所有者投入和减少资本+利润分配+所有者内部结转。

所有者权益变动表见表 11—9。

表 11—9

所有者权益变动表

编制单位　　　　　　　　　　　　单位:元

项　目	本年金额						上年金额					
	实收资本（股本）	资本公积	减:库存股	盈余公积	未分配利润	所有者权益合计	实收资本（股本）	资本公积	减:库存股	盈余公积	未分配利润	所有者权益合计
一、上年年末余额												
加:会计政策变更												
前期差错更正												
二、本年增减变动金额												
(一)净利润												
(二)直接计入所有者权益的利得和损失												
1. 可供出售金融资产公允价值变动净额												
2. 权益法下被投资单位其他所有者权益变动的影响												
3. 与计入所有者权益相关的所得税影响												
4. 其他												
上述(一)和(二)小计												
(三)所有者投入和减少资本												
1. 所有者投入资本												
2. 股份支付计入所有者权益的金额												
3. 其他												
(四)利润分配												
1. 提取盈余公积												
2. 对所有者(或股东)的分配												
3. 其他												
(五)所有者权益内部结转												
1. 资本公积转增资本(股本)												
2. 盈余公积转增资本(或股本)												
3. 盈余公积补亏												
4. 其他												
三、本年年末余额												

练习 11—5—1

【判断题】 所有者权益变动表是反映构成所有者权益的各组成部分当期增减变动情况的报表，是资产负债表的附表。 （ ）

主题学习单元 11.6 现金流量表

11.6.1 现金流量表的概念和结构

【任务 11—6—1】 什么是现金流量表？现金流量表包含哪些内容？具备什么结构？

现金流量表是指反映企业在一定会计期间现金和现金等价物流入和流出的报表。其中，现金是指企业的库存现金以及可以随时用于支付的存款。现金流量表中的“现金”不仅包括“库存现金”账户核算的库存现金，还包括企业“银行存款”账户核算的存入金融企业、可以随时用于支付的存款，也包括“其他货币资金”账户核算的外埠存款、银行汇票存款、银行本票存款、信用证保证金存款、信用卡存款和存出投资款等其他货币资金。

需要注意的是，银行存款和其他货币资金中有些不能随时用于支付的存款，如不能随时支取的定期存款等，不应作为现金，而应列作投资；提前通知金融企业便可支取的定期存款，则应包括在现金范围内。

现金流量表的现金包括现金和现金等价物。现金等价物，是指企业持有的期限短、流动性强、易于转换为已知金额现金、价值变动风险很小的投资。现金等价物的定义本身包含了判断一项投资是否属于现金等价物的四个条件，即：(1)期限短；(2)流动性强；(3)易于转换为已知金额的现金；(4)价值变动风险很小。其中，期限短、流动性强，强调了变现能力，而易于转换为已知金额的现金、价值变动风险很小，则强调了支付能力的大小。

11.6.2 现金流量的分类

【任务 11—6—2】 什么是现金流量？企业的现金流量可以分为哪些种类？各类活动产生的现金流量包含哪些内容？

现金流量是指现金和现金等价物的流入和流出，可分为三类：经营活动产生的现金流量、投资活动产生的现金流量和筹资活动产生的现金流量。

11.6.2.1 经营活动产生的现金流量

经营活动是指企业投资活动和筹资活动以外的所有交易和事项。从经营活动的定义可以看出，经营活动的范围很广，包括了除投资活动和筹资活动以外的所有交易和事项。对于工商企业而言，经营活动主要包括：销售商品、提供劳务、购买商品、接受劳务、支付税费等。

一般来说，经营活动产生的现金流入项目主要有：(1)销售商品、提供劳务收到的现金；(2)收到的税费返还；(3)收到的其他与经营活动有关的现金。经营活动产生的现金流出项目主要有：(1)购买商品、接受劳务支付的现金；(2)支付给职工以及为职工支付的现金；(3)支付的各项税费；(4)支付的其他与经营活动有关的现金。

各类企业由于行业特点不同，对经营活动的认定存在一定差异，在编制现金流量表时，应根据企业的实际情况，对现金流量进行合理的归类。

11.6.2.2 投资活动产生的现金流量

投资活动是指企业长期资产的购建和不包括在现金等价物范围内的投资及其处置活动。

其中，长期资产是指固定资产、无形资产、在建工程、其他资产等持有期限在一年或一个营业周期以上的资产。

需要注意的是，这里所讲的投资活动，既包括实物资产投资，也包括金融资产投资，还包括购建固定资产等投资活动。这里之所以将“包括在现金等价物范围内的投资”排除在外，是因为已经将包括在现金等价物范围内的投资视同现金。

一般来说，投资活动产生的现金流入项目主要有：(1)收回投资所收到的现金；(2)取得投资收益所收到的现金；(3)处置固定资产、无形资产和其他长期资产所收回的现金净额；(4)处置子公司及其他营业单位产生的现金净额；(5)收到的其他与投资活动有关的现金。投资活动产生的现金流出项目主要有：(1)购建固定资产、无形资产和其他长期资产所支付的现金；(2)投资所支付的现金；(3)取得子公司及其他营业单位支付的现金净额；(4)支付的其他与投资活动有关的现金。

11.6.2.3　*筹资活动产生的现金流量*

筹资活动是指导致企业资本及债务规模和构成发生变化的活动。

一般来说，筹资活动产生的现金流入项目主要有：(1)吸收投资所收到的现金；(2)取得借款所收到的现金；(3)收到的其他与筹资活动有关的现金。筹资活动产生的现金流出项目主要有：(1)偿还债务所支付的现金；(2)分配股利、利润或偿付利息所支付的现金；(3)支付的其他与筹资活动有关的现金。

11.6.3　现金流量表编制

【任务11—6—3】 ***如何编制现金流量表？***

现金流量表的格式见表11—10。其编制原理和方法在中级财务会计中作介绍。

表11—10　　**现金流量**

编制单位：　　20××年××月　　会企03表

单位：元

项　目	本期金额	上期金额
一、经营活动产生的现金流量：		
销售商品、提供劳务收到的现金		
收到的税费返还		
收到的其他与经营活动有关的现金		
经营活动现金流入小计		
购买商品、接受劳务支付的现金		
支付给职工以及为职工支付的现金		
支付的各项税费		
支付的其他与经营活动有关的现金		
经营活动现金流出小计		
经营活动产生的现金流量净额		
二、投资活动产生的现金流量：		

续表

项　目	本期金额	上期金额
收回投资所收到的现金		
取得投资收益所收到的现金		
处置固定资产、无形资产和其他长期资产收回的现金净额		
处置子公司及其他营业单位收到的现金净额		
收到的其他与投资活动有关的现金		
投资活动现金流入小计		
购建固定资产、无形资产和其他长期资产所支付的现金		
投资所支付的现金		
取得子公司及其他营业单位支付的现金净额		
支付的其他与投资活动有关的现金		
投资活动现金流出小计		
投资活动产生的现金流量净额		
三、筹资活动产生的现金流量：		
吸收投资所收到的现金		
借款收到的现金		
收到的其他与筹资活动有关的现金		
筹资活动现金流入小计		
偿还债务所支付的现金		
分配股利、利润或偿付利息所支付的现金		
支付的其他与筹资活动有关的现金		
筹资活动现金流出小计		
筹资活动产生的现金流量净额		
四、汇率变动对现金及现金等价物的影响		
五、现金及现金等价物净增加额		
加：期初现金及现金等价物净增加额		
六、期末现金及现金等价物余额		

补充资料	本期金额	上期金额
1. 将净利润调节为经营活动的现金流量：		
净利润		
加：资产减值准备		
固定资产折旧、油气资产折耗、生产性生物资产折旧		
无形资产摊销		

续表

补充资料	本期金额	上期金额
长期待摊费用摊销		
处置固定资产、无形资产和其他长期资产的损失(收益以"－"填列)		
固定资产报废损失(收益以"－"填列)		
公允价值变动损失(收益以"－"填列)		
财务费用(收益以"－"填列)		
投资损失(收益以"－"填列)		
递延所得税资产减少(增加以"—"填列)		
递延所得税负债增加(减少以"—"填列)		
存货的减少(增加以"—"号填列)		
经营性应收项目的减少(增加以"—"号填列)		
经营性应付项目的增加(减少以"—"号填列)		
其他		
经营活动产生的现金流量净额		
2. 不涉及现金收支的投资和筹资活动:		
债务转为资本		
一年内到期的可转换公司债券		
融资租入固定资产		
3. 现金及现金等价物净变动情况:		
现金的期末余额		
减:现金的期初余额		
加:现金等价物的期末余额		
减:现金等价物的期初余额		
现金及现金等价物净增加额		

练习 11－6－1

【单项选择题】 现金流量表是以(　　)为基础编制的财务报表。

A. 权责发生制　　B. 收付实现制　　C. 应收应付制　　D. 费用配比表

练习 11－6－2

【多项选择题】 现金流量表是用来提供企业有关现金流入、现金流出及投资与筹资活动方面信息的会计报表。报表使用者根据这些信息,可以评估企业(　　)方面的事项。

A. 企业在未来期间产生净现金流量的能力

B. 企业偿还债务及支付企业所有者的投资报酬的能力

C. 企业的利润与经营活动所产生净现金流量发送差异的原因

D. 会计年度内影响或不影响现金的投资活动与筹资活动

E. 企业在某一特定日期资产和权益变动的结果

主题学习单元 11.7 财务报告附注

11.7.1 财务报告附注的意义

【任务 11—7—1】 *什么是财务报告附注？财务报告附注对各使用者有什么意义？*

财务报告附注是指对在资产负债表、利润表、现金流量表和所有者权益变动表等报表中列示项目的文字描述或明细资料，以及对未能在这些报表中列示项目的说明等。

附注是财务报告不可缺少的组成部分，报告使用者要了解企业的财务状况、经营成果和现金流量，应当全面阅读附注，附注相对于报表而言，同样具有重要性。

按照财务报告列报准则的规定，附注应当按照一定的结构进行系统合理的排列和分类，有顺序地披露信息。

比如，对于一种交易或事项，可能存在不同的会计原则和会计处理方法。也就是说，有不同的会计政策可供选择。如果不交代财务报表中的这些项目是用什么原则和方法确认的，就会给财务报表的使用者理解财务报告带来一定的困难，这就需要在财务报告附注中加以说明。又如，可比性是一项重要的会计原则，它要求前后各期采用的会计政策应当保持一致，不得随意变更。由于会计法规发生变化，或者为了更加公允地反映企业的实际情况，企业有可能变更财务报表中某些项目的会计政策。由于不同期间的财务中对同一项目采用了不同的会计政策，影响了不同期间财务报表的可比性，为了帮助财务报表使用者掌握会计政策的变化，也需要在财务报告附注中加以说明。再如，财务报表由于形式的限制，只能按大类设置项目，反映总体情况，至于各项目内部的情况以及项目背后的情况往往难以在财务报告中反映。比如，资产负债表中的应收账款只是一个年末余额，至于各项应收账款的账龄情况就无从得知，而这些方面的信息对于财务会计报告的使用者来说了解企业信用资产的质量的确是很必要的。所以，往往需要在财务报告附注中提供应收账款账龄的信息。

11.7.2 财务报告附注的主要内容

【任务 11—7—2】 *财务报告附注有哪些主要内容？*

11.7.2.1 企业的基本情况

(1)企业注册地、组织形式和总部地址；

(2)企业的业务性质和主要经营活动；

(3)母公司以及集团最终母公司的名称；

(4)财务报告的批准报出者和财务报告批准报出日。

11.7.2.2 报表的编制基础

在正常情况下，应以企业的持续经营作为列报基础。财务报告列报准则规范的是企业持续经营基础下的财务报表列报。如果企业出现了非持续经营，导致以持续经营为基础编制财务报表不再合理的，应当采用其他基础编制财务报表，并在附注中声明报表未以持续经营基础列报及其原因。

11.7.2.3 遵循企业会计准则的声明

企业应当声明编制的财务报表符合企业会计准则的要求，真实、完整地反映了企业的财务状况、经营成果和现金流量等有关信息。以此明确企业编制财务报表所依据的制度基础。如果企业编制的财务会计报告只是部分遵循企业会计准则，在附注中不得作出这种表述。

11.7.2.4 重要会计政策和会计估计

根据财务列报准则的规定，企业应当披露采用的重要会计政策和会计估计，不重要的会计政策和会计估计可以不予披露。

(1)重要会计政策。由于企业交易和事项的复杂性和多元性，某些交易或事项可以有多种会计处理方法，即存在不止一种可供企业选择的会计政策。例如，企业存货的计价有先进先出法、加权平均法和个别计价法等；固定资产的折旧有平均年限法、工作量法、双倍余额递减法和年数总和法等。企业发生某项交易或事项时必须从允许采用的会计处理方法中选择适合本企业特点的会计政策，进而编制出不同结果的财务报表。为帮助报表使用者理解财务报表，有必要对企业所采用的会计政策进行披露。同时，还需要披露财务项目的计量基础、会计政策的确定依据等。因此，这项披露要求有助于报表使用者理解企业选择和应用会计政策的背景，增加财务报表的可理解性。

(2)重要会计估计。企业应当披露会计估计中所采用的关键假设和不确定因素的确定依据，这些关键假设和不确定因素在下一个会计期间很可能导致资产、负债账面价值的重大调整。在确定报表中资产和负债账面金额的过程中，企业有时需要对不确定的未来事项在资产负债表日对这些资产和负债加以估计。例如，固定资产的可收回金额需要根据其公允价值减去处置费用后的净额与预计未来现金流量的现值两者之间的较高者确定；在计算资产预计未来现金流量的现值时，需要对未来现金流量进行预测，并选择适当的折现率；应当在附注中披露未来现金流量预测所采用的假设及其依据、所选择的折现率为什么是合理的；等等。由此可见，强调对重要会计估计披露这一要求，有助于提高财务报表的可理解性。

11.7.2.5 会计政策和会计估计变更以及差错更正的说明

企业应当按照会计准则规定，披露会计政策和会计估计变更以及差错更正的有关情况。

11.7.2.6 报表重要项目的说明

企业应当将文字描述和数字相结合，尽可能以列表形式披露报表重要项目的构成或当期增减变动情况，并且报表重要项目的明细金额合计应当与报表项目金额相衔接。在披露顺序上，一般应当按照资产负债表、利润表、现金流量表、所有者权益变动表的顺序及其项目列示的顺序。

11.7.2.7 其他需要说明的重要事项

主要包括或有和承诺事项、资产负债表日后事项、关联方关系及其交易等。

概念回顾

财务报告　资产负债表　利润表　现金流量表　所有者权益变动表　财务报告附注

复习思考题

1. 什么是财务报表？财务报表的作用是什么？
2. 编制财务报表有哪些要求？
3. 什么是资产负债表？资产负债表的作用是什么？
4. 资产负债表是如何编制的？
5. 什么是利润表？利润表有哪些作用？
6. 利润表是如何编制的？

7. 现金流量表的结构如何？它有什么作用？

8. 为什么要编制所有者权益变动表？

技能实训

一、实训目的

能利用财务报表进行财务分析。

二、实训资料

1937 年，麦当劳兄弟(Dick and Mac)在美国加州巴塞迪那(Pasadena)销售汉堡、热狗、奶昔等 25 种产品。1940 年前后，他们做了个简单的财务报表，经分析，意外地发现 80%的生意来自汉堡。虽然三明治或猪排等产品味道很好，但销售平平。麦当劳兄弟于是决定简化产品线，专攻低价且销售量大的产品。他们将产品由 25 种减少为 9 种，并将汉堡由 30 美分降低到 15 美分。从此之后，麦当劳德销售及获利激增，为后来发展成世界级企业奠定了基础。

三、实训要求

分析这份财务报表，得出启示。

|学习单元 12|

综合实训

【素质目标】

1. 了解账务处理程序的概念与种类；
2. 掌握记账凭证账务处理程序的一般步骤、优点、缺点及使用范围；
3. 掌握科目汇总表账务处理程序的一般步骤、优点、缺点及使用范围；
4. 掌握汇总记账凭证账务处理程序的一般步骤、优点、缺点及使用范围。

【技能目标】

1. 能运用记账账务处理程序进行会计数据处理；
2. 能运用科目汇总表账务处理程序进行会计数据处理；
3. 能运用汇总记账凭证账务处理程序进行会计数据处理。

【案例导入】

王梅去婶婶的单位实习，婶婶拿出记账凭证、日记账、明细账和总账，让王梅自己先学习一下。王梅看着一本本整齐的记账凭证，发现有收款凭证、付款凭证和转账凭证。日记账分为现金日记账和银行存款日记账，明细账有三栏式、数量金额式和多栏式，总账是三栏式。

看着账簿上书写整齐规范的会计信息，王梅很好奇，问婶婶："这些账簿上的数据是怎么得来的？记账凭证和日记账、明细账、总账上面的数据有什么关系？"婶婶笑了，详细地给王梅讲起会计账务处理程序的相关知识。

主题学习单元 12.1　会计账务处理程序概述

在会计工作中，会计凭证、会计账簿和财务报表三者之间不是彼此孤立、互不联系的，而是按照一定的形式相互结合，形成一个完整的体系。为了使记账工作有条不紊地进行，就有必要明确各种会计凭证、各种会计账簿和财务报表之间的联系，并把它们有机地结合起来。

12.1.1　会计账务处理程序的概念

【任务 12—1—1】　什么是会计账务处理程序？

会计账务处理程序又称账务处理程序，是指在会计核算中，以账簿体系为核心，把会计凭证、会计账簿、记账程序和记账方法有机地结合起来的技术组织方式。账簿体系是指账簿的种类、格式和各种账簿之间的相互关系；记账程序和记账方法是指会计凭证的整理、传递，会计账簿的登记以及根据会计账簿编制财务报表的程序和方法。由于各会计主体的业务性质、规模大小不同,应当设置的账簿种类、格式和账簿之间的相互关系,以及与之相适应的记账程序和记账方法也就不完全相同。不同的账簿组织、记账程序和记账方法相互结合在一起,就构成了不同的账务处理程序。

账务处理程序主要包括两部分内容:第一,建立凭证、账簿和报表组织体系。其中,凭证组织是指会计凭证的种类、格式及各种凭证之间的关系;账簿组织是指账簿的种类、格式及各种报表之间的关系。上述三种组织构成一个完整的体系,其核心是账簿组织。第二,确定记账步骤,即从会计凭证的取得、填制到账簿的登记,再到财务报表的编制这一整个过程的具体步骤。

12.1.2 账务处理程序的作用

【任务 12—1—2】 *账务处理程序有什么作用?*

科学选择适合本单位的账务处理程序,对于有效地组织会计核算具有重要的意义:

(1)确定凭证、账簿、报表之间合理的联系方式,有助于规范会计工作程序,保证会计信息加工过程的严密性。

(2)通过凭证、账簿和报表之间的牵制作用,有助于保证会计记录的完整性、正确性,增强会计信息的真实可靠。

(3)通过井然有序的账务处理程序,有助于减少不必要的会计核算环节,提高会计工作效率,保证会计信息的及时性。

12.1.3 账务处理程序的要求

【任务 12—1—3】 *企业应如何选择账务处理程序?账务处理程序有哪些要求?*

为了科学地组织会计核算工作,充分发挥会计的核算和监督职能,各会计主体应根据会计制度的要求,结合本单位的实际情况,选用适当的、实用的会计账务处理程序。其一般应符合以下要求(见图 12—1):

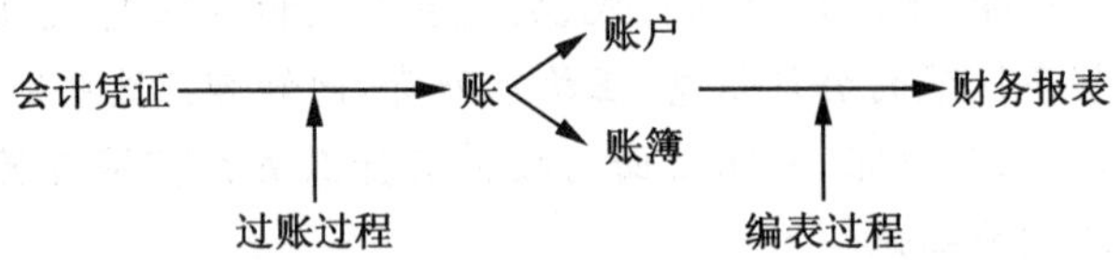

图 12—1 会计账务处理程序

(1)要与本单位经济活动的性质、规模的大小和业务的繁简程度相适应,有利于加强会计核算工作的分工协作和建立、落实会计工作岗位责任制。

(2)要能正确、及时、完整地提供各种必要的会计信息,全面、系统地反映单位的经济活动情况,满足本单位内外会计信息使用者的要求。

(3)要在不影响会计信息质量的前提下,力求减少会计核算的工作量,提高会计人员的工作效率,不断节约人力和物力。

【任务 12—1—4】 *目前,我国采用的会计账务处理程序主要有哪些?*

目前,我国采用的会计账务处理程序主要有以下几种:

(1)记账凭证账务处理程序;

(2)科目汇总表账务处理程序;

(3)汇总记账凭证账务处理程序；

(4)多栏式日记账账务处理程序；

(5)日记总账账务处理程序。

各种账务处理程序的根本区别在于登记总分类账的依据和方法不同。下面分别介绍各种账务处理程序的主要特点和基本内容。

主题学习单元 12.2　记账凭证账务处理程序

12.2.1　记账凭证账务处理程序的概念

【任务 12—2—1】　什么是记账凭证账务处理程序？

记账凭证账务处理程序是指对发生的经济业务事项，都要根据原始凭证或汇总原始凭证编制记账凭证，然后直接根据记账凭证逐笔登记总分类账的一种账务处理程序。它是最基本的账务处理程序，其他账务处理程序是在它的基础上发展形成的。

12.2.2　记账凭证账务处理程序的特点

【任务 12—2—2】　记账凭证账务处理程序有哪些特点？

记账凭证账务处理程序的特点是直接根据各种记账凭证逐笔登记总分类账。

在记账凭证账务处理程序下，记账凭证一般采用收款凭证、付款凭证和转账凭证三种格式，用以分别反映单位日常发生的各种收、付款和转账经济业务。账簿的设置一般包括日记账、总分类账和明细分类账。日记账包括现金日记账和银行存款日记账，分别序时记录现金、银行存款收付业务，其格式一般采用三栏式。总分类账应按总分类科目设置，格式可采用借、贷、余三栏式。明细分类账可根据经济管理的需要设置，采用三栏式、多栏式或数量金额式。

12.2.3　记账凭证账务处理程序的基本内容

【任务 12—2—3】　记账凭证账务处理程序的基本内容有哪些？

记账凭证账务处理的基本内容如下(见图 12—2)：

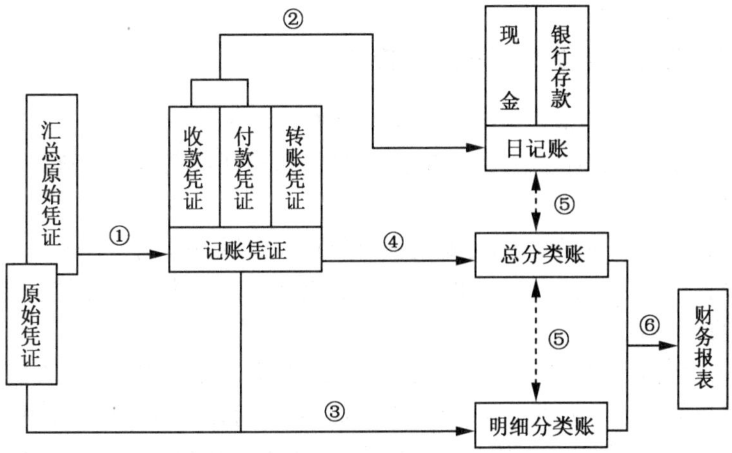

图 12—2　记账凭证账务处理程序

(1)根据原始凭证或汇总原始凭证填制记账凭证;

(2)根据收、付款凭证,每日逐笔登记现金、银行存款日记账;

(3)根据原始凭证、汇总原始凭证或记账凭证,逐笔登记各种明细分类账;

(4)根据记账凭证逐笔登记总分类账;

(5)期末,将现金日记账、银行存款日记账和各明细分类账的余额与总分类账的有关账户的余额进行核对;

(6)期末,根据总分类账和有关明细分类账的数额编制财务报表。

12.2.4 记账凭证账务处理程序的优点和缺点

【任务 12—2—4】 记账凭证账务处理程序有哪些优点和缺点?

记账凭证账务处理程序比较简单明了,易于理解,并且由于总分类账是根据记账凭证逐笔登记的,因而在总分类账中能够详细反映各项经济业务的内容,便于了解经济业务的动态;但是这种账务处理程序登记总分类账的工作量比较大。因此,记账凭证账务处理程序一般适用于规模小、经济业务少、凭证不多的会计主体。为了减少记账凭证的数量,减轻登记总分类账的工作量,采用这种账务处理程序时,应尽量使用原始凭证汇总表,对反映同类经济业务的原始凭证进行整理,再根据原始凭证汇总表编制记账凭证。

12.2.5 记账凭证账务处理程序实训

记账凭证账务处理程序将以主题学习单元 12.3 中恒达公司 2014 年 10 月份发生的经济业务为例,说明记账凭证的编制。

主题学习单元 12.3 科目汇总表账务处理程序

12.3.1 科目汇总表账务处理程序的概念

【任务 12—3—1】 什么是科目汇总表账务处理程序?

科目汇总表账务处理程序是根据记账凭证定期编制科目汇总表,再根据科目汇总表登记总分类账的账务处理程序。

12.3.2 科目汇总表账务处理程序的特点

【任务 12—3—2】 科目汇总表账务处理程序有什么特点?

科目汇总表账务处理程序的主要特点是:根据记账凭证定期地编制科目汇总表,再根据科目汇总表登记总分类账。

在科目汇总表账务处理程序下,记账凭证、银行存款日记账、现金日记账、各种总分类账和明细分类账的设置与记账凭证账务处理程序基本相同。同时为了将记账凭证定期地进行汇总,还需设置科目汇总表。

科目汇总表是根据一定时期内的全部记账凭证,按各个账户的借、贷方进行归类,并计算出每一总分类账户的本期借方发生额、贷方发生额,并填写在科目汇总表的相关栏内。对于库存现金、银行存款账户的借方发生额和贷方发生额,也可直接根据现金、银行存款日记账的收支合计数填列,而不再根据收、付款凭证归类汇总填列。科目汇总表可以每月汇总一次编制一张，也可以按旬汇总一次，按月编制一张。业务量较多的单位也可以每日进行汇总。

为了便于编制科目汇总表，收款凭证、付款凭证、转账凭证的编制应以简单会计分录为好，并且转账凭证要复写两联：一联作为借方账户的汇总，另一联作为贷方账户的汇总。转账凭证也可采用单式记账凭证。

科目汇总表的格式和编制参见后面的实训。

12.3.3 科目汇总表账务处理程序的基本内容

【任务12—3—3】 科目汇总表账务处理程序的基本内容有哪些？

科目汇总表账务处理程序的基本内容如下：

(1)根据原始凭证或汇总原始凭证编制记账凭证；

(2)根据收、付款凭证逐笔登记现金日记账和银行存款日记账；

(3)根据原始凭证、汇总原始凭证和记账凭证逐笔登记各明细分类账；

(4)根据记账凭证定期地编制科目汇总表；

(5)根据科目汇总表登记总分类账；

(6)期末，将库存现金日记账和银行存款日记账的余额与库存现金总账和银行存款总账的余额进行核对，将各明细分类账的余额与有关总分类账的余额进行核对；

(7)期末，根据总分类账和明细分类账编制财务报表。

科目汇总表账务处理程序如图12—3所示。

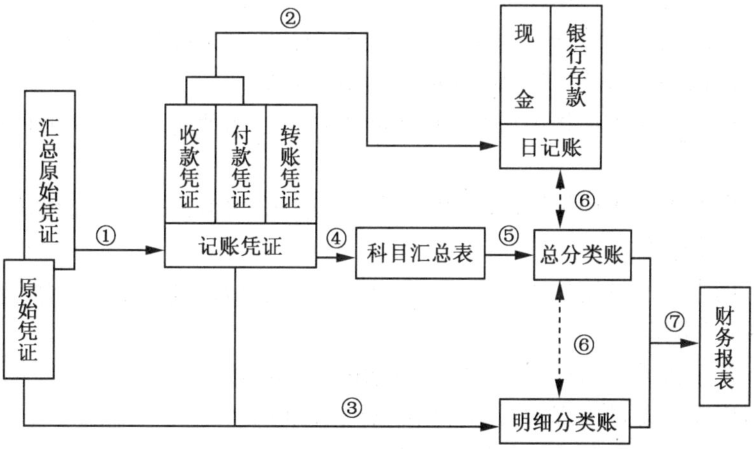

图12—3 科目汇总表账务处理程序

12.3.4 科目汇总表账务处理程序的优点和缺点

【任务12—3—4】 科目汇总表账务处理程序有哪些优点和缺点？

科目汇总表账务处理程序，由于采取了汇总登记总分类账的方式，因而简化了总分类账的登记工作，并且科目汇总表的编制方法比较容易、简便；通过编制科目汇总表，可以进行总分类账户本期借、贷方发生额的试算平衡，保证记账工作的质量。但是，在科目汇总表和总分类账上，不能明确反映有关账户之间的对应关系，所以不便于分析经济活动情况，不便于查对账目。科目汇总表账务处理程序一般为经济业务量大的会计主体所采用。

【任务 12—3—5】 科目汇总表账务处理程序应如何应用?

现以恒达公司 2014 年 10 月份发生的经济业务为例,说明在科目汇总表账务处理程序下,记账凭证和科目汇总表的编制方法;现金日记账、银行存款日记账、总分类账及明细分类账登记方法,日记账、明细账与总分类账的核对以及财务报表的编制方法。

恒达公司 10 月份发生的经济业务如下:

(1)1 日,从银行提取现金2 340元,以备零用。

(2)1 日,向银行借入利率 6%,期限为 90 天的短期借款11 700元。

(3)2 日,以银行存款支付第四季度仓库租金5 616元。(可增设"待摊费用"科目核算)

(4)3 日,接银行通知,光明厂欠本厂货款93 600元已收妥。

(5)3 日,厂部张欣出差,预借差旅费 702 元,以现金付讫。

(6)4 日,从四达厂购进 H 材料一批,货款58 500元,进项税额9 945元,尚未支付,材料已验收入库。

(7)5 日,领用 H 材料一批,其中用于甲产品生产46 800元,用于基本生产车间一般消耗2 340元。

(8)6 日,厂房维修领用 G 材料一批,价值 468 元。

(9)7 日,购进不需安装的机器一台,买价为58 500元,进项税额9 945元,均以银行存款付讫。

(10)8 日,从银行提取现金42 120元,备发工资。

(11)8 日,发放工资42 120元。

(12)9 日,厂部王强报销差旅费 936 元,不足部分补给现金(出差时预借差旅费 819 元)。

(13)10 日,以银行存款18 720元偿还前欠大华厂账款。

(14)11 日,向大发商场销售甲产品,售价为11 700元,增值税率 17%(增值税额1 989元),款项尚未收妥。

(15)11 日,向红光商场销售甲产品,售价为98 280元,增值税率 17%(增值税额16 707.60元),款项已收妥,并存入银行。

(16)11 日,向中汇商场销售乙产品,售价为23 400元,增值税率 17%(增值税额3 978元),款项已收妥,并存入银行。

(17)13 日,接银行通知,收妥大发商场应收账款13 689元。

(18)14 日,以现金支付厂部购买办公用品费 924.30 元。

(19)15 日,开出现金支票从银行提取现金1 170元。

(20)15 日,以银行存款支付广告费2 808元。

(21)16 日,向金龙商场销售乙产品,售价105 300元,增值税率 17%(增值税额17 901元),款项收妥,并存入银行。

(22)16 日,基本生产车间领用 G 材料一批,共计46 800元,其中:用于乙产品生产42 120元,用于车间一般消耗4 680元。

(23)17 日,以银行存款支付厂部办公费用1 404元。

(24)17 日,向景隆商场销售甲产品一批,售价11 700元,增值税率 17%(增值税额1 989元),款项尚未收到。

(25)17 日,以银行存款偿还前欠四达工厂账款68 445元。

(26)18 日,售给永发商场甲产品一批,售价28 080元,增值税率 17%(增值税额4 773.60

元），款项已收，并存入银行。

(27)20 日，从上凌工厂购入 H 材料，买价16 380元，进项税额2 784.60 元，款项未付，材料已验收入库。

(28)21 日，以银行存款支付电费9 360元，其中：甲产品用4 680元，乙产品用3 510元，基本生产车间照明用 234 元，厂部照明用 936 元。

(29)23 日，以银行存款支付展览费1 872元。

(30)31 日，摊销应由本月负担的仓库租金1 872元。

(31)31 日，预提应由本月负担的短期借款利息费用 585 元。

(32)31 日，分配本月工资费用42 120元，其中：甲产品生产工人工资19 760元，乙产品生产工人工资14 040元，车间管理人员工资3 510元，厂部管理人员工资为4 810元。

(33)31 日，按工资总额的 14％计提职工福利费。

(34)31 日，计提本月固定资产折旧16 380元，其中：车间固定资产折旧12 636元，厂部固定资产折旧3 744元。

(35)31 日，结转本月制造费用23 891.40 元，其中：甲产品负担13 967元，乙产品负担9 924.40元。

(36)31 日，结转本月完工入库的产品实际成本149 533.40 元，其中：甲产品成本87 973.40元，乙产品成本61 560元。

(37)31 日，结转本月已售产品实际成本167 076元，其中：甲产品89 856元，乙产品77 220元。

(38)31 日，登记本月应交产品销售税金及附加20 107元，其中：产品销售税金19 492元，教育费附加 585 元。

(39)31 日，结转本月产品销售收入278 460元，其中：甲产品149 760元，乙产品128 700元。

(40)31 日，结转本月产品销售成本167 076元，其中：甲产品89 856元，乙产品77 220元。

(41)31 日，结转本月产品销售税金及附加20 107元。

(42)31 日，结转本月财务费用 585 元。

(43)31 日，结转本月销售费用4 680元。

(44)31 日，结转本月管理费用15 767.70 元。

(45)31 日，计提本月应交所得税23 190.50 元。

(46)31 日，结转本月应交所得税23 190.50 元。

(47)31 日，计提本月盈余公积4 708.40 元。

根据以上经济业务编制记账凭证（如表 12－1～表 12－48 所示）。

表 12－1　　　　**付款凭证**

贷方科目：银行存款　　　　2014 年 10 月 1 日　　　　银付字第 1 号　单位：元

摘　要	借方科目		金　额	过账
	一级科目	二级科目		
提　现	库存现金		2 340	√
合　计			2 340	

表 12—2　　收款凭证

借方科目:银行存款　　2014 年 10 月 1 日　　银收字第 1 号　单位:元

摘　要	贷方科目		金　额	过账
	一级科目	二级科目		
取得银行借款	短期借款		11 700	√
合　计			11 700	

表 12—3　　付款凭证

贷方科目:银行存款　　2014 年 10 月 2 日　　银付字第 2 号　单位:元

摘　要	借方科目		金　额	过账
	一级科目	二级科目		
支付四季度仓库租金	待摊费用		5 616	√
合　计			5 616	

表 12—4　　收款凭证

借方科目:银行存款　　2014 年 10 月 3 日　　银收字第 2 号　单位:元

摘　要	贷方科目		金　额	过账
	一级科目	二级科目		
收光明厂前欠货款	应收账款		93 600	√
合　计			93 600	

表 12—5　　付款凭证

贷方科目:库存现金　　2014 年 10 月 3 日　　现付字第 1 号　单位:元

摘　要	借方科目		金　额	过账
	一级科目	二级科目		
付张欣预借差旅费	其他应收款	备用金	702	√
合　计			702	

表 12—6　　转账凭证

2014 年 10 月 4 日　　转字第 1 号　单位:元

摘　要	会计科目		借方金额	贷方金额	过账
	一级科目	二级科目			
从四达厂购入 H 材料款项未付	原材料	H 材料	58 500		√
	应交税费	应交增值税	9 945		√
	应付账款	四达厂		68 445	√
合　计			68 445	68 445	

表 12—7

转账凭证

2014 年 10 月 5 日　　　　转字第 2 号　单位:元

摘　要	会计科目		借方金额	贷方金额	过账
	一级科目	二级科目			
甲产品生产和车间一般耗用 H 材料	生产成本	甲产品	46 800		√
	制造费用		2 340		√
	原材料	H 材料		49 140	√
合　计			49 140	49 140	

表 12—8

转账凭证

2014 年 10 月 6 日　　　　转字第 3 号　单位:元

摘　要	会计科目		借方金额	贷方金额	过账
	一级科目	二级科目			
厂房维修领用 G 材料	管理费用		468		√
	原材料	G 材料		468	√
合　计			468	468	

表 12—9

付款凭证

贷方科目:银行存款　　　　2014 年 10 月 7 日　　　　银付字第 3 号　单位:元

摘　要	借方科目		金　额	过账
	一级科目	二级科目		
购入机器一台	固定资产		68 445	√
合　计			68 445	

表 12—10

付款凭证

贷方科目:银行存款　　　　2014 年 10 月 8 日　　　　银付字第 4 号　单位:元

摘　要	借方科目		金　额	过账
	一级科目	二级科目		
提现、备发工资	库存现金		42 120	√
合　计			42 120	

表 12—11

付款凭证

贷方科目:库存现金　　　　2014 年 10 月 8 日　　　　现付字第 2 号　单位:元

摘　要	借方科目		金　额	过账
	一级科目	二级科目		
发放工资	应付职工薪酬	工资	42 120	√
合　计			42 120	

表 12—12

转账凭证

2014 年 10 月 9 日　　转字第 4 号　单位:元

摘　要	会计科目		借方金额	贷方金额	过账
	一级科目	二级科目			
王强报销差旅费	管理费用		819		√
	其他应收款	备用金		819	√
合　计			819	819	

表 12—13

付款凭证

贷方科目:库存现金　　2014 年 10 月 9 日　　现付字第 3 号　单位:元

摘　要	借方科目		金　额	过账
	一级科目	二级科目		
王强报销差旅费,不足部分以现金补给	管理费用		117	√
合　计			117	

表 12—14

付款凭证

贷方科目:银行存款　　2014 年 10 月 10 日　　银付字第 5 号　单位:元

摘　要	借方科目		金　额	过账
	一级科目	二级科目		
以存款偿还大华厂账款	应付账款	大华工厂	18 720	√
合　计			18 720	

表 12—15

转账凭证

2014 年 10 月 11 日　　转字第 5 号　单位:元

摘　要	会计科目		借方金额	贷方金额	过账
	一级科目	二级科目			
向大发商场销售甲产品	应收账款	大发商场	13 689		√
	主营业务收入	甲产品		11 700	√
	应交税费	应交增值税		1 989	√
合　计			13 689	13 689	

表 12—16

收款凭证

借方科目:银行存款　　2014 年 10 月 11 日　　银收字第 3 号　单位:元

摘　要	贷方科目		金　额	过账
	一级科目	二级科目		
向红光商场销售甲产品	主营业务收入	甲产品	98 280	√
	应交税费	应交增值税	16 707.60	√
合　计			114 987.60	

表 12—17 **收款凭证**

借方科目:银行存款 2014年10月11日 银收字第4号 单位:元

摘 要	贷方科目		金 额	过账
	一级科目	二级科目		
向中汇商场销售乙产品	主营业务收入	乙产品	23 400	√
	应交税费	应交增值税	3 978	√
合 计			27 378	

表 12—18 **收款凭证**

借方科目:银行存款 2014年10月13日 银收字第5号 单位:元

摘 要	贷方科目		金 额	过账
	一级科目	二级科目		
收妥大发商场前欠账款	应收账款	大发商场	13 689	√
合 计			13 689	

表 12—19 **付款凭证**

贷方科目:库存现金 2014年10月14日 现付字第4号 单位:元

摘 要	借方科目		金 额	过账
	一级科目	二级科目		
支付购买办公用品费	管理费用		924.30	√
合 计			924.30	

表 12—20 **付款凭证**

贷方科目:银行存款 2014年10月15日 银付字第6号 单位:元

摘 要	借方科目		金 额	过账
	一级科目	二级科目		
提 现	库存现金		1 170	√
合 计			1 170	

表 12—21 **付款凭证**

贷方科目:银行存款 2014年10月15日 银付字第7号 单位:元

摘 要	借方科目		金 额	过账
	一级科目	二级科目		
以存款支付广告费	销售费用		2 808	√
合 计			2 808	

表 12—22

收款凭证

借方科目:银行存款　　2014 年 10 月 16 日　　银收字第 6 号　单位:元

摘　要	贷方科目		金　额	过账
	一级科目	二级科目		
向金龙商场销售乙产品	主营业务收入	乙产品	105 300	√
	应交税费	应交增值税	17 901	√
合　计			123 201	

表 12—23

转账凭证

2014 年 10 月 16 日　　转字第 6 号　单位:元

摘　要	会计科目		借方金额	贷方金额	过账
	一级科目	二级科目			
乙产品生产和车间一般耗用 G 材料	生产成本	乙产品	42 120		√
	制造费用		4 680		√
	原材料	G 材料		46 800	√
合　计			46 800	46 800	

表 12—24

付款凭证

贷方科目:银行存款　　2014 年 10 月 17 日　　银付字第 8 号　单位:元

摘　要	贷方科目		金　额	过账
	一级科目	二级科目		
以存款支付办公费用	管理费用		1 404	√
合　计			1 404	

表 12—25

转账凭证

2014 年 10 月 17 日　　转字第 7 号　单位:元

摘　要	会计科目		借方金额	贷方金额	过账
	一级科目	二级科目			
向景隆商场销售甲产品	应收账款	景隆商场	13 689		√
	主营业务收入	甲产品		11 700	√
	应交税费	应交增值税		1 989	√
合　计			13 689	13 689	

表 12—26

付款凭证

贷方科目:银行存款　　2014 年 10 月 17 日　　银付字第 9 号　单位:元

摘　要	贷方科目		金　额	过账
	一级科目	二级科目		
偿还前欠四达厂账款	应付账款	四达工厂	68 445	√
合　计			68 445	

表 12－27 **收款凭证**

借方科目:银行存款 2014 年 10 月 18 日 银收字第 7 号 单位:元

摘 要	贷方科目		金 额	过账
	一级科目	二级科目		
向永发商场销售甲产品	主营业务收入	甲产品	28 080	√
	应交税费	应交增值税	4 773.60	√
合 计			32 853.60	

表 12－28 **转账凭证**

2014 年 10 月 20 日 转字第 8 号 单位:元

摘 要	会计科目		借方金额	贷方金额	过账
	一级科目	二级科目			
从上凌厂购入 H 材料,款项未付	原材料	H 材料	16 380		√
	应交税费	应交增值税	2 784.60		√
	应付账款	上凌工厂		19 164.60	√
合 计			19 164.60	19 164.60	

表 12－29 **付款凭证**

贷方科目:银行存款 2014 年 10 月 21 日 银付字第 10 号 单位:元

摘 要	借方科目		金 额	过账
	一级科目	二级科目		
以存款支付电费	生产成本	甲产品	4 680	√
		乙产品	3 510	√
	制造费用		234	√
	管理费用		936	√
合 计			9 360	

表 12－30 **付款凭证**

贷方科目:银行存款 2014 年 10 月 23 日 银付字第 11 号 单位:元

摘 要	借方科目		金 额	过账
	一级科目	二级科目		
以存款支付展览费	销售费用		1 872	√
合 计			1 872	

表 12－31 **转账凭证**

2014 年 10 月 31 日 转字第 9 号 单位:元

摘 要	会计科目		借方金额	贷方金额	过账
	一级科目	二级科目			
摊销仓库租金	管理费用		1 872	√	
	待摊费用			1 872	√
合 计			1 872	1 872	

表 12－32

转账凭证

2014 年 10 月 31 日　　转字第 10 号　单位:元

摘　要	会计科目		借方金额	贷方金额	过账
	一级科目	二级科目			
预提借款利息	财务费用		585		√
	应付利息			585	√
合　计			585	585	

表 12－33

转账凭证

2014 年 10 月 31 日　　转字第 11 号　单位:元

摘　要	会计科目		借方金额	贷方金额	过账
	一级科目	二级科目			
分配工资费用	生产成本	甲产品	19 760		√
		乙产品	14 040		√
	制造费用		3 510		√
	管理费用		4 810		√
	应付职工薪酬	工资		42 120	√
合　计			42 120	42 120	

表 12－34

转账凭证

2014 年 10 月 31 日　　转字第 12 号　单位:元

摘　要	会计科目		借方金额	贷方金额	过账
	一级科目	二级科目			
计提职工福利费	生产成本	甲产品	2 766.40		√
		乙产品	1 965.60		√
	制造费用		491.40		√
	管理费用		673.40		√
	应付职工薪酬	职工福利		5 896.80	√
合　计			5 896.80	5 896.80	

表 12－35

转账凭证

2014 年 10 月 31 日　　转字第 13 号　单位:元

摘　要	会计科目		借方金额	贷方金额	过账
	一级科目	二级科目			
计提固定资产折旧	制造费用		12 636		√
	管理费用		3 744		√
	累计折旧			16 380	√
合　计			16 380	16 380	

表 12－36

转账凭证

2014 年 10 月 31 日　　转字第 14 号　单位:元

摘　要	会计科目		借方金额	贷方金额	过账
	一级科目	二级科目			
分配结转制造费用	生产成本	甲产品	13 967		√
		乙产品	9 924.40		√
	制造费用			23 891.40	√
合　计			23 891.40	23 891.40	

表 12－37

转账凭证

2014 年 10 月 31 日　　转字第 15 号　单位:元

摘　要	会计科目		借方金额	贷方金额	过账
	一级科目	二级科目			
结转完工产品成本	库存商品	甲产品	87 973.40		√
		乙产品	61 560		√
	生产成本	甲产品		87 973.40	√
		乙产品		61 560	√
合　计			149 533.40	149 533.40	

表 12－38

转账凭证

2014 年 10 月 31 日　　转字第 16 号　单位:元

摘　要	会计科目		借方金额	贷方金额	过账
	一级科目	二级科目			
结转本月已售产品成本	主营业务成本	甲产品	89 856		√
		乙产品	77 220		√
	库存商品	甲产品		89 856	√
		乙产品		77 220	√
合　计			167 076	167 076	

表 12－39

转账凭证

2014 年 10 月 31 日　　转字第 17 号　单位:元

摘　要	会计科目		借方金额	贷方金额	过账
	一级科目	二级科目			
登记本月销售税金及附加	营业税金及附加		20 107		√
	应交税费	产品销售税金		19 492	√
		教育费附加		585	
合　计			20 107	20 107	

表 12－40 **转账凭证**

2014 年 10 月 31 日　　转字第 18 号　单位:元

摘　要	会计科目		借方金额	贷方金额	过账
	一级科目	二级科目			
结转本月产品销售收入	主营业务收入	甲产品	149 760		√
		乙产品	128 700		√
	本年利润			278 460	√
合　计			278 460	278 460	

表 12－41 **转账凭证**

2014 年 10 月 31 日　　转字第 19 号　单位:元

摘　要	会计科目		借方金额	贷方金额	过账
	一级科目	二级科目			
结转本月产品销售成本	本年利润		167 076		√
	主营业务成本	甲产品		89 856	√
		乙产品		77 220	√
合　计			167 076	167 076	

表 12－42 **转账凭证**

2014 年 10 月 31 日　　转字第 20 号　单位:元

摘　要	会计科目		借方金额	贷方金额	过账
	一级科目	二级科目			
结转本月销售税金及附加	本年利润		20 107		√
	营业税金及附加			20 107	√
合　计			20 107	20 107	

表 12－43 **转账凭证**

2014 年 10 月 31 日　　转字第 21 号　单位:元

摘　要	会计科目		借方金额	贷方金额	过账
	一级科目	二级科目			
结转本月财务费用	本年利润		585		√
	财务费用			585	√
合　计			585	585	585

表 12－44 **转账凭证**

2014 年 10 月 31 日　　转字第 22 号　单位:元

摘　要	会计科目		借方金额	贷方金额	过账
	一级科目	二级科目			
结转本月销售费用	本年利润		4 680		√
	销售费用			4 680	√
合　计			4 680	4 680	

表 12—45 **转账凭证**

2014 年 10 月 31 日 转字第 23 号 单位:元

摘 要	会计科目		借方金额	贷方金额	过账
	一级科目	二级科目			
结转本月管理费用	本年利润		15 767.70		√
	管理费用			15 767.70	√
合 计			15 767.70	15 767.70	

表 12—46 **转账凭证**

2014 年 10 月 31 日 转字第 24 号 单位:元

摘 要	会计科目		借方金额	贷方金额	过账
	一级科目	二级科目			
计提本月应交所得税	所得税费用		23 190.50		√
	应交税费	应交所得税		23 190.50	√
合 计			23 190.50	23 190.50	

表 12—47 **转账凭证**

2014 年 10 月 31 日 转字第 25 号 单位:元

摘 要	会计科目		借方金额	贷方金额	过账
	一级科目	二级科目			
转本月所得税	本年利润		23 190.50		√
	所得税费用			23 190.50	√
合 计			23 190.50	23 190.50	

表 12—48 **转账凭证**

2014 年 10 月 31 日 转字第 26 号 单位:元

摘 要	会计科目		借方金额	贷方金额	过账
	一级科目	二级科目			
计提盈余公积	利润分配	提取盈余公积	4 708.40		√
	盈余公积	一般盈余公积		4 708.40	√
合 计			4 708.40	4 708.40	

根据收、付款凭证登记现金日记账和银行存款日记账,如表 12—49 和表 12—50 所示。

表 12—49 **现金日记账** 单位:元

2014 年		凭证		摘 要	对方科目	借 方	贷 方	余 额
月	日	字	号					
10	1			期初余额				1 000
	1	银付	1	提现	银行存款	2 340		3 340
	3	现付	1	付张欣预借差旅费	其他应收款		702	2 638

续表

2014年		凭证		摘要	对方科目	借方	贷方	余额
月	日	字	号					
	8	银付	4	提现	银行存款	42 120		44 758
	8	现付	2	发放工资	应付职工薪酬		42 120	2 638
	9	现付	3	支付王强报销差旅费	管理费用		117	2 521
	14	现付	4	支付购买办公用品费	管理费用		924.30	1 596.70
	15	银付	6	提现	银行存款	1 170		2 766.70
	30			本月发生额合计及月末余额		45 630	43 863.30	2 766.70
11	1			月初余额				2 766.70

表 12—50 **银行存款日记账** 单位:元

2014年		凭证		摘要	对方科目	借方	贷方	余额
月	日	字	号					
10	1			月初余额				800 000
	1	银付	1	提现	库存现金		2 340	797 660
	1	银收	1	取得短期借款	短期借款	11 700		809 360
	2	银付	2	支付仓库租金	待摊费用		5 616	803 744
	3	银收	2	收光明厂前欠货款	应收账款	93 600		897 344
	7	银付	3	购入机器一台	固定资产		68 445	828 899
	8	银付	4	提现	库存现金		42 120	786 779
	10	银付	5	支付大华厂账款	应付账款		18 720	768 059
	11	银收	3	销售甲产品	主营业务收入	98 280		866 339
					应交税费	16 707.60		883 046.60
	11	银收	4	销售乙产品	主营业务收入	23 400		906 446.60
					应交税费	3 978		910 424.60
	13	银收	5	收大发商场前欠账款	应收账款	13 689		924 113.60
	15	银付	6	提现	库存现金		1 170	922 943.60
	15	银付	7	支付广告费	销售费用		2 808	920 135.60
	16	银收	6	销售乙产品	主营业务收入	105 300		1 025 435.60
					应交税费	17 901		1 043 336.60
	17	银付	8	支付办公费用	管理费用		1 404	1 041 932.60
	17	银付	9	偿还前欠四达厂账款	应付账款		68 445	973 487.60
	18	银收	7	销售甲产品	主营业务收入	28 080		1 001 567.60
					应交税费	4 773.60		1 006 341.20

续表

2014年		凭证		摘　要	对方科目	借　方	贷　方	余　额
月	日	字	号					
	21	银付	10	支付电费	生产成本		8 190	998 151.20
					制造费用		234	997 917.20
					管理费用		936	996 981.20
	23	银付	11	支付产品展览费	销售费用		1 872	995 109.20
	31			本月发生额合计及期末余额		417 409.20	222 300	995 109.20
11	1			月初余额				995 109.20

根据原始凭证、汇总原始凭证或记账凭证登记明细账(略)。

根据记账凭证按月分旬编制科目汇总表,如表 12—51 所示。

表 12—51　　**科目汇总表**　　单位:元

会计科目	1～10 日		11～20 日		21～31 日		本月合计	
	借方	贷方	借方	贷方	借方	贷方	借方	贷方
库存现金	44 460	42 939	1 170	924.30			45 630	43 863.30
银行存款	105 300	137 241	312 109.20	73 827		11 232	417 409.20	222 300
原材料	58 500	49 608	16 380	46 800			74 880	96 408
生产成本	46 800		42 120		70 613.40	149 533.40	159 533.40	149 533.40
制造费用	2 340		4 680		16 871.40	23 891.40	23 891.40	23 891.40
库存商品					149 533.40	167 076	149 533.40	167 076
应收账款		93 600	27 378	13 689			27 378	107 289
固定资产	68 445						68 445	
累计折旧						16 380		16 380
其他应收款	702	819					702	819
待摊费用	5 616					1 872	5 616	1 872
短期借款		11 700						11 700
应付账款	18 720	68 445	68 445	19 164.60			87 165	87 609.60
应交税费	9 945		2 784.60	47 338.20		43 267.5	12 729.60	90 605.70
应付职工薪酬	42 120					48 016.80	42 120	48 016.80
应付利息						585		585
主营业务收入				278 460	278 460		278 460	278 460
主营业务成本					167 076	167 076	167 076	167 076
销售费用			2 808		1 872	4 680	4 680	4 680
营业税金及附加					20 107	20 107	20 107	20 107
管理费用	1 404		2 328.30		12 035.40	15 767.70	15 767.70	15 767.70

续表

会计科目	1～10日		11～20日		21～31日		本月合计	
	借方	贷方	借方	贷方	借方	贷方	借方	贷方
财务费用					585	585	585	585
所得税费用					23 190.50	23 190.50	23 190.50	23 190.50
利润分配					4 708.40		4 708.40	
本年利润					231 376.20	278 460	231 376.20	278 460
盈余公积						4 708.40		4 708.40
合　计	404 352	404 352	480 203.10	480 203.10	976 398.70	976 398.70	1 860 953.80	1 860 953.80

根据科目汇总表登记总分类账，如表12－52～表12－77所示。

表12－52

会计科目：库存现金　　　　单位：元

2014年		凭证		摘　要	借方	贷方	借或贷	余　额
月	日	字	号					
10	1		10	月初余额			借	1 000
10	20	科汇	10	1～10日发生额	44 460	42 939	借	2 521
		科汇		11～20日发生额	1 170	924.3	借	2 766.7
	31			本月发生额及余额	45 630	43 863.3	借	2 766.7

表12－53

会计科目：银行存款　　　　单位：元

2014年		凭证		摘　要	借方	贷方	借或贷	余　额
月	日	字	号					
10	1			月初余额			借	800 000
	20	科汇	10	1～10日发生额	105 300	137 241	借	768 059
	31	科汇	10	11～20日发生额	312 109.20	73 827	借	1 006 341.20
		科汇	10	21～31日发生额		11 232		995 109.20
	31			本月发生额及余额	417 409.20	222 300	借	995 109.20

表12－54

会计科目：原材料　　　　单位：元

2014年		凭证		摘　要	借方	贷方	借或贷	余　额
月	日	字	号					
10	1			月初余额			借	50 000
	20	科汇	10	1～10日发生额	58 500	49 608	借	56 192
		科汇	10	11～20日发生额	16 380	46 800	借	25 772
	31			本月发生额及余额	74 880	96 408	借	25 772

表 12—55

会计科目:生产成本　　单位:元

2014年		凭证		摘　要	借方	贷方	借或贷	余　额
月	日	字	号					
10	1			月初余额			借	11 000
	20	科汇	10	1～10 日发生额	46 800		借	57 800
	31	科汇	10	11～20 日发生额	42 120		借	99 920
		科汇	10	21～31 日发生额	70 613.4	149 533.4	借	21 000
	31			本月发生额及余额	159 533.4	149 533.4	借	21 000

表 12—56

会计科目:制造费用　　单位:元

2014年		凭证		摘　要	借方	贷方	借或贷	余　额
月	日	字	号					
10	1	科汇	10	1～10 日发生额	2 340		借	2 340
	20	科汇	10	11～20 日发生额	4 680		借	7 020
	31	科汇	10	21～31 日发生额	16 871.4	23 891.4	平	0
	31			本月发生额及余额	23 891.4	23 891.4	平	0

表 12—57

会计科目:库存商品　　单位:元

2014年		凭证		摘　要	借方	贷方	借或贷	余　额
月	日	字	号					
10	1			月初余额			借	27 542.6
	31	科汇	10	21～31 日发生额	149 533.4	167 076	借	10 000
	31			本月发生额及余额	149 533.4	167 076	借	10 000

表 12—58

会计科目:应收账款　　单位:元

2014年		凭证		摘　要	借方	贷方	借或贷	余　额
月	日	字	号					
10	1			月初余额			借	93 600
	20	科汇	10	1～10 日发生额		93 600	平	
		科汇	10	11～20 日发生额	27 378	13 689	借	13 689
	31			本月发生额及余额	27 378	107 289	借	13 689

表 12—59

会计科目:其他应收款　　单位:元

2014年		凭证		摘　要	借方	贷方	借或贷	余　额
月	日	字	号					
10	1			月初余额			借	819
	10	科汇	10	1～10 日发生额	702	819	借	702
	31			本月发生额及余额	720	819	借	702

表 12—60

会计科目:固定资产 单位:元

2014 年		凭证		摘 要	借方	贷方	借或贷	余 额
月	日	字	号					
10	1			月初余额			借	1 600 000
	10	科汇	10	1～10 日发生额	68 445		借	1 668 445
	31			本月发生额及余额	68 445		借	1 668 445

表 12—61

会计科目:累计折旧 单位:元

2014 年		凭证		摘 要	借方	贷方	借或贷	余 额
月	日	字	号					
10	1			月初余额			贷	240 000
	31	科汇	10	21～31 日发生额		16 380	贷	256 380
	31			本月发生额及余额		16 380	贷	256 380

表 12—62

会计科目:待摊费用 单位:元

2014 年		凭证		摘 要	借方	贷方	借或贷	余 额
月	日	字	号					
10	31	科汇	10	1～10 日发生额	5 616		借	5 161
		科汇	10	21～31 日发生额		1 872	借	3 744
	31			本月发生额及余额	5 616	1 872	借	3 744

表 12—63

会计科目:短期借款 单位:元

2014 年		凭证		摘 要	借方	贷方	借或贷	余 额
月	日	字	号					
10	10	科汇	10	1～10 日发生额		11 700	贷	11 700
	31			本月发生额及余额		11 700	贷	11 700

表 12—64

会计科目:应付账款 单位:元

2014 年		凭证		摘 要	借方	贷方	借或贷	余 额
月	日	字	号					
10	1			月初余额			贷	18 720
	10	科汇	10	1～10 日发生额	18 720	68 445	贷	68 445
	20	科汇	10	11～20 日发生额	68 445	19 164.6	贷	19 164.6
	30			本月发生额及余额	87 165	87 609.6	贷	19 164.6

表 12－65

会计科目:应交税费 单位:元

2014 年		凭证		摘　要	借方	贷方	借或贷	余　额
月	日	字	号					
10	10	科汇	10	1～10 日发生额	9 945		借	9 945
	20	科汇	10	11～20 日发生额	2 784.6	47 338.2	贷	34 608.6
	31	科汇	10	21～31 日发生额		43 267.5	贷	77 876.1
	31			本月发生额及余额	12 729.6	90 605.7	贷	77 876.1

表 12－66

会计科目:应付职工薪酬 单位:元

2014 年		凭证		摘　要	借方	贷方	借或贷	余　额
月	日	字	号					
10	1			月初余额			贷	10 000
	10	科汇	10	1～10 日发生额	42 120		借	
	31	科汇	10	21～31 日发生额		48 016.8	贷	15 896.8
	31			本月发生额及余额	42 120	48 016.8	贷	15 896.8

表 12－67

会计科目:应付利息 单位:元

2014 年		凭证		摘　要	借方	贷方	借或贷	余　额
月	日	字	号					
10	31	科汇	10	21～31 日发生额		585	贷	585
	31			本月发生额及余额		585	贷	585

表 12－68

会计科目:主营业务收入 单位:元

2014 年		凭证		摘　要	借方	贷方	借或贷	余　额
月	日	字	号					
10	20	科汇	10	10～20 日发生额		278 460	贷	278 460
	31	科汇	10	21～31 日发生额	278 460		平	0
	31			本月发生额及余额	278 460	278 460	平	0

表 12－69

会计科目:销售费用 单位:元

2014 年		凭证		摘　要	借方	贷方	借或贷	余　额
月	日	字	号					
10	20	科汇	10	1～10 日发生额	2 808		借	2 808
	31	科汇	10	21～31 日发生额	1 872	4 680	平	0
	31			本月发生额及余额	4 680	4 680	平	0

表 12—70

会计科目:营业税金及附加　　单位:元

2014年		凭证		摘　要	借方	贷方	借或贷	余　额
月	日	字	号					
10	31	科汇	10	21～31日发生额	20 107	20 107	平	0
	31			本月发生额及余额	20 107	20 107	平	0

表 12—71

会计科目:主营业务成本　　单位:元

2014年		凭证		摘　要	借方	贷方	借或贷	余　额
月	日	字	号					
10	31	科汇	10	21～31日发生额	167 076	167 076	平	0
	31			本月发生额及余额	167 076	167 076	平	0

表 12—72

会计科目:管理费用　　单位:元

2014年		凭证		摘　要	借方	贷方	借或贷	余　额
月	日	字	号					
10	10	科汇	10	1～10日发生额	1 404		借	1 404
	20	科汇	10	11～20日发生额	2 328.3		借	3 732.3
	31	科汇	10	21～31日发生额	12 035.4	15 767.7	平	0
	31			本月发生额及余额	15 767.7	15 767.7	平	0

表 12—73

会计科目:财务费用　　单位:元

2014年		凭证		摘　要	借方	贷方	借或贷	余　额
月	日	字	号					
10	31	科汇	10	21～31日发生额	585	585	平	0
	31			本月发生额及余额	585	585	平	0

表 12—74

会计科目:所得税费用　　单位:元

2014年		凭证		摘　要	借方	贷方	借或贷	余　额
月	日	字	号					
10	31	科汇	10	21～31日发生额	23 190.5	23 190.5	平	0
	31			本月发生额及余额	23 190.5	23 190.5	平	0

表 12—75

会计科目:本年利润　　单位:元

2014年		凭证		摘　要	借方	贷方	借或贷	余　额
月	日	字	号					
10	31	科汇	10	21～31日发生额	231 376.2	278 460	贷	0
	31			本月发生额及余额	231 376.2	278 460	贷	47 083.8

表 12—76

会计科目:利润分配　　　　单位:元

2014年		凭证		摘　要	借方	贷方	借或贷	余　额
月	日	字	号					
10	1			月初余额			贷	40 000
	31	科汇	10	21～31日发生额	4 708.4		贷	35 291.6
	31			本月发生额及余额	4 708.4		贷	35 291.6

表 12—77

会计科目:盈余公积　　　　单位:元

2014年		凭证		摘　要	借方	贷方	借或贷	余　额
月	日	字	号					
10	1			月初余额			贷	200 000
	31	科汇	10	21～31日发生额		4 708.4	贷	204 708.4
	31			本月发生额及余额		4 708.4	贷	204 708.4

将总分类账与其所属明细分类账、日记账进行核对(略)。

根据总分类账和明细分类账的资料编制财务报表(略)。

主题学习单元12.4　汇总记账凭证账务处理程序

12.4.1　汇总记账凭证账务处理程序的概念

【任务12—4—1】 *什么是汇总记账凭证账务处理程序?*

汇总记账凭证账务处理程序是根据记账凭证分类编制汇总收款凭证、汇总付款凭证和汇总转账凭证,然后根据各类汇总记账凭证登记总分类账的一种账务处理程序。

12.4.2　汇总记账凭证账务处理程序的特点

【任务12—4—2】 *汇总记账凭证账务处理程序有什么特征?*

汇总记账凭证账务处理程序的主要特点是:根据记账凭证定期编制汇总记账凭证,然后根据汇总记账凭证登记总分类账。

在汇总记账凭证账务处理程序下,仍需设置收款凭证、付款凭证和转账凭证,各种记账凭证、各种账簿的设置种类、格式与记账凭证账务处理程序基本相同。但总分类账的账页格式须设"对应账户"栏,此外还需设置汇总记账凭证。

汇总记账凭证是根据记账凭证汇总填制的,汇总的期间不应超过十天,每月至少汇总三次,每月填制一张,月末结算出合计数,以便登记总分类账。其种类可分为汇总收款凭证、汇总付款凭证和汇总转账凭证。

汇总收款凭证是根据现金、银行存款收款凭证,分别按现金、银行存款账户的借方设置,并按对应的贷方科目归类,月末时结计其合计数,分别计入现金、银行存款总账的借方及各对应总账账户的贷方。其格式及编制方法参见后面举例。

汇总付款凭证是根据现金、银行存款付款凭证，分别按现金、银行存款账户的贷方设置，并按对应的借方科目归类，月末时结计其合计数，分别计入现金、银行存款总账的贷方及各对应总账账户的借方，其格式及编制方法参见后面举例。

汇总转账凭证既可按借方账户设置，也可按贷方账户设置，但在会计实务惯例中一般按每一贷方账户分别设置，并按相应的对应账户（借方账户）归类汇总，月末时结计出其合计数，分别记入总分类账该汇总转账凭证应贷账户的贷方及各相应对应账户的借方。为了便于编制汇总转账凭证，转账凭证的填制应以一借一贷或多借一贷为好，尽量不编制一借多贷的会计分录。当然，如果在月份内某一贷方科目的转账凭证不多，可直接根据转账凭证登记总分类账，而不编制汇总转账凭证。其格式及编制方法参见后面举例。

12.4.3 汇总记账凭证账务处理程序的基本内容

【任务 12—4—3】 ***汇总记账凭证账务处理程序的基本内容有哪些？***

汇总记账凭证账务处理程序的基本内容如下：

(1)根据原始凭证或汇总原始凭证编制记账凭证；

(2)根据收、付款凭证，每日逐笔登记现金日记账和银行存款日记账；

(3)根据原始凭证、汇总原始凭证或记账凭证，逐笔登记各明细分类账；

(4)根据收、付款凭证和转账凭证，定期编制汇总收款凭证、汇总付款凭证和汇总转账凭证；

(5)期末，根据汇总记账凭证登记总分类账；

(6)期末，将现金、银行存款日记账的余额和各明细分类账的期末余额，分别与有关总分类账的余额进行核对；

(7)期末，根据总分类账和明细分类账的数据编制财务报表。

汇总记账凭证账务处理程序如图 12—4 所示。

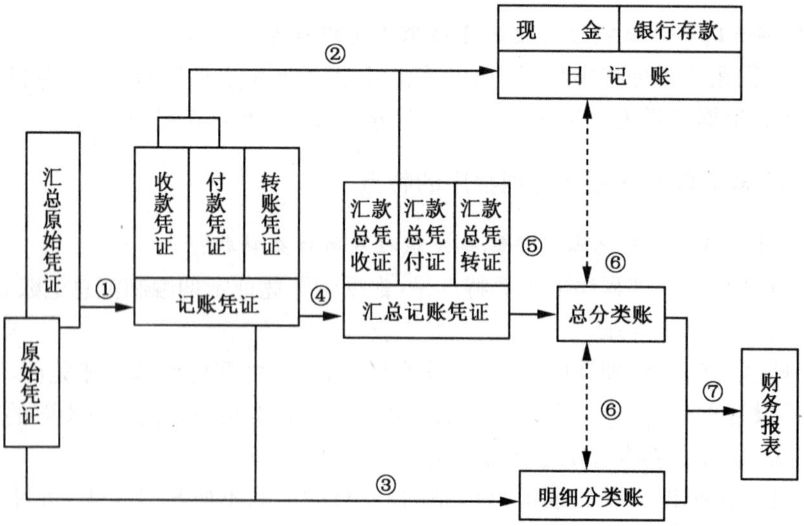

图 12—4 汇总记账凭证账务处理程序

12.4.4 汇总记账凭证账务处理程序及其优点和缺点

【任务12—4—4】 *汇总记账凭证账务处理程序有哪些优点和缺点?*

由于汇总记账凭证是根据记账凭证,按照会计科目对应关系进行归类、汇总而编制的,所以,为了便于了解有关会计科目之间的对应关系,便于查对和分析账目,汇总记账凭证账务处理程序克服了科目汇总表账务处理程序的缺点,且总分类账根据汇总记账凭证登记,简化了总分类账的登记工作。然而,由于汇总转账凭证是根据每一贷方会计科目归类、汇总的,所以它不便于日常核算工作的合理分工,并且编制汇总记账凭证的工作量也较大。一般适用于规模大、经济业务较多的会计主体。

【任务12—4—5】 *汇总记账凭证账务处理程序实训。*

以恒达公司2014年10月的经济业务为例,说明汇总记账凭证的账务处理程序。为节省篇幅,仅以编制现金、银行存款和应付账款汇总记账凭证和登记总分类账为例。

12.4.4.1 编制汇总记账凭证

(1)汇总收款凭证如表12—78所示。

表12—78 **汇总收款凭证**

借方账户:银行存款　　2014年10月　　第1号　单位:元

贷方账户	金额				记账	
	(1)	(2)	(3)	合计	借方	贷方
短期借款	11 700			11 700	√	√
应收账款	93 600	13 689		107 289	√	√
主营业务收入		255 060		255 060	√	√
应交税费		43 360.2		43 360.2	√	√

附件:①自__1__日至__10__日__收款__凭证　共__2__张
　　②自__11__日至__20__日__收款__凭证　共__5__张

(2)汇总付款凭证如表12—79和表12—80所示。

表12—79 **汇总付款凭证**

贷方账户:库存现金　　2014年10月　　第1号　单位:元

借方账户	金额				记账	
	(1)	(2)	(3)	合计	借方	贷方
其他应收款	702			702	√	√
应付职工薪酬	42 120			42 120	√	√
管理费用	117	924.30		1 041.3	√	√

附件:①自__1__日至__10__日__付款__凭证　共__3__张
　　②自__11__日至__20__日__收款__凭证　共__1__张
　　③自____日至____日____凭证　共____张

表 12—80 **汇总付款凭证**

贷方账户:银行存款 2014 年 10 月 第 2 号 单位:元

借方账户	金额				记账	
	(1)	(2)	(3)	合计	借方	贷方
现金	44 460	1 170		45 630	√	√
待摊费用	5 616			5 616	√	√
固定资产	68 445			68 445	√	√
应付账款	18 720	68 445		87 165	√	√
营业费用		2 808	1 872	4 680	√	√
管理费用		1 404	936	2 340	√	√
生产成本			8 190	8 190	√	√
制造费用			234	234	√	√

附件:①自 1 日至 10 日 转账 凭证 共 5 张
②自 11 日至 20 日 转账 凭证 共 4 张
③自 21 日至 31 日 转账 凭证 共 4 张

(3)应付账款汇总转账凭证如图表 12—81 所示。

表 12—81 **汇总转账凭证**

贷方账户:应付账款 2014 年 10 月 第×号 单位:元

借方账户	金额				记账	
	(1)	(2)	(3)	合计	借方	贷方
原材料	58 500	16 380		74 880	√	√
应交税费	9 945	2 784.6		12 729.60	√	√

附件:①自 1 日至 10 日 转账 凭证 共 1 张
②自 11 日至 20 日 转账 凭证 共 1 张
③自 21 日至 31 日 ____ 凭证 共 ____ 张

12.4.4.2 登记总分类账

该公司总分类账列示如表 12—82～表 12—84 所示。

表 12—82 **总分类账**

会计科目:库存现金 单位:元

2014 年		凭证		摘要	对应账户	借方	贷方	借或贷	余额
月	日	字	号						
10	1			月初余额	其他应收款		702	借	1 000
	31	汇付	1	(略)	应付职工薪酬		42 120		
					管理费用		1 041.3		
					银行存款	45 630		借	2 766.7
	31			本月发生额及月末余额		45 630	43 863.3	借	2 766.7

表 12—83 总分类账

会计科目:银行存款 单位:元

2014年 月	日	凭证 字	号	摘要	对应账户	借方	贷方	借或贷	余额
10	1		1	月初余额	短期借款	11 700		借	800 000
10	31	汇收		(略)	应收账款	107 289			
					主营业务收入	255 060			
					应交税费	43 360.2			
		汇付	2		库存现金		45 630		
					待摊费用		5 616		
					固定资产		68 445		
					应付账款		87 165		
					销售费用		4 680		
					管理费用		2 340		
					生产成本		8 190		
					制造费用		234	借	995 109.2
	31			本月发生额及月末余额		417 409.2	222 300	借	995 109.2

表 12—84 总分类账

会计科目:应付账款 单位:元

2014年 月	日	凭证 字	号	摘要	对应账户	借方	贷方	借或贷	余额
10	1			月初余额				贷	18 720
	31	汇付	2	(略)	银行存款	87 165			
		汇转	×		原材料		74 880		
					应交税费		12 729.6	贷	19 164.6
	31			本月发生额及月末余额		87 165	87 609.6	贷	19 164.6

主题学习单元 12.5 多栏式日记账组织核算程序

【任务 12—5—1】 *什么是多栏式日记账组织核算程序?多栏式日记账组织核算程序有什么特征?多栏式日记账组织核算程序如何设置账簿?*

12.5.1 多栏式日记账账务处理程序的特点

多栏式日记账账务处理程序的特点是:根据多栏式现金日记账和多栏式银行存款日记账登记总分类账。对于转账业务,可根据转账凭证逐笔登记总分类账,也可根据转账凭证定期编制记账凭证汇总表(科目汇总表),然后据以登记总分类账。

在多栏式日记账账务处理程序下，需设置收、付款凭证和转账凭证；设置现金、银行存款日记账，其格式采用多栏式，设置总分类账和各明细分类账。现金日记账、银行存款日记账由于都按其对应会计科目设置专栏，具备了现金、银行存款科目汇总表的作用，因而在月末就可以根据这些日记账的本月收、付发生额和各对应会计科目的发生额登记总分类账。登账时，应当根据多栏式日记账收入合计栏的本月发生额，计入现金总分类账和银行存款总分类账的借方，并根据收入栏下各专栏的对应会计科目的本月发生额，计入各有关总分类账的贷方；根据多栏式日记账付出合计栏的本月发生额，计入现金总分类账和银行存款总分类账的贷方，并根据付出栏下各专栏对应会计科目的本月发生额，计入各有关总分类账的借方。对于转账业务，则可根据转账凭证逐笔登记或根据转账凭证科目汇总表登记总分类账。

12.5.2 多栏式日记账账务处理程序的基本内容

【任务 12—5—2】 多栏式日记账账务处理程序的基本内容有哪些？

多栏式日记账账务处理程序的基本内容如下：

(1)根据原始凭证或汇总原始凭证编制记账凭证；

(2)根据收款凭证、付款凭证登记多栏式现金日记账和银行存款日记账；

(3)根据原始凭证、汇总原始凭证或记账凭证，登记明细分类账；

(4)期末，根据转账凭证，编制科目汇总表；

(5)期末，根据多栏式现金日记账和银行存款日记账、科目汇总表登记总分类账；

(6)期末，将各明细分类账余额与有关总分类账的余额进行核对；

(7)期末，根据总分类账和明细分类账编制财务报表。

多栏式日记账账务处理程序如图 12—5 所示。

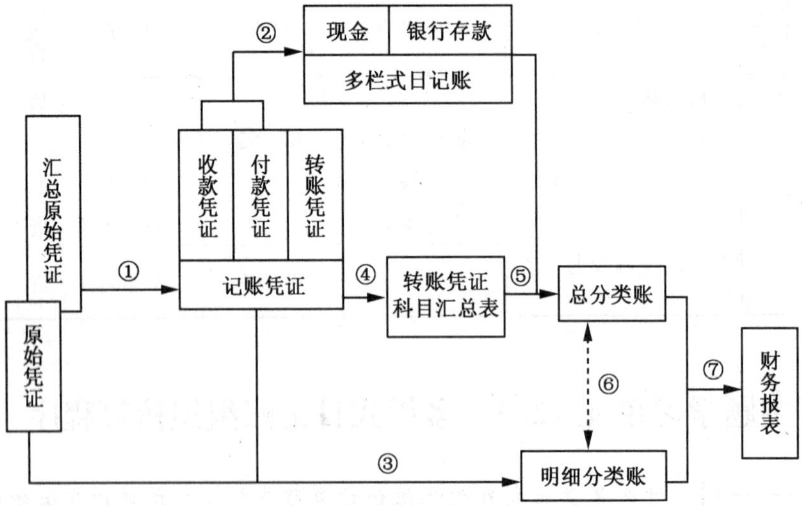

图 12—5 多栏式日记账账务处理程序

12.5.3 多栏式日记账账务处理程序的优点和缺点

【任务 12—5—3】 多栏式日记账组织核算程序有哪些优点和缺点？

采用多栏式日记账账务处理程序，可以简化总分类账的登记工作，适用于规模不大且收付业务较多的会计主体。但是，如果企业的经济业务繁杂，就会使日记账的专栏栏次过多、账页庞大，不便于记账。

【任务12—5—4】 *多栏式日记账账务处理程序举例。*

以前述恒达公司2014年10月份的资料，说明多栏式日记账的账务处理程序。为节省篇幅，仅以编制现金、银行存款多栏式日记账和转账凭证科目汇总表和据此登记的现金总分类账、管理费用总分类账进行说明。

12.5.3.1 填制现金、银行存款多栏式日记账

恒达公司多栏式日记账列示如表12—85和表12—86所示。

表12—85 **现金日记账** 单位：元

2014年		凭证		摘要	收入		付出				
月	日	字	号		银行存款	合计	其他应收款	应付职工薪酬	管理费用	合计	余额
10				月初余额							1 000
		银付	1	提现	2 340	2 340					3 340
		现付	1	付张欣暂借差旅费			702			702	2 638
		银付	4	提现	42 120	42 120					44 758
		现付	2	发放工资				42 120		42 120	2 638
		现付	3	付王强差旅费					117	117	2 521
		现付	4	付办公用品费					924.3	924.3	1 596.7
		银付	6	提现	1 170	1 170					2 766.7
				本月发生额及月末余额	45 630	45 630	702	42 120	1 041.3	43 863.3	2 766.7

表 12－86

银行存款日记账

单位：元

2014年		凭证		摘要	收入					付出									余额
月	日	字	号		短期借款	应收账款	主营业务收入	应交税费	合计	库存现金	待摊费用	固定资产	应付账款	销售费用	管理费用	生产成本	制造费用	合计	
10	1			月初余额															800 000
	1	银付	1	提现						2 340								2 340	797 660
	1	银收	1	借款	11 700				11 700										809 360
	2	银付	2	付租金							5 616							5 616	803 744
	3	银收	2	收欠款		93 600			93 600										897 344
	7	银付	3	购机器								68 445						68 445	828 899
	8	银付	4	提现						42 120								42 120	786 779
	10	银付	5	付货款									18 720					18 720	768 059
	11	银收	3	销货			98 280	16 707.6	114 987.6										883 046.6
	11	银收	4	销货			23 400	3 978	27 378										910 424.6
	13	银收	5	收欠款		13 689			13 689	1 170								1 170	924 113.6
	15	银付	6	提现														2 808	922 943.6
	16	银付	7	付广告费										2 808					920 135.6
	17	银收	6	销货			105 300	17 901	123 201										1 043 336.6
	17	银付	8	付办公费											1 404			1 404	1 041 932.6
	17	银付	9	付欠款									68 445					68 445	973 487.6
	18	银收	7	销货			28 080	4 773.6	32 853.6										1 006 341.2
	21	银付	10	付电费											936	8 190	234	9 360	996 981.2
	23	银付	11	付展览费										1 872				1 872	995 109.2
				本月发生额及月末余额	11 700	107 289	255 060	43 360.2	417 409.2	45 630	5 616	68 445	87 165	4 680	2 340	8 190	234	222 300	995 109.2

12.5.3.2　编制转账凭证科目汇总表

为节省篇幅，本例中转账凭证汇总表按月一次汇总设置，不再按旬分次汇总。转账凭证汇总表如表 12—87 所示。

表 12—87　　**转账凭证科目汇总**　　单位：元

会计科目	本期发生额		账　页
	借　方	贷　方	
原材料	74 880	96 408	
生产成本	151 343.4	149 533.4	
制造费用	23 657.4	23 891.4	
库存商品	149 533.4	167 076	
管理费用	12 386.4	15 767.7	
应收账款	27 378		
其他应收款		819	
应付账款		87 609.6	
待摊费用		1 872	
应交税费	12 729.6	47 245.5	
应付职工薪酬		48 016.8	
主营业务收入	278 460	23 400	
营业费用		4 680	
营业税金及附加	20 107	20 107	
财务费用	585	585	
应付利息		585	
累计折旧		16 380	
主营业务成本	167 076	167 076	
所得税费用	23 190.5	23 190.5	
利润分配	4 708.4		
本年利润	231 376.2	278 460	
盈余公积		4 708.4	
合　计	1 177 381.3	1 177 381.3	

12.5.3.3　登记总分类账

恒达公司 2014 年 10 月份总分类账列示（仅列示现金总分类账和管理费用总分类账）如表 12—88和表 12—89 所示。

表 12—88　　**总分类账**

会计科目：库存现金　　单位：元

2014 年		凭证号数	摘　要	借方	贷方	借或贷	余　额
月	日						
10	1		月初余额			借	1 000
	31	现金日记账	现金日记账过入	45 630	43 863.3	借	2 766.7
			本月发生额及余额	45 630	43 863.3	借	2 766.7

表 12—89

总分类账

会计科目:管理费用 单位:元

2014年 月	日	凭证号数	摘　要	借方	贷方	借或贷	余　额
10	31	现金日记账	现金日记账过入	1 041.3			
		银存日记账	银存日记账过入	2 340			
		转科汇总图表	转账凭证科目汇总表过入	12 386.4	15 767.7	平	0
			本月发生额及月末余额	15 767.7	15 767.7	平	0

主题学习单元 12.6　综合实训

天和工厂采用记账凭证账务处理程序进行会计核算。该厂 2014 年 8 月 31 日总分类账户和有关明细分类账户的余额如表 12—90 所示：

表 12—90

天和工厂总分类账户余额

2014 年 8 月 31 日

单位:元

账户名称	借方余额	贷方余额
库存现金	2 000	
银行存款	200 000	
应收账款	4 000	
原材料	50 000	
待摊费用	2 000	
库存商品	20 000	
固定资产	360 000	
累计折旧		60 000
应付账款		5 000
预提费用		3 000
实收资本		500 000
盈余公积		50 000
本年利润		180 000
利润分配	160 000	
合　计	798 000	798 000

有关明细分类账户余额如下：

甲材料 2 000 千克,单价 10 元,金额 20 000 元

乙材料 6 000 千克,单价 5 元,金额 30 000 元

应收账款——A 工厂 1 000 元

——B 工厂 3 000 元
——C 工厂 2 000 元
应付账款——D 工厂 3 000 元
产成品 400 件，单价 50 元，共计 20 000 元。

天和工厂 2014 年 9 月份发生如下经济业务：

(1)2 日，从 C 工厂购入甲材料 1 013 千克，单价 9.7 元，共计 9 801 元，运杂费 199 元，增值税率为 17%，均用银行存款付讫。

(2)3 日，购入的甲材料验收入库。

(3)3 日，生产产品领用甲材料 1 500 千克，计 15 000 元，领用乙材料 4 000 千克，计 20 000 元。

(4)5 日，车间管理部门领用甲材料 50 千克，计 500 元，乙材料 80 千克，计 400 元。工厂管理部门领用甲材料 30 千克，计 300 元，乙材料 40 千克，计 200 元。

(5)8 日，从 D 工厂购入乙材料 4 000 千克，单价 4.9 元，共计 19 600 元，货款未付，增值税率为 17%。

(6)9 日，用现金支付购乙材料的运杂费 400 元。

(7)9 日，购入的乙材料到货并验收入库。

(8)10 日，销售产品 100 件，单价 100 元，共计 10 000 元。增值税率为 17%，货款已通过银行收讫。

(9)12 日，计算本月份应付工资 15 000 元，其中：生产工人工资 10 000 元，车间管理人员工资 2 000 元，工厂管理人员工资 3 000 元。

(10)12 日，按工资总额的 14%提取应付福利费 2 100 元。其中：生产工人 1 400 元，车间管理人员 280 元，工厂管理人员 420 元。

(11)14 日，向银行提取现金 15 000 元，准备发放工资。

(12)15 日，以现金 15 000 元支付工资。

(13)16 日，以银行存款支付前欠 C 工厂货款 2 000 元，前欠 D 工厂货款 15 000 元。

(14)20 日，销售给 A 工厂产品 500 件，单价 100 元，共计 50 000 元，增值税率为 17%，货款尚未收到。

(15)20 日，支付产品销售费用 200 元，以现金付讫。

(16)21 日，以银行存款支付本月电费 2 000 元，其中：生产车间照明耗用 500 元，工厂管理部门耗用 1 500 元。

(17)22 日，以现金 270 元支付生产车间修理费。

(18)25 日，用银行存款支付广告费 1 000 元。

(19)25 日，用现金 100 元购买办公用品。

(20)28 日，收到 A 工厂通过银行转来的前欠货款 59 500 元。

(21)30 日，按计划预提生产设备大修理费用 400 元。

(22)30 日，摊销应由本月负担的待摊费用 500 元。

(23)30 日，计提本月固定资产折旧费 6 000 元，其中，生产车间计提 5 000 元，工厂管理部门计提 1 000 元。

(24)30 日，结转本月发生的制造费用 9 350 元。

(25)30 日，本月投产产品 1 115 件全部完工并验收入库，其单位成本为 50 元，总成本为

55 750元。

(26)30 日,结转本月已销售产品的成本 30 000 元。

(27)30 日,将本月份产品销售收入 60 000 元转入本年利润。

(28)30 日,将本月份产品销售成本 30 000 元、产品销售费用 1 200 元转入本年利润。

(29)30 日,将本月管理费用 7 020 元转入本年利润。

(30)30 日,计算本月应交所得税,税率为 25%。

(31)30 日,将本月份所得税转入本年利润。

(32)30 日,按净利润 10%计提盈余公积金 16 335 元。

(33)30 日,用银行存款支付应交税金 10 465 元,其中:增值税 5 020 元,所得税 5 445 元。

要求:

(1)根据所发生的经济业务编制相应的记账凭证。

解:见表 12—91～表 12—123。

表 12—91 **付款凭证**

2014 年 9 月 2 日

总字第 1 号
银行付字第 1 号

贷方:银行存款 单位:元

摘　要	借方科目		记　账	金　额
	总账科目	明细科目		
购入一批原材料	材料采购	甲材料		10 000
	应交税费	应交增值税		1 666
合　计				11 666

表 12—92 **转账凭证**

2014 年 9 月 3 日

总字第 2 号
转字第 1 号

摘　要	总账科目	明细科目	借方金额	贷方金额	记账
材料验收入库	原材料	甲材料	10 000		
	材料采购	甲材料		10 000	
合　计			10 000	10 000	

表 12—93 **转账凭证**

2014 年 9 月 3 日

总字第 3 号
转字第 1 号
单位:元

摘　要	总账科目	明细科目	借方金额	贷方金额	记账
生产领用材料一批	生产成本		35 000		
	原材料	甲材料		15 000	
	原材料	乙材料		20 000	
合　计			35 000	35 000	

表 12—94

转账凭证

2014 年 9 月 5 日

总字第 4 号

转字第 3 号

单位:元

摘 要	总账科目	明细科目	借方金额	贷方金额	记账
管理部门领用材料一批	制造费用		900		
	管理费用		500		
	原材料	甲材料		800	
		乙材料		600	
合 计			1 400	1 400	

表 12—95

转账凭证

2014 年 9 月 8 日

总字第 5 号

转字第 4 号

单位:元

摘 要	总账科目	明细科目	借方金额	贷方金额	记账
购入材料一批	材料采购	乙材料	19 600		
	应交税费	应交增值税	3 332		
	应付账款	D工厂		22 932	
合 计			22 932	22 932	

表 12—96

付款凭证

2014 年 9 月 9 日

总字第 6 号

现付字第 1 号

贷方:库存现金

单位:元

摘 要	借方科目		记 账	金 额
	总账科目	明细科目		
支付购入材料的运杂费	材料采购	乙材料		400
合 计				400

表 12—97

转账凭证

2014 年 9 月 9 日

总字第 7 号

转字第 5 号

单位:元

摘 要	总账科目	明细科目	借方金额	贷方金额	记账
购入材料一批	原材料	乙材料	20 000		
验收入库	材料采购	乙材料		20 000	
合 计			20 000	20 000	

表 12—98

收款凭证

2014 年 9 月 10 日

总字第 8 号
银行收字第 1 号

借方:银行存款　　单位:元

摘　要	借方科目		记　账	金　额
	总账科目	明细科目		
销售产品一批	主营业务收入			10 000
	应交税费	应交增值税		1 700
合　计				11 700

表 12—99

转账凭证

2014 年 9 月 12 日

总字第 9 号
转字第 6 号
单位:元

摘　要	总账科目	明细科目	借方金额	贷方金额	记　账
计算本月应付工资	生产成本		10 000		
	制造费用		2 000		
	管理费用		3 000		
	应付职工薪酬			15 000	
合　计			15 000	15 000	

表 12—100

转账凭证

2014 年 9 月 12 日

总字第 10 号
转字第 7 号
单位:元

摘　要	总账科目	明细科目	借方金额	贷方金额	记　账
计算本月应付工资	生产成本		1 400		
	制造费用		280		
	管理费用		420		
	应付职工薪酬			2 100	
合　计			2 100	2 100	

表 12—101

付款凭证

2014 年 9 月 14 日

总字第 11 号
银行付字第 2 号

贷方:银行存款　　单位:元

摘　要	借方科目		记　账	金　额
	总账科目	明细科目		
提取现金备发工资	库存现金			15 000
合　计				15 000

表 12－102

付款凭证

2014 年 9 月 15 日

总字第 12 号
现付字第 2 号

贷方:库存现金

单位:元

摘　要	借方科目		记　账	金　额
	总账科目	明细科目		
发放本月工资	应付职工薪酬			15 000
合　计				15 000

表 12－103

付款凭证

2014 年 9 月 16 日

总字第 13 号
银付字第 3 号

贷方:银行存款

单位:元

摘　要	借方科目		记　账	金　额
	总账科目	明细科目		
支付前欠货款	应付账款	C 工厂		2 000
		D 工厂		15 000
合　计				17 000

表 12－104

转账凭证

2014 年 9 月 20 日

总字第 14 号
转字第 8 号

单位:元

摘　要	总账科目	明细科目	借方金额	贷方金额	记　账
销售产品一批,货款尚未收到	应收账款	A 工厂	58 500		
	主营业务收入			50 000	
	应交税费	应交增值税		8 500	
合　计			58 500	58 500	

表 12－105

付款凭证

2014 年 9 月 20 日

总字第 15 号
现付字第 3 号

贷方:库存现金

单位:元

摘　要	借方科目		记　账	金　额
	总账科目	明细科目		
支付销售费用	销售费用			200
				200
合　计				200

表 12－106

付款凭证

2014 年 9 月 21 日

总字第 16 号
银行付字第 4 号

贷方:银行存款　　　　单位:元

摘　要	借方科目		记　账	金　额
	总账科目	明细科目		
支付本月管理部门电费	制造费用			500
	管理费用			1 500
合　计				2 000

表 12－107

付款凭证

2014 年 9 月 22 日

总字第 17 号
现付字第 4 号

贷方:库存现金　　　　单位:元

摘　要	借方科目		记　账	金　额
	总账科目	明细科目		
支付车间修理费	制造费用	修理费		270
合　计				270

表 12－108

付款凭证

2014 年 9 月 25 日

总字第 18 号
银行付字第 5 号

贷方:银行存款　　　　单位:元

摘　要	借方科目		记　账	金　额
	总账科目	明细科目		
支付广告费	销售费用			1 000
合　计				1 000

表 12－109

付款凭证

2014 年 9 月 25 日

总字第 19 号
现付字第 5 号

贷方:库存现金　　　　单位:元

摘　要	借方科目		记　账	金　额
	总账科目	明细科目		
购买办公用品	管理费用	办公费		100
合　计				100

表 12－110

收款凭证

2014 年 9 月 28 日

总字第 20 号

银行收字第 2 号

借方:银行存款

单位:元

摘 要	贷方科目		记 账	金 额
	总账科目	明细科目		
收回前欠货款	应收账款	A 工厂		59 500
合 计				59 500

表 12－111

转账凭证

2014 年 9 月 30 日

总字第 21 号

转字第 9 号

单位:元

摘 要	总账科目	明细科目	借方金额	贷方金额	记 账
预提修理费	制造费用		400		
	预提费用			400	
合 计			400	400	

表 12－112

转账凭证

2014 年 9 月 30 日

总字第 22 号

转字第 10 号

单位:元

摘 要	总账科目	明细科目	借方金额	贷方金额	记 账
预提管理费	管理费用		500		
	待摊费用			500	
合 计			500	500	

表 12－113

转账凭证

2014 年 9 月 30 日

总字第 23 号

转字第 11 号

单位:元

摘 要	总账科目	明细科目	借方金额	贷方金额	记 账
计提本月份折旧	制造费用		5 000		
	管理费用		1 000		
	累计折旧			6 000	
合 计			6 000	6 000	

表 12－114

转账凭证

2014 年 9 月 30 日

总字第 24 号
转字第 12 号
单位:元

摘　要	总账科目	明细科目	借方金额	贷方金额	记　账
结转本月制造费用	生产成本		9 350		
	制造费用			9 350	
合　计			9 350	9 350	

表 12－115

转账凭证

2014 年 9 月 30 日

总字第 25 号
转字第 13 号
单位:元

摘　要	总账科目	明细科目	借方金额	贷方金额	记　账
产成品验收入库	库存商品		55 750		
	生产成本			55 750	
合　计			55 750	55 750	

表 12－116

转账凭证

2014 年 9 月 30 日

总字第 26 号
转字第 14 号
单位:元

摘　要	总账科目	明细科目	借方金额	贷方金额	记　账
结转本月产品销售成本	主营业务成本		30 000		
	库存商品			30 000	
合　计			30 000	30 000	

表 12－117

转账凭证

2014 年 9 月 30 日

总字第 27 号
转字第 15 号
单位:元

摘　要	总账科目	明细科目	借方金额	贷方金额	记　账
结转本月销售收入	主营业务收入		60 000		
	本年利润			60 000	
合　计			60 000	60 000	

表 12—118

转账凭证

2014 年 9 月 30 日

总字第 28 号
转字第 16 号
单位:元

摘　要	总账科目	明细科目	借方金额	贷方金额	记　账
结转本月销售成本、销售费用	本年利润		31 200		
	主营业务成本			30 000	
	销售费用			1 200	
合　计			31 200	31 200	

表 12—119

转账凭证

2014 年 9 月 30 日

总字第 29 号
转字第 17 号
单位:元

摘　要	总账科目	明细科目	借方金额	贷方金额	记　账
结转本月管理费用	本年利润		7 020		
	管理费用			7 020	
合　计			7 020	7 020	

表 12—120

转账凭证

2014 年 9 月 30 日

总字第 30 号
转字第 18 号
单位:元

摘　要	总账科目	明细科目	借方金额	贷方金额	记　账
结算所得税 25%	所得税费用		5 445		
	应交税费	应交所得税		5 445	
合　计			5 445	5 445	

表 12—121

转账凭证

2014 年 9 月 30 日

总字第 31 号
转字第 19 号
单位:元

摘　要	总账科目	明细科目	借方金额	贷方金额	记　账
结转所得税	本年利润		5 445		
	所得税费用			5 445	
合　计			5 445	5 445	

表 12—122

转账凭证

2014 年 9 月 30 日

总字第 32 号
转字第 20 号
单位:元

摘 要	总账科目	明细科目	借方金额	贷方金额	记 账
计提盈余公积金	利润分配	提取盈余公积	2 178		
	盈余公积			2 178	
合 计			2 178	2 178	

表 12—123

付款凭证

2014 年 9 月 30 日

总字第 33 号
银行付字第 6 号

贷方:银行存款

单位:元

摘 要	借方科目		记 账	金 额
	总账科目	明细科目		
缴纳税费	应交税费	应交所得税		7 187.40
		应交增值税		5 202
合 计				12 389.4

(2)根据收款凭证及付款凭证逐日登记现金日记账和银行存款日记账。

解:见表 12—124 和表 12—125。

表 12—124

库存现金日记账

年		凭证		摘 要	对方科目	收 入	支 出	余 额
月	日	字	号					
9	1			期初余额				2 000
9	9	现付	1	支付乙材料运费	材料采购		400	1 600
9	14	银付	2	提现金备发工资	银行存款	15 000		16 600
9	15	现付	2	发放工资	应付职工薪酬		15 000	1 600
9	20	现付	3	支付销售费用	销售费用		200	1 400
9	22	现付	4	支付修理费用	制造费用		270	1 130
9	25	现付	5	购买办公用品	管理费用		100	1 030
9	30			本期发生额及余额		15 000	15 970	1 030

表 12—125　　**银行存款日记账**　　单位:元

年		凭证		摘　要	对方科目	收入	支出	余　额
月	日	字	号					
9	1			期初余额				200 000
9	2	银付	1	支付材料款	材料采购		10 000	190 000
9					应交税费		1 666	188 334
9	10	银收	1	销售产品	主营业务收入	10 000		178 334
					应交税费	1 700		200 034
9	14	银付	2	提现备发工资	库存现金		15 000	185 034
9	16	银付	3	支付前欠货款	应付账款		17 000	168 034
9	21	银付	4	支付电费	制造费用		500	167 534
					管理费用		1 500	166 034
9	25	银付	5	支付广告费	销售费用		1 000	165 034
9	28	银收	2	收到前欠货款	应收账款	59 500		224 534
9	30	银付	6	缴纳税费	应交税费		12 389.4	212 144.6
9	30			本期发生额及余额		71 200	59 055.4	212 144.6

(3)根据原始凭证和记账凭证登记原材料明细账、应收账款明细账和应付账款明细账。

解:见表 12—126～表 12—131(其他明细账从略)

表 12—126　　**原材料明细账**

材料名称:甲材料

年		凭证		摘　要	收入			发出			结存		
月	日	字	号		数量/千克	单价/元	金额/元	数量/元	单价/元	金额/元	数量/千克	单价/元	金额/元
9	1			月初结存							2 000	10	20 000
9	3	转	1	购入	1 000	10	10 000				3 000	10	30 000
9	3	转	2	生产领用				1 500	10	15 000	1 500	10	15 000
9	5	转	3	管理部门领用				80	10	800	1 420	10	14 200
9	30			本期发生额及余额	1 000	10	10 000	1 580	10	15 800	1 420	10	14 200

表 12—127　　**原材料明细账**

材料名称:乙材料

年		凭证		摘　要	收入			发出			结存		
月	日	字	号		数量/千克	单价/元	金额/元	数量/元	单价/元	金额/元	数量/千克	单价/元	金额/元
9	1			月初结存							6 000	5	30 000
9	3	转	2	生产领用				4 000	5	20 000	2 000	5	10 000
9	5	转	3	购入				120	5	600	1 880	5	9 400
9	9	转	5	管理部门领用	4 000	5	20 000				5 880	5	29 400
9	30			本期发生额及余额	4 000	5	20 000	4 120	5	20 600	5 880	5	29 400

表 12—128 应收账款明细账

户名:B工厂 单位:元

年		凭证		摘　要	借　方	贷　方	借或贷	余　额
月	日	字	号					
9	1			期初余额			借	3 000
9	30			本期发生额及余额			借	3 000

表 12—129 应收账款明细账

户名:A工厂 单位:元

年		凭证		摘　要	借　方	贷　方	借或贷	余　额
月	日	字	号					
9	1			期初余额			借	1 000
9	20	转	8	销售产品 500 件	58 500		借	59 500
9	28	银收	2	收到前欠货款		59 500	平	0
9	30			本期发生额及余额	58 500	59 500	平	0

表 12—130 应付账款明细账

户名:D工厂 单位:元

年		凭证		摘　要	借　方	贷　方	借或贷	余　额
月	日	字	号					
9	1			期初余额			贷	3 000
9	8	转	4	购入乙材料		22 932	贷	25 932
9	16	银付	3	归还购料款	15 000		贷	10 932
9	30			本期发生额及余额	15 000	22 932	贷	10 932

表 12—131 应付账款明细账

户名:C工厂 单位:元

年		凭证		摘　要	借　方	贷　方	借或贷	余　额
月	日	字	号					
9	1			期初余额			贷	2 000
9	16	银付	3	归还购料款	2 000		平	0
								0
9	30			本期发生额及余额	2 000		平	0

(4)根据各种记账凭证逐笔登记总分类账。

解:见表 12—132～表 12—156。

表 12—132　　总分类账

账户名称:库存现金　　单位:元

年		凭证		摘要	借方	贷方	借或贷	余额
月	日	字	号					
9	1			期初余额			借	2 000
9	9	现付	1	支付乙材料运杂费		400	借	1 600
9	14	银付	2	提取现金备发工资	15 000		借	16 600
9	15	现付	2	发放工资		15 000	借	1 600
9	20	现付	3	支付销售费用		200	借	1 400
9	22	现付	4	支付修理费		270	借	1 130
9	25	现付	5	购买办公用品		100	借	1 030
9	30			本期发生额及余额	15 000	15 970	借	1 030

表 12—133　　总分类账

账户名称:银行存款　　单位:元

年		凭证		摘要	借方	贷方	借或贷	余额
月	日	字	号					
9	1			期初余额			借	200 000
9	2	银付	1	支付甲材料款		11 666	借	188 334
9	10	银收	1	销售产品	11 700		借	200 034
9	14	银付	2	提取现金备发工资		15 000	借	185 034
9	16	银付	3	支付钱欠货款		17 000	借	168 034
9	21	银付	4	支付电费		2 000	借	166 034
9	25	银付	5	支付广告费		1 000	借	165 034
9	28	银收	2	收到A工厂货款	59 500			224 534
9	30	银付	6	缴纳税费		12 389.4		212 144.6
9	30			本期发生额及余额	71 200	59 055.4	借	212 144.6

表 12—134　　总分类账

账户名称:应收账款　　单位:元

年		凭证		摘要	借方	贷方	借或贷	余额
月	日	字	号					
9	1			期初余额			借	4 000
9	20	转	8	销售A工厂产品	58 500		借	62 500
9	28	银收	2	收到A工厂货款		59 500	借	3 000
9	30			本期发生额及余额	58 500	59 500	借	3 000

表 12—135 总分类账

账户名称:原材料 单位:元

年		凭证		摘要	借方	贷方	借或贷	余额
月	日	字	号					
9	1			期初余额			借	50 000
9	3	转	1	购入	1 000		借	60 000
9	3	转	2	生产领用		35 000	借	25 000
9	5	转	3	管理部门领用		1 400	借	23 600
9	9	转	5	购入	20 000		借	43 600
9	30			本期发生额及余额	30 000	36 400	借	43 600

表 12—136 总分类账

账户名称:待摊费用 单位:元

年		凭证		摘要	借方	贷方	借或贷	余额
月	日	字	号					
9	1			期初余额			借	2 000
9	30	转	10	摊销本月负担额		500	借	1 500
9	30			本期发生额及余额		500	借	1 500

表 12—137 总分类账

账户名称:库存商品 单位:元

年		凭证		摘要	借方	贷方	借或贷	余额
月	日	字	号					
9	1			期初余额			借	20 000
9	30	转	13	完工产成品	55 750		借	75 750
9	30	转	14	结转销售成本		3 000	借	45 750
9	30			本期发生额及余额	55 750	3 000	借	45 750

表 12—138 总分类账

账户名称:固定资产 单位:元

年		凭证		摘要	借方	贷方	借或贷	余额
月	日	字	号					
9	1			期初余额			借	360 000
9	30			本期发生额及余额			借	360 000

表 12－139　　**总分类账**

账户名称:累计折旧　　单位:元

年		凭证		摘要	借方	贷方	借或贷	余额
月	日	字	号					
9	1			期初余额			贷	60 000
9	30	转	11	计提折旧		6 000	贷	66 000
9	30			本期发生额及余额		6 000	贷	66 000

表 12－140　　**总分类账**

账户名称:材料采购　　单位:元

年		凭证		摘要	借方	贷方	借或贷	余额
月	日	字	号					
9	2	银付	1	采购甲材料	10 000		借	10 000
9	3	转	1	甲材料验收入库		10 000	平	0
9	8	转	4	采购乙材料	19 600		借	19 600
9	9	现付	1	支付采购运费	400		借	20 000
9	9	转	5	乙材料验收入库		20 000	平	0
9	30			本期发生额及余额	30 000	30 000	平	0

表 12－141　　**总分类账**

账户名称:应付账款　　单位:元

年		凭证		摘要	借方	贷方	借或贷	余额
月	日	字	号					
9	1			期初余额			贷	5 000
9	8	转	4	购入乙材料		22 932	贷	27 932
9	16	银付	3	支付前欠货款	17 000		贷	10 932
9	30			本期发生额及余额	17 000	22 932	贷	10 932

表 12－142　　**总分类账**

账户名称:应付职工薪酬　　单位:元

年		凭证		摘要	借方	贷方	借或贷	余额
月	日	字	号					
9	12	转	4	计算本月工资		15 000	贷	15 000
9	15	现付	3	发放工资	15 000		平	0
9	30			本期发生额及余额	15 000	15 000	平	0

表 12—143 总分类账

账户名称:应付职工薪酬——福利费 单位:元

年		凭证		摘 要	借 方	贷 方	借或贷	余 额
月	日	字	号					
9	12	转	7	提取应付福利费		2 100	贷	2 100
9	30			本期发生额及余额		2 100	贷	2 100

表 12—144 总分类账

账户名称:应交税费 单位:元

年		凭证		摘 要	借 方	贷 方	借或贷	余 额
月	日	字	号					
9	2	银付	1	购材料进项税金	1 666		借	1 666
9	8	转	4	购材料进项税金	3 332		借	4 998
9	10	银收	1	销售产品销项税金		1 700	借	3 298
9	20	转	8	销售产品销项税金		8 500	贷	5 202
9	30	转	18	计算应交所得税		7 187.4	贷	12 389.4
9	30	银付	6	支付税费	12 389.4		平	0
9	30			本期发生额及余额	17 387.4	17 387.4	平	0

表 12—145 总分类账

账户名称:预提费用 单位:元

年		凭证		摘 要	借 方	贷 方	借或贷	余 额
月	日	字	号					
9	1			期初余额			贷	3 000
9	30	转	9	预提大修理费用		400	贷	3 400
9	30			本期发生额及余额		400	贷	3 400

表 12—146 总分类账

账户名称:实收资本 单位:元

年		凭证		摘 要	借 方	贷 方	借或贷	余 额
月	日	字	号					
9	1			期初余额			贷	500 000
9	30			本期发生额及余额			贷	500 000

表 12－147 **总分类账**

账户名称:盈余公积 单位:元

年		凭证		摘要	借方	贷方	借或贷	余额
月	日	字	号					
9	1			期初余额			贷	50 000
9	30	转	20	计提盈余公积金		1 459.26	贷	51 459.26
9	30			本期发生额及余额		1 459.26	贷	51 459.26

表 12－148 **总分类账**

账户名称:本年利润 单位:元

年		凭证		摘要	借方	贷方	借或贷	余额
月	日	字	号					
9	1			期初余额			贷	180 000
9	30	转	15	结转销售收入		60 000	贷	240 000
9	30	转	16	结转销售成本费用	31 200		贷	208 800
9	30	转	17	结转管理费用	7 020		贷	201 780
9	30	转	18	结转所得税	7 187.4		贷	194 592.6
9	30			本期发生额及余额	45 407.4	60 000	贷	194 592.6

表 12－149 **总分类账**

账户名称:利润分配 单位:元

年		凭证		摘要	借方	贷方	借或贷	余额
月	日	字	号					
9	1			期初余额			借	160 000
9	30	转	20	提取盈余公积金	1 459.26		借	161 459.26
9	30			本期发生额及余额	1 459.26		借	161 459.26

表 12－150 **总分类账**

账户名称:生产成本 单位:元

年		凭证		摘要	借方	贷方	借或贷	余额
月	日	字	号					
9	3	转	2	生产领用材料	35 000		借	35 000
9	12	转	6	计算工人工资	10 000		借	45 000
9	12	转	7	提取福利费	1 400		借	46 400
9	30	转	12	结转制造费用	9 350		借	55 750
9	30	转	13	结转完工成品成本		55 750	平	0
9	30			本期发生额及余额	55 750	55 750	平	0

表 12—151　　总分类账

账户名称:制造费用　　单位:元

年		凭证		摘　要	借　方	贷　方	借或贷	余　额
月	日	字	号					
9	5	3	转	管理部门耗用材料	900		借	900
9	12	6	转	管理人员工资	2 000		借	2 900
9	12	7	转	计提福利费	280		借	3 180
9	21	4	银付	车间照明电费	500		借	3 680
9	22	4	现付	车间修理费	270		借	3 950
9	30	9	转	预计大修理费用	400		借	4 350
9	30	11	转	计提折旧费	5 000		借	9 350
9	30	12	转	结转制造费用		9 350	平	0
9	30			本期发生额及余额	9 350	9 350	平	0

表 12—152　　总分类账

账户名称:主营业务收入　　单位:元

年		凭证		摘　要	借　方	贷　方	借或贷	余　额
月	日	字	号					
9	10	银收	1	销售产品		10 000	贷	10 000
9	20	转	8	销售产品		50 000	贷	60 000
9	30	转	3	结转销售收入	60 000		平	0
9	30			本期发生额及余额	60 000	60 000	平	0

表 12—153　　总分类账

账户名称:主营业务成本　　单位:元

年		凭证		摘　要	借　方	贷　方	借或贷	余　额
月	日	字	号					
9	30	转	14	结转销售成本	30 000		贷	30 000
9	30	转	16	结转产品销售成本		30 000	平	0
9	30			本期发生额及余额	30 000	30 000	平	500 000

表 12—154 **总分类账**

账户名称:销售费用 单位:元

年		凭证		摘要	借方	贷方	借或贷	余额
月	日	字	号					
9	20	现付	3	支付销售费用	200		借	200
9	25	银付	5	支付广告费	1 000		借	1 200
9	30	转	16	结转产品销售费用		1 200	平	0
9	30			本期发生额及余额	1 200	1 200	平	0

表 12—155 **总分类账**

账户名称:管理费用 单位:元

年		凭证		摘要	借方	贷方	借或贷	余额
月	日	字	号					
9	5	转	3	厂部领料	500		借	500
9	12	转	6	管理人员工资	3 000		借	3 500
9	12	转	7	计提福利费	420		借	3 920
9	21	银付	4	厂部管理部门耗电	1 500		借	5 420
9	25	现付	5	购买办公用品	100		借	5 520
9	30	转	10	摊销待摊费用	500		借	6 020
9	30	转	11	计提折旧	1 000		借	7 020
9	30	转	17	结转管理费用		7 020	平	0
9	30			本期发生额及余额	7 020	7 020	平	0

表 12—156 **总分类账**

账户名称:所得税 单位:元

年		凭证		摘要	借方	贷方	借或贷	余额
月	日	字	号					
9	30	转	18	计算应交所得税	7 187.4		借	7 187.4
9	30	转	19	结转所得税		7 187.4	平	0
9	30			本期发生额及余额			贷	7 187.4

(5)月末,将现金日记账、银行存款日记账余额及各种明细分类账的余额合计数,分别与相应的总分类账余额核对,并编制“总分类账发生额及余额试算平衡表”。待试算平衡后,编制本月份的财务报表。

解:见表12—157～表12—159。

表 12—157 **总分类账发生额及余额试算平衡表**

2014 年 9 月 单位:元

账户名称	期初余额		本期发生额		期末余额	
	借方	贷方	借方	贷方	借方	贷方
库存现金	2 000		15 000	15 970	1 030	
银行存款	200 000		71 200	59 055.4	212 144.6	
应收账款	4 000		58 500	59 500	3 000	
原材料	50 000		30 000	36 400	43 600	
待摊费用	2 000			500	1 500	
库存商品	20 000		55 750	30 000	45 750	
固定资产	360 000				360 000	
累计折旧		60 000		6 000		66 000
材料采购			30 000	30 000		
应付账款		5 000	17 000	22 932		10 932
应付职工薪酬			15 000	17 100		2 100
应交税费				17 387.4		
预提费用			17 387.4	400		3 400
实收资本		3 000				500 000
盈余公积		500 000		1 459.26		51 459.26
本年利润		50 000		60 000		194 592.6
利润分配		180 000	45 407.4			
生产成本	160 000		1 459.26	55 750		
制造费用			55 750	9 350		
主营业务收入			9 350	60 000		
主营业务成本			60 000	30 000		
销售费用			30 000	1 200		
管理费用			1 200	7 020		
所得税费用			7 020	7 187.4		
			7 187.4			
合　计	79 800	79 800	527 211.4	527 211.4	828 483.86	828 483.86

表 12—158

资产负债表

编制单位：天和工厂　　2014年9月30日　　单位：元

资　产	行次	期末余额	年初余额	负债和所有者权益	行次	期末余额	年初余额
流动资产				流动负债			
货币资金		213 174.6		短期借款			
交易性金融资产				交易性金融资产			
应收票据				应付票据			
应收账款		3 000		应付账款		10 932	
预付账款				预收账款			
应收股利				应付职工薪酬		2 100	
应收利息				应交税费			
其他应收款		1 500		应付利息			
存货		89 350		应付股利			
一年内到期的非流动资产				其他应付款		3 400	
其他流动资产				一年内到期的非流动负债			
流动资产合计				其他流动负债			
非流动资产				流动负债合计			
可供出售金融资产				非流动负债			
持有至到期投资				长期借款			
长期应收款				应付债券			
长期股权投资				长期应付款			
投资性房地产				专项应付款			
固定资产		294 000		预计负债			
在建工程				递延所得税负债			
工程物资				其他非流动负债			
固定资产清理				非流动负债合计			
生产性生物资产				负债合计			
油气资产				所有者权益			
无形资产				实收资本		500 000	
开发支出				资本公积			
商誉				减：库存股			
长期待摊费用				盈余公积		51 459.26	
递延所得税资产				未分配利润		33 133.34	
其他非流动资产				所有者权益合计			
非流动资产合计							
资产合计		601 024.6		负债和所有者权益合计		601 024.6	

表 12－159　　利润表

编制单位:天和工厂　　2014 年 9 月　　单位:元

项　目	行次	本月数	本年累计数
一、营业收入		60 000	
减:营业成本		30 000	
营业税费			
销售费用		1 200	
管理费用		7 020	
财务费用			
资产减值损失			
加:公允价值变动净收益			
投资净收益			
二、营业利润		21 780	
加:营业外收入			
减:营业支出			
其中:非流动资产处置净损失			
三、利润总额		21 780	
减:所得税费用		7 187.4	
四、净利润		14 592.6	

概念回顾

账务处理程序　记账凭证账务处理程序　科目汇总表账务处理程序　汇总记账凭证账务处理程序

复习思考题

1. 什么是账务处理程序,我国主要的账务处理程序形式有哪几种?它们之间的根本区别是什么?

2. 说明记账凭证账务处理程序的基本内容、优点、缺点及适用范围。

3. 说明科目汇总表账务处理程序的基本内容、优点、缺点及适用范围。

4. 说明汇总记账凭证账务处理程序的基本内容、优点、缺点及适用范围。

5. 说明多栏式日记账账务处理程序的基本内容、优点、缺点及适用范围。

技能实训

一、实训目的

练习科目汇总表的编制。

二、实训资料

某企业3月1～10日发生下列经济业务：

(1)1日，从银行提取现金10 000元备用。

(2)1日，从福恒公司购进材料一批，已验收入库，货款50 000元，增值税进项税额8 500元，款项尚未支付。

(3)2日，销售给阳光公司A产品一批，货款100 000元，增值税销项税额17 000元，款项尚未收到。

(4)3日，财务部小李出差，借支差旅费1 000元，以现金付讫。

(5)4日，车间领用甲材料一批，其中用于A产品生产30 000元，用于车间一般消耗5 000元。

(6)5日，销售给正大公司A产品一批，货款为200 000元，增值税销项税额34 000元，款项已收。

(7)6日，从远方公司购进乙材料一批，货款80 000元，增值税销项税额13 600元，款项已付。

(8)7日，小李出差回来，报销差旅费1 200元，余款用现金支付。

(9)7日，以银行存款58 500元，偿还前欠恒福公司的购料款。

(10)接到银行通知，阳光公司汇来117 000元，已收妥入账。

(11)9日，车间领用乙材料一批，其中用于A产品生产20 000元，用于车间一般消耗3 000元，行政管理部门耗用2 000元。

(12)10日，支付产品广告宣传费10 000元。

三、实训要求

(1)根据以上经济业务编制会计分录，代替记账凭证。

(2)根据所编会计分录编制科目汇总表。

第四篇

会计工作组织

|学习单元 13|

会计工作的组织

【素质目标】

1. 了解会计工作组织的作用和原则;
2. 掌握会计工作的组织形式及会计人员的任职资格、职责权限、法律责任和职业道德要求;
3. 掌握企业内部会计管理制度与内部会计控制的基本要求及内容和方法;
4. 掌握会计档案管理办法。

【技能目标】

1. 能熟练遵守会计人员的任职资格、职责权限、法律责任和职业道德要求,并对自己的会计职业生涯进行谋划;
2. 能设计合理的企业内部会计管理制度与内部会计控制体系;
3. 能够学会会计档案的归档管理。

【案例导入】

据《海峡都市报》报道:刚走出校门的王某当了 21 天的代理会计,挪用资金 64 万元,日前被郑州市中原区检察院以挪用资金罪起诉。原来,被告王某 4 月应聘于郑州某财务部工作,领导出于对这位重点财经院校毕业生的信任,让尚处实习阶段的王某暂时代理会计。4 月 19 日,王某(代理会计的第 7 天)窃取空白支票两张,通过关系先后用支票将公司资金 64 万多元从建设银行开发区支行转账到郑州某汽车销售有限公司,用假财务证明骗取汽车公司的信任,然后分三次提现。

请思考:为什么会出现上述情况?是学生的职业道德教育问题还是企业的内部控制问题?我们应该如何防范类似事件的发生?

主题学习单元 13.1　会计工作组织的作用、原则及形式

13.1.1　会计工作组织的作用

【任务 13—1—1】　会计工作组织对企业有哪些作用?

会计工作是一项复杂、细致的综合性经济管理活动,涉及面广、业务环节流程多、工作技能

要求高、参与的人员多。因此，要做好会计工作，就必须重视会计工作的组织与管理。科学合理地组织会计工作，会计工作在经济管理中的作用如下所述。

13.1.1.1 提高会计工作的质量和效率

会计为经济管理提供的会计信息，要经过从原始凭证、记账凭证即会计凭证、会计账簿到会计报告这样一个周而复始的循环过程。在这个过程中，会计核算和监督主要是借助于一系列专门的方法及相应的手续和程序对数据进行记录、计算、分类、汇总、分析、检查等来完成的。全部过程包括了一系列程序和方法，这个过程中需要履行各种手续，各手续与程序之间环环相扣、紧密相连。在任何一个环节上出现差错，都必然造成整个会计核算的结果不正确或不能及时完成，进而影响整个会计核算工作的质量和效率，影响会计信息的可靠性。所以必须结合会计工作自身的特点，科学地设置会计机构并配备高素质的专业会计人员，严格执行会计规范，认真制定内部会计制度，从而保证会计工作质量，提高会计工作效率，进而提高会计工作的有用性。

13.1.1.2 确保能与其他经济管理工作协调一致，相互配合

会计是经济管理的一个重要组成部分，同时它又是为经济管理提供有用会计信息的一个信息系统。正确组织会计工作，有利于协调好会计工作与其他管理工作之间的关系，保证会计工作与其他管理工作分工协作、相互配合，共同完成经济管理的任务和目标。

13.1.1.3 有利于加强企业单位内部的经济责任制

经济管理的一个重要手段就是实行各单位的内部经济责任制，而实行内部经济责任制离不开会计，包括科学的经济预测、正确的经济决策以及业绩考评等。科学地组织好会计工作，可以促使企业内部各有关部门管好、用好资金，增收节支，通过提高经营管理水平，达到提高经济效益的目的。

13.1.1.4 维护财经制度和财经纪律

会计工作是一项错综复杂的系统工作，政策性很强，必须通过核算如实反映各单位的经济活动和财务收支，通过监督来贯彻执行国家的有关政策、方针、法令和制度。因此，科学地组织会计工作，可以促使各企业更好地贯彻实施各项方针政策，维护财经纪律，为建立良好的社会经济秩序打下基础。

13.1.2 会计工作组织的原则

【任务 13—1—2】 会计工作组织应遵循哪些原则?

13.1.2.1 适应本单位特点

由于各个企业所属性质、经营方式、经营规模、业务内容和数量不同，因此，在设置会计机构、配备会计人员、建立会计制度时，必须从实际出发，适应企业生产经营的特点和管理要求，以便充分发挥会计的职能和作用。

13.1.2.2 注意协调与其他经济管理工作的关系

会计工作既有其独立的工作内容和业务范围，又与其他经济管理工作存在着十分密切的联系，即同其他经济管理工作之间既有分工又有协作，具有很强的综合性和政策性。这些特点要求在组织会计工作时，要与其他各项经济管理工作相互配合、相互协调，共同实现经济管理的目标。

13.1.2.3 以提高工作质量和效率为目标

会计工作以提供有用会计信息和参与企业经济管理为目标，会计工作同其他产品一样，有

质量方面的要求，所以应当精心设计和科学组织会计工作，保证会计工作质量。会计工作组织是进行会计工作所必需的，更是提高会计工作效率和质量的必要条件。因而，会计工作的繁简、内部分工的精细等，都必须以提高工作效率和质量为出发点，优化内部组合，减少多余环节，防止出现机构重叠、手续繁杂、重复劳动等不合理现象发生，力争节约会计工作的时间和费用，提高会计工作的效率和质量。

13.1.3　会计工作的组织形式

【任务 13—1—3】　会计工作的组织有哪些形式？

企业会计部门承担会计工作，与企业的其他职能部门、车间、仓库等各部门之间如何分工协作，这些都与会计工作的组织形式有很大的关系。为了科学合理地组织会计工作，就必须根据企业规模的大小、业务的繁简以及企业内部其他各组织机构的设置情况，来确定合理适用的企业会计工作组织形式。

企业会计工作的组织形式，一般分为集中核算组织形式和非集中核算组织形式两种。

13.1.3.1　集中核算组织形式

集中核算是指企业单位的主要会计核算工作都集中在会计部门进行，单位内部其他各部门不单独进行会计核算，只是对所发生的经济业务进行原始登记和记录，填制原始凭证并进行适当汇总，定期将原始凭证和汇总原始凭证报送给会计部门，由会计部门集中进行统一的总分类核算和明细分类核算。采用集中核算组织形式，由于会计核算工作都集中在会计部门进行，便于会计人员进行科学合理的分工，在会计核算过程中运用电算化等现代化手段，可以简化和加速核算工作，提高核算工作的效率，节约核算费用，并可根据会计部门的会计记录，随时随地了解企业内部各部门各单位的生产经营活动情况。但是，由于这种方式的核算工作不是在企业内部各部门进行，因而各部门的领导不能随时利用会计核算资料了解和检查本部门的经济工作，以及及时作出反应和改进经济工作。

13.1.3.2　非集中核算组织形式

非集中核算又称分散核算，是指企业单位内部和部门核算各自本身发生的经济业务，包括会计凭证的审核和整理、明细分类账的设置和登记、各项成本的核算、有关财务报表特别是内部报表的编制和检查、分析等工作，而会计部门只是根据企业内部各部门单位上报来的资料进行汇总整理并进而进行总分类核算、编报全企业综合性财务报表，并负责指导、检查和监督企业内部各部门单位的会计核算工作。采用这种非集中核算组织形式，企业内部各部门单位可以随时随地利用有关会计核算资料检查本部门的各项工作，及时发现存在的问题并分析原因、及时纠正和解决问题。但这种核算组织形式对企业会计部门而言，不便于采用最合理的凭证处理方法，会计人员的合理分工会受到一定的限制，核算的工作总量有所增加，核算费用也会增多。

对于一个企业而言，究竟是采用集中核算组织形式还是采用非集中核算组织形式并不是绝对的，既可以单一地选用集中核算或非集中核算组织形式，也可以二者兼而有之，即可以对某些业务采用集中核算而对另外的业务采用非集中核算。但是，无论采用哪一种核算组织形式，企业采购材料物资、销售商品、结算债权债务、现金往来等对外业务都应该由会计部门办理。企业在确定应采用的会计工作组织形式时，既要考虑到能正确、及时反映企业经济活动情况，又要注意简化会计核算手续，提高会计工作效率。

练习 13－1－1

【单项选择题】《会计法》明确规定，管理全国会计工作的部门是(　　)。

A. 国务院　　B. 财政部　　C. 全国人民代表大会　　D. 注册会计师协会

练习 13－1－2

【单项选择题】 会计核算工作组织形式，有集中核算和(　　)。

A. 专业核算　　B. 班组核算　　C. 个别核算　　D. 非集中核算

主题学习单元 13.2　会计机构和会计人员

13.2.1　会计机构

会计机构是指各单位内部直接从事和组织领导单位会计工作的职能部门。建立和健全会计机构，是加强会计工作、保证会计工作顺利进行和提高会计工作质量和效率的重要条件。

13.2.1.1　会计机构的设置

【任务 13－2－1】 会计机构设置应遵循哪些规定？企业可以选择哪些会计机构设置形式？

会计机构的健全与否，会计职能各个岗位之间能否协调和相互配合，直接影响到会计工作的质量和效率。

《中华人民共和国会计法》规定："各单位应当根据自身会计业务的特点和要求，设置相应的会计机构，或者在有关各机构中设置会计人员并指定会计主管人员；不具备设置会计机构条件的，应当委托经批准设立的可以从事会计代理记账业务的中介机构代理记账。"这是对会计机构设置的原则性规定。

企业可以根据自身的实际情况选择会计机构的设置形式：可以单独设置会计机构；也可以不单独设置会计机构，但配备专职会计人员；不具备设置会计机构和专职会计人员条件的，可以实行代理记账。

(1)独立设置会计机构

一般来说，大中型企业和具有一定规模的行政事业单位，以及财务收支数额较大，经济业务活动较多的社会团体及其他经济组织，都应该设置独立会计机构，如会计处、部、科、股、组等，以便及时组织本单位各项经济活动和财务收支的会计核算工作，实行有效的会计监督和检查。

(2)不独立设置会计机构，但配备了专职会计人员

对于不具备单独设置会计机构的单位，如一般规模较小、财务收支不大、经济业务活动较简单的企业、机关、团体、事业单位和个体工商户，为了适应这些单位的内部客观需要和组织结构特点，允许其将会计业务并入其他职能部门，配备专职的会计人员并指定会计主管人员，以保证会计工作的正常开展。

(3)不具备设置会计机构和会计人员条件的企业，可以实行代理记账

对一些不具备会计工作条件的企业，可以不设置会计机构和专职会计人员，而是聘请有资质的中介机构实行代理记账。这些企业虽然没有自己的会计机构和专职会计人员，但应指派专人负责企业的会计工作。

13.2.1.2 会计机构岗位责任制

为了科学合理地组织会计工作，会计机构内部必须进行合理分工与协作，并在明确分工基础上建立会计工作岗位责任制。

(1)设置会计工作岗位的原则

①满足本单位顺利开展会计业务需要。由于各企业单位对相关的行业性质、自身规模、业务内容和数量以及会计核算与管理的要求不同，会计工作岗位的设置条件和要求也不同。在设置相应的会计工作岗位时，必须结合本企业单位的实际情况，以满足企业开展会计业务需要为原则。

②符合单位内部牵制制度的要求。会计工作可以一人一岗、一人多岗或一岗多人，但必须符合企业内部牵制制度的要求。出纳人员不得兼管稽核、会计档案保管和收入、费用、债权债务账目的登记工作；财产物资保管与明细账的登记不得由一人兼任；总账与明细账原则上由不同的会计人员登记；业务执行人员与稽核检查人员分离；等等。

③有利于会计人员全面熟悉和掌握会计业务，不断提高自身的业务素质。会计人员的各个工作岗位应当有计划地进行轮换，这样可以有效地激励会计人员不断进取，改进会计工作，也能在一定程度上防止违法乱纪行为发生，保护会计人员。

(2)会计岗位设置

以经营规模较大的企业为例，会计岗位可以分别设置如下：会计机构负责人、出纳、财产物资核算、工资薪酬核算、成本费用核算、财务成果核算、往来核算、总账、报表、稽核、会计档案管理等。对上述会计工作岗位，在不违背内部牵制制度的原则下，可以灵活安排，人尽其力，岗尽其责。

由于各单位的具体情况不同，以上各个会计工作岗位的工作量也是不一样的。会计机构在确定了内部会计各岗位职责分工后，还应注意各岗位之间的相互配合，做到既有分工又有合作，齐心协力，共同做好会计工作。

13.2.2 会计人员

【任务13—2—2】 会计法律法规对会计人员有哪些任职要求？

设置好了会计机构，还必须配备相应的专业会计人员。合理地配备会计人员、提高会计人员的整体综合素质是每个企业单位能否做好会计工作的决定性因素。为了充分发挥会计人员的工作积极性，使全体会计人员能更好地完成会计工作，在会计法、会计准则和有关会计人员管理的法规中，对会计人员的任职要求、职责和权限、专业技术职务能力、职业道德规范、法律责任和继续教育、业务晋升等做了明确的规定。

13.2.2.1 会计人员的任职要求

从事会计工作岗位的人员必须取得相关的会计从业资格证书。而取得相关的会计从业资格证书必须具备一定的基本业务条件，即遵守会计以及其他财经法律、法规，具备良好的职业道德品质，具备从事会计专业基础知识和技能。已具备上述条件的，应当按照财政部门的相关规定参加会计从业资格考试，会计从业资格考试具体科目为：财经法规与会计职业道德、会计实务基础、初级会计电算化证书。合格者按属地原则由所在地财政部门发给会计从业资格证书。

因有提供虚假财务报告，做假账，隐匿或者故意销毁会计凭证、会计账簿、财务报告，贪污盗窃、利用职务之便挪用公款，职务侵占等与会计职务有关的违法违规行为被依法追究相关刑事责任的人员，不得取得或者重新取得会计从业资格证书。除上述规定的人员外，因违法违纪被吊销会计从业资格的人员，自被吊销会计从业资格之日起五年内，不得重新取得会计从业资格证书。

13.2.2.2　会计人员的职责和权限

【任务 13—2—3】　会计相关法律法规对会计人员的主要职责有哪些规定？

（1）会计人员的主要职责

①进行会计核算。进行会计核算，及时准确地向与企业有经济利益关系的各方提供真实可靠、能满足其需要的会计信息，是会计人员最基本的职责，也是对会计人员最起码的要求。会计人员进行会计核算的经济业务事项包括：现金及有价证券的收付；各项财产物资的收发、增减和使用；债券债务的使用和结算；资本、基金的增减；收入、费用的确认和各项成本的计算；财务成果的计算和处理分配；需要办理会计手续和进行会计核算的其他事项。

②实行会计监督。依据国家有关财经方面的法律法规，会计人员应对本企业的各项经济活动进行会计监督，如对不真实、不合法的原始凭证，有权拒绝或不予受理，并向单位负责人报告；对记载不准确、项目不完整的原始凭证，有权予以退回，并要求及时更正补充；对违反国家统一的财政、财务、会计制度的财务收支，拒绝办理；发现会计账簿记录与实物、款项及有关资料的实际不相符的，应当按照财经法律规定及时处理，无权自行处理的，应当及时向单位负责人报告，请求查明原因并作出相应的处理。各企业单位必须按照法律和国家规定接受财政、税务、审计等机关的监督检查，如实提供会计凭证、会计账簿、财务报表和其他会计资料以及有关情况，不得拒绝、隐匿、谎报、错报。

③制定本单位办理会计业务的具体办法。国家制定统一的会计法律法规，只对会计工作管理和会计事务处理办法作出了一般性规定。各单位要依据国家颁布的最新会计法律法规，结合本单位的特点和实际情况的需要，建立、健全适合本单位内部使用的会计事项处理办法。例如，会计科目的设置及使用办法的规定；会计人员岗位责任制；内部牵制和稽核制度；分级核算、分级管理办法和费用开支报销手续办法等。

④参与拟订经济计划、业务计划、财务计划，编制各项预算和财务计划并进行考核、分析检查其执行情况。各企业单位制订的经济计划或业务计划是指导该企业单位经济活动或业务活动的主要依据，也是会计专业人员编制财务计划的重要依据，会计专业人员参与经济计划、业务计划的制订，既有利于编制出适合本单位的财务计划，而且可以发挥会计人员联系面广泛、经济信息灵通的优势，在拟订各项经济业务计划方面起到参谋作用。

⑤办理其他相关的会计事务。

（2）会计人员工作权限

【任务 13—2—4】　会计人员有哪些工作权限？

为了保障会计人员能够顺利地履行各自的职责，有关法律法规对他们赋予了必要的工作权限，主要有以下几方面：

①有权要求本单位有关部门和人员认真贯彻执行经国家批准的计划、预算，遵守国家财经纪律、法规和财务会计制度。如果有关人员违反相关制度法规，会计人员有权拒绝付款、拒绝报销或拒绝办理相关业务，并及时向本单位负责人报告。对于弄虚作假、营私舞弊、欺骗上级等违法乱纪行为，会计人员必须拒绝执行或办理，并及时向本单位领导人或上级机关及财政部门报告。会计人员对于违反制度、法令的事项，不拒绝执行，又不及时向领导或上级机关、财政部门报告的，应同相关人员负连带责任。

②有权参与本企业单位计划、预算的编制工作。制定各项定额，签订有关经济合同，参加有关的生产、经营管理会议；有权了解本企业单位的生产经营情况。

③有权监督检查本单位内部有关部门的财务收支、资金使用和财产物资保管、收发计量检验等情况。涉及的部门要提供需要的资料，如实反映各项情况。

为了保证会计人员正确行使各自的工作权限，各级领导和有关人员要大力支持会计人员行使会计工作权限。本单位领导、上级机关和财政部门对会计人员反映的关于损害国家集体经济利益、违反财经法规纪律等问题，要认真及时地调查处理。如果会计人员反映的情况属实，而不及时采取措施加以纠正，由相关领导人和上级机关负责。如果有人对会计人员工作时坚持原则、反映情况进行刁难、阻挠和打击报复，上级机关要及时查明情况，严肃处理。

13.2.2.3 会计人员专业技术职务

【任务13—2—5】 会计人员专业技术职务有哪些技术等级？各技术等级如何报考？

会计专业技术职务是区分会计人员从事会计业务工作的技术等级，会计人员依据学历、从事会计工作的年限、会计业务水平和会计工作业绩，通过专业技术职务分为高级会计师、会计师、助理会计师、会计员。高级会计师为高级职务，会计师为中级职务，助理会计师和会计员为初级职务。自1986年国家实施《会计专业职务试行条例》以来，初级、中级会计专业技术资格需通过全国会计专业技术职务统一考试来获得，其中初级会计专业技术资格考试科目为"初级会计实务"和"经济法"两个会计科目，中级会计专业技术资格考试科目为"中级会计实务"、"财务管理"和"经济法"三个科目。高级会计专业技术资格的确认一直是通过评审来获取的，2003年财政部联合人事部并开始在浙江、湖北两省进行高级会计师资格考试结合试点工作。考试科目为"高级会计实务"，在通过高级会计实务考试后，再参加当地高级会计师评审委员会评审取得高级会计师资格；到2004年，试点范围拓展到北京市、河北省、辽宁省、江苏省、福建省、山东省、江西省、海南省、四川省、重庆市、陕西省、宁夏回族自治区、青海省、新疆维吾尔自治区。各级国家机关对会计专业技术职务实行任命制，各企事业单位对会计专业技术职务一般实行聘任制。

(1)会计人员的基本条件和基本职责

【任务13—2—6】 会计人员应具备哪些基本条件？其基本职责是什么？

会计人员的基本条件是：初步掌握财务会计基本知识和技能，熟悉并能遵照执行有关会计法规和相关财务会计制度，能担负起一个岗位的财务会计工作，大学专科或中等职业学校毕业，在财务会计工作岗位上实习期满一年，并通过初级会计专业技术资格考试，可获得会计员证书。

会计人员的基本职责是：负责具体审核和办理企业的各项财务收支；准确无误地根据原始凭证编制记账凭证；登记会计账簿；编制财务报表和办理其他相关的会计事务。

(2)助理会计师的基本条件和基本职责

【任务13—2—7】 助理会计师应具备哪些基本条件？其基本职责是什么？

助理会计师的基本条件是：掌握一般的财务会计方面的基础理论和专业知识，熟悉并能正确贯彻执行有关的财经方针、政策和财务会计法规、制度，能担任一个方面或某个重要会计岗位的财务会计工作，取得硕士学位或取得第二学士学位或研究生班结业证书，具备履行助理会计师职责的能力；或者大学本科毕业后在财务会计工作岗位上见习期满1年；或大学专科毕业并担任会计员职务2年以上；或中等职业学校毕业并担任会计员职务4年以上，并通过初级会计专业技术资格考试。

助理会计师的基本职责是：胜任某一会计核算岗位的工作；负责草拟一般的财务会计制度、规定、办法；解释、解答财务会计法规、制度中的一般规定；认真执行预算和财务会计收支计划，分析、检查某一方面或某些项目的财务收支和预算的执行情况。

(3)会计师的基本条件和基本职责

【任务13—2—8】 会计师应具备哪些基本条件？其基本职责是什么？

会计师的基本条件是：能较系统地掌握财务会计基础理论和专业知识，掌握并能正确贯彻执行有关的财经方针、政策和财务会计法规、制度；具有一定的会计岗位工作经验，能担负一个单位或管理一个地区、一个部门、一个系统某个方面的财务会计工作；取得博士学位并具有履行会计师职责的能力；或取得硕士学位并担任助理会计师2年左右；或取得第二学士学位或研究生班结业证书并担任助理会计师职务2～3年；大学本科或大学专科毕业并担任助理会计师4年以上，掌握一门外语，并通过会计师专业技术资格考试。

会计师的基本职责是：负责草拟比较重要的财务会计制度、法规、规定、办法；解释、解答财务会计法规、制度中的重要会计问题；分析、检查各项财务收支和预算的执行情况；培养初级会计人员。

(4)高级会计师的基本条件和基本职责

【任务13—2—9】 高级会计师应具备哪些基本条件？其基本职责是什么？

高级会计师的基本条件是：较系统地掌握经济、财务会计理论和专业知识，具有较高的政策水平和丰富的财务会计工作经验，能担负一个地区、一个部门或一个系统的财务会计管理工作；取得博士学位，并担任会计师职务2～3年；或取得硕士学位、第二学士学位或研究生班结业证书，或大学本科毕业并担任会计师职务5年以上；较熟练地掌握一门外语并通过高级会计师评审委员会评审或通过“高级会计实务”科目考试且通过高级会计师评审委员会评审。

高级会计师的基本职责为：负责草拟并解释、解答在一个地区、一个部门、一个系统、一个企业或在全国施行的财务会计法规、制度、办法；组织和指导一个地区或一个部门、一个系统的经济核算和各项财务会计工作；培养中级以上会计人才。

13.2.2.4 会计机构负责人或会计主管人员

【任务13—2—10】 谁是会计机构负责人或会计主管人员？会计机构负责人或会计主管人员应具备哪些基本条件？

企业、事业、行政机关单位的会计机构负责人或会计主管人员，是各单位会计工作的领导者和组织者。会计机构负责人或会计主管人员的任职资格，除要求取得会计从业资格证书外，还应当具备会计师以上专业技术职务资格或者从事会计工作3年以上经历。同时必须具备以下基本条件：

(1)坚持原则，廉洁奉公；

(2)熟悉国家财经法律、法规、规章和方针、政策，掌握本行业业务管理的有关知识；

(3)有较强的组织能力；

(4)身体状况良好，能够适应本职工作的要求。

此外，《会计基础工作规范》规定国有企业任用的会计人员应当回避制度。单位领导人的直系亲属不得担任本单位的会计机构负责人或会计主管人员。会计机构负责人、会计主管人员的直系亲属不得在本单位的会计机构中担任出纳工作。

13.2.2.5 总会计师

【任务13—2—11】 什么是总会计师？总会计师有哪些基本职责和工作权限？

总会计师是行政职位，不是会计人员专业技术职务。总会计师必须是在取得会计师任职资格后，主管一个单位企业或者单位内的一个重要方面的财务工作时间不少于3年的会计人员。《总会计师条例》明确规定：总会计师是单位行政领导成员，协助单位主要行政领导人工作，直接对单位主要行政领导人负责；总会计师组织领导本单位的财务核算、财务管理、成本管理、预算管理、会计核算和会计监督等方面的工作，参与本企业单位重要经济问题的分析和决策，并具体组织本单位执行国家有关财经法律、法规、方针、政策和制度，保护国家财产的安全完整。

（1）总会计师的基本职责

①编制和执行企业的预算、财务收支计划、信贷计划，拟定资金筹措和使用方案，开辟财源，有效地使用资金；进行成本费用预测、计划、控制、核算、分析和考核，督促本单位有关部门降低消耗、节约费用、提高经济效益；建立、健全经济核算制度，利用财务会计资料进行经济活动分析；承办单位主要行政领导人交办的其他工作。

②负责本单位财会机构的设置并对会计人员的配备、会计专业技术职务的设置和聘任提出方案；组织会计人员的业务培训和考核；支持会计人员依法行使职权。

③协助单位主要行政领导人对本企业的生产经营、行政事业单位的业务发展以及基本建设投资等问题作出决策；参与新产品开发、技术改造、科技研究、商品价格和工资奖金等方案的制订；参与重大经济合同和经济协议的研究、审查、决策。

（2）总会计师的工作权限

①对违反国家有关的财经法律、法规、方针、政策、制度和可能在经济上造成损失、浪费的行为，有权制止或者纠正；制止、纠正无效时，提请单位主要行政领导人作出处理。

②有权组织本单位各职能部门、直属基层单位的经济业务核算、财务会计、成本管理和控制方面的工作。

③主管审批各项财务收支工作。除一般的财务收支可以由总会计师授权的财会机构负责人或者其他指定人员审批外，重大的财务收支须经总会计师审批或者由总会计师报单位主要行政领导人审批。

④预算编制和财务收支计划、成本和费用计划、信贷计划、财务专题报告、会计决算报表须经总会计师签署；涉及财务收支的重大业务计划、经济合同、经济协议等在单位内部须经总会计师签字。

⑤会计人员的任用、晋升、调动、奖惩应当事先征求总会计师的意见；财会机构负责人或者会计主管人员的人选，应当由总会计师进行业务考核，依据有关规定审批。

企业的总会计师由本单位主要行政领导人提名，政府主管部门任命或者聘任；免职或者解聘程序与任命或者聘任程序相同。

13.2.2.6 *注册会计师*

【任务13—2—12】 注册会计师与一般会计人员相比有哪些不同之处？

注册会计师是经过国家批准执行会计查账验证业务和会计咨询业务的人员，注册会计师从事的工作属于社会公共会计范畴，与在行政机关、企事业单位从事会计工作的一般会计人员相比，两者有以下不同之处：

（1）注册会计师必须参加并通过全国注册会计师统一考试，考试合格后加入会计师事务所，挂牌执业两年后，才能向注册会计师协会申请注册；一般会计人员只需在企业内部实行聘用或任命。

(2)注册会计师接收相关部门委托办理业务;一般会计人员只为本单位办理会计工作。

(3)注册会计师以独立的第三者办理相关业务,具有法定地位,以较高的专业水平和业务质量取信于社会,为社会经济服务;而一般会计人员以单位职工的身份为企业服务。

(4)注册会计师接受委托承办的业务范围较广;一般会计人员只限于本单位的会计业务。

(5)注册会计师依据注册会计师法律、行政法规,在委托约定书规定的范围内,根据一定的原则,依法承办业务;而一般会计人员根据国家规定的法规、会计准则、本单位领导的要求开展工作。

13.2.2.7 会计人员职业道德规范

【任务 13—2—13】 会计人员应具备哪些职业道德规范?

会计人员职业道德规范的主要内容包括:

(1)爱岗敬业。会计人员应该热爱本职工作,努力钻研业务,使自己的知识和技能适应从事会计工作的要求。

(2)诚实守信。会计人员在会计工作中应当遵守职业道德,树立良好的职业品质,严谨的工作作风,严守工作纪律。

(3)熟悉法规。会计人员应当熟悉财经法律、法规和国家统一会计制度,并结合会计工作进行广泛宣传。

(4)依法办事。会计人员应当按照会计法律、法规和国家统一会计制度规定的程序和要求进行会计工作,保证所提供的会计信息合法、真实、准确、及时、完整。

(5)客观公正。会计人员在办理会计事务中,应当实事求是、客观公正。

(6)保守秘密。会计人员应当保守本单位的商业秘密,除法律规定和单位领导人同意外,不能私自向外界提供或者泄露单位的会计信息。

13.2.2.8 会计人员的法律责任

【任务 13—2—14】 会计人员违反《会计法》的行为主要有哪些?

(1)违反《会计法》的法律责任:

会计人员违反《会计法》的行为主要有:

①不依法设置相关的会计账簿;

②私自设置会计账簿;

③未按照规定填制、取得原始凭证或者填制、取得的原始凭证不符合会计规定;

④以未经过审核的会计凭证为依据登记有关会计账簿或者登记会计账簿不符合会计规定;

⑤随意变更会计处理方法;

⑥向不同的会计信息使用者提供的财务报告使用不同的编制依据;

⑦未按照会计规定使用会计记录文字或者记账本位币;

⑧未按照会计规定保管会计资料,致使会计资料毁损、灭失、丢失;

⑨未按照会计规定建立并实施单位内部会计监督制度,拒绝依法实施会计监督或者不能如实提供有关会计资料及有关情况。

会计人员如果有上述行为之一的,由县级以上人民政府的财政部门责令限期改正,可以对企业单位并处3 000元以上 5 万元以下的罚款;对其直接负责的主管人员及其他直接责任人员,可以处以2 000元以上 2 万元以下的罚款;如果属于国家工作人员,还应当由其所在企业单位或者有关单位依法给予相应的行政处分。

【任务 13—2—15】 会计人员违反《刑法》的行为主要有哪些?

(2)违反《刑法》的法律责任:

①伪造、变造有关的会计凭证、会计账簿,编制虚假的财务报告,构成犯罪的,依法追究相应的刑事责任。尚未构成犯罪的,由县级以上人民政府财政部门予以通报,可以对单位并处5 000元以上10万元以下的罚款;对直接负责的主管人员及其他直接责任人员,可以处3 000元以上5万元以下的罚款;如果属于国家工作人员的,还应当由其所在企业单位或者有关单位依法给予撤职直至开除的行政处分;对其中的有关会计人员,并由县级以上人民政府财政部门吊销其会计从业资格证书。

②隐匿或故意销毁依法应该保存的会计凭证、会计账簿、财务报告,构成犯罪的,依法追究相应的刑事责任。尚未构成犯罪的,由县级以上人民政府财政部门予以通报,可以对单位并处5 000元以上10万元以下的罚款;对其直接负责的主管人员及其他直接责任人员,可以处以3 000元以上5万元以下的罚款;如果属于国家工作人员的,还应当由其所在单位或者有关单位依法给予撤职直至开除的行政处分;对其中的会计人员,并由县级以上人民政府财政部门吊销其会计从业资格证书。

③授意、指使、强令其会计机构、会计人员及其他人员伪造会计凭证、会计账簿,编制虚假的财务报告或者隐匿、故意销毁依法应当保存的有关会计凭证、会计账簿、财务报告,对于构成犯罪的,依法追究相应的刑事责任。尚未构成犯罪的,可以对单位处5 000元以上5万元以下的罚款;如果属于国家工作人员的,还应当由其所在企业或者有关单位依法给予降级、撤职直至开除的行政处分。

13.2.2.9 会计人员的继续教育

【任务 13—2—16】 会计人员如何进行继续教育?

会计人员享有参加继续教育的权利和接受继续教育的义务,会计人员继续教育的对象是依法取得并持有会计从业资格证书的人员。会计人员继续教育的内容主要包括会计理论、政策法规、业务知识、技能训练及职业道德等。会计人员继续教育分为初级、中级、高级三个级别,即初级会计人员继续教育、中级会计人员继续教育和高级会计人员继续教育。会计人员继续教育的形式主要以接受培训为主,在职自学是会计人员继续教育的重要补充。会计人员每年接受培训(面授)的时间不应少于24小时。会计人员由于病假、在境外工作、生育等原因,无法在当年完成接受培训学时的,可以由本人提供相关合理证明,经过归口管理的当地财政部门或中央主管单位审核确认后,可以将其参加继续教育的时间顺延至以后年度完成。

【同步思考】 你认为会计人员的基本职业道德是什么?应具备哪些基本业务知识?

练习 13—2—1

【单项选择题】 下列不属于会计人员专业技术职务的是( )。

A. 高级会计师　　B. 总会计师　　C. 会计师　　D. 助理会计师

练习 13—2—2

【单项选择题】 会计人员的职责不包括( )。

A. 进行会计核算　　B. 实行会计监督　　C. 编制预算　　D. 决定经营方针

主题学习单元13.3　内部会计管理制度和内部会计控制制度建设

13.3.1　内部会计制度

【任务13—3—1】　企业应如何根据《会计法》的规定，建立内部会计管理制度？制定内部会计管理制度应遵循哪些原则？

企业应根据《会计法》的统一规定，结合企业自身的业务特点和单位内部管理的需要，建立、健全相应的内部会计管理制度，既是会计基础工作规范化的要求，又是其安全、合理、高效率组织会计工作的重要保证。

企业应当建立如下内部会计管理制度：会计人员岗位责任制度；会计账务处理程序制度；内部牵制制度；稽核制度；原始记录管理制度；定额管理制度；计量验收制度；财产清查制度；财务收支审批制度；成本核算制度；财务会计分析制度。

13.3.1.1　制定内部会计管理制度应遵循的原则

(1)应当执行相关的法律、法规和国家统一的财务会计规定；

(2)应当能够体现本企业单位的生产经营、业务管理的特点和要求；

(3)应当全面规范本企业单位的各项会计工作，建立、健全其会计基础，保证单位会计工作的有序进行；

(4)应当科学、合理，便于操作和执行；

(5)应当定期检查执行情况；

(6)应当根据管理需要和执行中的问题不断完善管理制度。

13.3.1.2　内部会计管理制度的相关内容

【任务13—3—2】　企业内部会计管理制度应建立哪些内容？

(1)会计人员岗位责任制度

会计人员岗位责任制度的主要内容应包括：会计人员的岗位设置；各会计工作岗位的职责和标准；各会计工作岗位的人员配备和具体分工；会计工作岗位实行轮换的办法；对各会计工作岗位的业绩考核办法。

(2)账务处理程序制度

账务处理程序制度的主要内容应包括：会计科目及其明细科目的设置和使用；会计凭证的格式、填制审核要求和传递程序；会计核算的方法；会计账簿的设置和登记；编制财务报表的种类、依据和要求；单位会计指标体系建设。

(3)内部牵制制度

内部牵制制度的主要内容应包括：内部牵制制度的遵循原则；组织机构分工；出纳岗位的相应职责和限制条件；有关岗位的职责和权限。

(4)稽核制度

稽核制度的主要内容应包括：稽核工作的组织形式和具体的人员分工；稽核工作的职责、相应权限；审核会计凭证和复核会计账簿、财务报表的方法。

(5)原始记录管理制度

原始记录管理制度的主要内容应包括：原始记录的具体内容和填制方法；原始记录的格式；原始记录的检查与审核；原始记录填制人的相关责任；原始记录签署、传递、汇集要求。

(6)定额管理制度

定额管理制度的主要内容应包括:定额管理的业务范围;制定和修订定额的依据、程序及方法;定额的实施与执行;定额考核和奖惩措施等。

(7)计量验收制度

计量验收制度的主要内容应包括:计量检测手段和方法;计量验收管理的要求;计量验收人员的责任和奖惩办法。

(8)财产清查制度

财产清查制度的主要内容应包括:财产清查的范围;财产清查的组织;财产清查的期限和方法;对财产清查中发现的问题的处理方法;对财产管理人员的奖惩措施。

(9)财务收支审批制度

财务收支审批制度的主要内容应包括:财务收支签字审批人员和审批权限;财务收支审批程序;财务收支审批人员的相关责任。

(10)成本核算制度

成本核算制度的主要内容应包括:成本核算的对象;成本核算的方法和程序;成本分析和总结等。

(11)财务会计分析制度

财务会计分析制度的主要内容应包括:财务会计分析的主要内容;财务会计分析的基本要求和相关组织程序;财务会计分析的具体方法和措施;财务会计分析报告的编写程序和要求等。

13.3.2 内部会计控制

【任务13—3—3】 内部会计控制有哪些基本要求?

内部控制是指为了提高经营管理效率、保证会计信息质量真实可靠、保护企业单位财产物资安全完整、促进相关法律法规有效遵循和企业发展战略得以顺利实现,由企业董事会、管理层及其员工共同实施的一系列控制活动。

内部会计控制是内部控制的重要组成部分,是既立足于会计,又不限于会计而实施的一系列控制方法、措施和程序及其动态改进的过程。

13.3.2.1 内部会计控制的基本要求

(1)记账人员与经济业务事项和会计事项的审批人员、经办人员、财产物资保管人员的职责权限应当清楚明确,并相互分离、相互制约;

(2)对于重大对外投资、资产处置、资金调度和其他重要经济业务事项的决策和执行的相互监督、相互制约的程序应当明确;

(3)财产清查的范围、时间和组织程序应当明确;

(4)对企业会计资料定期进行内部审计的办法和程序应当明确。

13.3.2.2 内部会计控制的方法

【任务13—3—4】 内部会计控制有哪些方法?

(1)不相容职务相互分离控制

不相容职务相互分离控制是要求企业单位按照不相容职务相分离的原则,合理设置相应会计及相关工作岗位,明确其职责权限,形成相互制衡机制,以防止舞弊或错误行为的发生。不相容职务主要应包括授权批准、业务经办、会计记录、财产保管、稽核检查、业绩考核等职务。

(2)授权批准控制

授权批准控制要求企业明确规定所涉及会计及相关工作的授权批准的范围、权限、程序及责任等内容，企业单位内部的各级管理层则必须在授权范围内行使职权和承担相应责任，经办人员也必须在授权范围内办理业务。

(3)会计系统控制

会计系统控制是要求企业根据《会计法》和其他有关会计法规，制定适合本企业单位的会计制度，明确规定会计凭证、会计账簿和财务报告的账务处理程序，建立和完善会计档案保管和会计工作交接手续和办法，实行会计人员岗位责任制，充分发挥会计的监督检查职能。

(4)预算控制

预算控制要求企业加强预算编制、执行、分析、考核等各个环节的管理，明确预算项目，建立预算标准与范围，规范预算的编制、审定、下达和执行程序，及时检查、分析和控制预算执行的差异，采取相应改进措施，确保预算的顺利执行。预算内资金实行责任人限额审批，限额以上资金应实行集体审批。严格控制没有预算的资金支出。

(5)财产保全控制

财产保全控制要求企业限制没有经授权的有关人员对财产的直接接触，采取定期盘点、财产记录、账实核对、财产保险等一系列措施，确保各种财产的安全和完整。

(6)风险控制

风险控制要求企业树立风险意识，针对各个风险控制点，建立有效的风险管理系统，通过风险预警、风险识别、风险评估、风险分析、风险报告等措施，对财务风险与经营风险进行全面防范和控制。

(7)内部报告控制

内部报告控制要求企业建立和完善内部报告制度，全面反映企业经济活动情况，及时提供业务活动中反馈的重要信息，增强内部管理制度中的时效性和针对性。

(8)电子信息技术控制

电子信息技术控制要求企业适当运用电子信息技术手段与方法建立内部会计控制信息系统，减少和消除人为的操纵因素，以确保内部会计控制的有效实施；同时，要加强对财务会计电子信息系统开发与维护、数据的输入与输出、文件的储存与保管、网络安全等方面的控制。

13.3.2.3 内部会计控制的内容

【任务 13—3—5】 内部会计控制有哪些具体内容?

内部会计控制的内容主要应包括货币资金收付、采购与付款、销售与收款、工程项目、对外投资、费用成本、担保、固定资产、存货、往来业务等经济业务的会计控制。

(1)货币资金收付业务的内部会计控制

企业应当对货币资金收支和保管业务建立严格的授权审批制度，加强岗位分工控制，办理货币资金业务的不相容岗位应当分离，相关机构和人员应当相互制约，确保货币资金的使用安全。

(2)采购与付款业务内部会计控制

企业应当合理设置采购与付款业务的机构和相应的岗位，建立和完善采购与付款的会计控制程序，加强请购、批准、合同订立、采购、验收、付款等各环节的会计控制，堵塞采购环节的漏洞，减少采购风险。

(3)销售与收款业务内部会计控制

企业应当在制定商品或劳务等的定价原则、信用标准和条件、收款方式等销售政策时，充分发挥会计机构和人员的作用，加强合同订立、商品发出和账款回收的会计控制，避免或减少坏账损失。

(4)工程项目的内部会计控制

企业应该建立规范的工程项目审批决策程序，明确相关机构和相关人员的职责权限，建立工程项目投资决策的责任制度，加强工程项目的预算、招投标、质量管理、价款支付、竣工决算等环节的会计控制，严格防范决策失误及工程发包、承包、施工、验收等过程中的舞弊行为。

(5)对外投资业务内部会计控制

企业应该建立规范的对外投资决策评价机制和程序，通过实行重大投资决策集体审议联签等相关的责任制度，加强投资项目立项、评估、决策、资产投出、投资持有、投资处置等相关环节的会计控制，严格控制投资的风险。

(6)成本费用内部会计控制

企业应该建立成本费用会计控制系统，做好费用成本管理的各项基础工作，制定成本费用预算，分解成本费用指标，控制成本费用差异，考核成本费用各项指标的完成情况，落实奖惩措施与方法，降低成本费用，提高经济效益。

(7)担保业务内部会计控制

企业应该加强对担保业务的会计控制，严格控制企业担保行为，建立决策担保程序和责任制度，明确担保原则、担保标准和条件、担保责任等相关内容，加强对担保合同订立的管理，及时了解和掌握被担保人的经营状况和财务状况，防范潜在风险，避免和减少可能发生的损失。

(8)固定资产业务内部会计控制

企业应该建立固定资产管理的相关岗位责任制度，制定固定资产业务处理流程，对固定资产的获取与验收、日常保管、处置和转移等各个环节进行严格控制。

(9)存货业务内部会计控制

企业应该建立存货管理的相关岗位责任制度，对存货的获取、验收、入库、保管、领用、发出与处置等各个环节进行严格控制，防止存货被盗、毁损和流失。

【同步思考】 你认为内部会计控制的目标是什么？内部会计控制的内容有哪些？

练习 13－3－1

【多项选择题】 单位内部会计控制应当遵循的基本要求有(　　)。

A. 记账人员与经济业务事项和会计事项的审批人员、经办人员、财产物资保管人员的职责权限应当清楚明确，并相互分离、相互制约

B. 对于重大对外投资、资产处置、资金调度和其他重要经济业务事项的决策和执行的相互监督、相互制约的程序应当明确

C. 财产清查的范围、时间和组织程序应当明确

D. 对企业会计资料定期进行内部审计的办法和程序应当明确

主题学习单元 13.4 会计档案和会计工作交接

【任务 13－4－1】 会计档案包括哪些范围？各部分具体内容是什么？

13.4.1 会计档案及其管理

档案是具有法律效力，可供日后查阅参考的书面材料和文件。会计档案是指会计凭证、会

计账簿和财务报告等专业会计材料，是记录和反映各项经济业务的重要史料和证据，是总结经验、进行决策所需要利用的重要文件资料，也是进行财务检查、审计检查的重要资料。

会计档案的范围包括会计凭证、会计账簿、财务报告和其他会计核算资料四个部分。

会计档案的保管期限分为永久保存、定期保管两类。定期保管期限分为3年、5年、10年、15年、25年5类，保管期限从会计年度终了后的第一天开始算起。

13.4.1.1 会计档案的范围

会计档案的范围包括会计凭证、会计账簿、财务报告和其他核算会计资料四部分。

(1)会计凭证

会计凭证包括原始凭证、记账凭证、记账凭证汇总表、汇总凭证以及其他会计凭证。

(2)会计账簿

会计账簿包括总分类账、明细分类账、日记账、固定资产卡片账、辅助账簿以及其他会计账簿。

(3)财务报告

财务报告包括月、季、半年、年度财务报表和附注等。

(4)其他

包括银行对账单、银行存款余额调节表、会计档案移交清册、会计档案保管清册、会计档案销毁清册和其他应当保存的会计核算资料。

13.4.1.2 会计档案的管理

【任务13—4—2】 如何进行会计档案的管理?

(1)会计档案的归档

各单位每年形成的会计档案，应当由会计机构按照归档的要求，负责整理立卷，装订成册，并编制会计档案保管清册。当年形成的会计档案，在会计年度业务终了后，可暂在会计机构保管一年，一年期满之后应当由会计机构编造清册，移交本企业单位档案机构统一保管。单位未设立档案机构的，应当在会计机构内部指定专人保管，出纳人员不得兼管会计档案。

(2)会计档案的使用与查阅

各单位保存的会计档案不得外借。如有特殊需要，经本单位负责人批准，可以提供查阅或者复制，并办理严格的登记手续。查阅或复制会计档案的人员，不得在会计档案上涂划、拆封和抽换。各单位应建立、健全会计档案查阅、复制登记制度。

(3)会计档案的保管期限

会计档案的保管期限分为两类，即永久、定期保管。定期保管期限分为3年、5年、10年、15年、25年5类，保管期限从会计年度终了后的第一天算起。各类会计档案具体保管期限如表13—1所示。

表13—1　　企业和其他组织会计档案保管期限

序号	档案名称	保管期限	备　注
一	会计凭证类		
1	原始凭证	15年	
2	记账凭证	15年	
3	汇总凭证	15年	

续表

序号	档案名称	保管期限	备　注
二	会计账簿类		
4	总账	15 年	包括日记总账
5	明细账	15 年	
6	日记账	15 年	库存现金和银行存款日记账保管 25 年
7	固定资产卡片账		固定资产报废清理后保管 5 年
8	辅助账簿	15 年	
三	财务报告类		包括各级主管部门汇总财务报告
9	月、季度财务报告	3 年	包括文字分析
10	年度财务报告(决算)	永久	包括文字分析
四	其他类		
11	会计档案移交清册	15 年	
12	会计档案保管清册	永久	
13	会计档案销毁清册	永久	
14	银行存款余额调节表	5 年	
15	银行对账单	5 年	

(4)会计档案的销毁

对于定期保管的会计档案，保管期满后，如果符合销毁条件的，应当按照规定程序报经批准后，按规定程序销毁。各单位销毁会计档案时，应当由档案部门和会计部门共同派员监销；国家机关会计档案销毁时，应当由同级审计部门派员参加监销。

13.4.2　会计工作交接

【任务 13—4—3】 *什么是会计工作交接？会计工作交接前有哪些准备工作？*

会计工作交接是指会计人员发生工作调动或离职时应与接管人员办理相关的交接手续的制度。会计工作交接办理好，有利于分清移交人员和接管人员的责任，保证会计工作的前后衔接。

13.4.2.1　交接前的准备工作

会计人员因调动工作或者离职，必须将本人所经管的会计工作全部移交给接替人员。交接手续没有办清的，不得办理调动或离职。会计人员办理移交手续前，必须及时做好以下准备工作：

(1)已经受理的经济业务尚未填制会计凭证的，应当填制完毕。

(2)尚未登记的账目，应当登记完毕，结出余额，并在最后一笔余额后加盖经办人员的印章。

(3)整理应当移交的各项资料，对未了的事项写出书面材料。

(4)编制移交清册，列明应当移交的会计凭证、会计账簿、财务报表、印章、现金、有价证券、支票簿、发票、文件、其他会计资料和物品等内容；实行会计电算化的单位，从事该项工作的移交人员应在移交清册上列明会计软件及密码、会计软件数据磁盘(磁带等)及有关资料、实物等内容。

(5)会计机构负责人、会计主管人员移交时,还必须向接替人员详细介绍企业全部财务会计工作、重大财务收支和会计人员的情况等。

13.4.2.2 交接的基本程序

【任务13—4—4】 会计工作交接的基本流程是什么?

(1)移交点收

交接双方必须将需要交接的所有财物、资料等按照移交清册逐项点收交接,在全部交接完毕后由双方签字盖章确认。

(2)专人监督

会计人员在办理交接手续时,为起督促、公正作用,必须有人监交。一般会计人员之间交接,应由单位会计机构负责人、会计主管人员交接,由单位领导人负责监交,必要时可由上级主管部门派人会同监交。监交完成后,监督人在移交清册上需签名盖章。移交清册一式三份,交接双方各执一份,一份存档。

练习13—4—1

【单项选择题】 下列会计档案中,(　　)应该永久保存。

A. 总账　　B. 年度财务报表　　C. 原始凭证　　D. 记账凭证

练习13—4—2

【多项选择题】 各基层单位销毁会计档案时,应由(　　)派人监销。

A. 上级主管部门　　B. 同级财政部门

C. 本单位财政部门　　D. 本单位主管部门

E. 本单位档案部门

练习13—4—3

【多项选择题】 外单位人员调阅会计档案,必须报经(　　)批准。

A. 本单位领导　　B. 外单位领导　　C. 会计主管人员　　D. 总会计师

E. 上级主管人员

主题学习单元13.5　会计电算化认知

13.5.1　会计电算化的概念

【任务13—5—1】 什么是会计电算化?

会计电算化是指现代电子计算机信息技术在会计实务中的应用,它是实现会计管理科学化的一种技术方法。

会计电算化是会计史上一项突破性的变革,它在西方一些发达国家兴起,并在世界范围内迅速发展。我国在20世纪70年代开始开发,1981年财政部和中国会计学会在“应用计算机专题讨论会”上提出“会计电算化”后,继之在1996年财政部颁布《会计电算化工作规范》后,才逐步发展与完善。

13.5.2　会计电算化的意义

【任务13—5—2】 实施会计电算化后对企业会计核算工作有哪些影响?

在市场经济条件下，会计电算化是提高会计工作效率和质量的重要途径，其重要意义主要表现在以下几个方面。

13.5.2.1　提高会计核算工作效率

电子计算机具有高速度、高效率和高容量的特点，现在的计算机每秒可以进行上亿次运算，其计算速度是其他任何计算工具所无法比拟的。因此，计算机的使用，使得会计工作从记账到编制会计报表实现全部自动化，将会计人员从繁重的记账、算账、报账工作中解脱出来，从事会计管理，全面发挥会计在经济管理中的作用。

13.5.2.2　增强会计数据正确性

电子计算机具有对数据的逻辑运算"记忆"和分析的功能，而且可以采用各种方法校对数据。在电算化条件下，会计数据通过合法、规范的软件处理，保证了输入数据的正确及时，减少人为差错，提高了工作质量，确保会计信息的正确性。

13.5.2.3　提高现代化管理水平

由于会计工作中使用了计算机，使得会计信息能够及时反馈，增强了企业的内部控制能力，并且计算机可根据设定的操作权限来认定操作者，避免了手工处理过程中的权限不清和违反制度的情况，从而进一步完善了会计管理工作，强化了会计对经济活动的监督；会计电算化深层次发展后，日常会计数据处理、信息输送均由计算机自动进行，通过网络向管理系统传递信息和接受传递的数据，实现信息资源共享。

13.5.3　会计电算化信息系统的内容

【任务13—5—3】　一个好的会计信息化系统应涵盖哪些内容？

电算化会计信息系统是一个人、机系统，由数据处理程序的软、硬件设置，人员配备和管理规程组成，实行会计电算化，各单位应根据自身实际情况，选择与本单位会计电算化相适应的计算机系统和人员。包括以下几方面内容：

13.5.3.1　会计数据处理电算化

会计数据是在经济活动发生时的记录，包括各种会计凭证，会计数据处理电算化就是按照会计制度的要求，利用电子计算机处理技术，对原始会计数据进行收集，加工转换为会计信息，包括会计数据的输入、储存、加工、传递和输出，均通过电子计算机操作，实现账务、报表、核算的电算化。

13.5.3.2　配备电子计算机系统人员

实现会计电算化需要配备直接开发、使用、维护计算机系统人员，包括掌握数据输入、操作管理、维护硬件等工作人员，特别需要培养既有会计专业知识又精通计算机技术的复合型人才，才能使会计电算化工作顺利开展。

13.5.3.3　配置电子计算机硬件设备和应用软件

电子计算机的硬件设备和软件是实现会计电算化的物质基础。在硬件设备方面，各单位可根据自身业务规模的实际情况，选择与本单位会计电算化相适应的机种和机型，如单机结构、多用户联机以及网络结构等，在应用软件方面，可根据单位内部管理需要及自身技术力量，采用自行开发或购买商品化软件。在软件设计方面一般来说，单位在开展会计电算化初期，以选择通用应用会计软件为宜，以后逐步提高。单位在软件设计中，应该按照《会计法》的规定，对其软件及其制成的会计凭证、会计账簿、财务会计报告、其他会计资料和对会计账簿的登记、更正，应当符合国家统一的会计制度的规定，保证各项资料的真实和完整。

13.5.3.4 建立会计电算化内部管理规程

为了规范会计电算化的操作，各单位需要建立一套内部管理和控制系统运行的各种规章制度，包括会计电算化工作岗位的责任制度，会计电算化操作管理制度，计算机硬件、软件和数据管理制度，以及会计电算化档案管理制度等。

13.5.4 会计电算化与会计手工操作的比较

【任务13—5—4】 会计电算化相比会计手工操作的优势是什么？劣势是什么？

13.5.4.1 会计电算化和会计手工操作的异同

会计电算化和会计手工操作，两者有相同点，也有不同点。一般来说，它们所遵循的会计理论和会计原则是一致的，所区别的是它们的操作技术与方法不同。

(1)会计电算化和会计手工操作的相同点

①遵循同一会计理论和会计原则。

②遵守同一会计政策、会计法律、会计准则和会计制度。

③执行同一会计规则、会计档案管理办法等。

(2)会计电算化和会计手工操作的不同点

①会计核算程序不同。会计手工操作的核算程序由原始凭证→编制记账凭证→登记各种账簿→编制会计报表，对账、结账操作复杂；而会计电算化则是平时只是输入会计凭证，不需要登记各种账簿，直接输出各种会计报表，对账、结账操作简单。

②工作岗位划分不同。会计手工操作的岗位划分较细，编制记账凭证、登记各种账簿、编制会计报表以及各种单项的项目核算岗位，如工资、材料、商品、固定资产等，而会计电算化则只需划分数据输入、审核及维护等几个岗位。

③更正错账的方法不同。会计手工操作对账簿记录的错误，应按规定采用划线更正法、红字更正法和补充登记法等更正错账的方法，而会计电算化对输入的数据都通过逻辑校验，输出各类项目一般不会发生差错，如果有差错，一般也是会计凭证的错误，只需更正凭证即可。

会计电算化和会计手工的比较如表13—2所示。

表13—2 会计电算化和会计手工操作的比较

	会计电算化	会计手工操作
相同点	1. 遵循的会计理论和会计原则相同； 2. 遵守的会计政策、会计法律、会计准则和会计制度相同； 3. 执行的会计规则、档案管理和会计人员工作规范相同。	
不同点	1. 会计核算程序——只需输入会计凭证数据，不需登记各种账簿，直接输出各种会计报表，对账、结账简单。	1. 会计核算程序→由原始凭证→编制记账凭证→登记各种账簿→编制会计报表，对账、结账复杂。
	2. 工作岗位划分简单——只有数据输入、审核及维护等岗位。	2. 工作岗位划分较细——包括制证、复核、记账、编表及各种项目核算，如材料、工资核算。
	3. 更正错账——输入数据均通过逻辑校验，输出各类账目一般无错，如有差错，则是会计凭证错误，只需更正凭证。	3. 更正错账——采用划线更正、红字更正、补充登记等规定的方法改正差错。

13.5.4.2 以电子计算机替代手工记账

【任务13—5—5】 以电子计算机替代手工记账对企业和会计人员有哪些影响？

以电子计算机替代手工记账是实行会计电算化的主要目标之一，用电子计算机替代手工记账是使用应用会计软件输入会计数据，由电子计算机来完成会计数据的处理，输出账册和报表。这是会计工作由手工核算向电算化核算的转变过程，也是计算机与手工同时工作的过渡阶段。在此期间，会计人员一方面采用计算机打印输出记账凭证代替手工填制的记账凭证、账册和报表，经审核后保存；另一方面根据电子计算机的数据，登记手工账簿，两者进行核对。但要注意两个问题：一是用电子计算机打印输出的会计凭证、会计账册、会计报表应符合国家规定的会计制度要求；二是替代记账后，当日发生的业务，当日登记入账，期末及时结账，并打印输出会计报表。

概念回顾

会计工作组织　内部会计控制　会计档案　会计机构　会计工作交接　会计电算化

复习思考题

1. 简述现行《企业会计准则》的基本内容。
2. 我国会计法规体系由哪几个层次构成？
3. 科学地组织会计工作有什么重要的意义？
4. 企业单位应如何设置会计机构？
5. 简述集中核算和非集中核算的主要区别。
6. 会计人员的主要职责是什么？
7. 会计人员的主要权限是什么？
8. 什么是职业道德？会计人员应当遵循哪些职业道德？最基本的职业道德是什么？
9. 制定和执行会计法规的意义是什么？
10. 实施会计电算化的意义何在？

技能实训

一、实训目的

掌握会计职业道德。

二、实训资料

中国现代会计学之父潘序伦倡导：“信以立志，信以守身，信以处事，信以待人，毋忘立信，当必有成。”

三、实训要求

以上潘序伦的这句话体现的会计职业道德内容是什么？结合实际谈谈自身的体会。

附件一　综合复习题

一、名词解释

1. 复式记账　2. 会计凭证　3. 记账凭证　4. 全面清查

二、填空题

1. 会计分录是指________________________________。其三要素是：________、________、________。

2. 各种会计核算程序的主要区别在于登记__________的依据不同。

3. 目前我国一般采用的会计核算程序有__________、__________、__________和__________。

4. 记账凭证核算程序的主要特点是直接根据________逐笔登记________。

5. 科目汇总表核算程序的主要特点是根据________，然后再根据________登记总分类账。

6. 汇总记账凭证核算程序的优点在于________和________。

7. 会计要素包括资产、________、________、收入、费用和________。

8. 会计的新职能包括控制、分析、________和________。

三、单项选择题

1. 对各项财产的增减变化，根据会计凭证连续记载并随时结出余额的制度是（　　）。

A. 实地盘存制　B. 应收应付制　C. 永续盘存制　D. 实收盘存制

2. 登记账簿的依据是（　　）。

A. 经济合同　B. 记账凭证　C. 会计分录　D. 有关证明

3. 租入固定资产登记簿属于（　　）。

A. 序时账　B. 明细分类账　C. 总分类账　D. 备查账

4. 库存商品通常采用（　　）账簿。

A. 多栏式　B. 三栏式　C. 数量金额式　D. 平行式

5. 向银行提取现金准备发放职工工资的业务，应根据有关原始凭证填制（　　）。

A. 收款凭证　B. 付款凭证

C. 转账凭证　D. 收款和付款凭证

6. 原始凭证按其填制的手续不同可分为（　　）。

A. 通用凭证和专用凭证　B. 通知凭证和执行凭证

C. 外来凭证和自制凭证　D. 一次凭证和累计凭证

7. 企业期间费用账户在期末结账后一般（　　）。

A. 有贷方余额　B. 有借方余额

C. 有借方或贷方余额　D. 没有余额

8. 一般企业选择按（　　）作为制造费用的分配标准。

A. 生产工人工资　B. 生产工时　C. 原材料成本　D. 生产成本

9. 某企业购入材料一批，计价23 400元。其中应交增值税3 400元，发生材料运输费1 000元，装卸费150元，采购人员工资1 500元，途中不合理损耗200元。该批材料的采购成本应为(　　)元。

A. 2 600　　B. 24 550　　C. 26 250　　D. 21 150

10. 借贷记账法的双重性质账户，其性质要根据(　　)来决定。

A. 期初余额　　B. 借方发生额　　C. 贷方发生额　　D. 期末余额

四、判断题

1. 定期清查财产一般在结账以后进行。(　　)
2. 银行存款日记账应属于总分类账户。(　　)
3. 记账凭证编制的基本要求包括合法、合规、及时、正确等。(　　)
4. 财务成果是企业生产经营活动的最终成果，即利润或亏损。(　　)
5. 借贷记账法的试算平衡公式分为发生额平衡公式和差额平衡公式两种。(　　)
6. 会计的基本职能是核算和监督，没有其他新的职能。(　　)
7. 会计主体应该是能独立核算的经济实体。(　　)
8. 会计核算的各种专门方法在会计核算过程中应单独运用互不相干。(　　)
9. 会计就是记账、算账、报账，如何正确计量、确认并不重要。(　　)
10. 资产和权益是同一事物的两个方面，所以任何经济业务的发生都不会打破这种平衡关系。(　　)

五、简答题

1. 什么是会计科目？什么是会计账户？两者有何区别和联系？
2. 简述科目汇总表核算程序的步骤。

六、计算题

1. 某企业购入材料一批，已取得增值税发票，其中，乙材料4 000千克，实价20 000元；购进丙材料10 000千克，实价40 000元。乙、丙两种材料发生运输费3 000元。

要求：

(1)列出运输费按材料重量比例分配的算式。计算乙、丙两种材料已负担的采购费用。

(2)计算乙、丙两种材料的采购成本。

2. 某企业8月底在对账过程中，发现以下记账错误：

(1)以银行存款10 300元购入设备一台，交付使用，凭证编制正确，记账时错记为1 030元。

(2)以银行存款支付销售产品的装卸运费100元，编制凭证时记入“销售费用”账户金额1 000元。已经登账。

(3)以银行存款支付下季度厂部报纸杂志费900元，记账凭证借方作管理费用900元，并据以入账。

要求：根据以上资料采用适当的更正方法予以更正。

七、根据下列经济业务编制会计分录

1.(1)购入乙材料20 000千克，买价计39 000元，增值税6 630元，供方代垫运杂费1 000元，款未付。

(2)以银行存款归还上述材料款项46 630元。

(3)上述购进的乙材料验收入库，按其实际采购成本转账。

2. 为生产A产品领用甲材料2吨，价值5 700元；领用乙材料3吨，价值3 600元。

3. 用现金发放本月职工工资45 000元。

4. 企业行政管理部门购买办公用品1 000元，以银行存款支付。

5. 小王出差回来报销差旅费800元(前借1 200元)，余款退回。

6. 以银行存款支付下年度财产保险费1 800元。

7. 结转本月的制造费用共56 650元，其中，A产品10 000元，B产品5 650元。

8. 销售A产品1吨，价值40 000元，增值税6 800元，款已收到并存入银行。

9. 以银行存款支付广告费24 000元。

10. 分配本月职工工资45 000元，其中生产工人工资25 000元，车间管理人员工资8 000元，企业行政管理部门人员2 000元。

11. 按工资总额的14%提取职工福利费。

12. 月末通过财产清查盘盈甲材料100千克，计1 500元。

13. 经核查系定额内溢余作冲减管理费用处理。

14. 以银行存款支付短期借款利息5 000元。

15. 将本月主营业务收入782 500元，其他业务收入12 000元，结转“本年利润”账户。

16. 企业按规定税率25%计算本期应交所得税85 000元，并将所得税转入“本年利润”账户。

附件二　财政部最新会计基础考试大纲(修订)

目　录

第二节　账户
一、账户的概念与分类
二、账户的功能与结构
三、账户与会计科目的关系
第四章　会计记账方法
【基本要求】
【考试内容】
第一节　会计记账方法的种类
一、单式记账法
二、复式记账法
第二节　借贷记账法
一、借贷记账法的概念
二、借贷记账法下账户的结构
三、借贷记账法的记账规则
四、借贷记账法下的账户对应关系与会计分录
五、借贷记账法下的试算平衡
第五章　借贷记账法下主要经济业务的账务处理
【基本要求】
【考试内容】
第一节　企业的主要经济业务
第二节　资金筹集业务的账务处理
一、所有者权益筹资业务
二、负债筹资业务
第三节　固定资产业务的账务处理
一、固定资产的概念与特征
二、固定资产的成本
三、固定资产的折旧
四、账户设置
五、账务处理
第四节　材料采购业务的账务处理
一、材料的采购成本
二、账户设置
三、账务处理
第五节　生产业务的账务处理
一、生产费用的构成
二、账户设置
三、账务处理
第六节　销售业务的账务处理
一、商品销售收入的确认与计量
二、账户设置

三、账务处理
第七节　期间费用的账务处理
一、期间费用的构成
二、账户设置
三、账务处理
第八节　利润形成与分配业务的账务处理
一、利润形成的账务处理
二、利润分配的账务处理
第六章　会计凭证
【基本要求】
【考试内容】
第一节　会计凭证概述
一、会计凭证的概念与作用
二、会计凭证的种类
第二节　原始凭证
一、原始凭证的种类
二、原始凭证的基本内容
三、原始凭证的填制要求
四、原始凭证的审核
第三节　记账凭证
一、记账凭证的种类
二、记账凭证的基本内容
三、记账凭证的填制要求
四、记账凭证的审核
第四节　会计凭证的传递与保管
一、会计凭证的传递
二、会计凭证的保管
第七章　会计账簿
【基本要求】
【考试内容】
第一节　会计账簿概述
一、会计账簿的概念与作用
二、会计账簿的基本内容
三、会计账簿与账户的关系
四、会计账簿的种类
第二节　会计账簿的启用与登记要求
一、会计账簿的启用
二、会计账簿的登记要求
第三节　会计账簿的格式与登记方法
一、日记账的格式与登记方法

二、总分类账的格式与登记方法
三、明细分类账的格式与登记方法
四、总分类账户与明细分类账户的平行登记
第四节　对账与结账
一、对账
二、结账
第五节　错账查找与更正的方法
一、错账查找方法
二、错账更正方法
第六节　会计账簿的更换与保管
一、会计账簿的更换
二、会计账簿的保管

第八章　账务处理程序

【基本要求】
【考试内容】
第一节　账务处理程序概述
一、账务处理程序的概念与意义
二、账务处理程序的种类
第二节　记账凭证账务处理程序
一、一般步骤
二、记账凭证账务处理程序的内容
第三节　汇总记账凭证账务处理程序
一、汇总记账凭证的编制方法
二、一般步骤
三、汇总记账凭证账务处理程序的内容
第四节　科目汇总表账务处理程序
一、科目汇总表的编制方法
二、一般步骤
三、科目汇总表账务处理程序的内容

第九章　财产清查

【基本要求】
【考试内容】
第一节　财产清查概述
一、财产清查的概念与意义
二、财产清查的种类
三、财产清查的一般程序
第二节　财产清查的方法
一、货币资金的清查方法
二、实物资产的清查方法
三、往来款项的清查方法

第三节 财产清查结果的处理
一、财产清查结果处理的要求
二、财产清查结果处理的步骤与方法
三、财产清查结果的账务处理

第十章 财务报表

【基本要求】
【考试内容】
第一节 财务报表概述
一、财务报表的概念与分类
二、财务报表编制的基本要求
三、财务报表编制前的准备工作
第二节 资产负债表
一、资产负债表的概念与作用
二、资产负债表的列示要求
三、我国企业资产负债表的一般格式
四、资产负债表编制的基本方法
第三节 利润表
一、利润表的概念与作用
二、利润表的列示要求
三、我国企业利润表的一般格式
四、利润表编制的基本方法

附件三　全真模拟卷

2014年安徽会计从业考试《会计基础》全真模拟卷(一)试题

一、单项选择题(每小题1分,共20分,在每小题的四个备选答案中选出一个正确答案。并将正确答案的序号填在题干的括号内,错选、不选或多选均不得分)

1. 资产负债表中资产的排列顺序是(　　)。

A. 项目的价值高低　　B. 项目的重要性

C. 项目的时间　　D. 项目的流动性

2. 现金收款凭证上的填写日期应当是(　　)。

A. 收取现金的日期　　B. 编制收款凭证的日期

C. 原始凭证上注明的日期　　D. 登记总账的日期

3. 股东(投资者)作为财务会计报告的使用者之一,其主要关注(　　)。

A. 企业财务状况好坏、经营业绩的大小以及现金的流动情况

B. 职工福利的好坏

C. 投资的内在风险和投资报酬

D. 企业的兴衰及其发展情况

4."利润分配——未分配利润"账户的借方余额表示(　　)。

A. 本期实现的净利润　　B. 本期发生的净亏损

C. 累计实现的净利润　　D. 累计的未弥补亏损

5. 会计人员在编制记账凭证时,将领用的属于行政管理部门用材料误计入制造费用并已登记入账,应采用的错账更正方法是(　　)。

A. 划线更正法　　B. 补充登记法　　C. 红字更正法　　D. 抽换凭证法

6. 对于"借记应收账款,贷记主营业务收入"的业务,应填制(　　)。

A. 收款凭证　　B. 付款凭证

C. 转账凭证　　D. 收款凭证或付款凭证

7. 根据会计账簿的记账规则,账簿中书写的文字和数字上面留有适当的空格,一般应占格距的(　　)。

A. 1/2　　B. 1/3　　C. 3/4　　D. 3/5

8. 目前我国的行政单位会计采用的会计基础,主要是(　　)。

A. 权责发生制　　B. 应收应付制　　C. 收付实现制　　D. 统收统支制

9. 关于会计主体的表述中,不正确的是(　　)。

A. 会计主体是指会计所核算和监督的特定单位或组织

B. 会计主体就是法律主体

C. 由若干具有法人资格的企业组成的企业集团也是会计主体

D. 会计主体界定了从事会计工作和提供会计信息的空间范围

10. 会计主体界定了从事会计工作和提供会计信息的(　　)范围。

A. 时间　　B. 内容　　C. 空间　　D. 空间和时间

11. 某企业一次购入多种原材料，贷款通过银行付清，材料已验收入库。该业务的资料有：发票 1 张，银行结算凭证 1 张，收料单 3 张，材料请购单 3 张。该企业按实际成本核算材料，则此项业务记账凭证的附件张数应是(　　)张。

A. 2　　B. 4　　C. 5　　D. 8

12. 下列(　　)业务的处理符合权责发生制。

A. 本月根据销售合同发出商品一批，售价10 000元，但本月没有收到货款，因此不能将其确认为本月收入

B. 本月收到上月销售商品款50 000元，因此确认本月收入为30 000元

C. 本月发生广告费用3 000元但尚未支付，确认本月销售费用3 000元

D. 根据销售合同预收客户定金10 000元，因此确认本月销售收入10 000元

13. 账户按经济内容分类，属于成本类账户的是(　　)。

A. 生产成本　　B. 未分配利润　　C. 盈余公积　　D. 所得税费用

14. 某项经济业务的会计分录为：

借：原材料	36000	
贷：银行存款		28 800
应付账款		7 200

该分录表示的经济业务是(　　)。

A. 购进原材料36 000元，款未付

B. 销售原材料36 000元，银行收到货款28 800元，尚有7 200元未收

C. 购进原材料36 000元，用银行存款支付 80%的价款，其余暂欠

D. 销售原材料36 000元，存入银行28 800元，余款未收

根据以下资料，完成第 15～20 题：

甲公司各总账账户 6 月末余额如下：

银行存款	150 000	库存现金	1 000
应收账款	80 000	固定资产	800 000
累计折旧	32 000	库存商品	1 000
短期借款	120 000	资本公积	100 000
实收资本	780 000		

该公司 7 月份发生下列经济业务：

(1)从银行提取现金200 000元，备发工资。

(2)收到秦华公司前欠货款50 000元，存入银行。

(3)财产清查中发现库存 1 号产品盘亏 5 千克，单位成本 100 元，计 500 元，尚待批准处理。

(4)收到投资人追加投资500 000元，存入银行。

(5)以资本公积80 000元转增资本。

(6)1 号产品盘亏属于收发计量不准造成，经批准转入管理费用。

(7)投资者投入设备一台，价值300 000元。

(8)销售产品一批，计价款42 000元(不考虑增值税)，款收入银行。

(9)以现金支付厂部管理部门办公费 600 元。

(10)以银行存款偿还短期借款70 000元。

甲公司的记账凭证分为收款凭证、付款凭证和转账凭证三类。

假设您作为甲公司的会计人员，已经完成了总账的设置、期初余额的登记、记账凭证的填制、总账的登记、结账以及试算平衡表的编制工作。

15. 甲公司 7 月份设置和登记的总分类账户有(　　)本。

A. 9　　B. 10　　C. 11　　D. 12

16. 甲公司 7 月份第(10)项业务的记账凭证编号是(　　)。

A. 转字第 10 号　　B. 银付字第 10 号

C. 银付字第 2 号　　D. 银付字第 1 号

17. 甲公司"银行存款"账户 7 月末借方余额为(　　)元。

A. 442 000　　B. 472 000　　C. 270 000　　D. 592 000

18. 甲公司"实收资本"账户 7 月贷方发生额合计数为(　　)元。

A. 780 000　　B. 1 660 000　　C. 880 000　　D. 1 360 000

19. 甲公司"管理费用"账户 7 月份借方发生额合计数为(　　)元。

A. 1 100　　B. 500　　C. 600　　D. 2 200

20. 甲公司 7 月份"试算平衡表"中的"本期借方发生额合计"为(　　)元。

A. 1 000 000　　B. 1 032 000　　C. 1 804 000　　D. 1 243 600

二、多项选择题(每小题 2 分，共 40 分，每小题有多个正确答案。错选、漏选均不得分)

1. 对原始凭证进行审核是确保会计资料质量的重要措施之一。会计机构、会计人员应当对原始凭证的(　　)性进行审核。

A. 合法　　B. 真实　　C. 准确　　D. 完整

2. 下列科目中，期末应转入"本年利润"科目贷方的有(　　)。

A. 销售费用　　B. 主营业务收入　　C. 营业外收入　　D. 所得税费用

3. 某企业在财产清查中，发现短缺设备一台，账面原值30 000元，已计提折旧10 000元，在报经批准前企业应作会计分录的借方为(　　)。

A."待处理财产损溢"30 000元　　B."营业外支出"20 000元

C."累计折旧"10 000元　　D."待处理财产损溢"20 000元

4. 权责发生制原则的要求是(　　)。

A. 本期已经实现的收入无论款项是否收到，都作为本期收入处理

B. 凡是在本期收到和付出的款项，都作为本期收入和费用处理

C. 本期已经发生的费用无论款项是否实际支付，都作为本期费用处理

D. 凡是本期发生的收入或费用，只要没有实际收到或付出款项，都不作为本期收入或费用处理

5. 存货发生盘盈盘亏，应先计入"待处理财产损溢"账户，待查明原因后分别转入(　　)。

A. 营业外支出　　B. 营业外收入　　C. 管理费用　　D. 其他应收款

6."资产＝负债＋所有者权益"是(　　)的理论基础。

A. 编制利润表　　B. 编制资产负债表

C. 编制现金流量表　　D. 复式记账

7. 会计档案包括(　　)。

A. 会计凭证　　B. 会计账簿　　C. 财务会计报告　　D. 其他会计资料

8. 下列"待处理财产损溢"账户说法中正确的有（ ）。

A. 借方登记待处理财产物资盘亏、毁损数

B. 借方登记结转经批准处理的财产物资盘盈数

C. 贷方登记待处理财产物资盘盈数或转销已批准处理的财产物资盘亏、毁损数

D. 期末余额在借方，表示待处理财产的盘盈或盘亏数

9. 账簿按外形特征不同可分为（ ）。

A. 订本式　B. 活页式　C. 卡片式　D. 数量金额式

10. 收到投资人投入固定资产 20 万元，正确的说法有（ ）。

A. 借记"固定资产"20 万元　B. 贷记"实收资本"20 万元

C. 贷记"固定资产"20 万元　D. 借记"实收资本"20 万元

11. 资产负债表中"期末数"的来源是（ ）。

A. 总账余额

B. 明细账余额

C. 科目汇总表

D. 根据有关科目余额减去备抵科目余额后的净额填列

12. 某企业 20××年 1 月份基本生产车间领用甲材料50 000元，辅助生产车间领用甲材料20 000元，车间管理部门领用甲材料4 500元，企业行政管理部门领用甲材料2 500元。下列会计分录错误的是（ ）。

A. 借：生产成本——基本生产成本　50 000
　　　　　　——辅助生产成本　20 000
　　销售费用　7 000
　　贷：原材料——甲材料　77 000

B. 借：生产成本——基本生产成本　50 000
　　　　　　——辅助生产成本　20 000
　　管理费用　7 000
　　贷：原材料——甲材料　77 000

C. 借：在产品　70 000
　　制造费用　4 500
　　管理费用　2 500
　　贷：物资采购——甲材料　77 000

D. 借：生产成本——基本生产成本　50 000
　　　　　　——辅助生产成本　20 000
　　制造费用　4 500
　　管理费用　2 500
　　贷：原材料——甲材料　77 000

13. 利润表是企业的（ ）。

A. 主要会计报表　B. 经营成果报表

C. 动态报表　D. 静态报表

14. 下列收入项目中，符合收入定义的有（ ）。

A. 销售商品收入　B. 处置固定资产收入

C. 提供劳务收入　　　　　　　　　　D. 让渡资产使用权收入

15. 领用原材料的会计分录通常涉及的借方科目有(　　)。

A. 生产成本　　B. 财务费用　　C. 制造费用　　D. 管理费用

16. 下列属于外来原始凭证的有(　　)。

A. 购货发票　　B. 出差人员车船票　　C. 银行结算凭证　　D. 领料单

17. 以下有关会计凭证的表述中正确的有(　　)。

A. 会计凭证是记录经济业务的书面证明

B. 会计凭证可以明确经济责任

C. 会计凭证是编制报表的直接依据

D. 会计凭证是登记账簿的依据

根据下述资料,回答第18~20题:

江上公司采用科目汇总表账务处理程序,2012年7月份发生的部分经济业务如下:

3日,销售部员工张文出差,预借现金1 500元。

4日,行政部门以现金800元购买办公用品一批。

6日,销售产品一件,售价900元,增值税153元,产品已发出,货款通过现金收讫,该产品的成本550元同时结转。

8日,用库存现金支付第一生产车间维修费用200元。

10日,领用甲材料一批60 000元,其中:生产产品用55 000元,行政管理部门用3 000元,车间管理用2 000元。

18. 根据上述业务按月编制的科目汇总表中,"库存现金"账户发生额分别为(　　)。

A. 借方发生额1 053元　　　　B. 借方发生额900元

C. 贷方发生额2 500元　　　　D. 贷方发生额2 300元

19. 根据上述业务按月编制的科目汇总表中,所有账户的发生额合计分别为(　　)。

A. 借方发生额63 553元　　　　B. 借方发生额64 103元

C. 贷方发生额63 553元　　　　D. 贷方发生额64 103元

20. 7月10日领用甲材料的会计分录涉及的账户有(　　)。

A. 原材料　　B. 生产成本　　C. 管理费用　　D. 制造费用

三、判断题(本题共计20题,每小题1分)

1. 在记账凭证账务处理程序下,需要设置现金日记账,根据需要可选择采用三栏式、多栏式和数量金额式。(　　)

2. 借贷记账法是世界上通用的记账方法,也是我国的法定记账方法。(　　)

3. 将现金存入银行应同时编制银行存款收款凭证和现金付款凭证。(　　)

4. 资产在确认时不仅要符合资产的定义,还要同时满足资产确认条件。(　　)

5. 按公允价值进行会计计量,是指资产和负债按照在公平交易中,熟悉情况的交易双方自愿进行资产交换或者债务清偿的金额计量。(　　)

6. 总分类账户根据总分类科目设置,明细分类账户根据明细分类科目设置,所以总分类账户与其所属明细分类账户的相关金额之和有时是不相等的。(　　)

7. 各种凭证不得随意涂改、刮擦、挖补,若填写有误应用红字更正法予以更正。(　　)

8. 无法支付的账款在批准处理前,不需要通过"待处理财产损溢"账户核算。(　　)

9. 在同一企业中，由于采用的会计核算形式不同，核算的结果也不同。 （ ）

10. 企业的利得和损失应直接计入当期损益。 （ ）

11. 企业会计的确认、计量和报告应当以现值为基础。 （ ）

12. 按账簿的用途分类，“租入固定资产登记簿”属于序时账簿。 （ ）

13. 反映某一期间经营成果的报表是资产负债表。 （ ）

14. 盘亏固定资产经批准转销后，应借记“待处理财产损溢”账户。 （ ）

15. 明细分类账簿之间的核对不属于账账核对。 （ ）

16. 企业会计档案中保管期限为 15 年的是月、季、年度财务报告。 （ ）

17. 填制记账凭证时，错误的做法是将若干张不同内容和类别的原始凭证汇总填制在一张记账凭证上。 （ ）

18. 财产清查的关键是要解决账账不符问题。 （ ）

19. 编制利润表时，假定“公允价值变动收益”和“投资收益”科目的净额为借方发生额，填写的方法为以正数填列。 （ ）

20. 累计折旧同时属于成本类账户和集合分配账户。 （ ）

2014 年安徽会计从业考试《会计基础》全真模拟卷(一)试题参考答案及解析

一、单项选择题

1.【答案及解析】D　资产负债表按资产的流动性大小顺序排列。故选 D。

2.【答案及解析】B　收款凭证上的填写日期为编制收款凭证的日期。故选 B。

3.【答案及解析】C　股东(投资者)作为财务会计报告的使用者之一，其主要关注投资的内在风险和投资报酬。故选 C。

4.【答案及解析】D　“利润分配——未分配利润”账户的借方余额表示累计的未弥补亏损。故选 D。

5.【答案及解析】C　会计科目错误，金额正确适用于红字更正法。故选 C。

6.【答案及解析】C　对于不涉及现金和银行存款的业务应编制转账凭证。故选 C。

7.【答案及解析】A　账簿中书写的文字和数字上面留有适当的空格，一般应占格距的 1/2。故选 A。

8.【答案及解析】C　目前我国的行政单位会计主要采用收付实现制。故选 C。

9.【答案及解析】B　法律主体是会计主体，会计主体不一定是法律主体。故选 B。

10.【答案及解析】C　会计主体界定了从事会计工作和提供会计信息的空间范围。故选 C。

11.【答案及解析】C　凡是与记账凭证中的经济业务记录有关的每一张原始凭证，都应作为记账凭证的“附件”，有一张算一张。原始凭证是记录会计核算的原始资料，凡不能证明经济业务发生或完成情况的各种单证，不能作为原始凭证并据以记账，材料请购单不能作为原始凭证，即也不能作为记账凭证的附件，因此本题中此项业务记账凭证的附件张数应包括发票 1 张，银行结算凭证 1 张，收料单 3 张，共 5 张。故选 C。

12.【答案及解析】C　权责发生制要求：凡是当期已经实现的收入和已经发生或应当负担的费用，无论款项是否收付，都应当作为当期的收入和费用予以确认，计入利润表。故选 C。

13.【答案及解析】A　成本类账户包括“生产成本”、“制造费用”、“劳务成本”、“研发支出”

等账户。故选 A。

14.【答案及解析】C

"购进原材料，款未付"的会计分录为：

借：原材料　　36 000

　　贷：应付账款　　36 000

"销售原材料，7 200 元未收"的会计分录为：

借：应收账款　　7 200

　　银行存款　　28 800

　　贷：主营业务收入　　36 000

"销售原材料，余款未收"的会计分录为：

借：银行存款　　28 800

　　应收账款　　7 200

　　贷：主营业务收入　　36 000

15.【答案及解析】D　甲公司 7 月份新设置的总分类账有 3 个，即管理费用、待处理财产损溢和主营业务收入。要登记的是 9 个，共 12 本。故选 D。

16.【答案及解析】B　第(1)项业务编制银付字第 1 号，第(10)项业务编制银付字第 10 号。故选 B。

17.【答案及解析】B　"银行存款"账户 7 月末借方余额为：期初余额150 000＋本期借方发生额(50 000＋500 000＋42 000)－本期贷方发生额(200 000＋70 000)＝472 000(元)。故选 B。

18.【答案及解析】C　"实收资本"账户 7 月贷方发生额合计数为：500 000＋80 000＋300 000＝880 000(元)。故选 C。

19.【答案及解析】A　"管理费用"账户 7 月份借方发生额合计数为：500＋600＝1 100(元)。故选 A。

20.【答案及解析】D　7 月份"试算平衡表"中的"本期借方发生额合计"为：200 000＋50 000＋500＋500 000＋80 000＋500＋300 000＋42 000＋600＋70 000＝1 243 600(元)。故选 D。

二、多项选择题

1.【答案及解析】ABCD　原始凭证的审核内容主要包括原始凭证的真实性、合法性、合理性、完整性、正确性和及时性。既有实质性审查，又有技术性审查。故选 ABCD。

2.【答案及解析】BC　主营业务收入、营业外收入期末转入"本年利润"科目的贷方；营业费用、所得税期末转入"本年利润"科目的借方。故选 BC。

3.【答案及解析】CD　对于盘亏的固定资产，在批准前应按其账面净值借记"待处理财产损溢"，按其账面已提折旧记入"累计折旧"，按其账面原始价值贷记"固定资产"账户。批准处理后再将其净值记入"营业外支出"账户。故选 CD。

4.【答案及解析】AC　权责发生制是指企业的会计核算是以收入、费用是否发生，而不是以款项是否收到或付出为标准，确认收入和费用的一种记账基础。故选 AC。

5.【答案及解析】ACD　存货发生盘盈，冲减管理费用；发生盘亏，属于过失人赔偿的记入其他应收款，非正常原因损失的记入营业外支出，属于管理不善等造成的，记入管理费用。故选 ACD。

6.【答案及解析】BD 复式记账和编制资产负债表的理论基础是“资产－负债＋所有者权益”。编制利润表的理论基础是会计恒等式“收入－费用＝利润”。我国和绝大多数国家如美国、澳大利亚等以现金和现金等价物作为现金流量表的编制基础。故选 BD。

7.【答案及解析】ABCD 会计档案是指会计凭证、会计账簿和财务会计报告以及其他会计资料等用于会计核算的专业材料，它是记录和反映经济业务的重要历史资料和证据。故选 ABCD。

8.【答案及解析】AC “待处理财产损溢”账户是一个双重性质的账户，用于核算企业在财产清查过程中查明的各种财产物资的盘盈、盘亏或毁损。该账户的借方登记待处理财产盘亏或毁损数；贷方登记待处理财产盘盈数以及盘亏的转销数。结转待处理财产盘亏或毁损时记到该账户的贷方；结转待处理财产盘盈时记到该账户的借方。期末如有借方余额，反映尚未处理的财产物资净损失；如有贷方余额，反映尚未处理的财产物资净溢余。故选 AC。

9.【答案及解析】ABC 账簿的种类和格式是多种多样的。账簿按其用途不同分为日记账、分类账和备查账；按其账页格式可以分为两栏式账簿、三栏式账簿、多栏式账簿和数量金额式账簿；按其外形特征的不同可分为订本式账簿、活页式账簿和卡片式账簿。故选 ABC。

10.【答案及解析】AB 收到固定资产，使资产增加。同时，投资人投资使所有者权益增加。故选 AB。

11.【答案及解析】ABD 资产负债表中“期末数”的资料来源有以下几个方面：(1)根据总账余额填列；(2)根据明细账余额计算填列；(3)根据总账科目和明细科目余额分析计算填列；(4)根据有关科目余额减去备抵科目余额后的净额填列。其来源不包括科目汇总表。故选 ABD。

12.【答案及解析】ABC 基本生产车间领用材料作为生产成本，企业各生产车间为组织和管理生产所发生的材料消耗记入“制造费用”账户中，企业行政管理部门的材料消耗记入“管理费用”账户中。故选 ABC。

13.【答案及解析】ABC 利润表是企业主要会计报表，是经营成果报表，是动态报表。故选 ABC。

14.【答案及解析】ACD 处置固定资产收入是企业发生的与其日常活动无直接关系的利得。故选 ACD。

15.【答案及解析】ACD 按照领用部门，领用的原材料计入不同科目：基本生产车间领用计入“生产成本”；辅助车间领用计入“制造费用”，厂部领用计入“管理费用”。故选 ACD。

16.【答案及解析】ABC 外来原始凭证是指在经济业务发生或完成时，从其他单位或个人直接取得的原始凭证，如购买材料时取得的增值税专用发票、银行转来的各种结算凭证、对外支付款项时取得的收据、职工出差取得的飞机票、车船票等。故选 ABC。

17.【答案及解析】ABD 会计凭证是记录经济业务事项发生或完成情况的书面证明，也是登记账簿的依据。通过填制或取得会计凭证，可以明确经济责任。故选 ABD。

18.【答案及解析】AC “库存现金”借方发生额为销售收款 1 053 元(153＋900)，贷方发生额为 2 500 元(1 500＋800＋200)。故选 AC。

19.【答案及解析】BD 根据“有借必有贷，借贷必相等”记账法，可知借方发生额和贷方发生额必然相等，然后把所有的数字加起来，即为所有账户的发生额合计。故选 BD。

20.【答案及解析】ABCD 领用甲材料的会计分录，借记“生产成本”、“管理费用”、“制造费用”，贷记“原材料”。故选 ABCD。

三、判断题

1.【答案及解析】× 现金日记账是用来核算和监督库存现金每天的收入、支出和结存情况的账簿，其格式有三栏式和多栏式两种。

2.【答案及解析】√。

3.【答案及解析】× 对于涉及现金和银行存款之间的经济业务，为了避免重复记账，一般只编制付款凭证，不编制收款凭证。

4.【答案及解析】√。

5.【答案及解析】√。

6.【答案及解析】× 总分类账户与其所属明细分类账户的相关金额之和是相等的。

7.【答案及解析】× 各种凭证不得随意涂改、刮擦、挖补，若填写有误应重填。

8.【答案及解析】√。

9.【答案及解析】× 会计核算形式也称会计账务处理程序，核算程序不同不会导致结果不同。

10.【答案及解析】× 利得和损失既可以直接计入所有者权益，也可以先计入当期损益。

11.【答案及解析】× 企业会计的确认、计量和报告应当以权责发生制为基础。

12.【答案及解析】× 会计账簿按用途不同可分为序时账簿、分类账簿和备查账簿。备查账簿是指对一些在序时账簿和分类账簿中不能记载或记载不全的经济业务进行补充登记的账簿，对序时账簿和分类账簿起补充作用。例如，租入固定资产登记簿，应收、应付票据登记簿。

13.【答案及解析】× 利润表是反映企业在一定会计期间经营成果的报表。资产负债表又称财务状况表，表示企业某一特定日期财务状况的会计报表。

14.【答案及解析】× 企业发生固定资产盘亏时，按盘亏固定资产的净值，借记“待处理财产损溢”账户，按已计提的累计折旧，借记“累计折旧”账户，按固定资产的原价，贷记“固定资产”账户。报经批准转销后转入“营业外支出”账户的借方。

15.【答案及解析】× 账账核对，是指各种账簿与账簿之间的有关记录相核对，以保证账账相符。

16.【答案及解析】× 总账、明细账、记账凭证等保管期限为 15 年。

17.【答案及解析】√ 记账凭证可以根据每一张原始凭证填制，或者根据若干张同类原始凭证汇总填制，也可以根据原始凭证汇总表填制。但不得将不同内容和类别的原始凭证汇总填制在一张记账凭证上。

18.【答案及解析】× 通过财产清查的关键是要解决账实不符的问题。

19.【答案及解析】× 如果净额为贷方发生额，则以正数填列。

20.【答案及解析】× 成本类账户是按账户反映的经济内容分类的；集合分配账户是按账户的用途和结构分类的。制造费用既属于成本类账户又属于集合分配账户。

2014 年安徽会计从业考试《会计基础》全真模拟卷(二)试题

一、单项选择题(每小题 1 分，共 20 分，在每小题的四个备选答案中选出一个正确答案，并将正确答案的序号填在题干的括号内，错选、不选或多选均不得分)

1. 生产费用按其经济用途分类，称为成本项目。制造业的成本项目可以分为直接材料、直接人工和(　　)。

A. 管理费用　　B. 销售费用　　C. 制造费用　　D. 财务费用

2. H公司年末“应收账款”科目的借方余额为100万元，“预收账款”科目贷方余额为150万元，其中，明细账的借方余额为15万元，贷方余额为165万元。“应收账款”对应的“坏账准备”期末余额为8万元，该企业年末资产负债表中“应收账款”项目的金额为(　　)万元。

A. 165　　B. 150　　C. 15　　D. 107

3. 某企业负债总额为100万元，所有者权益总额为200万元，在收到客户偿还的前欠账款50万元存入银行，并以银行存款20万元偿还短期借款后，该资产总额为(　　)万元。

A. 280　　B. 300　　C. 330　　D. 350

4. 2012年3月份，某企业损益类账户的余额如下：营业收入(贷方)55 000元，营业外收入(贷方)5 000元，投资收益(贷方)15 000元，销售费用(借方)3 000元，营业成本(借方)21 000元，则该企业3月份的营业利润为(　　)元。

A. 51 000　　B. 46 000　　C. 31 000　　D. 34 000

5. 银行存款账户期初账面余额为10 000元，本期存入300 000元，支付250 000元，银行存款账户期末余额为(　　)元。

A. 60 000　　B. 90 000　　C. 560 000　　D. 10 000

6. 某企业根据一项不涉及库存现金与银行存款的会计业务编制记账凭证，由于涉及项目较多，需填制两张记账凭证，则记账凭证编号为(　　)。

A. 转字第××号　　B. 收字第××号

C. 转字第1/2号和转字第2/2号　　D. 收字第1/2和收字第2/2号

7. 企业以银行存款偿还债务，表现为(　　)。

A. 一项资产增加，另一项资产减少　　B. 一项负债增加，另一项负债减少

C. 一项资产增加，另一项负债增加　　D. 一项资产减少，另一项负债减少

8. 企业发生固定资产盘盈，应通过(　　)账户进行核算。

A. 待处理财产损益　　B. 营业外收入

C. 营业外支出　　D. 以前年度损益调整

根据下列资料完成第9～20题：

某企业第一季度发生下列几项经济业务：

(1)1月份预收货款5 000元，款项已经存入银行；发生销售收入8 000元，货款未收；预付第一季度水电费600元。

(2)2月份收到上月销售款8 000元，存入银行；本月发生销售收入9 000元，收到6 000元，余款2 000元下月支付；本月以现金支付购入办公用品费700元。

(3)3月份收到上月销售款2 000元；本月发生销售收入7 000元，款项已经存入银行；预收货款11 000元，发生销售费用4 600元，支付第一季度利息3 600元，预付第二季度保洁费1 200元。

9. 按收付实现制计算，该企业1月份的收入为(　　)元。

A. 8 000　　B. 0　　C. 5 000　　D. 4 400

10. 按收付实现制计算，该企业1月份的费用为(　　)元。

A. 200　　B. 8 000　　C. 600　　D. 5 000

11. 按权责发生制计算,该企业1月份的收入为(　　)元。
A. 8 000　　B. 12 400　　C. 5 000　　D. 13 000
12. 按权责发生制计算,该企业1月份的费用为(　　)元。
A. 600　　B. 1 400　　C. 200　　D. 1 800
13. 按收付实现制计算,该企业2月份的收入为(　　)元。
A. 8 000　　B. 14 000　　C. 17 000　　D. 9 000
14. 按收付实现制计算,该企业2月份的费用为(　　)元。
A. 700　　B. 900　　C. 2 100　　D. 2 500
15. 按权责发生制计算,该企业2月份的收入为(　　)元。
A. 17 000　　B. 14 000　　C. 9 000　　D. 6 000
16. 按权责发生制计算,该企业2月份的费用为(　　)元。
A. 700　　B. 900　　C. 2 100　　D. 2 500
17. 按收付实现制计算,该企业3月份的收入为(　　)元。
A. 13 000　　B. 20 000　　C. 10 600　　D. 7 000
18. 按收付实现制计算,该企业3月份的费用为(　　)元。
A. 8 200　　B. 6 400　　C. 6 000　　D. 9 400
19. 按权责发生制计算,该企业3月份的收入为(　　)元。
A. 13 000　　B. 20 000　　C. 10 600　　D. 7 000
20. 按权责发生制计算,该企业3月份的费用为(　　)元。
A. 8 200　　B. 36　　C. 6　　D. 9

二、多项选择题(每小题2分,共40分,每小题有多个正确答案。错选、漏选均不得分)

1. 下列反映企业财务状况的会计要素包括(　　)。
A. 所有者权益　　B. 资产　　C. 财务费用　　D. 负债
2. 下列账户的明细账账页格式应采用三栏式的有(　　)。
A. 原材料　　B. 预付账款　　C. 应收账款　　D. 应付账款
3. 下列说法中正确的有(　　)。
A. 出现权责发生制和收付实现制的区别,其原因是会计分期假设的存在
B. 由于有了会计分期假设,才进而出现了应收、应付、摊销等会计处理方法
C. 持续经营的前提不存在,企业就应当改变会计核算的方法
D. 难以用货币来计量的事项,企业不必在财务报告中补充披露其有关财务信息
4. 下列项目中属于会计核算方法的是(　　)。
A. 成本计算　　B. 财产清查　　C. 复式记账　　D. 设置账户
5. 进行局部财产清查时,正确的做法包括(　　)。
A. 现金每月清点一次　　B. 银行存款每月至少同银行核对一次
C. 贵重物品每月盘点一次　　D. 债权债务每年至少核对一至两次
6. 资产负债表的下列项目中,需要根据其明细科目余额计算填列的有(　　)。
A. 应收账款　　B. 应收票据　　C. 应付账款　　D. 货币资金
7. 下列各项中属于原始凭证填制要求的有(　　)。
A. 任何原始凭证都必须加盖单位公章　　B. 有大小写的原始凭证,大小写必须相等

C. 原始凭证的填制要及时　　D. 原始凭证的书写要规范

8. 下列正确的会计等式有(　　)。

A. 资产=权益　　B. 资产-负债=所有者权益

C. 资产+费用=负债+所有者权益+收入　　D. 资产+负债=所有者权益

9. 会计账簿登记规则包括(　　)。

A. 记账必须根据审核无误的会计凭证为依据

B. 按页次顺序连续记账,不得跳行隔页

C. 每页记账完毕应结出余额,无余额的应在方向栏写“平”字,余额栏元位上写“零”字

D. 一般只能用蓝黑墨水的钢笔,不得用圆珠笔和铅笔

10. 下列关于会计档案销毁的说法中,正确的有(　　)。

A. 正在项目建设期间的建设单位,其保管期满的会计档案不得销毁

B. 对于保管期满但未结清的债权债务原始凭证,可以销毁

C. 单位负责人应当在会计档案销毁清册上签署意见

D. 单独抽出立卷的会计档案,只需在会计档案销毁清册中列明

11. 造成企业银行存款日记账余额小于银行对账单余额的情形有(　　)。

A. 企业已入账,但银行尚未入账的收入款项

B. 企业已入账,但银行尚未入账的支出款项

C. 银行已入账,但企业尚未入账的收入款项

D. 银行已入账,但企业尚未入账的支出款项

12. 下列经济业务中,使资产与权益同减的有(　　)。

A. 收回购货单位前欠货款,存入银行　　B. 以现金支付应付工资

C. 以银行存款购买固定资产　　D. 以银行存款偿还前欠购料款

13. 通过试算平衡不能发现的错误有(　　)。

A. 借贷方向完全相反　　B. 重记经济业务

C. 漏记贷方账户　　D. 借贷金额不相等

14. 下列各项中,属于记账凭证审核的内容有(　　)。

A. 金额是否正确　　B. 项目是否齐全

C. 科目是否正确　　D. 文字是否正确

15. 在借贷记账法下,“预付账款”账户的借方不反映(　　)。

A. 企业债务的产生　　B. 企业债务的增加

C. 企业债权的产生　　D. 企业债权的收回

16. 下列经济业务应编制收款凭证的是(　　)。

A. 从银行提取现金 3 000 元备用　　B. 将现金 50 000 元存入银行

C. 销售产品 35 100 元货款存入银行　　D. 收回甲单位前欠货款 20 000 元

17. 编制“银行存款余额调整表”时,应调整企业银行存款日记账余额的业务是(　　)。

A. 企业已收,银行未收　　B. 企业已付,银行未付

C. 银行已收,企业未收　　D. 银行已付,企业未付

18. 下列各项中,不应计入产品生产成本的有(　　)。

A. 营业费用　　B. 管理费用　　C. 财务费用　　D. 制造费用

19. 记账凭证按其用途和使用范围的不同,可分为(　　)。

A. 专用记账凭证　　B. 通用记账凭证
C. 单式记账凭证　　D. 复式记账凭证
20. 总分类账户与明细分类账户平行登记的要点包括(　　)。
A. 依据相同　B. 方向相同　C. 期间相同　D. 金额相同

三、判断题(本题共计 20 题,每小题 1 分)

1. 商业折扣又称“数量折扣”,是企业根据市场供需情况或针对不同的顾客,在商品标价上给予的扣除,是企业最常用的促销手段。(　　)
2. 收料单、领料单、工资费用分配表、折旧计算表都属于通用凭证。(　　)
3. 在实地盘存制下,期初存货成本和本期购货成本从账上取得,实地盘存确定期末存货成本,从而计算出本期销货成本。(　　)
4. 会计档案是记录和反映单位经济业务的重要史料和证据。(　　)
5. 会计除了核算和监督职能外,还有预测、决策、控制、分析等职能。(　　)
6.“应收账款”、“应付账款”科目分别按债权人、债务人名称设置明细科目来反映其具体对象。(　　)
7. 固定资产明细账不必每年更换,可以连续使用。(　　)
8. 资产负债表是反映企业某一特定时期财务状况的会计报表。(　　)
9. 各种账务处理程序的不同之处在于登记明细账的直接依据不同。(　　)
10. 本期发生的管理费用和制造费用均会全额影响本期损益。(　　)
11. 企业在对会计要素进行计量时,一般应当采用现值。(　　)
12. 管理费用、营业外支出不影响“营业利润”计算。(　　)
13. 对所发生的每项经济业务事项都要以会计凭证为依据,一方面记入有关总分类账户,另一方面记入有关总分类账户所属明细分类账户的方法称为复式记账法。(　　)
14. 记账后发现记账凭证上的会计科目有错误,应当采用划线更正法更正。(　　)
15. 记账凭证处理程序,一般适用于规模小但业务量多的单位。(　　)
16. 按记账凭证借方科目设置的汇总记账凭证是汇总付款凭证。(　　)
17. 在财产清查中发现的盘亏固定资产,应借记营业外支出账户。(　　)
18. 财产清查是通过专门的方法,查明账证是否相符、账表是否相符。(　　)
19. 将现金存入银行的经济业务,应根据现金收款凭证登记现金日记账的支出栏。(　　)
20. 企业外购材料一批,已验收入库,当天货款已付,根据这笔业务的有关原始凭证应该填制的记账凭证是转账凭证。(　　)

2014 年安徽会计从业考试《会计基础》全真模拟卷(二)试题参考答案及解析

一、单项选择题

1.【答案及解析】C　制造业的成本项目可以分为直接材料、直接人工和制造费用。故选 C。

2.【答案及解析】D　资产负债表中“应收账款”项目金额为:100+15−8=107(万元)。故选 D。

3.【答案及解析】A　该资产总额为(100+200)+50−50−20=280(万元)。故选 A。

4.【答案及解析】B 本题中营业利润＝55 000－21 000＋15 000－3 000＝46 000(元)。“营业外收入”不是“营业利润”的影响因素。故选 B。

5.【答案及解析】A 银行存款账户期末余额＝10 000＋300 000－250 000＝60 000(元)。故选 A。

6.【答案及解析】C 本题业务不涉及“库存现金”和“银行存款”的收付，所以需要编制转账凭证，一笔业务需要编制两张以上记账凭证的，可以采用分数编号法编号。故选 C。

7.【答案及解析】D 银行存款偿还债务，表现为资产(银行存款)减少，负债(应付账款)减少。故选 D。

8.【答案及解析】D 对于企业在财产清查过程中盘盈的固定资产，作为前期差错处理。在按管理权限报经批准处理前应先通过“以前年度损益调整”科目核算。故选 D。

9.【答案及解析】C 按照收付实现制计算，该企业 1 月份的收入为实际收到的款项5 000元。故选 C。

10.【答案及解析】C 按照收付实现制计算，该企业 1 月份的费用为实际支付的费用 600元。故选 C。

11.【答案及解析】A 按照权责发生制计算，该企业 1 月份的收入为发生的销售收入8 000元。故选 A。

12.【答案及解析】B 按照权责发生制计算，该企业 1 月份的费用为 200＋1 200＝1 400(元)。故选 B。

13.【答案及解析】B 按照收付实现制计算，该企业 2 月份的收入为实际收到的款项，即8 000＋6 000＝14 000(元)。故选 B。

14.【答案及解析】A 按照收付实现制计算，该企业 2 月份的费用为实际发生的费用 700元。故选 A。

15.【答案及解析】C 按照权责发生制计算，该企业 2 月份的实际销售收入9 000元。故选 C。

16.【答案及解析】C 按照权责发生制计算，该企业 2 月份的费用为 200＋700＋1 200＝2 100(元)。故选 C。

17.【答案及解析】B 按照收付实现制计算，该企业 3 月份的收入为2 000＋7 000＋11 000＝20 000(元)。故选 B。

18.【答案及解析】D 按照收付实现制计算，该企业 3 月份的费用为4 600＋3 600＋1 200＝9 400(元)。故选 D。

19.【答案及解析】D 按照权责发生制计算，该企业 3 月份的收入为实际销售收入7 000元。故选 D。

20.【答案及解析】C 按照权责发生制计算，该企业 3 月份的费用为 200＋4 600＋1 200＝6 000(元)。故选 C。

二、多项选择题

1.【答案及解析】ABD 企业会计要素分为六大类，即资产、负债、所有者权益、收入、费用和利润。其中资产、负债和所有者权益三项会计要素反映企业的财务状况；收入、费用、利润三项会计要素反映企业的经营成果。故选 ABD。

2.【答案及解析】BCD 选项 A 采用数量金额式账簿。故选 BCD。

3.【答案及解析】ABC　货币计量前提应当还有一层含义，即货币币值稳定，若不稳定就需要对各期以不同币值表示的结果进行适当的调整。故选 ABC。

4.【答案及解析】ABCD　会计核算的方法包括 7 种：设置账户、复式记账、填制和审核凭证、登记账簿、成本计算、财产清查、编制财务报表。故选 ABCD。

5.【答案及解析】BCD　局部清查一般包括下列清查内容：现金应每日清点一次，银行存款每月至少同银行核对一次，债权债务每年至少核对一至两次，各项存货应有计划、有重点地抽查，贵重物品每月清查一次等。故选 BCD。

6.【答案及解析】AC　“应收票据”项目，根据“应收票据”总账科目的期末余额直接填列；“货币资金”项目，根据“库存现金”、“银行存款”、“其他货币资金”三个总账科目的期末余额的合计数填列。故选 AC。

7.【答案及解析】BCD　对自制的原始凭证无须加盖本单位的公章。故选 BCD。

8.【答案及解析】AB　根据“资产－负债＋所有者权益”及权益包括所有者权益和债权人权益。故选 AB。

9.【答案及解析】ABD　每页记账完毕应结出余额，无余额的应在方向栏写“平”字，余额栏用“Q”表示。故选 ABD。

10.【答案及解析】AC　对于保管期满但未结清的债权债务原始凭证，不得销毁；单独抽出立卷的会计档案，应当在会计档案销毁清册和会计档案保管清册中列明。故选 AC。

11.【答案及解析】BC　企业已入账，但银行尚未入账的支出款项和银行已入账，但企业尚未入账的收入款项都使得企业有收入但没有记入银行存款日记账中，因此导致企业银行存款日记账余额小于银行对账单余额。故选 BC。

12.【答案及解析】BD　“收回货款，存入银行”使得银行存款增加、应收账款减少，即资产项目类的一增一减。“以现金支付应付工资”使得现金减少、应付账款减少，即资产与权益同时减少。“以银行存款购买固定资产”使得银行存款减少，固定资产增加，即资产项目类的一增一减。“以银行存款偿还前欠购料款”使得银行存款减少，应付账款减少，即资产与权益同时减少。故选 BD。

13.【答案及解析】AB　试算平衡虽然有利于及时检查和发现记账过程中的差错，但本身也存在一定的局限性，即它不能发现全部记账过程中的错误和遗漏，因为有些错误并不影响借贷方的平衡关系。比如记账时重记或漏记整笔经济业务、对相互对应的账户都以大于或小于正确金额的数字进行记账、对应账户的同方向串户等，都难以通过试算平衡检查出来。故选 AB。

14.【答案及解析】ABC　记账凭证审核的主要内容是：(1)审核是否按已审核无误的原始凭证填制记账凭证；记录的内容与所附原始凭证是否一致，金额是否相等；所附原始凭证的张数是否与记账凭证所列附件张数相符；(2)审核记账凭证所列会计科目(包括一级科目、明细科目)，应借、应贷方向和金额是否正确；借贷双方的金额是否平衡；明细科目金额之和与相应的总账科目的金额是否相等；(3)审核记账凭证摘要是否填写清楚，日期、凭证编号、附件张数以及有关人员签章等各个项目填写是否齐全。故选 ABC。

15.【答案及解析】ABD　因为“预付账款”账户借方登记的是预付账款的增加，即债权的产生；而债权的收回、债务的产生和债务的增加应反映在其贷方。故选 ABD。

16.【答案及解析】CD　收款凭证就是针对收款业务所编制的凭证，“销售产品货款存入银行”和“收回欠款”都引起了货币资金的增加，是收款业务。而“从银行提取备用金”和“将现金存入银行”属于货币资金的划转业务，按一般记账要求，货币资金的划转业务只编制付款凭证。故选 CD。

17.【答案及解析】ABCD 四个选项均正确。故选 ABCD。

18.【答案及解析】ABC 费用按其经济用途不同，可以分为生产成本和期间费用。生产成本包括直接材料、直接人工和制造费用；期间费用不能计入产品生产成本而是直接计入当期损益，包括营业费用、管理费用和财务费用。故选 ABC。

19.【答案及解析】AB 记账凭证按其用途和使用范围的不同，可分为专用记账凭证和通用记账凭证。故选 AB。

20.【答案及解析】ABCD 平行登记的要点有依据相同、借贷方向相同、会计期间相同、金额相等。故选 ABCD。

三、判断题

1.【答案及解析】√。

2.【答案及解析】× 通用凭证是指由有关部门统一印刷、在一定范围内使用的、具有统一格式和使用方法的原始凭证；如全国通用的增值税专用发票等。专用凭证是指由单位自行印刷、仅在本单位内部使用的原始凭证。本题中所说的凭证都属于专用凭证。

3.【答案及解析】√。

4.【答案及解析】√。

5.【答案及解析】√。

6.【答案及解析】× “应收账款”科目按债务人名称设置明细科目，而“应付账款”科目是按债权人名称设置明细科目来反映其具体对象。

7.【答案及解析】√。

8.【答案及解析】× 资产负债表是反映企业某一特定日期，而不是某一特定时期的财务状况的会计报表。

9.【答案及解析】× 各种账务处理程序的不同之处在于登记总分类账的依据和方法不同。

10.【答案及解析】× 制造费用有的无须全额转入成本，就不会全额影响本期损益。

11.【答案及解析】× 企业在对会计要素进行计量时，一般应当采用历史成本。

12.【答案及解析】× “营业外支出”影响“利润总额”，不影响“营业利润”。

13.【答案及解析】× 平行登记是指对所发生的每项经济业务都要以会计凭证为依据，一方面要记入有关总分类账户，另一方面记入有关总分类账户所属明细分类账户的方法。

14.【答案及解析】× 在会计记录中出现错误可以采用划线更正法进行更正的情况有两种：一是原始凭证如果出现文字错误，可以采用划线更正法进行更正，另一种是记账凭证无误，账簿登记发生错误，可以采用划线更正法进行更正。

15.【答案及解析】× 记账凭证处理程序适用于规模小、经济业务量较少的单位。

16.【答案及解析】× 按记账凭证借方科目设置的汇总记账凭证是汇总收款凭证。

17.【答案及解析】× 盘亏固定资产，应借记“待处理财产损溢”。批准转销后计入“营业外支出”账户。

18.【答案及解析】× 财产清查是通过专门的方法，查明账存数与实存数即账实是否相符的一种专门方法。

19.【答案及解析】× 将现金存入银行的经济业务，应根据现金付款凭证登记现金日记账的支出栏。

20.【答案及解析】× 记录现金和银行存款付款的业务编制付款凭证。

2014 年安徽会计从业考试《会计基础》全真模拟卷(三)试题

一、单项选择题(每小题 1 分，共 20 分，在每小题的四个备选答案中选出一个正确答案，并将正确答案的序号填在题干的括号内，错选、不选或多选均不得分)

1. 销售产品一批，价款 100 000 元，增值税 17 000 元，货款尚未收回。该笔业务编制的会计分录是(　　)。

A. 一借一贷　　B. 一借多贷　　C. 一贷多借　　D. 多借多贷

2. 下列属于能够提供总括的会计信息的账簿是(　　)。

A. 总分类账　　B. 两栏式账　　C. 备查账　　D. 序时账

3. 企业如有盘盈的固定资产，应记入(　　)账户。

A. 营业外收入　　B. 固定资产清理

C. 待处理财产损溢　　D. 以前年度损益调整

4. (　　)就是把一定时期内所发生的经济业务，在全部登记入账的基础上结算出本期发生额合计和余额，并将其余额结转下期或者转入新账。

A. 登账　　B. 转账　　C. 结账　　D. 对账

5. 月末，企业将期间费用账户的借方发生额合计转入(　　)。

A.“生产成本”账户借方　　B.“利润分配”账户借方

C.“本年利润”账户贷方　　D.“本年利润”账户借方

6. D 公司销售部和行政部 12 月共发生费用131 000元。其中销售人员薪酬56 000元，销售部专用办公设备折旧费14 000元；行政人员薪酬35 000元，行政部专用办公设备折旧费6 000元，报销行政人员差旅费4 500元(假定报销人未预借差旅费)，发生业务招待费15 500元(以银行存款支付)。其会计分录为(　　)。

A. 借：管理费用　131 000
　　贷：应付职工薪酬　91 000
　　　　累计折旧　20 000
　　　　库存现金　4 500
　　　　银行存款　15 500

B. 借：销售费用　70 000
　　　　管理费用　61 000
　　贷：应付职工薪酬　91 000
　　　　累计折旧　20 000
　　　　库存现金　4 500
　　　　银行存款　15 500

C. 借：销售费用　131 000
　　贷：应付职工薪酬　91 000
　　　　累计折旧　20 000

　　　库存现金　　　　4 500
　　　银行存款　　　　15 500

D. 借:销售费用　　61 000
　　管理费用　　70 000
　　贷:应付职工薪酬　　91 000
　　　累计折旧　　20 000
　　　库存现金　　4 500
　　　银行存款　　15 500

7. 在财产清查中填制的“账存实存对比表”是(　　)。

A. 调整账面记录的原始凭证　　B. 调整账面记录的记账凭证
C. 登记总分类账的直接依据　　D. 登记日记账的直接依据

8. 企业在记录管理费用时,通常所采用的明细账格式是(　　)。

A. 多栏式明细账　　B. 卡片式明细账
C. 数量金额式明细账　　D. 横线登记式明细账

9. 企业常用的收款凭证、付款凭证和转账凭证均属于(　　)。

A. 单式凭证　　B. 复式凭证　　C. 一次凭证　　D. 通用凭证

10. 在编制转账凭证时,要求不宜编制一借多贷或多借多贷的转账凭证,这是为了适应(　　)的要求。

A. 编制汇总记账凭证　　B. 编制科目汇总表
C. 登记总分类账　　D. 登记多栏式日记账

11. (　　)需要利用资产负债表和利润表的相关信息进行计算。

A. 流动比率　　B. 速动比率
C. 资产负债率　　D. 应收账款周转率

12. 某企业材料总分类账户本期借方发生额为32 000元,本期贷方发生额为30 000元,其有关明细分类账户的发生额分别为:甲材料本期借方发生额7 000元,贷方发生额9 000元,乙材料本期借方发生额21 000元,贷方发生额18 000元,则丙材料本期为(　　)。

A. 借方发生额2 700元,贷方发生额3 000元
B. 借方发生额4 000元,贷方发生额3 000元
C. 借方发生额2 000元,贷方发生额4 000元
D. 因不知各账户期初余额,故无法计算

13. (　　)是对会计对象进行的基本分类,是会计核算对象的具体化。

A. 会计要素　　B. 会计科目　　C. 会计账户　　D. 会计对象

14. 某企业 5 月份的资产总额为100 000元,负债总额为40 000元。5 月份发生如下业务:5 月份取得收入共计48 000元,发生费用共计30 000元,则 5 月份该企业的所有者权益总额为(　　)元。

A. 62 000　　B. 78 000　　C. 10 000　　D. 90 000

15. 应收账款的入账价值不包括(　　)。

A. 现金折扣　　B. 增值税(销项税额)
C. 商业折扣　　D. 代购货方垫付的运杂费

16. 某企业资产总额为 100 万元,当发生下列三笔经济业务后:①向银行借款 20 万元存

入银行；②用银行存款偿还货款 5 万元；③收回应收账款 4 万元存入银行，其资产总额为(　　)万元。

A. 115　　B. 119　　C. 111　　D. 71

17.“预收账款”账户的期初余额为借方5 000元，本期借方发生额3 000元，贷方发生额9 000元，则本期期末余额为(　　)元。

A. 贷方11 000　　B. 借方1 000　　C. 贷方1 000　　D. 借方11 000

18. 某企业月末资产负债表中，固定资产原价为 100 万元，累计折旧 40 万元，固定资产净值 60 万元，则固定资产合计数为(　　)万元。

A. 160　　B. 140　　C. 100　　D. 60

19. 大写金额为壹拾伍万零伍元伍角，在填写发票小写金额时，应写为(　　)。

A. 150 005.5　　B. 150 005.05　　C. 150 005.50　　D. 1 500 050.50

20. 某企业2012年 3 月份资产增加 400 万元，负债减少 250 万元，若不考虑其他因素，则该企业的所有者权益的发生额应为(　　)万元。

A. 150　　B. 650　　C. 400　　D. 250

二、多项选择题(每小题 2 分，共 40 分，每小题有多个正确答案。错选、漏选均不得分)

1. 对于汇总记账凭证账务处理程序，下列说法中错误的有(　　)。

A. 登记总账的工作量大

B. 不能体现账户之间的对应关系

C. 明细账与总账无法核对

D. 当转账凭证较多时，汇总转账凭证的编制工作量较大

2. 下列符合支票管理规定的是(　　)。

A. 现金支票可以提取现金

B. 支票金额必须在付款单位的存款余额内

C. 不得出租、出借支票

D. 特殊情况，可开空头支票

3. 应当建立备查账进行核算的是(　　)。

A. 企业接受的固定资产捐赠　　B. 临时租入的固定资产

C. 收到的商业汇票　　D. 无形资产

4. 下列各项中，属于原始凭证内容的有(　　)。

A. 经济业务发生日期　　B. 经济业务内容

C. 会计人员记账标记　　D. 原始凭证附件

5. 对账的内容有(　　)。

A. 账实核对　　B. 账证核对　　C. 账账核对　　D. 账表核对

6. 下列属于财务成果账户的有(　　)。

A. 主营业务收入　　B. 其他业务收入　　C. 营业外收入　　D. 本年利润

7. 能够详细反映某一类经济业务增减变动的会计账簿是(　　)。

A. 总分类账　　B. 明细分类账　　C. 备查账　　D. 序时账

8. 下列对原始凭证的处理正确的是(　　)。

A. 对于审核通过的原始凭证，要及时编制记账凭证

B. 对于有错误的原始凭证，应退回给经办人员
C. 退回的原始凭证由相关经办人员负责将有关凭证补充完整、更正错误或重开后，再办理正式会计手续
D. 对于不真实、不合法的原始凭证，会计机构和会计人员有权不予接受
9. 可以用红色墨水记录的业务或者事项有（　　）。
A. 在未印明余额方向的三栏式账户中登记负数余额
B. 在不设借贷等栏的多栏式账户中登记负数余额
C. 记账凭证上会计科目、记账方向均正确，但所记金额小于应计金额致使账簿记录发生少计错误时的更正
D. 记账凭证上会计科目、记账方向均正确，但所记金额大于应计金额致使账簿记录发生多记错误时的错误更正
10. 下列账户中，属于债权账户的是（　　）。
A. 应收账款　B. 短期借款　C. 预付账款　D. 实收资本
11. 下列关于会计账簿的更换和保管正确的有（　　）。
A. 总账、日记账和多数明细账每年更换一次
B. 变动较小的明细账可以连续使用，不必每年更换
C. 备查账不可以连续使用
D. 总账、日记账不用每年更换
12. 下列各类错账中，应采用红字更正法进行更正的错账有（　　）。
A. 记账凭证没有错误，但账簿记录有数字错误
B. 因记账凭证中的会计科目有错误而引起的账簿记录错误
C. 记账凭证中的会计科目正确但所记金额大于应记金额所引起的账簿记录错误
D. 记账凭证中的会计科目正确但所记金额小于应记金额所引起的账簿记录错误
13. 企业对实物资产的清查可以采用的方法是（　　）。
A. 实地盘点法　B. 函证法　C. 技术推算法　D. 倒挤法
14. 编制记账凭证的依据有（　　）。
A. 原始凭证　B. 汇总原始凭证　C. 收款凭证　D. 转账凭证
15. 以下项目中，会影响营业利润计算的有（　　）。
A. 营业外收入　B. 营业税金及附加　C. 营业成本　D. 销售费用
16. 下列各项经济业务中，会使企业资产总额和权益总额发生同时增加变化的有（　　）。
A. 向银行借入半年期的借款，已转入本企业银行存款账户
B. 赊购设备一台，设备已经交付使用
C. 收到某投资者投资转入的一批材料，材料已验收入库
D. 用资本公积转增实收资本
17. 2月，浦龙公司发生下列经济业务：
(1)以银行存款20 000元购买生产用设备；(2)将到期无力偿还的应付票据10 000元转为应付账款；(3)将资本公积6 000元转增实收资本；(4)购进生产用材料8 000元，款项尚未支付。
下列表述中正确的有（　　）。
A. 以银行存款20 000元购买生产用设备，会引起资产内部的一增一减
B. 将到期无力偿还的应付票据10 000元转为应付账款，会引起负债内部的一增一减

C. 将资本公积6 000元转增资本，会引起所有者权益内的一增一减

D. 购进生产用材料8 000元，款项尚未支付，会引起资产与负债同时增加

18. 按照企业所从事的日常活动的性质，狭义的收入包括(　　)。

A. 销售收入　　B. 劳务收入

C. 让渡资产使用权收入　　D. 营业外收入

19. 下列各项中，在“周转材料”科目进行核算的是(　　)。

A. 原材料　　B. 包装物

C. 低值易耗品　　D. 建筑承包商生产用的木模板

20. 下列各项中，属于产品成本计算方法的是(　　)。

A. 约当产量法　　B. 品种法　　C. 分批法　　D. 分步法

三、判断题(本题共计 20 题，每小题 1 分)

1.“利润分配”账户属于权益类备抵账户，是“本年利润”账户的备抵账户。(　　)

2. 企业资金的主要来源渠道有所有者投入资金和通过各种形式举借债务以及出售所持有的股票等。(　　)

3. 会计主体是指会计所核算和监督的内容。(　　)

4. 资产按实物形态可分为流动资产和非流动资产。(　　)

5. 在科目汇总表账务处理程序方式下，其记账凭证、账簿的设置与记账凭证账务处理程序是不相同的。(　　)

6. 会计档案的保管期限，从会计年度终了后的第一天算起。(　　)

7. 利润表中“营业收入”项目，就是根据“主营业务收入”和“主营业务成本”两个科目的本期贷方发生额相抵后得到的。(　　)

8. 在实务中，会计分录是在记账凭证上登记的。(　　)

9. 本单位档案机构为方便保管会计档案，可以根据需要对其拆封重新整理。(　　)

10. 会计账簿作为重要的经济档案，因保存期长，必须使用蓝色或黑色的笔书写。(　　)

11. 由于持续经营假设的存在，才产生了本期与其他期间的差异，从而出现了权责发生制和收付实现制两种不同的会计基础。(　　)

12. 会计核算职能是指会计人员在进行会计核算的同时，对特定主体经济活动的真实性、合法性和合理性进行审查的功能。(　　)

13. 资产负债表编制的主要依据是资产、负债及所有者权益类各账户的期末余额。(　　)

14. 原始凭证确定了应借、应贷的会计科目及其金额。(　　)

15. 某企业计提 2012 年 3 月份车间管理人员工资，应计入“管理费用”账户。(　　)

16.“累计折旧”属于损益类科目。(　　)

17. 合伙人处理已分得的利润属于会计主体的核算范围。(　　)

18. 企业所据有的资产，从财产权利的归属来看，一部分属于投资者，另一部分则属于企业法人。(　　)

19.“坏账准备”属于损益类会计科目。(　　)

20. 资本公积账户年末结转后一定没有余额。(　　)

2014年安徽会计从业考试《会计基础》全真模拟卷(三)试题参考答案及解析

一、单项选择题

1.【答案及解析】B　该笔业务应编制的会计分录为借记应收账款117 000元，贷记主营业务收入100 000元和应交税费——应交增值税(销项税额)17 000元，属两贷一借的分录。故选B。

2.【答案及解析】A　总分类账簿是指按照总分类账户分类登记经济业务事项的账簿。故选A。

3.【答案及解析】D　企业如有盘盈的固定资产，应作为前期差错计入“以前年度损益调整”账户。故选D。

4.【答案及解析】C　结账就是把一定时期内所发生的经济业务，在全部登记入账的基础上结算出本期发生额合计和余额，并将其余额结转下期或转入新账。故选C。

5.【答案及解析】D　月末，企业将期间费用账户的借方发生额合计转入“本年利润”账户借方，将制造费用账户的借方发生额合计转入“生产成本”账户借方，将收入类账户的贷方发生额合计转入“本年利润”账户贷方，年末将本年利润账户的借方余额转入“利润分配”账户借方。故选D。

6.【答案及解析】B　销售部门发生的费用应在“销售费用”科目中列支，行政部门发生的费用应在“管理费用”科目中列支。故选B。

7.【答案及解析】A　“账存实存对比表”是财产清查的重要报表，是调整账面记录的原始凭证。故选A。

8.【答案及解析】A　费用类明细账采用多栏式。故选A。

9.【答案及解析】B　企业常用的收款凭证、付款凭证和转账凭证均为复式凭证。故选B。

10.【答案及解析】A　为了便于汇总，平时编制记账凭证时应编制一借一贷或多借一贷的转账凭证，而不宜编制一借多贷或多借多贷的转账凭证。故选A。

11.【答案及解析】D　应收账款周转率指标的分子是利润表中的“收入”中的数字，分母是资产负债表中的“应收账款”期初、期末平均数。所以，它需要利用资产负债表和利润表的相关信息进行计算。故选D。

12.【答案及解析】B　丙材料本期借方发生额＝32 000－(7 000＋21 000)＝4 000(元)；丙材料本期贷方发生额＝30 000－(9 000＋18 000)＝3 000(元)。故选B。

13.【答案及解析】A　会计的对象是指会计所核算和监督的内容。会计要素是指会计对象是由哪些部分所构成的，是会计对象按经济特征所做的最基本分类，也是会计核算对象的具体化。会计科目是指对会计要素的具体内容进行分类核算的项目。账户是根据会计科目设置的，具有一定格式和结构，用于分类反映会计要素增减变动情况及其结果的载体。故选A。

14.【答案及解析】B　所有者权益＝(100 000－40 000)＋(48 000－30 000)＝78 000(元)。故选B。

15.【答案及解析】C　应收账款的入账价值包括：销售货物或提供劳务的价款、增值税，以及代购货方垫付的包装费、运杂费等。故选C。

16.【答案及解析】A　100＋20－5＝115(万元)。故选A。

17.【答案及解析】C　“预收账款”账户本来属于负债类，其余额一般在贷方，当余额在借方时，表现为“应收账款”。在此种情况下，本题中该“预收账款”账户期末余额就为：期初借方余额＋本期借方发生额－本期贷方发生额＝5 000＋3 000－9 000＝－1 000(元)。借方余额为负数其实就是贷方余额。故选 C。

18.【答案及解析】D　在资产负债表中，“固定资产”项目是以净额反映的。故选 D。

19.【答案及解析】C　角、分为零时，小写金额必须写“0”。故选 C。

20.【答案及解析】B　资产增加 400 万元，在负债不变的情况下，将引起所有者权益增加 400 万元，负债减少 250 万元，在资产不变的情况下，将引起所有者权益增加 250 万元。故不考虑其他因素，所有者权益应为 650 万元(400＋250)。故选 B。

二、多项选择题

1.【答案及解析】ABC　汇总记账凭证账务处理程序的优点：减轻了登记总分类账的工作量，便于了解账户之间的对应关系。缺点：按每一贷方科目编制汇总转账凭证，不利于会计核算的日常分工，当转账凭证较多时，编制汇总转账凭证的工作量较大。故选 ABC。

2.【答案及解析】ABC　支票金额必须在付款单位的存款余额内，不得签发空头支票。故选 ABC。

3.【答案及解析】BC　备查账簿是指对在日记账和分类账中未记录或记录不全的经济业务进行补充登记的账簿。故选 BC。

4.【答案及解析】ABD　会计人员记账标记不属于原始凭证的内容。故选 ABD。

5.【答案及解析】ABC　对账的内容有账证核对、账账核对和账实核对。故选 ABC。

6.【答案及解析】ABCD　主营业务收入、其他业务收入、营业外收入属于财务成果形成过程账户，本年利润属于财务成果计算账户，均属于财务成果账户。故选 ABCD。

7.【答案及解析】BD　总分类账用以总括反映经济业务的账簿；备查账是对日记账和分类账中记录不全经济业务进行补充的账簿。故选 BD。

8.【答案及解析】ABCD　原始凭证的审核是一项政策性很强的工作，经审核的原始凭证都应根据情况做及时的处理：对于真实、合法、合理但内容不够完整、填写有错误的原始凭证，应退回给经办人员，由其负责将有关凭证补充完整、更正错误或重开后，再办理正式会计手续；对于不真实、不合法的原始凭证，会计机构和会计人员除有权不接受之外还要向单位负责人报告。故选 ABCD。

9.【答案及解析】ABD　记账凭证上会计科目、记账方向均正确，但所记金额小于应计金额致使账簿记录发生少计错误时的更正应当使用蓝色墨水书写。故选 ABD。

10.【答案及解析】AC　债权账户包括应收账款、预付账款、其他应收款等账户。故选 AC。

11.【答案及解析】AB　备查账可以连续使用；会计账簿由本单位账务会计部门保管 1 年后，交由本单位档案管理部门保管。故选 AB。

12.【答案及解析】BC　记账凭证没有错误，但账簿记录有数字错误应采用划线更正法更正；记账凭证中的会计科目正确但所记金额小于应记金额所引起的账簿记录错误，应采用补充登记法进行更正。故选 BC。

13.【答案及解析】AC　企业对实物资产的清查可以采用的方法是实地盘点法和技术推算法。故选 AC。

14.【答案及解析】AB　根据原始凭证或汇总原始凭证编制记账凭证。故选 AB。

15.【答案及解析】BCD 营业外收入影响利润总额，不影响营业利润。故选 BCD。

16.【答案及解析】ABC “向银行借款”引起资产（银行存款）和负债（短期借款）同时增加；“赊购设备”引起资产（固定资产）和负债（应付账款）同时增加；“收到投资方投资材料”引起资产（原材料）和（实收资本）同时增加；“用资本公积转增实收资本”只是权益内部的一增一减，其所有者权益总额不变。权益总额包括负债和所有者权益。故选 ABC。

17.【答案及解析】ABCD 以上选项说法均正确。故选 ABCD。

18.【答案及解析】ABC 狭义收入主要包括主营业务收入、其他业务收入。广义收入包括营业收入和营业外收入。故选 ABC。

19.【答案及解析】BCD 周转材料包括包装物、低值易耗品，以及企业的钢模板、木模板、脚手架等。原材料是独立的一级科目，不在“周转材料”科目进行核算。故选 BCD。

20.【答案及解析】BCD 产品成本的计算方法包括品种法、分批法和分步法三种。故选 BCD。

三、判断题

1.【答案及解析】√。

2.【答案及解析】× 企业的资金表现为资金占用和资金来源两方面，其中资金占用的具体表现形式就是企业的资产，资金来源又可分为企业所有者投入资金和债权人投入资金两类。

3.【答案及解析】× 会计对象是会计核算和监督的内容，而会计主体是指会计所核算和监督的特定单位或组织，是会计确认、计量、报告的空间范围。

4.【答案及解析】× 资产按其流动性，通常可分为流动资产和非流动资产。

5.【答案及解析】× 在科目汇总表账务处理程序方式下，其记账凭证，账簿的设置与记账凭证账务处理程序是相同的。不同的是登记总分类账的依据。

6.【答案及解析】√。

7.【答案及解析】× 利润表中“营业收入”项目，就是根据“主营业务收入”和“其他业务收入”两个科目的本期贷方发生额相加得到的。

8.【答案及解析】√。

9.【答案及解析】× 移交本单位档案机构保管的会计档案，原则上应当保持原卷册的封装。个别需要拆封重新整理的，档案机构应当会同会计机构和经办人员共同拆封整理，以分清重任。

10.【答案及解析】× 为了保持账簿记录的持久性、防止涂改，登记账簿必须使用蓝黑墨水或碳素墨水并用钢笔书写，不得使用圆珠笔（银行的复写账簿除外）或者铅笔书写。

11.【答案及解析】× 会计分期假设界定了会计信息的时间范围，使会计核算有了“上期”、“本期”、“下期”的概念，从而产生了企业的资产、负债、收入、费用归属于哪个期间的问题，为权责发生制、收付实现制会计基础的应用奠定了基础。

12.【答案及解析】× 会计监督职能是指会计人员在进行会计核算的同时，对特定主体经济活动的真实性、合法性、合理性进行审查的过程。

13.【答案及解析】√。

14.【答案及解析】× 原始凭证不具备会计科目。

15.【答案及解析】× 车间生产工人的工资应计入“生产成本”账户，车间管理人员的工资应计入“制造费用”账户。

16.【答案及解析】× “累计折旧”账户是“固定资产”账户的调整账户，从性质上讲，也是资产类账户。

17.【答案及解析】× “合伙人处理已分得的利润”属于所有者个人的行为，不属于会计主体的核算内容。

18.【答案及解析】× 企业拥有的资产，从其权属看分属于“企业所有者”和“债权人”，前者称为“所有者权益”，后者称为“债权人权益”(又称“负债”)。

19.【答案及解析】× “坏账准备”账户是资产类账户“应收账款”账户的调整账户，因而它也是资产类账户。

20.【答案及解析】× 资产、负债、所有者权益账户期末不一定没有余额；“本年利润”账户虽然是所有者权益类账户，它在年度中间各月会有余额，但在年末应将其借方(亏损)或贷方(盈利)余额转入“利润分配——未分配利润”账户，因此其年末结转后一定没有余额。

参考文献

1. 于晓镭,徐兴恩. 新企业会计准则实务指南与讲解[M]. 北京:机械工业出版社,2006.

2. 中华人民共和国财政部. 企业会计准则[M]. 北京:经济科学出版社,2006.

3. 中华人民共和国财政部. 企业会计准则——应用指南[M]. 北京:中国财政经济出版社,2006.

4. 财政部会计司编写组. 企业会计准则讲解[M]. 北京:人民出版社,2010.

5. 朱小平,徐泓. 初级会计学[M]. 北京:中国人民大学出版社,2005.

6. 娄尔行. 基础会计[M]. 上海:上海财经大学出版社,2002.

7. 陈少华. 会计学原理[M]. 厦门:厦门大学出版社,2002.

8. 邵瑞庆. 会计学原理[M]. 上海:立信会计出版社,2006.

9. 银样军,肖淑兰. 基础会计[M]. 长沙:中南大学出版社,2010.

10. 王来群. 基础会计学[M]. 北京:清华大学出版社,2010.

11. 张惠. 会计基础[M]. 北京:中国纺织出版社,2010.

12. [美]查尔斯·T.亨格瑞. 会计学[M]. 北京:中国人民大学出版社,1997.

13. 周小芬. 基础会计[M]. 北京:清华大学出版社,2010.

14. 孙凤琴. 会计学基础[M]. 北京:中国人民大学出版社,2008.

15. 李海波. 会计学原理——基础会计[M]. 上海:立信会计出版社,2008.

16. 魏小文. 基础会计[M]. 北京:北京理工大学出版社,2009.

17. 杨如梅. 会计学基础——会计流程与操作[M]. 北京:北京理工大学出版社,2009.

18. 任静,孙秀梅. 基础会计理论与实训[M]. 北京:中国人民大学出版社,2010.

19. 张捷. 基础会计[M]. 北京:中国人民大学出版社,2010.

20. 来爱梅. 基础会计学习指导与实训[M]. 北京:北京理工大学出版社,2009.

21. 谢爱萍. 会计学基础[M]. 北京:人民邮电出版社,2014.

22. 会计从业资格无纸化考试教研组. 会计基础[M]. 上海:立信会计出版社,2014.

参考文献

[illegible]